미국으로 건축 유학가기

이 관 용 지음

도서출판 세진사

감사의 글

유학 길에 오른 지 어느덧 7년이 다 되어갑니다. 어학연수 차 미국행 비행기를 오를 때 그 가슴 두근거렸던 설레임은 아직도 제 가슴속에 살아 숨쉬고 있습니다. 유학을 결심하고 준비한 그 순간을 뒤로 한 채 많은 시간이 흘렀습니다. 어학연수 중에 유학 준비를 시작하여 1997년 봄 학기로 University of Texas at Austin에 입학하였고, 지금은 Texas A & M Univer sity에서 박사 과정 중에 있습니다.

유학하면서 많은 우여곡절이 있었습니다. IMF를 겪으면서 유학의 가시밭길을 걸었었고, 인턴생활을 위해 미 대륙을 횡단하는 즐거움도 있었고, 석사과정을 마치고 박사과정에 진학하는 지적 훈련의 과정을 겪게 되었고, 그리고 한국의 한 건축 웹진의 해외 리포터 자원봉사를 하면서 본의 아니게 수많은 유학상담을 해주는 보람도 있었습니다. 수많은 우여곡절 중에는 기쁜 일도 있었고 힘든 일도 있었습니다. 그 중에 가장 큰 보람으로 남을 만한 일이 있다면, 지나간 유학생활을 정리하며 마무리짓는 '미국으로 건축 유학 가기' 출간일 것입니다.

지난 유학생활을 되돌아보면, 제 자신은 '참 많이 변하였다' 라는 한마디 말로 표현할 수 있을 것 같습니다. 유학을 통해 많은 것을 경험하고, 성숙하고, 개척하고, 성취하고, 그리고 삶 자체를 만들어 가고 있습니다. 유학은 그저 공부만 하러 오는 것이 아니라 궁극적으로 자신의 '자아'를 찾아가게 되는 수련의 과정일 것입니다. 저는 유학기간 동안 제 자신이 유학 전과 비교해서 많이 변했다고 자부합니다. 세상을 바라보는 태도부터 공부하는 자세에 이르기까지 유학이라는 훈련을 통해 이 변화가 이루어졌다고 믿습니다.

여기 작은 결실을 세상에 내 보입니다. 유학준비를 위한 생생한 현지 정보를 비롯하여 한 유학생이 고민한 흔적을 찾아 읽을 수 있습니다. '미국으로 건축유학 가기'가 한국에서 유학을 준비하고 떠나려는 사람에게 작은 등대 역할을 했으면 하는 바람입니다. 유학은 개인의 노력 여부에 따라 그 결실이 매우 다를 것입니다. 승리 뒤에는 승리를 위한 철저한 준비가 있기 마련입니다. 이 책을 읽는 모든 분들에게 성공적인 유학생활 그리고 많은 것을 경험하고 성취하는 유학생이 되기를 바랍니다.

오늘의 이 작은 결실을 내면서 감사드리고 싶은 분들이 있습니다. 넉넉하지 않은 형편에도 불구하고 자식의 유학을 지원해주신 사랑하는 부모님과 가족들, 그리고 유학하는 남편으로 인해 힘든 내조를 묵묵히 해 준 사랑하는 아내와 처가 식구들에게도 깊은 감사의 뜻을 보냅니다. 특히, IMF 시절 얼굴도 모르는 저에게 1,000불을 무이자 무기한으로 빌려주신 최낙선 선생님, 그리고 지금까지 유학 서바이벌을 잘할 수 있도록 저에게 격려를 아끼지 않은 많은 분들에게 진심으로 감사드립니다.

'미국으로 건축유학 가기'에 글을 기고해 주신 류지원님, 방정균님, 홍현정님, 그리고 수많은 익명의 오픈스케일 식구들에게 감사 드립니다. 출간을 위하여 수고하신 세진사 식구와 문형진 사장님에게 진심으로 감사의 인사를 드립니다.

Texas A&M College Station에서 이관용

차 례

제1장

유학은 마음먹기에 달려있다.

유학가기 현상

유학은 더 이상 고부가가치 상품이 아니다.

유학은 준비하는 것보다 결심하기가 더 어렵다.

하버드에 어학연수라도 갈까?

유학의 미학, 빈자의 미학?

유학, 영어 그리고 커뮤니케이션

유학 지망생의 네 가지 유형

건축가와 컴퓨터, 그리고 Money

진지한 고민과 자기 충실의 시간, 유학

유학가기 현상

세상이 하루가 다르게 변하고 있습니다. 유학을 통해 세상의 한 단면을 읽어보자면, 과거에 아무나 갈 수 없었던 유학이 이제는 누구나 한 번쯤 유학을 생각하게 되는 시간에 우리는 살고 있습니다. 통상, 대학원 과정으로 공부 길을 떠나는 것이라고 생각했었던 유학이 오늘날엔 3~4세 되는 어린아이를 언어교육이라는 세계화적 명분으로 일찌감치 국제 경쟁에 뛰어드는 초조기 유학을 비롯하여 조기유학과 중·고등학교 유학, 어학연수, 그리고 대학 및 대학원 유학에 이르기까지 나이에 상관없는 유학가기 현상은 그동안 우리 사회의 변화에 대한 격세지감을 느끼게 합니다.

국가의 경제적 발전 덕분에 21세기 유학가기 현상은 그동안 한국이라는 물리적인 지역 벽을 넘어, 이제는 세계 시장의 틀 속에서 학교를 선택하는 현상으로 변하고 있습니다. 다시 말해 국수주의적 지역의 틀을 깨고 전 세계를 대상으로 경쟁력을 얻기 위해 우리는 학교를 선택하는 것입니다. 유학가기 현상은 한국 대학과 세계 대학간의 질적 경쟁력의 문제와 관련이 있으므로, 한국 대학의 질적 향상과 경쟁력이 없을 경우 유학은 더욱 증가할 것입니다.

유학가기 현상은 복잡하고 다양하여 쉽게 설명할 수 없지만,

유학은 우리 사회의 복합적인 현상을 함축하고 있습니다. 국내파니 유학파니 하며 서로를 구분하는 현실 뒤에는 우리 사회가 안고 있는 학벌문제의 한 단면을 보게 되며, 빈부 차이에 따라 유학을 갈 수 있느냐, 없느냐에 대한 문제에서 우리 사회계층간의 여러 문제를 찾아볼 수 있을 것입니다. 그리고 유학기간 동안 현지 문화와 자신의 뿌리문화 사이에서 발생하는 문화충격과 자신의 정체성을 찾으려는 고민을 통해 우리 사회에 내재하고 있는 제반 문화현상과 비교할 만합니다.

한국에서 대학을 마치고 대학원 과정으로 유학 떠나는 사람들의 이야기를 들어보면 개인마다 나름대로 이유가 있습니다. 대학을 졸업하고 유학을 준비하고 있는 상태라면 그들에게 우리네 삶의 현실을 직시할 수 있는 능력은 충분히 있을 것이며, 또 어떻게 살아야 하는가를 알고 있을 것이기 때문에 유학 동기에 관한 논쟁은 별 의미가 없어 보입니다. 한마디로 우리는 성인의 신분에서 우리의 삶을 계획하고 책임지는 인생 건축가이기 때문에 유학을 실질적인 삶의 전략적 방편으로 가든, 삶의 유희 목적으로 가든, 우리가 그 배경을 문제삼지 않았으면 합니다. 왜냐하면, 작금에 이르러서 유학은 우리 일상으로 받아들여질 만큼 보편화되어 가고 있기 때문이며, 국내이니 해외이니 하는 구별짓기 또한 의미 없는 소모적 논쟁이기 때문입니다. 또 유학에 대한 최종 책임은 떠나는 자의 선택의 자유이며 그리고 그 책임은 결국 본인에게 돌아가기 때문입니다.

유학을 실패할 거라고 생각하며 떠나는 사람은 없을 것입니다. 자기 인생의 그랜드 플랜 속에서 유학의 시기와 효과에 대한 나름대로의 전략을 가지고 떠날 것이며, 성공하리라는 긍정적인 의지를 가지고 떠나기 때문에 어떠한 이유로 유학의 길을 오르건 간에 우리가 가타부타 왈가왈부할 안건은 아닐 것입니다. 유학의 동기 여부를 꼬투리 잡기 전에 성공적인 유학생활을 빌어주어야 할 것입니다. 유학의 동기와 최종 결과를 개인의 자유와 책임으로 돌린다고 우리가 잠정적인 의견합의를 했다고 가정하면, 이제는 어떻게 하면 유학에 대한 사전 조사와 준비를 잘할 수 있고, 또 성공적인 유학 과정을 마칠 수 있을까, 유학 후에는 어떻게 살 것인가 라는 보다 실질적인 문제를 더 고민해야 되지 않을까 생각합니다.

이제 유학가기 현상을 있는 그대로 인정하는 것이 좋을 듯싶습니다. 유학 가는 동기에 대한 시시비비를 가리는 소모적인 논쟁은 하지 않는 게 좋겠습니다. 유학의 득과 실, 사전준비와 유학 후의 현지 적응방법과 취업, 그리고 자기개발과 삶의 실질적 수단으로서의 유학을 짚어보는 것이 더 의미 있지 않을까 생각합니다. 한국이든, 일본이든, 미국이든 유학이라는 단편적인 사실만 가지고 사람을 평가하는 오류를 범하기보다는 객관적인 실력의 잣대로 합리적인 평가를 하는 사회가 바람직한 모습이라고 생각합니다. 결국 중요한 것은 유학 유무와 상관없이 공정하게 실력이 평가되는 사회가 바람직할 것입니다. 이러면 유학의 의미 또한 무의미해질 것이기 때문에 유학을 나가는 사람이든 국내에 머무는 사람이든 좋은 사회를 만들어 나가는 데 노력해야 되겠습니다.

유학은 더 이상 고부가가치 상품이 아니다.

정신은 스스로 믿고, 의지는 스스로 사랑한다.

- 파스칼 -

이 책의 목적이 미국의 이데올로기와 유학의 패권주의를 심고자 하는 것은 아닙니다. 그렇다고 학벌 세척을 위해 유학을 떠난다거나, 또는 유학(留學)이 '유학(遊學)'이라는 등의 수많은 부정적인 단어들을 비판하는 자리는 더욱더 아닙니다. 새삼스럽게 유학의 필요 여부나 의미를 말하고자 하는 것은, 유학을 마음속에 품기 이전에 유학에 대해서 냉정하고 진지하게 한 번 생각해 보아야 할 필요가 있기 때문입니다. 준비가 철저하면 그 결과도 좋을 것은 당연한 것이기에 유학의 필요함을 절실하게 느끼고, 고민해야 합니다. 이제 유학은 더 이상 당신의 미래를 보장하기 위한 '절대 수단'도 아니며 고부가가치 상품도 아닌 것을 말해 주고 싶습니다.

벌써 8년이 지났지만, 대학을 졸업하고 설계사무실을 다니면서 저는 유학의 꿈을 품기 시작하여 우여곡절 끝에 유학을 가게 되었고, 그 꿈을 품고 난 후 3년만에 미국 땅에서 첫 수업을 들을 수 있었습니다. 제가 옛 시간을 더듬어 올라가 이렇게 글을 쓰는 이유는 유학에 대한 낭만도 아니며, 추억거리를 이야기 하고자 함은 더욱 아닙니다. 정보 싸움에서 유학준비 과정과 또 유학생활을 미리 알고 떠나는 것이 유학준비생에게 도움이 된다는 것은 당연지사이기에 이렇게 글을 쓰고 있는 것입니다. 이것이 첫째 이유라면, 둘째 이유는 유학에 대한 실질적인 면을 보여주고 유학의 실상과 허상을 깨기 위함입니다. 그리고, 마지막으로 평범한(?) 한 유학생이 체험한 미국 건축유학과 건축에 대한 고민거리가 유학을 꿈꾸는 사람들에게 유학생의 한 단면을 읽을 수 있는 기회가 될 수 있을 것입니다.

왜 유학은 더 이상 고부가가치 상품이 아닌가? 이 질문은 많은 논쟁을 일으킬 수 있지만, 유학생으로서 한 번은 생각해 볼 문제임에는 틀림없습니다. 건축이라는 특정한 전공을 넘어서 유학을 떠나는 모든 사람이 유학에 대한 득실을 한 번 따져보기를 바랍니다.

첫째, 이 문제는 전적으로 한 개인의 문제에 달려 있으며, 조기 유학의 붐이 몰아치는 한국의 현실에서 유학에 대한 진지한 고민을 던져주고자 하는 계기가 될 것입니다. 과연, 유학의 문제성과 경제성, 그리고 필요성 등을 생각해 볼 때에 유학의 시시비비를 논하는 것은 먼저 유학이라는 것을 과대평가하고 있거나 진정한 유학의 의도를 벗어나 다른 시각으로 보고 있다는 데에서 기인하고 있지 않은가 하는 생각을 해봅니다. 이제 유학은 한국의 모 대학원에 간다는 것쯤으로 인식되어져야 할 것입니다. 다시 말해, 한국의 대학원 등록금과 생활비 등을 비교해 볼 때에, 한국보다도 유학 경비를 더 저렴하게 쓰면서 유학을 할 수도 있고, 인터넷으로 인한 정보 혁명이 유학에 대한 메리트를 많이 줄여 놓았기에 무엇이 옳다 그르다고 논할

성질이 못 된다고 생각합니다. 경제적인 문제는 한 개인의 사정으로 언급될 수 있을 것입니다. 또, 프로의 세계에서 공부하는 유학이 국내에서 공부한 사람보다 더 뛰어나게 해 준다는 보장도 할 수 없기에, 쉽사리 판단을 할 수 없을 것입니다.

둘째는, 유학이 가치 있는 상품이라면 정치적인 역학구조 내에서 한정된 고가상품이라고 믿고 싶습니다. 학벌, 연줄, 파벌을 비롯한 복잡하게 얽혀 있는 정치적인 역학구조가 유학을 하나의 값비싼 상품으로 만들어 놓았을 것입니다. 유학만 다녀오면 환영받았던 과거의 사회구조가 이제는 바뀌어지고 있고, 바뀌어져야 하기 때문에 더 이상 유학이 고부가상품이 되지 못하고, 그 대신에 '학벌'보다도 실력이 그 자리를 채울 것이라 확신합니다. 그것이 투명한 선진 사회의 모습일 것입니다.

셋째로, 건축석사 과정(Master of Architecture)은 한국에 없는 학문을 개척하는 과정은 아닙니다. 박사 과정이야 워낙 세분화되고 한국에서 미개척된 분야가 많기 때문에 충분히 유학을 떠날 명분이 있을 수 있지만, 건축석사 과정은 스튜디오 수업 위주로 진행되는 것이 일반적이고 그 수업방식 또한 한국과 거의 흡사합니다. 영어가 조금 늘고 미국 문화와 유학생활에서 얻는 사고방식의 차이를 느끼는 것이 유학에 투자되는 엄청난 경제적인 지출과 시간을 보상해 줄 수 있는가 하는 문제입니다. 과연 유학이 훗날 그 가치를 발하느냐가 문제인데, 제가 보기에는 상품의 효과를 크게 내는 것과는 조금 거리가 있다고 봅니다. 한국에서 얻을 수 없는 것이 무엇이고 미국에서만이 배울 수 있는 분야가 무엇인지를 한 번 생각해보는 것이 선행되어야 할 것입니다.

넷째로, 교수진과 학교 시설의 비교입니다. 학교 시설은 한국보다 다소 좋은 것이 사실입니다. 건축과 단독 건물 하나 제대로 없는 대학이 대부분인 한국 사정을 보면 미국의 교육환경은 훨씬 뛰어나다고 볼 수 있습니다. 학과 기자재나 강의실, 컴퓨터 시설, 전시시설 등 일일이 나열해서 비교를 할 수도 없지만 어찌되었든 교육환경은 우수하다고 볼 수 있습니다. 하지만, 교수진에서는 의문입니다. 미국 아이비리그의 학교에는 세계적으로 유명한 학자들이 있는 것은 사실입니다만, 미국의 일반적인 교수 자질을 한국과 비교해 볼 때에-설계 교수들의 자질을 정확하고 객관적으로 비교를 할 수가 없지만-한국과 그리 큰 차이는 없지 않나 싶습니다. 미국 교수라고 다 똑똑하다고 볼 수는 없으며, 제가 경험한 바로는 그리 크게 차이를 느낄 수가 없었습니다.

다만, 미국 건축대학에는 건축석사 과정이 프로페셔널 학위과정인 만큼 아카데믹한 박사학위 교수보다 프로 교수들이 학교에 많이 포진해 있는 것으로 판단되며, 한국과 크게 다른 면이기도 합니다. 이 점은 한국의 건축대학도 교수 임용 문제에서 미국이나 유럽처럼 바뀌어 지고 있다고 사료됩니다.

마지막으로, 학업의 분위기입니다. 제가 하버드나 MIT에서 공부를 한 적은 없습니다만, 대체적으로 미국 건축대학원 랭킹 5위권의 학교들은 분위기가 일반적인 학교들과 다르다고 봅니다. 학생들의 지적 수준도 다르겠지요. 세계의 패권과 최고를 세뇌시키는 하버드나 기타 아이비리그에 속해 있는 대학들은 그 전통의 역사가 은연 중으로 학생들을 자극하리라고 생각됩니다. 그 외에 랭킹 20위권의 학교들은 학업의 분위기가 그리 뜨겁지는 않은 것 같습니다.

유학 중에 학교에서 교수에게 가장 많이 배우기도 하겠지만, 학생들끼리 서로 경쟁하고 영향을 주고받는 것이 수업에서 얻는 것보다 더 클 것입니다. 아시아권 나라들의 사회 분위기, 그 자체가 매우 경쟁적이기 때문에 학생들 역시 매우 열심히 하는 것이 사실입니다. 하지만, 필자가 경험한 미국의 학생들은 대체적으로 게으르고, 다른 사람의 시선을 의식하지도 않습니다. 스스로 마음에 들면 그만이지요. 다음 날 발표회가 있어도 몸이 피곤하면 집에 가서 쉬는 경우가 많습니다. 스튜디오의 분위기가 매우 중요한 것이 건축대학원의 일면일진대, 그 분위기에 휩쓸리지 않고 홀로 남아서 작업하기란 매우 어렵습니다.

유학생활이 수업 때문에 힘든 것이 아니라 자기 자신을 채찍질해가며 스스로와 싸워나가는 것이 더 힘들다고 보겠습니다. 대체적으로 학업 분위기는 한국이 훨씬 뜨거울 것입니다.

유학이 모든 것을 해결해 줄 수 없습니다. 3년의 수도생활이 평생을 보장해 주는 시대는 옛 이야기가 되었습니다. 미국에서 공부하는 동안 그리고 일하면서 그리 많지 않은 유학생들을 만나 보았지만, 개인적으로 생각되기에 몇몇은 한국에서 진지하게 고민하는 사람들보다 훨씬 못 미치는 사람도 있었고, 마치 유학하고 한국으로 돌아가면 남들보다 다르게 대접받을 거라는 환상에 빠져 있는 사람들도 보았으며, 또 학벌 세척이나 학위 목적용으로 온 사람들도 보았습니다.

실력 없는 사람이 학벌이나 출신을 불문하고 경쟁사회에서 도태되는 것은 당연한 진리인 것입니다. 유학뿐만이 아니라 우리 삶의 모든 문제에서도 그렇듯이 실력이 중요한 것이지, 학위와 출신이라는 피상적인 결과가 중요시 되어서는 안될 것입니다. 한국에서 공부하든 또 유학을 떠나든, 진정한 실력이 평가되어야 하는 사회가 바람직하며, 학벌이나 특정 출신 학교가 대접받는 사회라면 미래와 희망이 없는 사회일 것입니다.

유학은 이제 한 개인의 문제입니다. 더 이상 유학을 특별하게 생각해서도 안 되며, 단순하게 말해 자기가 하고 싶은 일을 하는 것이라고 생각하는 것이 편할 것 같습니다. 어찌 보면 시대가 그만큼 변했다는 것이기도 하겠습니다. 신세대의 유학생 사고방식을 예전의 국비 유학생이나 고학생 선배들의 자세와 비교한다는 것은 어불성설일 것입니다.

작금의 시기에는 다른 어떠한 이유에서보다 자기만족의 동기 부여로 유학을 결심하는 경향이 크다고 볼 수 있습니다. 스스로의 성취감이 유학동기의 가장 큰 부분이라고 봅니다. 자아만족이나 자아성취감이 그 무엇보다도 크다고 봅니다. 하지만, 유학을 어떻게 보냈느냐가 당신의 인생에 득(得)이 될 수도 있고 실(失)이 될 수도 있다는 것을 명심하기 바랍니다.

그러면 유학에서 진정으로 얻는 것은 무엇인가? 또 무엇을 얻고자 하는가? 얻는다면 얼마나 얻을 것인가? 과연, 절실할 정도로 당신은 유학을 꿈꾸는가? 건축이 먼저인가, 유학이 먼저인가?

유학은 마치 게임과 같습니다.

유학은 준비하는 것보다 결심하기가 더 어렵다.

전체를 알지 못하고 부분을 아는 것은 불가능하며,
부분을 상세히 알지 못하고 전체를 아는 것도 불가능하다.
- 파스칼 -

유학, 막연한 뜬구름처럼 생각되는 것을 직접 실행에 옮기기란 그리 쉬운 일이 아닙니다. 어찌 보면, 보통 사람으로서는 인생에 있어 결심해야 할 가장 큰 문제들 중에 하나일 것입니다. 경제적으로 여유가 있거나, 이에 덧붙여 부모가 적극적으로 유학을 장려하거나 지원해 주면 금상첨화이지만, 그렇지 못할 경우엔 참으로 어렵고 긴 시간의 싸움이 아닐 수 없습니다.

건축 웹진 '아크포럼'에도 글을 올렸지만, 한번 유학이라는 것을 마음에 품으면 그 이후의 시간이 참으로 힘든 고민과 방황의 시간으로 바뀌는 것이 사실입니다. 직장생활을 해도, 대학원 생활을 해도 항상 마음 한구석엔 현실에 대한 불만과 유학을 동경하는 마음이 자리하는 것이 일반적이라 할 수 있습니다. 다른 사람들과 유학을 얘기하면서 자기 자신의 현실을 달래보기도 합니다. 마치 잡힐 것 같지 않는 신기루를 쫓아가는 기분일 것입니다.

꿩 대신 닭이라고, 유학을 못 갈망정 어학연수라도 아니, 건축여행이라도 한번 해보아야 직성이 풀리게 되는 것이 예사일 것입니다. 어쩌면 이것이 더 바람직하고 효과적일지 모릅니다. 어학연수 6개월 정도를 유학을 가고자 하는 대학이 있는 도시로 가서 학교 구경도 하고 교수도 만나 보고, 또 그곳의 현지 유학생이나 주변 사람들을 만나 보면서 실제 그곳의 살아 있는 이야기를 듣고 경험한다면, 유학이라는 허(虛)와 실(失)을 스스로 알게 될 것입니다.

결심이 확고하게 서야 준비단계로 바로 들어갈 수 있습니다. '한번 해볼까?' 하는 마음은 중도에서 쉽게 포기하고 그만두는 경우가 흔합니다. 유학을 결심하기 전에 많은 생각을 하게 되는데, 가장 먼저 생각하는 것이 아마도 경제적인 문제일 것입니다. 하지만, 한국 대학원 등록금과 서울에서의 생활비 등을 비교했을 때, 미국의 저렴한 주립대학으로 충분히 갈 수 있는 것이 사실입니다. 한국보다 더 저렴한 대학도 있으므로(제 3장 중 '한·미 대학원 등록금 비교' 참조) 유학 결심이 선다면 유학의 본격적인 준비 단계로 들어갈 수 있습니다. 하지만, 총 경비를 먼저 생각하고 유학 후 사정이나 기타 개인적인 문제에 대해 생각을 하면 두려움이 앞서 유학 결심을 할 수 없습니다. 유학 후 취직 문제, 결혼 문제, 아이 문제 등 수많은 걱정거리가 머리 속에 가득 차게 되지만 과감한 용기와 대담함으로 승부를 걸기 바랍니다.

필자 또한 이런 문제들로 많은 고민을 해 왔었습니다. 필자는 직장생활 2년여 동안 저축한 돈으로 어학연수를 떠났는데, 처음엔 호주로 갈려고 마음을 먹었습니다. 그 당시에는 유학이라는 것이 그저 막연하게 가고 싶었지, 실제로 결심을 하고 준비를 하기란 정말로 어려웠습니다. 아마 이런 분들이 많으리라 보는데, 경제적 여건도 문제이지만 영어에 대한 시험준비도 부족해서 어학연수를 생각하게 됩니다. 아마 이것이 유학준비의 시작단계라 할 수 있겠습니다. 어학연수라도 못 떠났다면 아마 필자는 평생 후회를 했을지도 모릅니다. 유학을 가든, 안가든 한 번이라도 시도해보아야 그 직성이 풀릴 것이기 때문입니다. 해보는 것과 아예 해보지 않은 것은 엄청난 차이일 것입니다.

그 당시 호주로 어학연수를 가겠다고 결정한 이유는, 호주는 학생 비자로 20시간을 공식으로 일할 수 있고, 또 어학연수를 저렴하게 할 수 있다는 친구의 경험을 지켜본바 있기 때문입니다. 호주의 명문 대학인 시드니 대학과 뉴 사우스 웨일즈 대학에서 어학연수용 원서를 받기도 하고, 교보빌딩에 있는 호주 대사관에서 상담도 했었습니다. 그 당시 막연한 계획으로는 어학연수를 다녀와 대학원에 복학해서 공부를 마치고, 그 후 경제적 여유가 있으면 떠나겠다는 계획만 가지고 있었을 뿐이었습니다. 사정이 여의치 않으면 아예 못 갈 수 있다는 생각도 했었습니다. 어찌 보면 참으로 무모하고 아무 계획 없이, 그저 막연한 생각만 하고 있었을 뿐이었습니다. 만약 제 주위에 유학간 선배나 친구가 있었다면 큰 도움이 되었을 텐데 말입니다. 할 수 없이 서울 종로의 한 유학원을 두드리게 되었고, 어학연수의 길을 밟기 시작했습니다.

결국, 호주 대신에 종로의 모 유학원을 통해서 미국 땅으로 어학연수를 가게 되었는데, 그 당시 나의 신조는 이러했습니다. '일단 일을 저지르면 어떠한 경우가 생기건 간에 가능하다'.

지금 다시 그 당시의 상황을 돌이켜보면 참으로 무모하고 대담한 생각이었습니다. 경제적으로 여유가 있는 것도 아니었고, 집에서 떠민 것도 아니었습니다.

앞 뒤 재고 여러 가지 상황을 생각하면 어떠한 일도 할 수가 없습니다. 젊을수록 과감성과 진취적인 용기가 충만하며, 나이가 들수록-별로 얼마 살지는 않았지만-하나 둘 사그라지는 것을 실감하게 됩니다. 결심 그 자체가 어려울 땐 과감한 결단으로 헤쳐나가라고 권하고 싶습니다. 때론 무모한 결정이 인생을 전혀 다른 곳으로 인도할 수 있습니다. 자신감 없는 유학준비란 모래 위에 성(成)쌓기와 다름없습니다.

유학을 가고 싶으면 과감하게 결정하십시오. 젊음, 그 하나만으로도 당신은 유학의 충분한 무기를 갖추었다고 봅니다.

하버드에 어학연수라도 갈까?

정열은 아름다운 것이며 젊은이들에게 잘 어울린다.

\- 헤르만 헷세 -

유학을 혼자서 준비하기란 쉽지 않습니다. 어디서, 어떻게 준비를 하느냐가 유학의 성패를 떠나 또 다른 인생의 중요한 결실을 얻을 수도 있기 때문입니다. 어디서 하든 무슨 상관이 있겠냐마는, 가장 효과적으로 단시일 내에 준비를 할 수 있다면 굳이 마다할 필요는 없을 것입니다. 서울에서 준비하는 것과 미국 현지에서 준비하는 것이 과연 얼마나 다를까? 미국에서 어학연수를 하면서 공부를 한다면 무엇이 유리하고, 무엇이 불편할까? 여기서는 준비과정을 이야기해 보겠습니다.

저는 한국에서 유학준비를 해보진 않았지만, 가까운 지인(知人)이나 친구를 통해서 간접 경험을 가지고 있습니다. 일반적으로 많은 학생들이 유학전문학원에서 준비를 하게 됩니다. 고시 공부하는 것처럼 혼자 도서관에서 공부하는 것보다, 학원에서 다른 학생들과 같이 준비하는 것이 훨씬 경제적이고 효과적일 것입니다. 무엇보다도 유학정보를 손쉽게 구할 수 있고, 영어시험의 전략이나 과거 유학생들의 자료 그리고 다양한 학교 정보를 많이 접할 수가 있기 때문입니다. 유학준비는 정보싸움이라 해도 과언이 아닐 정도로 중요합니다. 가급적이면 컴퓨터실까지 갖추고 있는 학원에서 준비하는 것이 유리할 것입니다. 원서작성에서부터 대학들의 정보 검색까지 다양하게 활용을 할 수 있기 때문입니다. 틈나는 대로 정보를 모으고 분석하여 자신만의 파일로 만들어 놓으면 입학 지원할 때 많은 도움이 되니 차근차근 자료부터 수집하기를 바랍니다.

한국 사회는 미국보다 더 경쟁적입니다. 우리는 그 힘든 대학 입시경쟁을 이겨냈기 때문에 토플이나 GRE시험 또한 잘 치르리라고 생각합니다. 오히려 시험 준비만을 위한다면 미국보다 한국이 유리할 수도 있습니다. 자기 주위의 유학준비하는 사람들과 같이 공부하면 서로 경쟁도 되면서 위안이 되기 때문에 미국에서 준비하는 것보다 훨씬 능률적일 것입니다.

다른 한편으로 생각해 보면 그저 막막하게 공부한다는 생각을 가질 수 있습니다. 미국을 가보지 않은 상태에서 공부하기 때문에 유학에 대한 많은 기대도 있을 것이며 동시에 초조하고 불안하며 답답할 것입니다.

미국과 비교해 보건대, 한국에 있으면 공부 외에 빼앗기는 시간들이 많습니다. 결혼을 했다면 집안 일에 아무래도 적지 않은 시간을 할애해야 하고, 이성 친구나 여러 사람들도 가끔 만나야 되며, 매일 뉴스에서 흘러나오는 사회 문제에도 신경이 쓰이게 됩니다. 부모나 친구들의 많은 관심이 오히려 부담감으로 작용해 많은 스트레스를 갖게 되고, 또 한국 건축계의 분위기라든지, IMF와 같은 경제적 상황 등의 사회적 제반 현상들도 알게 모르게 유학 준비하는 데 영향을 주기 마련입니다. 유학준비생이라는 특수한 신분이 시험준비에 많은 스트레스로 작용하는 것을 제 주위에서 많이 보았습니다. 이러한 자신의 주변 여건들을 얼마나 적절하게 컨트롤해 나가며 준비하느냐가 중요하다고 하겠습니다.

미국 현지에서 준비를 하는 경우는 일반적으로 어학연수를 떠나는 것입니다. 어학연수의 목적이 언어의 커뮤니케이션을 주(主)로 할 수도 있고, 동시에 영어시험 준비까지 생각하고 떠날 수도 있습니다. 만약 유학준비를 위해 가는 것이라면, 떠나기 전에 세밀한 준비를 해야 합니다. 미국 어디로 갈 것이며, 가고자 하는 어학원에서 토플이나 GRE 수업을 하는지, 그리고 자신이 목표로 하는 대학과는 어떤 관계가 있는지 등입니다. 명심할 것은 어학원만 꾸준히 다닌다고 해서 토플이나 GRE 성적이 절로 올라가는 것은 절대 아닙니다. 어학원 수업 외에 따로 자신이 시험준비를 해야 하고, 만약에 학원 과제가 많을 경우에는 GRE나 토플 시험에 공부할 시간이 없게 되는 경우도 있습니다. 이러면 두 마리의 토끼를 쫓으려다 아무 것도 못 잡게 되는 경우가 올 수도 있습니다.

그래도 굳이 미국에서 유학준비를 원한다면, 한국에서 영어 실력을 어느 정도 쌓은 후에 오라고 권하고 싶습니다. 최소한 토플 500점 이상은 되어야 미국 현지로 와서 유학준비에 투자하는 시간적인 면이나 경제적인 측면에서 많이 절약할 수 있습니다. 미국을 가면 영어의 모든 것이 해결될 거라는 생각은 하지 마십시오. 필자는 한국에서 무턱대고 미국으로 건너와 영어시험 준비만 2년이나 3년까지 하는 사람들을 보았었습니다. 아무런 생각 없이 '미국 현지로 가면 다 되겠지'하는 생각을 하고 떠난다면, 그 유학준비는 매우 위험하다고 볼 수 있습니다.

필자 역시, '미국으로 가면 영어가 저절로 되겠지' 하고 어학연수 겸 유학 생각을 하며 떠났었습니다. 저는 미국의 텍사스주 어스틴(Austin)으로 어학연수를 갔는데, 그곳으로 간 이유는 현지에서 텍사스 주립대학(The University of Texas at Austin, 이하 UT Austin)을 보고, 느끼고 또 도움을 받을 수 있으리라는 기대감도 있었기 때문이었습니다. 현지에서 어학연수를 하면, 마치 UT Austin에 들어갈 것 같은 자신감도 있었습니다. 그러나, 영어시험의 벽을 넘기기란 4개월의 집중적인 공부 기간이 요구되었습니다. 충고하고 싶은 것은 많은 사람들이 가고자 하는 대학의 부설 어학원에서 공부를 하면 그 학교를 들어가기 쉽다고 생각하는데, 입학심사 기준에 자격이 미달되면 부설 어학원의 아무런 혜택이나 이점(利點)이 없다는 것을 명심하기 바랍니다. 설령 입학했더라도 영어 실력이 부족하면 다시 영어 수업을 듣게 하는 경우를 종종 보았습니다.

한국보다 미국에서 영어시험을 준비하는 것이 영어에 친숙할 수 있는 기회가 더 많을 것입니다. 토플이나 GRE 시험도 접수나 시험 장소 또한 한국보다 여유롭고, 생생한 미국 생활을 직접 체험할 수 있어서 나름대로 유학생활을 예측할 수가 있습니다. 어학연수 동안에 다른 곳으로 여행을 떠날 수도 있고, 새로운 것에 대한 호기심과 욕구를 충족시켜 줄 수 있을 것입니다. 이 외에 미국 현지 사정을 바로 알 수 있고, 많은 학교의 정보를 손쉽게 구할 수 있으며, 사소한 것들에 시간을 빼앗기지 않고 공부에만 집중할 수 있다는 것입니다. 무엇보다 중요한 것은 자신의 유학 가능성을 발견할 수 있는 계기를 가질 수 있다는 것입니다.

한국에서 준비하고 바로 유학을 오게 되면 첫 학기에 영어에 적응하느라 다소 시간이 걸립니다. "수업이 하나도 들리지 않는다"라고 유학생의 신입생들이 보통 말하는데, 첫 학기가 지나면 점차로 적응이 되니 그리 큰 걱정은 하지 않아도 됩니다. "어디에서 준비하건 열심히 하면 된다"라고 말하기에는 서로가 장단점이 있기 때문에 자신의 문제를 냉정하게 생각해 본 후 결정하기 바랍니다.

만약 당신의 유학 결심이 확고하지 않다면, 공부하고 싶은 대학으로 어학연수를 떠나는 것도 스스로를 발견하는 데 효과적인 방법일 것입니다. 필자의 경험에 의하면, 어학연수로 영어를 많이 배운다는 것보다 직접 자신이 미국 현지 생활을 통해 얻는 '체험의 무형적 자산(資産)'이 더욱더 가치가 있으며, 이것은 유학의 성패를 떠나 유학이라는 자기 굴레와 콤플렉스에서 벗어날 수 있는 중요한 기회일 것입니다.

유학의 미학, 빈자의 미학?

가장 강한 자의 이론은 항상 최선이다.

- 라폰테이느 -

접시 닦으면서 유학했었던 과거의 선배 유학생들에 비하면 작금의 유학생들의 형편은 엄청난 진일보를 했다고 볼 수 있습니다. 유학을 고학(苦學)으로 생각하고 오는 사람도 드물 뿐더러, 미국의 이민법이 유학생들의 학업 중 취업을 제한하고 있기 때문에, 예전처럼 돈 없이 떠나는 유학은 매우 어렵다고 볼 수 있습니다. 해외 유학의 자율화로 일반 학생에게 유학의 문이 넓어진 면도 있지만, 예전보다 유학의 길이 쉬워진 만큼 요즈음에 오는 유학생들의 마음가짐은 예전의 선배들과는 많이 다르다는 것을 알 수 있습니다.

돈이 없으면 몸이 고생입니다. 경제적 어려움을 감내해야 하는 마음가짐이 더 귀한 재산이지만, 이미 자신이 가지고 있는 물질적 계층간의 차이를 극복하기란 그리 쉬운 일이 아닙니다. 이러한 경제적 어려움을 가지고 유학을 오는 경우에는 정신적으로 그리고 육체적으로 적지 않은 노력과 인내를 가지고 극복해야만 합니다.

오히려, 스스로 느끼는 어려움보다 상대적으로 느끼는 초라함은 자신을 더욱 힘들게 할 것입니다. 그것보다 더욱더 힘든 것은 한국에서 가지고 왔던 고귀한(?) '체면'을 버리는 것입니다. 스스로를 이기지 못하면 어느 것과도 싸워서 이겨낼 수가 없습니다. 한마디로 말하자면, 타국 만리에서 겪는 값비싼 인생 수업인 것입니다. 인생에서 가장 중요한 시기를 유학으로 보내는 것은 자신의 남은 인생의 승패를 가늠할 수 있는 좋은 기회가 될 수 있습니다. 불확실성의 시대에 사는 우리지만 그래도 한 가닥의 성공을 향해 달려가는 것은 정말 값진 일일 것입니다. 자본과 교육 그리고 사회적 불평등의 관계는 서로 끊을 수 없는 고리를 가지고 있기 때문에 이러한 구조 시스템을 극복하기란 육체적, 시간적, 그리고 정신적인 투자를 해야만 합니다. 부와 권력 그리고 사회적 계층의 차이를 극복하기 위한 하나의 수단이 바로 교육일 것입니다.

즉, 교육에서 쟁취한 지식과 거기에서 발생하는 여러 가지 파급적인 힘들을 생각해 볼 적에, 우리는 부(富)라는 물질적인 것을 통하여 오랫동안 수련해 온 시간과 노력을 보상받을 수 있으며, 명예와 권력을 향한 하나의 접근 수단으로 이용할 수 있을 것입니다. 이런 목적을 접어 두고라도 유학은 정신적인 빈자의 훈련이 될 수 있을 것입니다. 다시 말해, 유학 과정이 이러한 모든 불순한 목적으로부터 해탈할 수 있는 훈련의 수단이 될 수 있다는 것입니다. 이것은 진리와 지식의 득도(得道)가 가질 수 있는 위대한 힘인 것입니다. 유학의 거창한 미화라고 생각해도 좋습니다.

유학은 자기만의 것을 득도(得道)할 수 있는 인생의 두 번 다시없는 기회인 것입니다. 한국으로부터의 지리적인 고립과 소외감, 고독감 그리고 유학에서 느끼게 되는 자기 자신의 한계와 가능성 등, 인생의 진리들을 체험한 후에 세상은 '아는 만큼 보인다'는 평범한 말 한마디가 새삼 다시 들려 올 것입니다.

유학은 물질에 대한 빈자의 미학이 될 수도 있겠지만, 정신적인 진리와 학문에 대한 본질에 한 발 더 가까이 갈 수 있는 중요한 시간이기에 유학만이 갖는 고유한 가치를 발할 수 있을 것입니다. 자신과의 싸움이자 자신을 되돌아보고 반성할 수 있는 시간의 제공, 그리고 미래에 대한 가슴 벅찬 설계를 할 수 있는 자신감을 유학에서 얻게 된다면 그것은 성공적인 유학이라고 보아도 괜찮을 듯싶습니다.

가난은 자랑이 아닙니다. 그러나 부끄러워 할 일도 아닙니다. 다만, 남들보다 힘들뿐입니다. 유학을 사회적 신분 상승의 수단으로 생각하는 변질된 단면을 볼 수도 있겠지만, 유학은 냉정한 사회의 현실에서 살아남을 수 있는 무기임에는 틀림이 없습니다. 빈자의 미학은 바로 그런 어려움을 소탈하게 이겨낼 수 있는 은근한 힘일 것입니다. 유학의 과정에서 얻는 지식의 힘은 막대한 부(富)나 권력 앞에서도 당당히 맞설 수 있는 마지막 보루인 것입니다.

빈자들이 일하면서 유학하는 방법은 제2장에서 언급을 해 놓았습니다. 필자의 경험을 바탕으로 돈 없이 미국 유학에서 살아 남는 여러 가지 방법을 조금이나마 실었으니 도움이 되었으면 합니다. 아직도 유학은 빈자들이 생각하기에 매우 어려운 결심이라는 것을 알고 있습니다. 그럴수록 유학에서 얻는 것은 더욱 값지고 인생의 큰 스승이 될 것이라고 확신하는 바입니다.

유학, 영어 그리고 커뮤니케이션

아무리 유익한 책일지라도 그 절반은 독자 자신에 의해서 만들어지는 것이다.

- 볼테르 -

책방에 가보면 수많은 유학 관련 서적들이 많이 나와 있습니다. 제가 여기서 영어공부 방법을 얘기하기란 너무나 미약하기 때문에 영어시험 관련 전문서적을 참조하기 바랍니다. 영어 준비는 건축과만이 아니라 전 분야에 공통적으로 해당하는 필수 항목이라 이 책에서는 가급적이면 건축에 관련된 사항만 담으려고 합니다. 토플이 무엇이고 GRE가 무엇인가라는 세세한 사항은 접어 두고 간단하게 제 경험을 토대로 몇 가지 얘기하려고 합니다.

건축과와 영어 성적과는 별로 친한 사이가 아닙니다. 대학에 들어가 설계수업에 많은 시간을 할애하는 것이 보통이고, 영어 원서를 많이 보지 못한 면도 있고 해서 영어 성적은 일반적으로 다른 과 출신보다 부족한 것이 사실입니다. 대기업 신입사원의 평균 토익성적을 떨어뜨리는 책임을 건축과 출신들이 떠맡는 경우도 있습니다. 설계사무실 다닐 때에는 야근에, 현장 생활에 바쁜 나머지 영어 공부할 기회가 그리 많지 않은 것도 이유 중에 하나입니다. 그래서인지 영어 공부에 상당한 부담을 느끼는 것이 사실일 것입니다.

영어 실력이 좋으면 짐을 더는 데 있어 두 말할 나위가 없겠지만, GRE라는 시험을 공부하노라면 영어에 대한 큰 벽을 실감하게 될 것입니다. GRE 시험을 마쳐야 비로소 유학준비의 큰 고비를 넘었다고 볼 수 있습니다. GRE 시험은 미국 학생들조차 힘들어하는 시험입니다. 약 이천 내지 삼천 단어를 외우기란 정말로 힘든 싸움이기 때문입니다. 먼저, 가급적이면 빨리 토플성적을 정상 궤도로 올려놓은 후에 GRE 시험준비를 시작하기 권합니다. 그리고 토플시험이 일주일 정도 다가오면 GRE 시험은 잠시 쉬고, 토플을 집중적으로 공부하는 것이 좋습니다. GRE 시험의 어휘가 토플의 독해력 문제에 많은 도움이 될 것입니다. 영어시험에 관한 자세한 내용은 수험서를 참조하십시오.

대부분의 미국 건축대학원이 GRE 점수를 요구하기 때문에 공부를 해야만 합니다. GRE 점수를 요구하지 않는 대학들도 있기는 하지만 추천 사항으로 선호하기 때문에 필히 준비해야 할 것입니다. GRE 성적이 높으면 장학금을 받을 기회가 있고, 입학하는 데 유리하게 작용하는 것은 틀림이 없습니다. "건축대학원의 입학 기준에 있어서 영어 점수가 더 중요한가, 아니면 포트폴리오가 더 중요한가?"라는 질문이 많습니다. 분명하게 말하고 싶은 것은 미국 학생과 인터내셔널 학생을 뽑는 기준은 다르다고 보아야 하기 때문에 인터내셔널 학생끼리 경쟁한다고 보아야 할 것입니다.

그 누가 정확한 입학심사 기준과 과정을 알겠습니까마는, 이것은 학교마다 다르고 심사 교수마다 취향이 다르기 때문에 어느 한 학교의 특정한 정보를 가지고 유학 준비를 하는 것은 위험하다고 볼 수 있습니다. 대부분 사람들이 말하기를 포트폴리오가 좋으면 영어 점수가 모자라도 입학할 수 있다고 믿고 있지만, 종종 영어 성적이 입학 당락을 좌우하는 일이 있으므로 절대로 방심해서는 안 됩니다. 포트폴리오만 가지고 학생들을 평가하기란 참으로 어려운 경우가 많습니다. 그래서 입학 지원자들의 포트폴리오로 우열을 가리기 어렵고 인터내셔널 학생인 경우에는 영어 성적이 결정적인 당락의 기준이 될 수 있을 것입니다. 학교에서 요구하는 영어 성적은 만족시켜 주어야 할 것입니다. 가끔씩 예외적인 학생도 있습니다. 조건부 입학으로 들어오는 경우지요. 첫 학기 때 영어 과목을 들어야 하는 조건으로 입학허가서를 주기도 합니다.

입학생들의 영어 성적을 과거와 비교해보면 갈수록 높아지고 있는 것을 볼 수 있습니다. 영어에 강한 인도 학생과 중국 학생들이 영어 성적을 올려놓았다고 생각됩니다. 토플성적 630이 적은 점수라고 말하는 중국 친구들을 보고 새삼 놀라지 않을 수 없었습니다. 컴퓨터 사이언스과 같은 경우에는 중국 학생들 때문에 한국 학생들이 영어시험에 대해 곤욕을 치르기도 합니다. 근래의 현상은 중국 학생들이 건축유학을 오는 경우가 많아졌습니다. 외국 설계사무실의 중국 진출이 중국 학생들에게 유학이 큰 메리트로 작용하기 때문입니다.

영어 성적이 좋다고 해서 학교생활에 결코 적응을 잘 한다고 볼 수는 없습니다. 외국인으로서의 유학생은 세미나 같은 토론 수업에 적응하기가 참 힘들며, 커뮤니케이션 능력면에서 미국 학생들보다 뒤지고 있다는 것은 부인할 수 없는 사항입니다. 특히, 아시아권에서 유학 오는 나라들 중에 한국과 일본 학생이 영어를 못하는 것은 다 아는 이치입니다. 홍콩이나 인도에서 오는 학생들은 영어를 자유자재로 구사하기도 합니다. 입학 심사할 때는 교수들도 '외국인 학생은 다 똑같겠지'하는 생각을 하지만, 뽑아 놓고 보면 얼마 지나지 않아 금방 알 수 있습니다. 바로, 우리가 배워온 영어가 거품 영어인 것입니다.

어쩌겠습니까? 영어가 우리말이 아니니 그럴 수밖에 없다고 하지만, 그래도 너무 못하면 학교생활이나 졸업 후 직장생활할 때에도 많은 어려움을 겪을 수밖에 없습니다. 언어에서 오는 스트레스는 유학생활 내내 따라다니는 골칫거리입니다. 영어 스킬(Skill)은 미국 사람과 좌충우돌 부딪치며 얻는 수밖에 없습니다.

건축과는 다른 과와는 달리 디자인에 대한 프리젠테이션을 해야 합니다. 아마도 프리젠테이션은 건축을 업으로 삼는 사람은 먹고 살 날까지 계속 따라다니는 친구일 것입니다. 커뮤니케이션과 프리젠테이션은 건축가에게 있어서 중요한 사항임에 틀림이 없습니다. 대학 때부터 이런 훈련을 하지만, 유학 와서 영어라는 새로운 환경에 적응하기란 쉬운 일이 아니기 때문에 다소 고생을 할 수밖에 없습니다. 하지만, 어느 정도 시간이 지나면 자기만의 노하우가 생기기 마련입니다. 그리고 건축은 만드는 작업이 많기 때문에 말이 안 되면 그림으로 설명할 수가 있으니 다른 분야보다는 더 쉬운 일인지도 모릅니다.

스튜디오 과정 외에 일반적인 수업에서 요구하는 것은 리서치 페이퍼(Research Paper) 쓰기나, 수업 중에 발표하는 과정이 있습니다. 영어 작문에 관한 사항이지요. 대부분의 공과대학생들이 실험을 주로 하지만, 건축과의 경우는 인문계 학과들과 비슷한 작업들을 많이 합니다. 철학이나 사회 문제까지 공부하게 되는 경우에 있어서, 글쓰기 작업이 많이 요구되니 작문 공부도 꾸준히 해 두는 것이 좋습니다. 전공 수업을 넘어서 더 거시적인 관점에서 유학을 보더라도 언어의 커뮤니케이션은 중요합니다. 성공적인 유학을 위해서 가장 필요한 사항을 언어소통 능력으로 보는 비중이 높은 것을 보더라도, 유학에 있어서 언어 능력은 매우 중요하다고 하겠습니다. 참고로 오픈스케일에서 실시한 설문조사 결과를 보면, 성공적인 유학생활의 필수조건으로 언어능력과 디자인 학업능력의 중요성이 요구된다고 하겠습니다(설문조사 참조).

설문조사

질문 : 성공적인 유학을 위해 가장 필요한 것은 무엇이라고 생각하십니까?

1. 영어(언어)소통 능력	82명	48.81%
2. 디자인(학업) 능력	58명	34.52%
3. 경제적 뒷받침	24명	14.29%
4. 인턴 생활 및 여행	3명	1.79%
5. 교수, 동료와의 대인관계	1명	0.6%

자료출처 : 오픈스케일(2002. 3. 25~2002. 4. 6), 총 168명 응답

유학 지망생의 네 가지 유형

적지 않은 필자의 유학 상담과 유학 경험으로 유학 지망생에는 네 가지 유형이 있다고 생각합니다. 오늘도 유학의 꿈을 안고 유학 준비에 매진하는 건축인들에 한번 고민거리를 던져 보고자 합니다.

1. 지적 갈망형

한국 대학과 실무에서 배울 것이 더 이상 없다고 느끼시는 분들이 첫 번째 유학 결심형인데, 한마디로 세계 무대 속에서 한번 배워보고, 일하고 싶은 사람들입니다. 한국은 더 이상 나의 활동무대가 될 수 없고, 이제 세계를 상대해서 뛰어보고자 하는 진취적 용기를 가진 젊은이들로 생각됩니다. 고무적인 일이지요. 그런데, 제가 유학 상담해 온 경험을 보면, 이 유형의 사람들의 공통적인 특징은 '돈이 없다'라는 것입니다. 그래서, 대부분 설계사무실에서 일하는 실무인들이 고민을 많이 하고 있더군요. 실무경력도 어느 정도 쌓이고 무언가를 새롭게 해보려고 하는 사람들이 지적 갈망을 유학을 통해 풀어보려고 하는 것 같습니다. 1990년대 후반부터 한국에서 건축사까지 취득하고 실무경력이 6~7년 넘는 분들이 유학 나오는 경우가 종종 눈에 띕니다. 제 2의 도약을 위해 새롭게 출발하려는 늦깎이 유학준비생들의 성공을 기원합니다. 나이 먹어감과 지적 갈망은 아무런 상관관계가 없으며 나이의 굴레에 스스로를 얽매지 말기를 권합니다.

2. 오로지 미국 건축사 취득형

두 번째 유형은 첫 번째 유형인 지적 갈망의 성격을 약 30% 정도 생각하면서도, 동시에 미국 건축사를 따고 미국에서 일하든지, 아니면 한국으로 돌아갈 생각을 약 70% 정도 계획하고 있는 사람들입니다. 단지 첫 번째 지적 갈망형의 사람하고 다른 점이 있다면 건축적 사고가 진지하지 않으면서 학위를 위한 유학, 취직을 위한 유학, 한국으로 돌아가서 '유학파' 소리를 듣고 싶은 유형의 사람들입니다. 매우 실리 지향적인데, 문제는 건축사고의 성숙한 모습을 찾기가 어렵다는 것입니다. 이것은 제가 직접 경험한 것에서 기인합니다. 지적 성숙과는 별도로 "빨리 졸업해서 취직해야죠"라는 목표가 최우선에 있는 유형입니다. 진지하지 않는 특징도 이 유형에서 찾을 수 있습니다. 1970~80년대 유학 선배들이 첫 번째 유형이 많았다고 생각하면, 90년대 후반부터 21세기에 유학 가는 사람들에게는 두 번째 유형이 증가하고 있는 추세입니다. 유학을 이민 정착을 위한 수단으로 생각하고, 미국 건축사를 취득하여 미국에서 비즈니스를 오픈하려는 의도를 가진 사람에게도 이 유형이 적절할 듯싶습니다. 미국에서의 취직은 미국 경기에 지대한 영향을 받게 되므로, 현지에서 취직이 어려우면 미국 건축사 자격증을 들고 한국으로 들어가서 활동하려는 의도도 엿보입니다. 또,

WTO 때문에도 외국 건축사를 취득하고 한국으로 돌아가면, 한국 건축사 시험을 치르지 않아도 되는 이점과, 대학에서도 강의자리 받기 쉬운 일석이조의 생각을 염두해 두고 있습니다.

3. 한국 도피형

'안에서 새는 바가지 밖에서도 샌다'라는 옛말이 있습니다. 또 고등학교 시절 우스개 소리로 이런 말 많이 합니다. "공부도 못하는 게 꼭 도시락하고 책가방은 크더라. 공부 못하는 사람은 꼭 불평불만이 많더라, 그러면서 공부는 안 하더라."

"한국에서 학부 성적이 엉망이니 한국에선 길이 안 보이고, 이참에 유학 가서 새 출발 한번 해볼까"하고 생각하는 사람들도 여기에 들어갑니다. 이런 사람들은 유학을 가서도 현지 생활에 만족을 못합니다. 불평불만도 많습니다. "내가 생각한 유학은 이게 아니야, 다른 학교로 한번 옮겨볼까?"하는 생각을 많이 하게 됩니다. 현실에 최선을 다하지 않는 사람이 환경이 바뀐다고 하루아침에 변하지 않습니다. 유학 가면 모든 것이 해결되고, 유능한 디자이너가 되겠지 하는 생각은 큰 오산입니다. 오히려, 한국에서 열심히 하는 사람보다 훨씬 떨어질 수 있다는 것 명심하시길 바랍니다. 하루하루 최선을 다하지 않는 사람이 환경이 변한다고 해서 하루아침에 새로운 사람으로 바뀐다는 것은 어불성설입니다. 유학을 현실도피의 대용으로 생각하시는 분들은 오늘 하루를 다시 한 번 생각해 보시기 바랍니다.

4. 무작정 유학 결심형

"유학은 이유가 없다. 필수사항이다. 오로지 유학만이 살길이다. 유학 가면 모든 것이 해결된다. 세계적인 건축가가 될 수 있고, 돈도 많이 벌 수 있다"와 같이 생각하는 사람들이 이 유형에 속합니다. 부모님이 그냥 가라고 해서 유학 가는 경우도 여기에 속합니다. "내가 유학을 왜 가지?"하는 생각도 없이, "유학을 가면 좋은 거야"라고 생각하는 사람도 이 유형입니다. "친구가 유학 가니까, 나도 유학 가야 된다. 남들이 유학 가니까, 나도 유학 간다. 돈도 있고, 한국에선 취직하기 힘들고, 학벌도 딸리고, 이럴 바엔 유학이 최선의 답이다"라고 생각하는 유형입니다. "유학을 갔다와야 인정받는다. 국내파보다 유학파가 득세하니까, 당연히 유학을 가야 한다"라고 생각하는 사람도 여기에 속합니다. 유학 가는 것을 누가 뭐라 말할 수 없지만, 유학 후의 이러한 사람이 갖는 자세로 인해 발생하게 되는 사회적 불편함에 우리가 관심을 기울여야 하겠습니다.

당신은 어느 유형에 속합니까? 이 네 가지 유형을 가지고 어느 유형이 좋고, 어느 것이 나쁘다라는 것은 여러분이 판단할 몫입니다. 유학을 가고 안 가는 것은 개인의 자유입니다. 개인의 자유를 제가 뭐라 할 수는 없습니다. 실력과 경쟁이 보장되지 않는 불투명한 사회구조를 비판하는 것이 오히려 비판의 초점이 되어야 할 것입니다. 그런데, 문제는 시간이 흘러도 이러한 문제가 개선되지 않고, 불투명한 사회구조가 악순환 된다는 것입니다. 유학 시절에는 모두다 애국자가 됩니다. 한국 문제에 대한 비판도 많이 합니다. '고쳐야 한다. 바꿔야 한다'라고 외치다가 한국에 돌아가면 오히려 예전보다 '더 심한 사람'으로 바뀌어져서는 안 되겠습니다. 유학 가서 돈 쓰는 수준은 선진국인데, 정신 수준은 아직도 개발 도상국 수준에 머물러 있습니다. 유학 준비생들 여러분, 유학 가서 부디, '새롭게 다시 깨어 날 수 있는 기회'를 만들고, 보다 성숙한 모습으로 변하시길 바랍니다.

참고로 오픈스케일에서 실시한 유학 동기에 대한 설문조사를 보면 지적 갈망형의 준비생이 제일 많습니다. 이민이나 취직을 위한 유학 준비생도 30%에 육박합니다. 해외 현지 취업을 위해 떠나는 유학 동기는 한편으로 그만큼 우리 사회가 변하고 있는 증거일 것입니다. 유학의 동기가 무엇이든 개인이 원하는 소기의 목적을 성공적으로 성취하기를 기원합니다.

설문조사

질문 : 현재 당신이 유학 준비 중이거나 지망생이라면, 유학의 주요 동기는 무엇입니까?

1. 한국에서 충족 못한 지적 갈망과 성숙을 위해	179명	54.08%
2. 졸업 후 현지에서 취직하기 위해 (중·단기 계획)	74명	22.36%
3. 한국에 없는 새로운 분야를 공부하기 위해	50명	15.11%
4. 장기적인 이민 계획의 한 수단으로	22명	6.65%
5. 부모님이나 교수님의 권유로	6명	1.81%

자료출처 : 오픈스케일(2001. 5. 21~2001. 6. 30), 총 331명 응답

참고자료

2001년 미국-한인 유학생은 총 45,685명

2001년 현재 미국 내에서 공부하고 있는 한인 유학생은 총 45,685명으로 나타났습니다.

국제교육연구소(IIE)에서 최근 발표한 2000~2001년도 유학생 통계자료에 따르면 미국 내 전체 외국인 유학생 수는 514,723명이며 이 중 한인은 전체 유학생의 8.3%로 중국(59,939명), 인도(54,664명), 일본(46,497명)에 이어 4위를 차지했습니다.

이와 같은 한인 유학생 수는 전년도(41,191명)에 비해 10.9% 증가한 것이나 911 테러 사태 여파로 인한 유학생 증감 여부는 감안되지 않았습니다. 학부별 분포를 보면 전체 한인 유학생의 47.2%인 21,568명이 대학원 재학생으로 대학교에 등록된 한인 유학생(18,781명)보다 더 많았으며, 박사 과정에 있는 한인은 11.7%인 5,336명으로 나타났습니다. 영어연수차 유학 온 한인 유학생도 전체의 15%인 12,772명(15%)을 차지했습니다.

건축가와 컴퓨터, 그리고 Money

젊은이는 희망에 살고, 노인은 추억에 산다.

- 프랑스 격언 -

진짜 돈을 벌고 싶거든 건축가의 길을 때려 치고 컴퓨터와 친해지는 것을 권하고 싶습니다. 건축뿐만이 아니라 다른 모든 분야에서도 이제는 컴퓨터가 필수품이 되어버렸습니다. 한국도 마찬가지겠지만, 미국 대학원에서도 컴퓨터 사이언스 과가 경쟁이 제일 치열하고 커트라인도 제일 높을 것입니다. AutoCAD를 시작해서 여러 그래픽 프로그램은 건축에 있어서도 상당한 비중을 차지하고 있는 것이 현실일 것입니다. 학기말이면 건축과 컴퓨터 룸은 마지막 프리젠테이션을 위한 도면을 프린트하기 위해 플로터 앞에 장사진을 치는 풍경을 쉽게 접할 수 있을 것입니다.

컴퓨터 그래픽을 전공한 자가 건축 디자인을 공부한 사람보다 급여를 훨씬 많이 받는다는 것은 이제 옛 이야기가 아닙니다. 1999년에 RTKL, LA 설계사무실에서 인턴쉽을 하면서 건축과 출신들의 봉급이 이렇게 짠 줄은 몰랐습니다. 건축과 석사 출신(M.Arch.)의 봉급과 컴퓨터 그래픽 전공의 학부 출신의 봉급이 같거나 오히려 건축과 출신들이 적다는 것을 보고 '새삼 건축가와 돈은 그리 가깝지가 않구나'를 느끼게 되었는데, 역시 한국이나 미국이나 건축하는 사람들이 돈을 못 번다는 것은 똑같은 것 같습니다.

한국에 있는 사람들은 미국의 달러를 한국 돈으로 환산해서 보면 한국보다 훨씬 많이 번다고 생각할 수도 있지만, 미국의 물가와 생활 여건에 그 급여를 비교해 보면 그리 많지 않다는 것을 알 것입니다.

건축을 전공했다 해서 자신에게 특별한 가치를 부여하지는 마십시오. 남들보다 특별하다느니, 예술을 한다느니 하는 순수한(?) 자기 환상에서 빨리 깨어나야 합니다. 다시 말해, 현실을 냉정히 볼 줄 아는 눈이 필요합니다. 대기업에서 근무하는 샐러리맨들과 당신이 어떤 면에서 특별히 다르다는 것입니까? 천명 중에 한 두 명 날까 하는 스타 건축가을 꿈에 두고 유학을 오는지도 모르지만, 건축하는 사람은 돈을 떠나서 건축이 좋아서 이 길을 간다고 생각해야 될 것입니다. 생각이 당신의 모든 것을 바꿉니다. 진짜 돈을 벌려거든 차라리 컴퓨터 공부를 하십시오.

건축을 전공한 석사 출신이 보통 졸업 후, 초봉 30,000불에서 많이 받으면 35,000불을 받고 일을 시작합니다(2000년 기준). 적게 받으면 26,000불이나 28,000불 정도도 받을 각오를 해야 할 것입니다. 일반 공과대학 학부 졸업생이 40,000불을 받는 것에 비하면 건축석사의 봉급은 형편없다고 보아야겠지요. 한국에서 직장경력이 있어도 경력의 반 정도를 인정받으면 다행인 것이 이곳의 현실입니다. 그것도 대형 설계사무실에서 제공하는 급여이고 보면, 정말로 유명한 건축가 밑에서 수련할 경우 한국과 마찬가지로 정말로 짠 봉급에 생활을 해야 하는 것이 현실입니다. 인터내셔널 학생 신분으로 비자 상태도 불안하고 일자리 구하기도 힘든 이곳 현실을 미리 알고 유학을 떠나야 할 것입니다. 유학 오면 미국에 있으나 한국에 돌아가나 모든 것이 해결되리라는 환상을 깨고 마음 단단히 먹고 와야 할 것입니다. 건축분야가 경제분야에 가장 민감하게 작용하는 것도 인지해야 될 것입니다. 미국의 경제상태에 따라 졸업 후 취직 여부가 판가름나기도 합니다. 건축으로 먹고살기가 빠듯한 것이 현실이고 보면, 그동안 건축 공부에 투자한 시간과 노력 그리고 돈에 비해 급여가 너무나 적은 것이 사실입니다.

한국도 마찬가지겠지만 미국도 대형 설계사무실에서 컴퓨터 그래픽 프로그램을 필수적으로 사용하고 있는 것이 현실입니다. 컴퓨터 그래픽이 현상 설계의 주요 프리젠테이션 툴(Tool)로서 엄청난 역할을 수행하고 있는 것이 사실입니다. 아직까지는 수요에 비해 공급이 부족한 것이 그래픽 분야입니다. 특히, 컴퓨터를 사용해서 3D Modeling하는 것이 일반적인 건축 설계사무실의 현상이고 보면 그 전망도 또한 밝다 하겠지요. AutoCAD는 건축과 학생이 필수적으로 알아야 할 사항이 되어버렸고, 포토샵이나 페이지 메이커, 3D MAX 등도 프리젠테이션이나 디자인 도구로써 점차 변화되어지고 있는 현실을 볼 수 있을 것입니다.

건축적인 센스와 마인드를 가지고 3D Modeling하는 전문가들이 건축분야에 절대적으로 필요합니다. 디자인 스쿨이나 미술대학에서 공부한 친구들이 3D Modeling을 하고 있는 것이 미국의 대형 설계사무실 현실인데, 그래픽 분야의 석사 출신이 받는 봉급은 45,000불에서 프로그램 수행 능력에 따라 55,000불까지 받는 것을 보면 건축하는 사람보다 정말 많이 받는다는 것을 알 것입니다. 회사에서 경력을 어느 정도 쌓아 독립을 해도 전망은 밝은 분야라고 할 수 있습니다. 일반적으로 소규모 설계사무실이 시간에 바쁘고 인력이 부족하면 프리젠테이션을 위해 3D Modeling 전문 사무실에 용역을 주는 것이 관례입니다. 현상 설계에 나가는 사무실이야말로 최종 프리젠테이션에 신경을 많이 써야 하기 때문에, 용역비가 비싸도 울며 겨자 먹기로 준비해야 되는 것입니다.

미국 건축대학원의 최근 동향도 컴퓨터를 이용한 디자인 스튜디오가 개설되어서 다양한 건축 실험을 할 수 있게 되었습니다. UT Austin의 경우도 컴퓨터를 이용한 그래픽 스튜디오가 개설되어 있습니다. 디자이너로서 또 컴퓨터 전문가로서의 두 길을 걷기란 어렵다고 보겠습니다. 컴퓨터에 더 관심이 있다면, 확실하게 전문분야로 빠지는 것이 좋습니다. 엉성하게 자기의 전공분야를 여기저기 걸쳐놓으면 죽도 밥도 안 되는 현실이 오게 되기 때문입니다. 결국, 디자인도 머리에서 나오기 때문에 어떻게 컴퓨터를 디자인과 결합시키느냐가 문제이겠지요.

제가 건축설계의 경쟁력을 외치던 시기가 있었습니다. 결국, 세계 시장 개방을 앞두고 새롭게 태어나려는 움직임이 있습니다만, 걱정되는 것이 한 둘이 아닙니다. 교육의 환경은 전근대적이면서 제도만 바뀐다고 일이 쉽게 해결되어질 것 같지는 않습니다. 어찌되었든, 건축교육 역시 새롭게 태어나야 할 것입니다. 밀레니엄 시대는 확실한 전문분야의 시대일 것 같습니다. 건축 디자인도 하고, 구조도 하고, 컴퓨터 그래픽까지 하는 시대가 아닙니다. 나이 40이 되기 전에 자기의 확실한 분야를 선택해야 할 때가 올 것입니다. 디자이너로 남느냐, 프로젝트 매니저로 남느냐, 아니면 건축의 철저한 테크니션으로 살아가느냐, 그리고 건축의 경영자의 역할을 하느냐 등입니다.

혼자 사무실 꾸려 가면서 디자인도 하고, 공사 감리까지 챙겨 가며 경영까지 하는 종합 건축인 시대는 지나갔습니다. 건축설계사무실 역시 전문화시대입니다. 병원건축, 공항건축, 백화점건축 등 건축설계도 전문화 방향으로 가는 것이 세계 흐름인 것 같습니다. 특성 없는 종합 건축인보다 확실한 자기 분야를 개척하라고 권하고 싶습니다. 밀레니엄은 컴퓨터가 지배하는 신테크노 시대이고 보면 컴퓨터는 매력 덩어리 중 하나임에 틀림이 없습니다.

하나 우스운 것은 컴퓨터 그래픽 프로그램 회사들간의 치열한 시장 싸움으로 인해서, 무고한 건축과 출신들의 희생자들이 나온다는 것입니다. 즉, 예를 들어 학교에서 AutoCAD 14를 가르쳐 주지 않지만 사무실에 취직하기 위해서는 이 프로그램을 알아야만 한다는 것입니다. 아이러니컬한 것은 학교에서 AutoCAD보다 상대적으로 시장 점유율이 적은 MINI CAD나, ARCHI-CAD 등의 프로그램을 배웠다면 일자리 구하기가 그만큼 제한적이다 라는 것입니다. 심지어, 학교에서 캐드 프로그램을 가르쳐 주지는 않지만, 혼자서라도 AutoCAD 14를 알고 있어야 일자리 싸움에서 이길 수 있는 것이 현실입니다.

제 경우에는 학교에서 Form-Z라는 3D Modeling 프로그램을 배웠지만 3D Studio MAX를 쓰고 있는 RTKL에 와 보니 Form-Z는 무용지물(無用之物)이었습니다. 제 능력을 발휘하려면, Form-Z를 사용하는 작은 사무실을 찾아가야 했습니다. 현 건축시장 게임에서 3D MAX에 Form-Z가 눌리고 있기 때문이었습니다. 첫 단추가 그만큼 중요한 것입니다. 시장 점유율이 적은 프로그램보다 일반적으로 효용성이 높고 많은 사무실에서 사용하는 프로그램을 시작하는 것이 바람직합니다. 유학을 떠나기 전에 최소한 포토샵, AutoCAD 정도는 숙달해 두기를 권하고 싶습니다. 특히, AutoCAD는 취직하는 데 필수사항입니다.

경제적으로 보장받지 못하는 건축설계분야에 더 이상 미련을 가질 필요가 있을까요? 경제적인 어려움을 이겨내고 시대와 예술에 대한 투철한 소명의식(召命意識)을 가진 자들만이 건축을 해야 할 것입니다. 배고파도 건축이 너무 좋고, 평생에 길이 남을 건물 딱 한 개만 설계해도 좋다면, 그리고 평생을 묵묵히 그늘에서 일하다가 생(生)을 마칠 수도 있음을 겸허하게 받아들일 수 있는 마음을 가졌거나, 돈보다도 당신의 인생을 하고 싶은 것 하면서 살기를 원하는 사람들만이 건축을 해야 할 것입니다. 자기가 하고 싶은 것을 하면서 또, 그것을 즐기면서 사는 것이 최고의 행복이라고 헤겔은 말하지 않았습니까? 명예와 부는 항상 같이 있는 것이 아닙니다. 우리가 살면서 때로는 그 하나를 포기해야 할 용기도 필요할 것입니다.

진지한 고민과 자기 충실의 시간, 유학

고난과 역경은 사람을 부유하게 하지는 않으나 지혜롭게 한다.

- 풀러 -

이 글의 목적도 나를 만드는 훈련 과정의 중요한 부분이며, 또 앞으로 여러 글쓰기 작업을 통한-아니 어떠한 과정을 통해서라도-자기 수련과 자기 충실을 게을리 하지 않아야겠다고 생각하고 있습니다. 디자인을 업(業)으로 먹고사는 건축가들의 글쓰기 작업이란 참으로 어려운 것이며, 설령 써 놓은 글을 읽을 때면 딱딱하고 이해하기조차도 쉽지 않은 것이 사실입니다.

건축유학이 언제부터 시작되었습니까? 하지만 건축유학에 대한 실질적 정보도 없을 뿐더러, 건축잡지에 유학한 교수님들의 고상한 글들만이 있을 뿐입니다. 유학정보나 미국에서의 갖은 고생담도 나올 수 있으련만 불행하게 찾아 볼 수가 없습니다. 유학정보와 같은 글의 내용을 등한시하는 일반적인 시각과 편견이 실제적으로 필요한 정보의 부재(不在)를 초래한 원인일 수도 있으려니 하는 생각도 해 봅니다.

요즈음은 인터넷을 통해서 세계 각지에 나가 있는 유학생들의 체험이나 정보를 접할 수 있게 되었습니다. 한국의 주요 유학원이나 영어시험 전문학원의 웹사이트에 가보면 해외 리포터들의 살아 있는 경험담을 읽을 수 있을 것입니다. 바람직한 현상이 아닌가 생각됩니다. 사실 엄청난 숫자의 유학생들이 미국에 나와 있는 것이 현실입니다. 특히, 공과대학에는 한국 학생들을 쉽게 찾을 수 있을 것입니다. 한국의 유학원 사이트를 비롯해서, 미국의 주요 대학원의 한인 학생회 사이트에 가셔서 많은 정보를 구하시기 바랍니다.

사람은 시간과 더불어 육체적으로 성장을 하는 것이 생물학적 현상임에 틀림없습니다. 정신 또한 마찬가지이며 지식 또한 같은 범주에 들어갈 것이라고 믿고 싶습니다. 하물며 유학이라는 상황하에서는 어떨까요? 미국이 아니어도 좋습니다. 어딘들 무슨 상관이 있겠습니까? 바로, 유학의 메리트를 든다면 그 하나가 이 진지한 고민과 자기 충실의 시간을 스스로 만들어 나간다는 것입니다. 마치, 외딴섬에 홀로 떨어져 도(道) 닦는 수도승처럼 말입니다. 다시 말해, '나의 것'을 만들어 나가는 것입니다. 학교 교수가 또 학교 선배가 내 사고를 지배하는 것이 아니라 내 스스로 건축을 고민하고 정립해 나가는 것이야말로 참되고 가치 있는 유학임에 틀림없을 것입니다. 디자인 실력이 엄청나게 발전되는 것이 아니며, 자기만의 거창한 건축이론이 생기는 것은 아니지만, 학문에 대한 고민의 자세, 사물 하나 하나를 진지한 시각으로 볼 수 있다는 그 자세를 배울 수 있을 것입니다.

유행에 민감하고 세상이 빨리 돌아가는 것처럼 느끼는 곳이 대도시일 것이며, 특히 아시아의 몇 나라-한국과 일본이 대표적인 경우-들은 유행에 대한 반응이 매우 심하다고 볼 수 있습니다. 이러한 대도시에서는 패션과 더불어 건축의 흐름 또한 쉽게 감지되고 재빠르게 대응하는 현상들을 볼 수가 있습니다. 명동 거리의 상업건축이나 인테리어는 가히 세계적인 수준이라 해도 틀리지 않을 것입니다.

여기서, 저는 한 가지 우려를 해봅니다. 유행에 너무 민감한 나머지 근본도 제대로 모르고 넘어가는 경우가 허다하며, 유행에 좇아가기 바쁘고 특히, 남을 의식하는 풍조는 가히 가관(可觀)이라 할 수 있습니다. 패션의 유행, 심지어 연예인의 머리핀 하나가 전국을 휩쓰는 현실에서 우리는 아시아가 가지고 있는 집단주의적인 문화현상을 감지할 수 있을 것입니다. 도대체 나의 것이라는 것은 없고 하나의 유행이 상륙하면 모두 다 똑같은 모습을 하고 다니는 획일적인 집단주의적 현상을 볼 때에 참으로 안타깝기 그지없습니다. 과연 '내 것'은 어디에 있는 것입니까?

유학 와서도 한국에서 하던 버릇을 똑같이 하는 유학생들이 있어서 하는 이야기입니다. 도대체 나의 것은 어디로 가고 건축 유행의 첨단에 앞장서서 디자인을 해야만 설계를 잘한다고 믿고 있는 유학생들을 볼 때에 유학의 시간이 참 안타깝다는 생각을 해봅니다. 최첨단의 유행을 누군들 못 베끼겠습니까? 건축이 예술이라는 환상에 빠져서 허우적거리다 못해 중독되어 있는 모습들은 그리 보기가 좋지 않습니다. 이것은 건축분야에서의 예술 지상주의, 건축설계 지상주의를 개탄하는 바이며, 필자는 '건축은 건축가를 위한 실험이 아니라 사용자를 위한 것'이어야 한다는 생각을 하고 있습니다. 자신도 이해하지 못하는 건축을 고도의 지적 작업이라고 부르짖는 것을 어떻게 이해해야 될 것인지 저는 모르겠습니다.

어디서 유학을 하느냐에 따라 그 자세가 달라질 것입니다. 다시 말해, 어느 대학원에서 유학을 하느냐에 따라 건축을 보는 눈이 달라질 수 있다는 말입니다. 당연한 소리로 들릴지 모르겠지만, 앞서 말한 것처럼 유행 따라가기에 바쁜 나머지 진짜로 얻을 중요한 것들을 놓칠 수 있다는 함정을 지적하고자 함이며, 건축에 대해 편협(偏狹)되고 독선적인 시각을 가질 수 있다는 경고를 환기시키기 위함입니다. 그 지역의 풍토와 환경이 건축을 지배하듯이, 미국의 뉴욕과 L.A.의 건축이 같을 수 없습니다. 이 문제는 매우 민감한 사항이며 유학을 준비하는 학생들은 한 번쯤 깊게 고려해야 될 줄로 믿는 바입니다.

그렇습니다. 유학의 가장 큰 이점은 주위 잡생각을 한시적으로 접어두고, 사소한 집안 대소사의 면죄부를 받은 만큼 학업에 매진할 수 있다는 것이 큰 장점일 것입니다. 때로는 왕따가 되어도 좋습니다. 유학생활을 하다보면 하루종일 혼자 지낼 때도 있으며, 외로움과 언어의 장벽 때문에 이국만리 타국에서 힘겹게 싸워 나갈 때노라면 정말 절망감에 휩싸일 때도 있을 것입니다. 미국 학생들과 친구하기도 힘들 뿐더러 설령, 그들과 이야기하고 지내도 한국에서 말하는 '친구'라는 개념이 아니고 그저 아는 사람 정도일 뿐입니다. 이러한 난관들이 우리를 더 강하게 만들며 우리의 사고와 태도를 바꾸어 놓는다고 말할 수 있습니다. 진지한 고민과 자기 충실의 시간이 없고서야 어찌 유학을 성공적으로 마칠 수 있겠습니까? 유학은 바로 이러한 진지한 자세와 인격을 쌓아 가는 과정일 것입니다.

제2장

유학보다 준비과정이 더 어렵다?

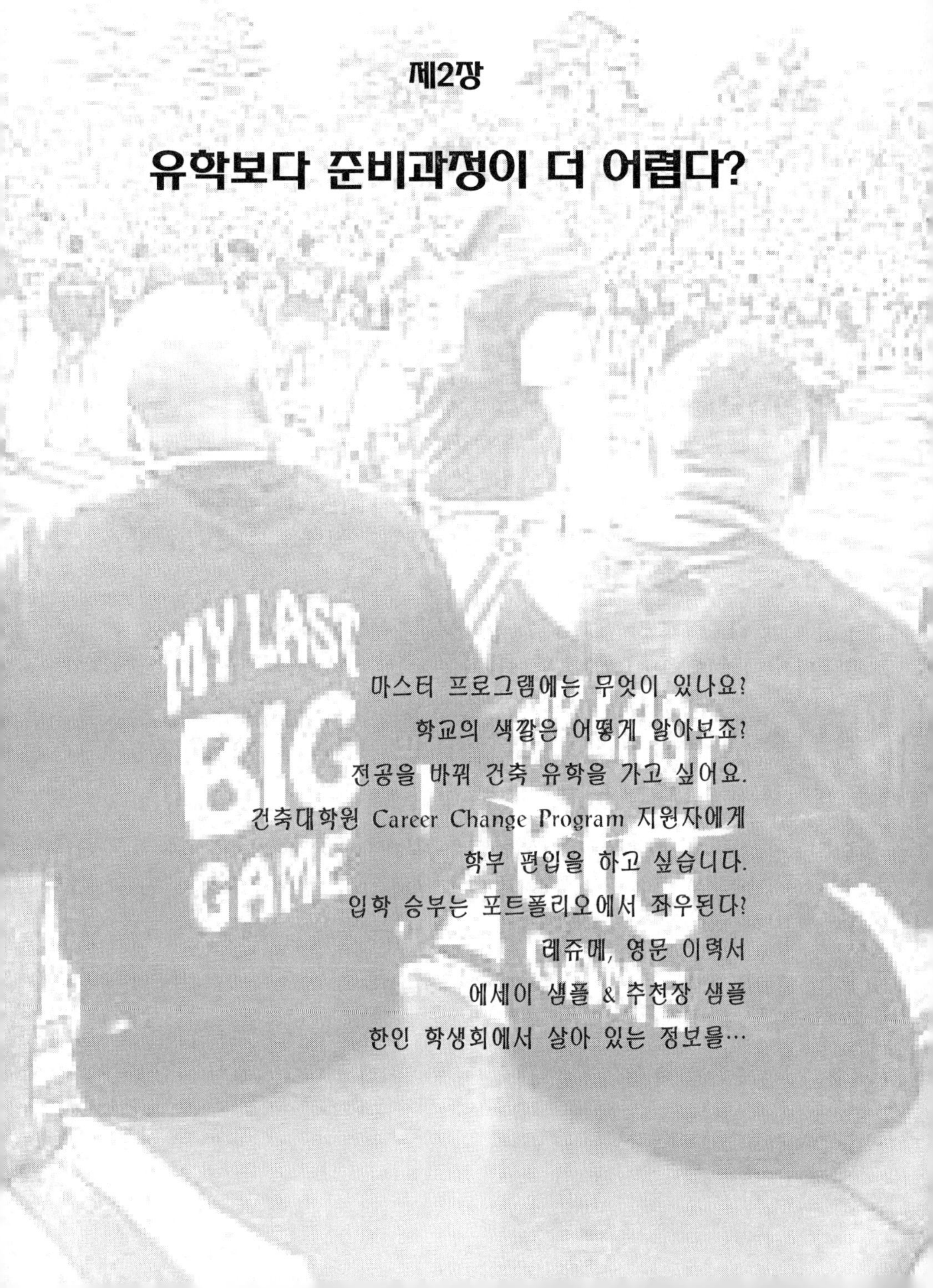

마스터 프로그램에는 무엇이 있나요?

학교의 색깔은 어떻게 알아보죠?

전공을 바꿔 건축 유학을 가고 싶어요.

건축대학원 Career Change Program 지원자에게

학부 편입을 하고 싶습니다.

입학 승부는 포트폴리오에서 좌우된다?

레쥬메, 영문 이력서

에세이 샘플 & 추천장 샘플

한인 학생회에서 살아 있는 정보를…

마스터 프로그램에는 무엇이 있나요?

지혜는 진리 속에만 있다.

- 괴 테 -

일반적으로 미국의 건축석사 프로그램은 한국과 조금 다르다고 할 수 있습니다. 한국의 건축교육과 건축사 시험이 수시로 바뀌는 관계로 아마 몇 년 후에는 미국 건축교육 시스템과 똑같을 날도 올 수 있겠지요. 그렇다고 미국의 건축 시스템이 모범답안이라는 것은 아닙니다. 마치, 미국 유학을 하면 사고방식이 미국화 된다고 하지만 미국만이 정답이라고 말하고 싶지는 않습니다. 세계 흐름이 미국 주도이다 보니 무시는 할 수 없겠지요.

미국 석사과정은 프로페셔널 학위로 압축해서 이야기할 수 있는데, 이것은 미국에서 건축사 자격을 취득하기 위해서는 프로페셔널 학위가 요구되기 때문입니다. 뒤에 다시 언급을 하겠지만, 미국의 모든 주가 건축사 시험에 관한 법을 동일하게 적용하고 있지 않은 관계로 다소 혼동이 우려되니, 건축사 자격시험에 관한 내용을 확인하시기 바랍니다. 해설이 길었습니다. 다시 말해, 4년제의 학부 과정은 프로페셔널 학위가 아니고 일반적으로 BSAS(Bachelor of Science in Architectural Study ; 대학마다 학위명이 다르다는 것을 참고 바랍니다)이기 때문에, 미국에서 건축사를 취득하기 위해서 다시 대학원을 진학

해야 하는 미국만의 특성이라고 이해하면 되겠습니다. 물론, 5년제 학부과 정을 이수하면 Bachelor of Architecture, First Professional Degree를 받을 수 있습니다. 바로 이 First Professional Degree가 미국 건축사 시험 응시의 기본조건이라고 보면 됩니다.

대학원 과정 중에 건축법에 관한 내용을 변호사가 강의한 적이 있었는데, 참으로 복잡하기 그지없었습니다. 미국이 주마다 법을 다르게 적용하고 있는 것이 가장 큰 이유 중에 하나입니다. 텍사스 주와 캘리포니아 주를 보아도 건축사 시험 자격기준이 서로 다르다는 것을 알 수 있었습니다.

미국 건축사 시험이 꼭 프로페셔널 학위를 요구하는 것은 아닙니다. 왜냐하면, 건축사 시험을 응시하기 전에 자격요건을 심사하게 되는데, 프로페셔널 학위에 상응하는 경력이 있으면 동등한 자격으로 인정해 주기 때문입니다. 대신에 First Professional Degree를 가진 사람보다 더 많은 실무기간이 요구된다고 보면 되겠습니다. 미국 유학을 오게 되면 바로 이 학위 문제가 매우 혼동이 되지만, 한 학기만 보내고 나면 그리 어려운 것도 아닙니다.

한 가지 짚고 넘어가야 할 것은 미국의 건축대학 시스템입니다. 학부와 대학원이 같이 있는 경우가 있고, 대학원만 있는 학교가 있고, 학부만 있는 학교가 있습니다. 또, 학교마다 학위 프로그램과 이수과정이 서로 다르기 때문에 아래에서 언급할 내용을 가지고 전미 모든 대학에 적용한다는 것은 무리이며, 자세한 내용은 직접 확인하기 바랍니다. 다만, 제가 말하고 있는 것은 일반적인 사항일 뿐입니다.

Master of Architecture, First Professional Degree

제일 혼동되는 것이 Master of Architecture, First Professional Degree와 Post Professional Degree입니다. 영어 발음 또한 퍼스트(First)와 포스트(Post)가 헷갈려서 더욱 그렇습니다. 어떤 학교에서는 M.Arch I, M.Arch II, M.Ach III라고 부르기도 합니다. M.Arch. 프로그램과 유사한 MSAS-앞에서 잠시 언급한 BSAS처럼-라는 프로그램이 있습니다. 이것은 Master of Science in Architectural Study인데 프로페셔널 학위가 아니고, 아카데믹 학위라는 것을 염두에 두십시오. 일반적으로, 미국에서 건축가로 활동하기 위해서는 프로페셔널 학위가 요구된다는 것을 다시 한 번 상기하기 바랍니다.

한국에서 대학을 졸업한 경우, 대학원 재학 중 중도에 유학을 오는 경우, 대학을 졸업하고 직장 경력이 있으나 석사 과정을 이수하지 않았을 경우(추후 다시 언급), 그리고 타 전공에서 건축으로 전공을 바꾸어서 오는 경우, 모두 다 해당되는 것이 First Professional Degree 프로그램입니다. 설령 한국에서 직장경력이 많아도 다시 First Professional 학위로 시작을 해야 하지만 변수는 얼마든지 있을 수 있습니다. 학교마다 지원하는 학생의 과거 경력을 어떻게 평가하느냐에 따라 First Professional로 갈 수도 있고 Post Professional로 갈 수도 있습니다. 예를 들어 M.Arch.로 지원을 했는데 해당 학교에서는 MSAS로 어드미션을 주는 경우도 있습니다. 하지만, 위에서 언급한 경우는 일반적으로 First Professional 학위 과정으로 가는 거라고 보면 됩니다. 미국이 워낙 넓고 학교 또한 너무 많기 때문에 전미(全美) 모든 학교를 분석한다는 것은 제 능력 밖이라고 변명하고 싶습니다. 지원자의 배경 또한 입학 변수로 작용하기 때문에 각각의 경우를 설명하기란 이 지면으로도 모자랄 것입니다.

First Professional 학위 역시 학교마다 이수해야 하는 학점과 소요 시간이 다릅니다. 보통 3년에서 3년 반이 걸린다고 학교 안내서에 언급을 하고 있지만, 그것 역시 학생이 어떻게 하느냐에 따라 2년 반이 될 수도 있고 5년이 될 수도 있습니다. 문제는 얼마의 학점을 이수해야 하는 것이 관건입니다. 결론부터 말하자면 학교의 커리큘럼에 따라 이수학점이 다르다고 볼 수 있습니다.

예를 들어, 텍사스 주립대학(UT Austin)을 살펴보겠습니다. 학교 안내서에 명시되어 있기를 학부에서 건축을 전공한 학생이라면 석사과정을 이수하는데 최저 66학점을 수강해야 한다고 명시되어 있습니다. 하지만 제 경우는 69학점을 이수해야 했고, 어떤 학생은 75~84학점을 이수해야 하는 등 학생마다 다른 것을 볼 수 있었는데, 이것은 학생의 과거 실무경력이나 학업 배경 등이 결부되어 있었습니다. 당신이 관심 있는 학교의 커리큘럼을 살펴보면 쉽게 알 수 있을 것입니다.

이수 학점은 학생에게 있어서 매우 중요한 사항입니다. 왜냐하면, 귀중한 시간과 학비가 좌우되기 때문입니다. 학부에서 건축을 전공한 학생들은 Admission with Advanced Standing으로 입학 허가를 받게 되는 경우가 있습니다. 즉, 이것은 건축을 학부에서 전공하지 않은 학생들보다 이수해야 할 과목이 더 적다는 의미입니다. 그래서, Advanced Standing으로 입학하였다고 좋아할 일은 아닙니다. 그것은 당연한 것이기 때문입니다. 한가지 명심할 것은 입학 후, 학교 수업을 시작하기 전에 Graduate Advisor와 인터뷰를 해야 하고 그 과정에서 이수해야 할 과목을 결정 받게 된다는 것입니다. 인터뷰 준비를 소홀히 했다가 수강할 필요없는 과목도 들어야 하는 일을 초래할 수가 있습니다. 과목을 면제(Waive)받는 절차는 제 4장에서 언급하였으니 자세히 읽어보고 준비하기 바랍니다. 타 전공에서 건축으로 바꾸는 경우는 뒤에 이어지는 '전공을 바꿔 건축유학을 가고 싶어요' 편에서 자세한 내용을 보기 바랍니다.

Master of Architecture, Post Professional Degree

Post Professional Degree는 말 그대로 First Professional Degree를 가진 사람들, 예를 들어 미국 대학 학부에서 5년제를 졸업하고 B. A, First Professional Degree를 가진 사람, 태국 학생이나 인도 학생들처럼 5년제 학부를 졸업한 경우(애석하게도 한국에서 4년제를 졸업하고 대학원을 다니다 와도 인정이 안 됩니다), 한국에서 석사 학위를 가지고 있는 경우(First Professional Degree에 상응하는 자격으로 인정을 해 줍니다)에 해당되는 학생들이 공부하는 과정입니다.

한 가지 주의해야 할 경우가 바로 한국에서 석사 학위를 가지고 Post Professional Degree로 오는 경우입니다. 공식적으로 First Professional Degree를 가지고 있지는 않지만 그에 상응하는 자격을 부여해 준 것이지 First Professional Degree를 가졌다고 볼 수 없기 때문입니다. 이것은 건축사 자격요건에 결격 사유가 될 수 있습니다. 제6장 중 '건축사 시험보기'에서 언급을 하겠지만 주마다 다르게 자격요건을 부여하는 것이 현실이고, 어떤 주에서는 First Professional Degree가 없으면서 Post Professional Degree를 가진 사람인 경우에 건축사 시험을 볼 수 없는 경우도 있기 때문에 신중히 알아보아야 할 사항입니다. 해당 대학 교수들도 잘 모르는 사항이어서 정확한 정보를 구하기란 참 어렵습니다.

First Professional Degree를 가진 사람은 졸업 후 3년의 실무 기간을 마쳐야 합니다. 그리고 나서, 미국 건축사 시험에 응시할 수 있습니다. Post Professional Degree를 가진 사람은 2년의 실무기간이 요구됩니다. 이것은 교육과 실무의 기간을 합해서 총 8년을 요구하는 건축법에서 그 개념을 찾을 수 있습니다. 처음에도 언급했지만, 한국에서 석사학위를 가진 경우에는 해당 학교의 입학 심사에 따라 First Professional 프로그램 또는 Post Professional 프로그램으로 입학할 수도 있다는 것을 말해 주고 싶습니다. 두 프로그램이 다른 점은 이수 학점이 월등히 차이가 나고 졸업 논문의 여부입니다.

Post Professio- nal의 경우는 36학점이고 설계 보고서나 논문을 요구하는 학교도 있습니다. 즉, First Professional에서 일반적인 건축 내용을 배운다고 본다면(First는 논문이 필요 없습니다), Post Profess- ional 과정은 세분화된 분야를 공부한다고 생각하면 됩니다. 예를 들면, 디자인, 이론, 환경, 역사 보존 등입니다. 이것은 아카데믹한 학위가 아니고 프로페셔널 학위이기 때문에, 디자인 논문 같은 경우는 한국의 계획 논문과 유사하다고 보거나 더 간단한 경우가 많습니다.

그 외에, 학위 과정 중의 공부 내용은 First Professional과 거의 비슷합니다. 그래서, 유학을 생각하고 있으면 한국에서 대학원을 가지말고, 실무경력을 쌓은 다음 오라고 권하고 싶습니다. 물론 공부한 것이야 다 자기 것이 되겠지만, 대학원을 다니다 오는 경우는 시간과 돈만 소비했다는 생각을 하게 됩니다. 그러므로 미국에 와서 다시 3년을 공부해야 하는 실정을 감안한다면, 대학원 대신 실무경력을 쌓으라고 권하고 싶습니다. 또, 미국의 건축대학원 학생들을 보면 대부분이 실무경력을 쌓은 후에 학교로 오는 것이 일반적입니다. 대학 교수들도 실무경력을 선호하기도 합니다.

석사학위는 없는데 직장경력이 많은 경우가 있습니다. 5년이나 10년의 경력을 가지고 미국 유학을 오는 경우를 종종 보는데, 이런 경우는 학교에서 결정하기가 참 애매한 경우입니다. 왜냐하면 그 정도의 직장경력이면 이미 석사 과정을 마쳤다고 생각하기 때문입니다. 그럼에도 불구하고 유학을 굳이 오겠다고 그러면 어쩔 수 없겠지만, 이 문제는 해당 학교 입학 위원회의 재량에 따라 프로그램이 결정되리라 생각됩니다. 그러나 원칙적으로는 First Professional로 가야 하지만, 변수가 작용할 수 있다는 것을 언급하고 싶습니다.

Master of Urban Planning/Master of Science in Community & Regional Planning Degree

도시계획으로 전공을 바꾸거나 도시계획에 연관되어 있는 학생들이 유학 가는 경우인데, 이 프로그램 역시 프로페셔널 학위가 있고 아카데믹 학위가 있습니다. 하버드 원서요강에 나와 있는 것을 보면 건축, 경제학, 공학, 조경, 정치학 등의 학부배경을 가진 사람들이 지원할 수 있고, 80학점의 이수 과정이 요구된다고 말하고 있습니다.

일반적으로 University of Pennsylvania가 이 분야에서는 강점이라고 합니다. 미국에서 역사가 가장 오래된 곳이기도 하지요. 제가 생각하기에 이 분야는 Planning과 Design의 두 분야로 압축해서 말할 수 있겠습니다. 즉, 소프트(Soft)한 도시관련 분야와 물리적인 환경 디자인 분야로 나누어져 있다. 예를 들어, 교통, 도시 경제, 토지 이용 및 개발, 도시 공공 서비스, 도시계획법 등 물리적인 디자인보다는 그것을 뒷받침하는 분야가 Community & Regional Planning이나 City Planning 쪽에 많이 있습니다.

물론 Urban Design에서도 전반적인 내용을 배우기도 하지만 좀더 깊이 들어간다면 건축과보다 Planning Department에 개설되어 있는 것이 사실입니다. 도시계획정책 입안에서 환경디자인까지 광범위하게 걸쳐 있는 분야가 이쪽입니다. 물리적인 디자인 분야는 대부분이 건축과에 속해 있지만, 소프트(Soft)한 여러 분야는 아직 미국에서도 어느 Department에 포함시켜야 할지 논쟁거리 중에 하나입니다. 많은 대학들이 건축과에서 더부살이하고 있는 것이 현 실정입니다.

건축과에서 공부를 해도 도시계획에 관한 프로젝트를 하는 경우가 있습니다. 건축에만 한정되어 있는 시각을 넓혀주는 데 많은 도움이 되기도 합니다. 이런 스튜디오 외에 이론 과목도 수강할 수가 있어서, 건축을 전공하는 학생이라면 한번쯤 들어보는 것이 건축의 시각을 확장시키는 데 좋은 기회가 될 것 같습니다. 건축과 도시 문제는 항상 연관되어 있는 것이 일반적입니다. 건축의 눈으로 도시를 바라보고, 또 도시의 눈으로 건축을 바라보는 훈련은 필히 짚어보고 넘어가야 할 문제인 것 같습니다.

Master of Landscape Architecture(MLA I, II)

한국에서 말하는 조경건축가(?), 조경계획가, 조경설계사 등이 되기 위한 프로그램입니다. 이것 역시 프로페셔널 학위 제도입니다. 건축가 역시 중요한 분야가 Landscape입니다. 프로젝트를 진행할 때도 조경 분야는 Landscape 건축가가 전적으로 설계를 하는 것이 이곳의 현실입니다. '건축은 경관(Landscape)의 일부이다'라고 저는 생각하는데, 건축과 조경 역시 형제와 같은 관계라고 볼 수 있겠지요.

전반적으로 미국의 건축대학이 Landscape Architecture 프로그램을 가지고 있지는 않습니다. 몇몇 대학이 개설하고 있고, 설령 없더라도 건축과 내의 프로그램 중에 Landscape Architecture와 관련된 과목을 가르치기도 합니다. 이 분야에서는 Landscape과 관련된 역사, 이론, 미학, 기술, 디자인, 원예학 등을 배우게 되고, 실무로 나가면 Landscape Designer가 되는 것입니다.

미국에서의 조경이나 외부 환경의 디자인 역시 건축 설계 못지 않게 중요하게 인식되고 있습니다. 이 프로그램 MLA 역시 학부 배경에 따라 1년 정도 면제(Waive)받을 수 있습니다. 건축을 공부하는 한 사람으로서 이 분야를 자세히 안다고 말할 수 없기에 하버드 대학의 프로그램 요강을 첨부했습니다. 120학점을 마쳐야 되는 M.Arch. 못지 않은 힘든 과정입니다. 건축과를 졸업했다면 2년 반에서 3년 정도가 소요될 것 같습니다.

Pre-semester

GSD 6103 - Site Ecology and Plant Communities

First Term

GSD 1111 - Landscape Architecture Design(studio)
GSD 2103 - Studies in Landscape Representation I
GSD 4109 - History of Landscape Architecture
GSD 6104-M2 - Fundamentals of Landscape Technology
GSD 6213-M1 - Introduction to Plants as a Design Material

Second Term

GSD 1112 - Landscape Architecture Design(studio)
GSD 2106 - Studies in Landscape Representation II
GSD 4317 - History of Modern Gardens and Public Landscapes : 1800 to the Present
GSD 6105-M4 - Fundamentals of Landscape Technology
GSD 6214-M3 - Plants in Design I

Third Term

GSD 1211 – Planning and Design of Landscapes(studio)
GSD 2107 – Fundamentals of Computer-Aided Design
GSD 3102 – Theories and Practices of Contemporary Landscape Architecture
4 units – Natural Systems distributional elective : approved 4-credit course*
GSD 6303-M1 – Site Planning

Fourth Term

GSD 1212 – Planning and Design of Landscapes(studio)
GSD 3307 – Theories and Methods of Landscape Planning
GSD 6206 – Landscape Technology
GSD 6215-M4 – Plants in Design II

Fifth Term

GSD 1310 – Studio Option**
12 units – Distributional electives* or electives

Sixth Term

GSD 1310 – Studio Option**
10-14 units – Distributional electives* or electives
OR
GSD 9303 – Independent Thesis in Satisfaction of the Degree Master in Landscape
Architecture
6-10 units – Distributional elective(4 units)* or electives

MSAS(Master of Science in Architectural Studies) rograms

MS, Master of Science 학위는 프로페셔널 학위가 아니라 아카데믹한 학위로 구분되어 집니다. 학위 과정도 그리 길지 않습니다. 보통 30학점을 이수해야 하고 학업 기간도 1년 반 정도 걸리게 되며, 논문이 요구됩니다. MS Program이 개설되어 있는 대학원은 그리 많지 않습니다. Master of Architecture Program이 건축가로서 갖추어야 할 전반적인 기본 지식과 내용을 공부한다면, MS 과정은 전공 분야로 좀더 세분화되고 아카데믹하다고 볼 수 있습니다. 즉, M. Arch. 과정은 전반적인 건축 내용인 반면에 MS는 전공 분야를 선택해야만 합니다. 좀 더 쉽게 설명하기 위해 UT Austin의 과정을 예로 들겠습니다.

프로그램 소개에 이 과정은 박사 과정의 시작 단계라고 언급을 하고 있습니다. 박사 과정을 가기 위해서(학교마다 다르지만)는 아카데믹 학위를 요구하는 대학이 있습니다. UT Austin 경우, M. Arch. First Professional Degree를 가지고 있어도 박사 과정을 가기 위해서는 다시 아카데믹 MS Degree를 요구하는 불합리한 학칙을 가지고 있는 대학들이 있습니다. 그래서 처음부터 박사 학위를 목표로 둔다면 MS 과정으로 들어오는 것도 고려해 볼 만합니다.

UT Austin의 경우를 보면, MS Program이 History & Theory, Architectural Design, Historic Preservation, 그리고 Climate 분야로 나누어져 있습니다. MS, C.R.P.(Community Regional Planning)분야도 있습니다. 30학점에 논문이 요구되고 1년 반~2년이 걸립니다. MIT 대학도 MS 과정이 있는 걸로 알고 있습니다. 미국의 대학마다 MS 과정이 다양한 전공을 가지고 프로그램을 진행하고 있기 때문에 많은 대학을 알아보기 바랍니다. 한국에 없는 미개척 분야를 공부하는 것도 해 볼

만하다고 권하고 싶습니다.

위에서 언급한 마스터 프로그램 외에 다른 여러 프로그램이 있는 걸로 알고 있습니다. Business와 건축을 접목시켜서 공부하는 석사 과정도 있고, 90년대 이 후 들어서 주목받고 있는 건설관리(Construction Management) 분야나 빌딩관리(Facility Management) 분야도 있습니다. 건축디자인 외에 구조나 시공 분야가 빠진 것 같은데, 미국에서의 건축구조나 건축시공 쪽은 토목과, Civil Engineering Department에 개설되어 있는 것이 일반적이고, 주로 박사 과정으로 오는 경우가 더 많습니다. 이 분야에 관심이 있는 분들께 많은 정보를 주지 못한 데 대해서 양해를 구하는 바입니다. Civil 분야에서 공부하시는 분들께서는 직접 정보를 구하는 것이 바람직하다고 봅니다.

뒤에 이어지는 '한인 학생회에서 살아있는 정보를'에 가면 미국의 주요 대학 한인학생회 홈페이지 주소를 볼 수 있으니 참조 바랍니다. 이미 언급했지만, 위의 내용은 경우의 수가 제일 많은 M. Arch. 과정에 편중되어 있음을 다시 한번 알리는 바입니다.

학교의 색깔은 어떻게 알아보죠?

세 번 생각한 뒤에 행(行)하라.

- 논 어 -

참으로 어려운 질문입니다. 학교 특성이나 평가를 내린다는 것은 지극히 일반적인 내용일수도 있거니와 편파적일 수도 있다는 것을 먼저 말씀드리고 싶습니다. 제 3장 중 '건축대학의 전미 랭킹과 그 의미'에서도 잠깐 언급을 했습니다만, 랭킹만 전적으로 믿고 학교를 갈 수도 없고, 그렇다고 그 랭킹을 아예 무시할 수도 없는 것이기에, 학교 평가와 색깔을 알아보는 것은 마치 빙산의 한 부분만을 보고 전체를 평가하는 위험이 있다는 것을 미리 말해 주고 싶습니다.

미국에서 유학하고 돌아와 한국에서 활동하는 건축가의 작품을 보거나, 활자 매체에 올라가는 글이나 활동 사항을 보고 출신 학교 색깔이나 평가를 내리는 것이 일반적인 현상일 듯 싶습니다. 사실 미국에서는 출신 학교와 상관없이 포트폴리오로 개인의 능력을 평가하고 있습니다만, 아무래도 출신 학교의 이름은 항상 따라붙는 것 중에 하나이지요. 하지만, 지난 99년 봄에 RTKL LA 사무실에서 인턴 과정으로 있었을 때, RTKL 회장의 학교 출신을 보았더니 Texas A & M University를 졸업했더군요. 그것도 학부만 말입니다. 그리고 임원들의 출신도 다양하고, 어느 특정 학교 출신이 독식하는 그런 우스운 풍경은 찾을 수가 없었습니다. 철저한 능력 위주이지요.

서론이 너무 길었습니다. 미국을 4개의 지역으로 나누어서 설명하는 것이 더 쉬울 듯 합니다. 뉴욕과 보스턴 인근 지역을 포함한 동부지역, 캘리포니아의 서부지역, 시카고를 중심으로 하는 북부지역, 그리고 나머지 지역과 텍사스를 포함한 중부지역으로 나누겠습니다. 흔히 건축은 사회, 정치, 경제 환경을 포함한 총체적 결과물이라고 하듯이, 그 지역의 제반 환경이 절대적으로 건축환경까지 영향을 미친다고 보면 되겠습니다.

동부지역은 하버드, MIT, 콜럼비아, 예일 등 아이비리그의 본고장이며, 아직도 미국 정치, 경제의 중심지역이라고 판단할 때에 건축 역시 이 범주를 벗어나지는 못할 듯싶습니다. 하버드의 세계 패권의식을 심어주는 교육방식과, 세계를 리드해 나간다고 자부하는 의식 고취는 하버드의 학교 색깔을 분명히 해 주고 있습니다. 학교가 대체적으로 세계 유명 건축가와 학자들을 교수진으로 초빙하는 데 많은 힘을 쏟고 있다고 생각됩니다. 항상 최고를 심어 주는 곳이지요. 나머지 대학 또한 비슷하다고 보면 되겠는데, MIT는 테크널러지나 컴퓨터, 사이버 비쥬얼리티 쪽으로 초점을 맞추고 있는 듯합니다. 미국의 대부분의 대학이 사이버 쪽으로 선회하고 있는 것은 건축 흐름의 대세라고 판단할 수밖에 없을 것 같습니다. 콜럼비아는 이론

경향이나 실험적인 작업들을 많이 하고 있는 것 같고, 아무래도 뉴욕이라는 메트로 도시의 이점을 잘 활용하여 도시와 건축 작업을 병행하고 있는 것 같습니다. 예일은 솔직히 잘 판단이 서지 않습니다. 설계 전통이 뛰어나고 미국 지향적인 색깔을 많이 가지고 있다는 일반적인 평가밖에 할 수 없겠군요.

흔히 학교 교수진들을 보고 평가를 많이 합니다. 분명히 학교 교육에 영향을 미치고 있을 것입니다. 디자인 스타일이나 건축을 바라보는 시각에 영향을 미치겠지만, 그렇다고 100%라고는 말할 수 없겠지요.

동부지역이 미국 역사의 시발점이고 전통과 역사를 가지고 세계화의 선두에 서 있다고 볼 때에, 서부지역은 다양하고 새로운 건축 실험의 장이라고 볼 수 있을 것 같습니다. 어느 노래 가사의 '캘리포니아 드림'처럼 동부의 보수적이고 역사적인 환경보다는 새로운 자유정신을 실현하고, 새로운 것을 실험하는 문화현상들과 더불어 건축을 이해한다면 훨씬 서부건축을 쉽게 이해할 수 있을 것 같고, 기후와 자연조건 역시 건축을 실험하는 데 큰 일조를 한다고 볼 수 있습니다. 로스앤젤레스의 예를 들면, 프랭크 게리를 중심으로 형성된 실험적이고 진보적인 건축가들이 학교교육 현장에도 활동을 하고 있으니, 서부의 건축대학의 색깔을 짐작할 수 있겠지요.

석사 과정을 마친 후, 다시 한 번 지난 3년여를 뒤돌아볼 때에 서부의 실험적인 학교로 유학을 가도 좋을 듯 싶습니다. 그러나 동부의 상위 랭킹 학교를 제외하고는 한국의 건축교육과 별반 다를 바 없는 것이 현실인 것 같습니다. 항상 건축과 유학생들을 만나서 물어보는 것 중에 하나가 "한국과 무엇이 크게 다른가, 미국에서 얼마나 배웠나?"라고 물어보면 "글쎄요, 영어가 조금 늘었고…"라고들 대답합니다. 극히 소수의 의견이겠지요. 무엇이든지 자기하기 나름 아닙니까? 새로운 건축사고의 획득과 건축을 제외한 다양한 분야를 접할 수 있는 그런 학교가 유학하기에 적절하다고 판단됩니다. 다시 말해, 한국에서 쉽게 접하고 실험할 수 없는 그런 곳을 택하라는 것이지요.

북부지역과 중부지역은 일반적인 건축가를 양성하는 데 초점을 두고 있는 것 같습니다. 동부가 이론이 강하고 서부는 실험이라고 정의할 때에, 중부와 북부는 이 두 가지 특성을 잘 조화시켜놓고 있다고 말할 수 있겠습니다. 한쪽으로 치우치지 않고 건실한 프로페셔널 교육을 시킨다고 보면 되지요. 이론가나 페이퍼 건축가보다는 실무형 건축교육이라고 말하고 싶습니다. 어떻게 보면 건축의 보수성향이 강하다고 보아도 되겠지요. 실험보다는 안정과 보수를 지향한다고 할까요?

일반적인 미국의 지역 배경을 말했습니다만, 이제 학교 색깔을 알아보는 방법 몇 가지를 제시하겠습니다. 첫째, 교수진들의 작품이나 저술 활동을 조사해보고, 학교 홈페이지에 가서 교수진들의 연구나 관심분야를 알아보는 방법입니다. 인터넷만 연결된다면 쉽게 알아볼 수가 있습니다. 교수마다 관심분야가 달라서 판단이 설 수 없지만, 자세히 분석해보면 하나의 큰 흐름을 감지할 수 있을 것입니다. 둘째는, 해당 학교의 홈페이지에 가서 학생 작품들을 구경하는 것입니다. 한 개인의 작품일 수도 있겠지만, 설계 스튜디오의 결과물이니 그 학교의 디자인 스타일을 추측할 수 있을 것입니다. 셋째는, 건축과 한국 학생에게 직접 이메일을 보내서 물어볼 수도 있고, 프로그램 디렉터에게 직접 이메일을 보내보십시오. 친절하게 답변해 드릴 것입니다. 넷째로, 한국에서 유학 출신의 선배나 교수님들에게 자문을 구하는 방법입니다. 유학지원 시 추천서 3부를 학교에 보내야 하므로, 자주 상담도 하고 진로지도도 받으면 좋겠지요. 가급적이면 유학 출신 교수님들에게 추천서를 받는 것이 유리할 것 같습니다.

다시 처음으로 돌아와서, 학교를 평가하고 색깔을 판단한다는 것은 매우 어렵다는 것과 개인의 잘못된 편견이나 선입견이 크게 좌우할 수도 있다는 것입니다. 같은 학교를 다녀도 서로 다른 건축관과 디자인 스타일을 볼 수 있으며, 학교 색깔보다도 개인의 학업 성취 여부가 더 크다고 판단됩니다. 앞장에서도 말했듯이 M.Arch. 과정은 일반적인 건축교육이라고 보시면 되고, Post Professional 과정이 좀더 세분화되어 있다고 생각됩니다. 학교 색깔과 평가는 석사 과정보다도 박사 과정을 지원하시는 분들께 더 민감한 사항이라고 생각됩니다. 마지막으로, 학교 프로그램이 모든 것을 만들어 주지는 않습니다. 학교에서 배운 건축에 자신의 것이 빠진 것이라면 그것은 허수아비와 다를 바 없는 것입니다.

전공을 바꿔 건축유학을 가고 싶어요.

Career Change Program

수련이 부족한 삶은 값이 없다.

- 크리슈나무르티 -

Master of Architecture, First Professional Degree 프로그램에서 공부하고 있는 이곳 미국 대학원 학생들의 학부 전공을 보면 약 70~80%가 건축 비전공자입니다. 본인도 유학 와서 놀랜 것 중의 하나인데, 이들 대부분이 학부를 마치고 대학원을 진학할 때 건축으로 전공을 바꾼 경우입니다. 대부분의 미국 건축대학원이 바로 이 Career Change Program을 개설하고 있으며, 건축 비전공자들이 주류를 이루고 있다고 해도 과언이 아닙니다. 한국에서 건축을 학부만 전공하거나 대학원 도중에 미국으로 유학을 오는 경우, 그리고 전공을 건축으로 바꾼 학생들이 같이 공부하게 되는 프로그램이기도 합니다. 다시 말해, Career Change Program은 M. Arch I 프로그램으로 바꾸어 말해도 무관합니다.

한국에서도 건축에 대한 관심이 부쩍 높아지면서 건축으로 전공을 바꾸어 학부 편입을 하는 사람들이 많습니다. 종종 전공을 바꾸어서 M. Arch I 과정으로 유학을 오고 싶다고 문의하는 경우도 있는데, 전공을 바꾸어서 유학을 떠나기란 아마 건축 전공자들보다 더 큰 용기가 필요할 것입니다.

유학 기간도 엄청 오래 걸릴 뿐더러, 아무 것도 모르는 미국 건축대학원에서 새 출발을 한다는 것이 유학 결정을 하는 데도 매우 힘들게 합니다. 그러나, 본인이 하고 싶은 일을 하고 산다는 만큼 행복한 일도 없으며, 바로 젊기 때문에 과감한 도전과 모험의 항해를 시작할 수 있는 것입니다. 현재 당신이 남의 눈치 때문에 유학을 망설이고 있다면 당장 때려치우는 것이 좋습니다.

유학 와서 첫 설계 스튜디오 시간에 만난 미국 친구 에릭(Eric)은 아이 둘의 가장(家長)이자 음악에서 석사 학위까지 마쳤음에도 불구하고 건축으로 전공을 바꾼 경우였습니다. '미국 사람들은 나이와 상관없이 남의 눈치 안보고 자신이 하고 싶은 일을 하고 사는구나!' 라고 느꼈는데 이와 비슷한 처지인 학생들이 의외로 많습니다. 여학생 또한 남자들과 다를 바 없으며, 전체 학생수의 30~40%를 차지하고 있기도 합니다.

학부 전공을 물어보면 정치학, 철학, 생물학, 미술, 음악, 토목, 화학, 물리학, 유전공학 등 매우 다양합니다. 이런 출신들이 대학원에 와서 공부하고 있는 것을 볼 때면 가끔씩 대단하다라는 생각이 듭니다. 왜냐하면, 건축으로 전공을 바꾸어서 공부를 하게 되면 학업 기간(최소 3년 반에서 5년의 시간)도 문제이거니와 경제적인 문제도 걸려있기 때문입니다. 만약, 자기 고향과 다른 타 주에서 공부하는 경우에, 미국 학생들도 인터내셔널 학생의 등록금과 똑같이 학비를 내야 하니 그것도 무시할 수는 없지요.

전공을 바꾸어서 건축대학원에 진학했을 시 하버드의 경우

140학점을 마쳐야 하고, UT Austin의 경우는 111학점을 이수해야 합니다. 물론 건축과 관련된 과목을 학부에서 공부했다면 줄어들 수도 있습니다만, 일반적으로 대부분의 학교가 110~150학점을 마쳐야 할 것입니다.

주의할 것은 학교 원서에 명시되어 있는 학업 기간에 속지 말라는 것입니다. 왜냐하면, 학교가 제시한 대로 3년 반에 석사 과정을 마치려고 한다면, 매 학기마다 15학점씩을 수강해야 하기 때문입니다. 유학 와서 매 학기마다 15학점을 수강한다는 것은 정말로 힘들며, 언어에 장애를 가지고 있는 유학생들이야 말로 불가능하리라고 봅니다. 설령, 그것이 가능하여도 학점은 그리 좋지 않을 것입니다. 그래서 학업 기간은 자연스럽게 늘어나게 마련이고, 4년이나 4년 반이 걸릴 수도 있다는 것을 염두에 두어야 합니다. 하물며 경제적 형편이 어려운 경우라면 아마 5년은 족히 걸릴 것입니다.

Career Change Program으로 지원하게 되는 경우 포트폴리오에 대해서 많이 궁금해합니다. '포트폴리오 만드는 방법 10가지'에서 따로 언급했지만 그림이나, 스케치, 사진, 조각 등 자신이 가지고 있는 모든 재능을 보여주면 됩니다. 개인적으로 생각하기에 학업 계획서의 내용이 Career Change Program을 지원하는 사람들에게 매우 중요하리라 생각됩니다. 최근에 포트폴리오에 관한 웹사이트가 많이 있는 걸로 알고 있습니다.

전공을 바꾸어서 유학을 떠나시는 분들께 몇 마디 조언을 해주고 싶습니다. 제 1장에서도 말했지만 건축을 멋으로 한다거나 돈을 많이 벌겠다는 목적을 가지고 있으면 빨리 다른 길을 가라고 권해 주고 싶습니다. 1970년대의 한국경제는 건축과 출신들을 많이 필요로 했습니다만, IMF에서도 보았듯이 가장 먼저 경제 타격을 받는 분야가 바로 건축이라는 것을 잘 알고 있으리라 봅니다.

미국 내에서도 건축가의 연봉은 엠비에이(MBA)나 변호사(Lawyer), 의사(Doctor)들에 비교하면 말이 안될 정도로 적다는 것을 미리 알아주었으면 합니다. TV를 비롯해서 영화에 등장하는 건축가는 '하늘에 별 따기'라는 것도 말해 주고 싶습니다. 어떤 분야나 성공하기는 하늘에 별 따기 아니겠습니까마는, 당신이 대중 미디어에서 장난치는 것에 매료되었다면 다시 한번 생각해 주길 바랍니다. 미디어 매체가 당신에게 심어준 건축가는 철저한 픽션이고 유학 오는 것은 진짜 논픽션이기 때문입니다.

둘째, 공부하는 데 어렵고 쉬운 정도는 철저한 개인의 능력에 달려있으므로 언급은 하지 않겠습니다. 일례(一例)로, 돈 없는 학생에게는 경제적인 문제가 학업의 문제보다 더 어려울 것이고, 경제적으로 아무런 어려움이 없는 학생은 유학생활이 외롭다거나 공부하는 것이 정말 힘들 수도 있다는 이야기입니다. 다만, 공부를 새로운 분야로 바꾸어서 시작하기 전에 '공부 태도'에 관한 것을 유학 선배로서 잠시 언급하고자 합니다.

'겉멋'이라는 말이 있습니다. 과거의 학위나 경력은 건축하는데 최종적(먼 훗날)인 도움이 될 수도 있겠지만, 건축을 새로 시작하는 데 있어서 오히려 큰 해(害)가 될 수도 있습니다. 다시 말해, 학부에서 갖추어야 할 기본기도 제대로 습득을 못한 채, '겉멋'에 물들 위험이 있다는 것입니다.

예를 들어, 한국에서 자연과학 박사학위를 마치고 건축으로 전공을 바꿔 유학 온 경우가 있었는데, 겸허한 마음으로 새로 출발하는 건축의 신입생 자세로 공부를 시작하는 것이 아니라, 말 그대로 건축을 철저한 '예술'이나 '낭만'으로 착각을 한 '겉멋'에 빠진 경우를 보고 참 안타까운 적이 있었습니다. 겸허함이 없는 지성인은 그 근본부터 잘못되었을 것입니다. 백의종군(白衣從軍)하시길 바랍니다.

여기서 기본기라 함은 건축의 평면도를 비롯해 단면도, 입면도 등의 필수적인 드로잉 스킬(Skill)을 말합니다. 기본적인 필수 도면 없이(아니 그릴 줄도 모르는, 그리려고 하지도 않는) Final Review를 하는, 참으로 위험한 경우를 본적이 있어서 언급을 했으니 명심하기 바랍니다. 미국에서 설계 교수가 대학원생에게 기본기까지 가르쳐 주지는 않습니다. 스스로 배우는 것입니다. 한 가지 더 말한다면 스케치와 입으로만 먹고 사는 것이 건축이 아니기 때문에 기본기는 꼭 필요하다고 하겠습니다.

셋째, 학부 전공이 건축이 아니라고 해서 콤플렉스를 갖지 마십시오. 공부할 때에도 마찬가지지만, 졸업을 해서도 스스로 위축이 될 수 있다는 것입니다. '나는 건축을 학부에서 공부하지 않았기 때문에 건축을 전공한 사람보다 못한다'라는 스스로의 변명과 회피를 만들지 말기 바랍니다. 미국에서만큼은 건축 석사(Master of Architecture) 학위를 가진 사람은 과거 전공에 관계없이 동등하다라는 것을 말해 주고 싶습니다.

과거가 중요한 것이 아니라 현재가 중요하고, 미래가 더욱 중요하리라고 믿는 바입니다. 과거의 갭(Gap)을 메우려면, 또 극복하려면 '열심히 하라'는 평범한 진리가 필요하다라는 것을 감히 조언해 주고 싶습니다.

마지막으로, 한국에서 건축을 많이 접하라는 것입니다. 그저 구경하라는 것이 아니라 실제로 건축 경험을 하라는 것입니다. 학부에 있다면 건축과로 전과를 하고, 대학을 졸업했다면 건축과 3학년으로 편입 과정을 심각하게 한번 고려해 볼 만합니다. 솔직한 심정으로는 한국에서 기본기라도 배우고 왔으면 좋겠습니다. '안에서 새는 바가지, 밖에서도 샌다'라는 말이 있습니다. '미국 가서 새 출발하자'라는 말로 자신을 위로하지 말기 바랍니다.

건축대학원 Career Change Program 지원자에게

건축으로 전공을 바꿔 유학을 가신 유학생의 생생한 조언을 들어보십시오. 아래 글은 UIUC에서 유학 중에 계신 홍현정 님이 글을 써주셨습니다. 다시 한 번 이 자리를 통해 깊은 감사의 인사를 드립니다.(저자 주)

글 : 홍현정

안녕하세요. UIUC(University of Illinois at Urbana Champaign에서 Track 3(대학원생 중 학부에서 건축을 전공하지 않은 사람들을 위한 프로그램)을 하고 있는 홍현정입니다. 여기 와서, 이제 갓 1년을 보냈습니다. 여전히 아무 것도 모르는 상태이긴 하지만, 저처럼 아는 건 하나도 없이 무모함만 가지고 전공을 바꿔서 건축으로 유학을 오시는 분들께 무엇을 미리 준비하면 좋은지, 제가 느낀 만큼 말씀드리겠습니다.

■ 건축으로의 새 출발

제가 건축을 왜 하게 됐을까요? 그건 저도 아직까지 의문입니다. 어렸을 적부터 주변에 건축을 하겠다고 하는 친구들이 많았지만, 한번도 제가 직접 해야겠다는 생각을 해 본적이 없었습니다. 건축이 무엇인지도 잘 몰랐고, 옆에서 지켜볼 수 있었던 Role Model이 있었던 것도 아니었고요. 저는 원래 전공이 Computer Science입니다. 처음부터 그 전공이 좋았던 건 아니었지만 졸업할 때쯤 돼서는 나름대로 자신의 철학을 담을 수도 있고, 어느 분야와도 결합되어서 무언가 멋진 것을 만들 것이라는 꿈을 꿀 수 있는 전산도 꽤 매력적이었습니다.

하지만 어느 순간, 정말 아주 짧은 순간이었습니다. 내가 꿈꾸는 그 삶은 건축이라는 것을 통해서만 이룰 수 있을 것 같은 환상(?)을 갖게 됐죠. 이런 저의 동기를 듣고 주변에서는 우려의 목소리가 말할 수 없을 만큼 많이 쏟아져 나왔고, 결국 그 우려의 목소리들은 거의 저를 포기시켰었습니다. 실제 건축분야에서 일하고 계시는 사람들의 말을 들어보니까, 제가 너무 환상 속에 있긴 했던 것 같았습니다. 그래도, 결국 정말 알 수 없는 힘에 의해 이 곳까지 밀려 와서 공부를 하고 있네요.

전 아직 Computer Science도 참 좋아합니다. 그리고, 살면서 건축을 계속할 수 있을지 확신할 수도 없습니다(일 년이 지나면 회사 다니면서 모아두었던 재정이 바닥이 나게 되므로, 어떻게 해서든지 그 안에 학비를 마련해야 계속 공부가 가능하거든요). 하지만, 지금 분명한 것은 전혀 새로운 이 분야에서의 경험이 여태까지는 한번도 느껴볼 수 없었던 기쁨을 느낄 수 있게 해 준다는 것입니다. 그 짧은 순간의 기쁨이 오래도록 강렬하게 남아서 나머지 대부분의 시간을 피곤에 지치고, 스트레스에 찌들어서 보내도, 아직까지 저를 여기에 붙어있게 만들고 있네요. 건축으로 유학생활을 하면서 자신감에 많은 상처를 받았고, 결국은 내가 생각했던 것보다 스스로 할 수 있는 일이 별로 없다는 고백이 절로 흘러나왔습니다. 하지만, 그러한 고백이 저를 더욱 힘있게 추스르는 원동력이 됐어요.

아래는 제가 건축유학을 준비한 순서입니다.

① 시험준비(TOEFL, GRE)

② 학교 선정 및 정보수집

③ 포트폴리오 작성

④ SOP(전공을 바꿔서 가는 사람에겐 매우 중요하지 않을까 생각됩니다)

⑤ 추천서 및 기타 유학서류 수집

⑥ Application 작성, apply, reporting

꼭 이 순서대로 진행이 되는 것은 아니지만 모두 빠뜨리면 안 되는 절차이긴 합니다.

■ 건축 유학을 고려할 때 궁금한 점들

1. 나이로 인한 불이익?

아직까지는 제가 한번도 미국 회사에서 일을 해 본적이 없기 때문에 어떤 불이익이 있는지는 모르겠지만, 나이든 건축학생으로서의 불이익은 거의 없는 것 같습니다.

저와 함께 작년에 이 비전공자 과정을 함께 시작한 그룹(Track 3)의 구성원에 대해서 잠깐 설명을 드리겠습니다. 저를 가장 놀라게 만들었던 사람은 브라질 태생의 한 물리학자였습니다. 물리학 박사 학위를 취득하고선 환경공학을 다시 공부해서 그 분야에서 일하다가, 이제 50을 넘긴 나이에 건축으로 눈을 돌렸습니다. Model을 얼마나 기가 막히게 잘 만들든지요. 교육학을 하던 40대 아주머니는 건축 회사에서 10년 정도 일한 경력이 있었습니다. 당연히 그 Rendering과 CAD를 다루는 솜씨는 우리를 언제나 주눅들게 했었죠. 이외에 저널리즘을 전공하고 두 아이의 어머니인 40대 주부도 있었습니다. 제 나이가 그 그룹의 나이를 평균을 내면 딱 중간에 걸리더군요. 물론, 지난 학기 Track 3들이 유난히 특이한 그룹이었다고 하긴 하더군요. 하지만, 보통 어린 학생으로만 구성된 여타 다른 Track 3들을 보면, 한 학기가 지날 때마다 반 이상씩 떨어져 나가서 나중에는 몇 명밖에 안 남아 있다고 하는데, 우리 그룹 같은 경우에는 두 명을 뺀 나머지 모두가 아직도 꿋꿋하게 학교생활을 하고 있습니다. 연륜이 쌓이면 시련을 감내할 수 있는 능력도 강해지나요? 다들, 여전히 그만 둬야겠다거나 학교를 옮길지도 모르겠다는 얘기를 입에 달고 다니긴 하지만, 올해는 4학년들 틈에 끼어서 꿋꿋이 학교를 휘젓고 다니고들 있습니다. 이런 사람들의 얘기가 용기를 내시기에 좀 도움이 됐나요?

2. 유학 준비 시기

개인적인 경험을 잠깐 말씀드리자면, 제가 유학을 본격적으로 준비하기 시작했던 건 9월부터였습니다(보통 11월이나 12월에 application을 다 끝내더군요). 10월, 11월에는 TOEFL, GRE 시험을 끝내고, 12월에서 1월초까지는 포트폴리오를 만들고, 그 안에 시간 나는 대로 SOP를 쓰고 해서 지원을 했습니다. 이와 같은 초스피드 지원의 문제점은 양질의 application을 준비할 수 없다는 것이었습니다. 각 학교에서 원하는 스타일에 맞춰 포트폴리오를 만드는 것은 거의 불가능했고, 심지어 기본적으로 보내야 하는 서류들도 제대로 챙겨서 보내지 못하는 실수를 많이 범했습니다. 그리고 나의 진로가 정말 '건축'인지, 진짜 건축이라면 유학이라는 방법 외에 다른 선택이 없을지, 유학을 간다면 어떤 학교로 가는 것이 좋은지 등을 신중하게 생각해보는 시간도 많이 부족했습니다. 사실, 그게 가장 우선이 되어야 했었는데 말이죠.

3. 학부 편입? 대학원 비전공자 과정?

자신이 갖고 있는 '시간'이 한정적이라는 생각이 드신다면, 대학원으로 바로 가시라고 말씀드리고 싶습니다. 대학원 비전공자 과정(3~4년)을 이수하면 학부를 졸업하고 대학원(2년)에 진학한 전공자와 같이, 몇 년의 실무경험 후에 건축사 시험을 볼 수 있는 자격이 주어지는 것으로 알고 있습니다. 건축을 좀 더 심도 있게, 차근차근, 그리고 여유 있게 공부를 하고 싶다면 학부 편입도 나쁘지는 않을 것이라 생각되지만, 대부분의 건축학교에서는 학생들이 특히 학부생들이 장학금을 탈 수 있는 기회가 많지 않습니다. 그러니, 되도록 빨리 졸업하면 좋지요.

제가 생각하기에 학부부터 했을 때 가장 좋은 점은 그 학교에서 유명한 다른 과 수업들을 많이 들어볼 수 있다는 것이지요. 지금 제 스튜디오의 친구(4학년) 하나는 Swing Dance를 두 학기째 연달아 듣고 있고, 그 전에는 Theater Design Class도 들었다고 하더군요. 심지어 Acting도 했었답니다.

■ 포트폴리오

비전공자로서 건축유학을 준비하면서 가장 가슴 한구석을 답답하게 만드는 것이 포트폴리오일 것입니다. 사실 저는 건축유학을 결심하게 된지가 얼마 되지 않아 포트폴리오에 많은 시간을 투입하지 못했었습니다. 가장 오랫동안 정성을 들여야 하는 것이 이 포트폴리오일지도 모르는데요. 대부분의 미국 건축대학원은 비전공자를 위한 프로그램을 마련해 놓고 있습니다. 제가 찾아본 대학들은 짧게는 3년, 길게는 4년 과정의 프로그램을 준비해 놓고 있었습니다. 학교마다 그러한 비전공자 프로그램의 이름이나 기간이 다르듯이, 제출해야 하는 포트폴리오에 대한 요구사항도 약간씩 차이가 있습니다. 어떤 대학은 비전공자도 포트폴리오 제출이 필수지만, 어떤 학교들은 Option인 경우도 있고요. 그래도 제출하는 것이 안 하는 것보다는 나을 것이라고 생각합니다. 만약, 그림에 자신이 없다면 SOP(학업계획서)로 포트폴리오를 만회해 보라는 말도 있습니다.

포트폴리오를 만들기 위해서는 우선 그 안에 들어갈 내용이 있어야겠죠? 비전공자에게 요구하는 포트폴리오는 당연히 건축설계는 아니고 Artworks, 학교에 따라서는 Hand drawing 몇 점, Coloring 몇 점, 사진 작품 몇 개 식의 상세한 요구사항을 제시하기도 합니다. 그리고 나서는 모아진 자료들을 어떻게 꾸미느냐가 중요한 문제입니다. 그건 저도 선뜻 어떻게 하는 것이 정답이라고 말씀드릴 수가 없네요. 여기서 사람들이 어떻게 하는지를 보면 주로 포토샵이나 일러스트레이터를 많이 씁니다. 혹시, Page Maker나 Publisher를 쓰는 사람도 있을지 모르겠네요. 저의 경우에는 위의 어떤 프로그램도 쓸 줄 몰랐고 시간도 너무 부족했기 때문에 그때 쓸 수 있었던 딱 한가지 프로그램인 Microsoft Powerpoint로 작업을 했습니다.

며칠 전에 학교에서 포트폴리오 만들 때 많은 도움이 될 것 같은 책을 하나 발견했습니다. Harold Linton의 Portfolio Design이라는 책인데, 어쩌면 벌써 한국에서 유명해 져 있을지도 모르겠네요. W. Norton & Company에서 나왔습니다.

저는 개인적으로 포트폴리오를 구상하고 작업하면서, 여태까지 느껴보지 못했던 특별한 희열을 느낄 수가 있었습니다. 워낙 그림 그리길 좋아하고 자신이 무엇을 기획해서 처음부터 끝까지 자기 손으로 그 기획했던 것을 만들어 나간다는 것도 참 재미있었지만, 내가 어떻게 살아왔고, 남에게 나의 어떤 부분을 보여줄 것인가를 생각하는 것이 자신의 삶을 한번 정리하고 넘어가는 기쁨을 주었습니다. 포트폴리오 만드는 것을 그렇게 즐기지 못했다면 회사 업무 후, 한 두 시간 정도의 수면을 참아가며 하던 그 작업을 끝내지 못했을 것 같습니다. 이 글을 읽으시는 분들도 꼭 자신이 즐길 수 있는 포트폴리오 작업을 계획하시기 바랍니다.

■ 추천서

1. 추천서는 몇 장 필요한가?

학교마다 아주 약간씩 차이가 있지만 거의 Default로 세 장을 요구합니다. 일하시는 분들이라면 두 장은 학교에서 받고,

한 장은 지금 근무하시는 직장에서 상사에게 받으면 될 것 같습니다.

2. 추천서에 들어갈 내용

'지금 하고 있는 분야에서 아주 잘하고 있었는데 갑자기 건축을 한다고 해서 놀랐다. 하지만, 이런 저런 점들을 보건데 건축분야에서도 잘하리라 생각한다' 등의 얘기들이 들어가면 될 것 같아요. 어떤 학교에서는 아예 추천서에 아래와 같은 내용이 포함되어야 한다고 하는 학교도 있었습니다.

① Intellectual
② Communicative
③ Leadership abilities
④ Maturity
⑤ Ability to work well with others
⑥ Especially the candidate′s statement of interest

하지만, 학교마다 추천서의 내용을 다르게 하는 것은 거의 불가능하니, 그냥 추천서를 써주시는 분께 모든 걸 맡기셔도 좋을 것 같아요.

3. 주의할 점

추천서 받을 때 봉투에 꼭 Seal을 해야 한다는 거 아시죠? 주소가 적힌 봉투를 교수님께 드리고 추천서 내용을 넣은 뒤 봉투를 풀로 붙이고, 풀을 붙인 자리에 교수님 사인이 들어가야 합니다.

각 학교의 추천서 폼을 보면 'Waive'라는 난이 나오는데, 이

건 학생이 교수님의 추천서 내용을 볼 권리를 포기하겠다는 뜻입니다. 만약, 추천서의 내용을 다 안다 하더라도 'Waive'하겠다고 표시를 해야만 해당 추천서가 효용이 있을 겁니다. 지금부터 가고 싶은 학교가 있으시면 해당 학교 사이트에 한번 접속해 보세요. 사이트에 가서 'Admission'으로 들어가면 추천서를 어떻게 준비해오라는 얘기가 나올 겁니다. 처음엔 학교 사이트를 가보는 것이 쉽지 않은 일이지만, 그곳을 자주 방문해야 '감'이 생겨서 무엇을 어떻게 준비해야 될지 알게 된답니다.

■ 유학오기 전 준비해야 할 것들

다른 학교는 어떤지 모르겠는데 UIUC는 처음 Track 3 과정을 들을 때 한국이나 타 대학에서 이전에 들었던 과목들을 많이 인정을 해 주는 편입니다. 물론, Advisor와 담당 교수들을 찾아다니면서 설득을 해야 하는 번거로움이 있긴 하지만, 몇몇 과목을 면제(Waive)를 받기만 한다면 등록금뿐만 아니라 금보다 귀한 시간을 얼마나 많이 절약할 수 있는지 모릅니다. 그러니, 건축으로 전공을 바꾸려고 하시는 분은 혹시 현재 여건이 유학을 당장 허락하지 않는다면 약간만 마음을 넉넉히 먹고, 미리 우리나라 대학 건축과에서 관련 수업들을 들어 놓으세요.

물론, 유학을 오실 때는 그 과목을 들었다는 증명과 교과서, 영어로 된 과목 Description, 좀 더 철저하신 분이면 그 과목에서 했던 프로젝트까지 들고 오시면 좋죠. 영어과목 명이 다르면 인정을 안 해주는 경우도 생기니 가능한 최대한 준비를 해

오는 것이 좋겠죠?

또 말씀드리고 싶은 것은 꼭 '영어로 건축을 말하는 법'을 익히고 오셨으면 합니다. 건축용어도 많이 익숙해져 있으면 좋고, 영어로 된 건축서적이나 건축잡지(A+U나 Architecture Record)를 읽어 두시면, 영어로 자신의 개념을 설명할 때 많은 도움이 될 것 같습니다. 물론, 수업들을 때도 좋습니다. 제가 여기서 처음 스튜디오 수업을 듣고 하도 긴장을 하는 통에 온 에너지를 다 써버린 후 더 이상 몸을 지탱할 힘이 없어 침대에 쓰러졌던 기억이 납니다. 밥먹듯 하는 프리젠테이션에, 교수와의 크리틱, 심지어 세미나 Discussion까지…온통 Panic 그 자체였죠.

저는 여기서 처음 건축을 배우니 한국말로도 건축에 대한 개념이 잡혀 있지 않아서 교수님을 이해하는 데 오랜 시간이 걸렸습니다. 학기말쯤 교수님과 그동안 제가 한 작업 내용에 대해 평가를 하는 시간을 갖는데, 저보고 "영어는 참 많이 늘었다"고 말씀하시더군요. 참 안타까운 일이죠. 다른 미국 얘들보다 비싼 돈을 내면서도 한 학기동안 디자인 스튜디오에서 배운 거라고는 영어라니…. 하지만, 혹시 처음 미국에 오셔서 저와 같은 생각이 들 때는 좌절하실 필요가 절대 없습니다. 왜냐하면, 영어는 늘었으니까요. 그리고, 한 학기를 그렇게 무너지고 깨지면서 보내면 그 다음 학기에는 아무 것도 안 해도 왠지 모를 자신감이 생깁니다.

마지막으로, 건축역사나 다른 관련 서적들을 한국어로 미리 읽고 오시면 좋습니다. 전 건축으로 전공을 바꿔야겠다고 약

다섯 달을 고민하고서 건축과에 원서를 냈습니다. 그래서 건축에 대한 지식이 전무한 상태에서 이 과정을 시작했습니다. 유학준비만으로도 너무 바빴거든요. 그런데, 이 과정을 듣고 있는 다른 미국 사람들은 아주 오랫동안 건축에 관심을 갖고 있었던 사람들이어서, 비전공자들의 모임임에도 건축에 대한 지식들이 상당했습니다. 외국 학생들이 언어의 장애로 자신의 생각을 표현하는 데 어려움이 있어도 건축에 대해 알고 있는 것이 많거나 또는 디자인이 뛰어나거나, 무언가 어필할 수 있는 것이 있으면 결국은 인정을 해 줍니다. 그러니, 무언가 하나쯤 자신의 비장의 무기(?)를 준비해서 오세요.

여기는 책값이 비싸기 때문에 가능하면 필요한 책을 한국에서 가지고 오는 것이 좋습니다. 제가 지금 상태에서 '가지고 오면 좋았을' 책들을 한번 떠올려보면, 제일 먼저 생각나는 것이 S/W Manual입니다. 다른 학교는 어떤지 모르겠지만 UIUC는 상당히 다양한 SW를 사용합니다. AutoCAD, Photoshop, Page Maker는 늘 쓰는 기본 S/W고, 3D-Viz나 Form-Z를 잘 사용할 수 있으면 한 학기를 보낼 때 아주 안정적인 마음자세로 있을 수가 있지요. Microsoft Office(Word, PowerPoint, Excel, Publisher, etc.)를 못 쓰는 사람은 없고, 교수님에 따라서 어떤 교수님은 Flash나 Digital Image를 비디오로 만드는 소프트웨어들을 요구하는 분들이 계십니다. 그래서, 이런 S/W 매뉴얼은 늘 건축과 학생들 사이에 인기가 있는 책입니다.

한국말로 된 구조 책, 건축사 책은 아무래도 영어보다 빨리 읽히니까 예습을 하거나 방학동안 한번 훑어보기에 좋습니다.

또, Architecture Programming이나 Problem Seeking이라는 제목들의 건축 기본서가 있습니다. 설계할 때 많은 도움이 된다고 한국에서 건축을 하신 분들은 다들 한번씩 보셨더라구요. 기타, Board 만들 때 도움이 될 것 같은 책들도 좋습니다. 책을 들고 오려면 한도 끝도 없지요? 그 책들이 너무 무거우면 한국에서 다 머리 속에 넣고 오시면 더 좋겠네요.

전공을 바꾸는 일은 확실히 쉬운 일이 아닙니다. 여기서 몇 번 전공을 바꾸려는 사람들을 만나서 이야기 할 기회를 가졌었는데, 경험자로서 저는 주로 말리는 편입니다. 바꾸려는 전공에 확실한 비전을 가진 사람이 아니면, 현재 하고 있는 일에서 자신이 좋아하는 일을 찾는 편이 좋을 것이라 생각됩니다. 무슨 일이든 장단점이 있는 법이고, 전공을 바꾸고 나서는 과연 잘한 일인지 이 일은 이전 일보다 잘할 수 있는 일인지 등, 수도 없는 시간을 자신과 묻고 답하기를 하면서 버려야 하니까요. 하지만, 꼭 하고 싶은 일이 있는데 용기가 없어서, 또는 '이거나 저거나 다 마찬가지라는데' 하면서 우울한 생활을 하는 건 전공을 바꿔서 고생을 하는 것보다 더 안타까운 일이라 생각이 됩니다.

전공을 바꾸기 전에 살면서 꼭 해야 하는 일이 무엇인지부터 정의를 하기 시작하면, 결정을 하기에 좀 정리가 될지도 모르겠습니다. 현명한 판단을 하시길 빕니다.

마지막으로, 저의 일 년을 지켜주신 하나님께 감사와 영광을 돌립니다.

학부 편입을 하고 싶습니다.

Q : 저는 대학교 2학년에 재학 중인 학생입니다. 현재 전공은 건축이 아닙니다만, 미국으로 건너가 건축을 전공하고 싶습니다. 학부로 편입할 수 있다고 들었습니다. 가능하다면 어떻게 해야 하나요?

A : 가능합니다. 하지만 솔직하게 말하면 먼저 한국 대학의 건축과로 편입했다가 건축 공부를 마치고 석사 과정으로 유학을 왔으면 합니다. 이곳의 학부 과정은 한국보다 훨씬 어렵다는 것을 먼저 말씀드리고 싶고, 개인적으로 저는 학부는 한국에서 마무리를 한 후에 유학하기를 권합니다.

Q : 구체적으로 자세히 설명을 해 주십시오.

A : 대학 도중에 미국으로 오는 것이 참 위험합니다. 잘못하면 인생의 중요한 시간을 잃어버릴 수가 있다는 것입니다. 편입을 하게 되면 한국에서 공부했던 시간들은 모두 도로아미타불이 되면서 다시 새로 시작해야 되는데, 그것도 보장할 수 없습니다.

Q : 커뮤니티 컬리지(Community College)로 먼저 들어간다는 이야기는 들었습니다.

A : 순서는 이렇습니다. 미국의 대학을 들어가기 위해 고등학생으로 다시 돌아가 재수할 수는 없는 노릇이고 해서, 보통

많은 학생들이 가고자 하는 대학 근처에 있는 커뮤니티 컬리지로 먼저 갑니다. 거기 갔다가 2년 정도 공부한 후에 대학으로 트랜스퍼(전학)를 하는 것이죠.

Q : 커뮤니티 컬리지는 들어가기 어렵나요?

A : 아닙니다. 보통 토플 500만 넘고, 재정 능력만 보증하면 바로 입학이 됩니다. I-20도 학교에서 발행 해주니까 비자 문제도 없습니다.

Q : 어떻게 트랜스퍼 합니까?

A : 커뮤니티 컬리지를 2년 다닌 후에 진학하고자 하는 대학으로 지원을 합니다. 2년 동안 평균 학점이 3.0/4.0(B 학점) 이상을 유지해야 합니다. 그리고 대학에서 요구하는 토플 점수도 550점 이상을 넘어야 합니다. 문제는 영어 실력인데 이미 한국에서 대학을 다니다 왔다면(언어학적으로) 영어 수업을 따라가기가 다소 힘들 거라는 것입니다. 수업을 비롯해서 시험까지 모두다 영어이다 보니까 공부에 적응하는 데 조금 시간이 걸릴 것입니다. 또 한 가지 중요한 것은 건축과에서 받아 주느냐가 관건입니다.

Q : 다른 지역에 있는 학교를 지원했을 때도 마찬가지인가요?

A : 똑같습니다. 즉, 커뮤니티 컬리지에서 2년 동안 공부했던 교양과목의 학점들을 인정받는 것입니다. 커뮤니티 컬리지에서 건축을 전공으로 가르치지는 않습니다. 교양 수준이지요. 교양과목을 인정해 주는 의미가 바로 학점을 '트랜스퍼'한다는 의미입니다. 한국으로 말하자면 대학을 가면 교양으로 들어야 할 과목들이 있습니다. 수학, 물리학, 화학,

영어, 역사 등 말입니다. 이러한 과목들을 커뮤니티 컬리지에서 공부한 후에 전공과목만 대학에서 공부한다는 것이지요. 우려되는 것은 한국에서 수강했던 교양과목들은 미국에서 인정받기가 곤란하다는 것입니다.

Q : 건축과에서 받아주냐가 관건이라고 했는데, 따로 준비를 해야 할 사항이 있습니까?

A : 글쎄요, 한국에서 학부 때 건축을 전공하다가 편입을 하는 경우는 학교에 찾아가 포트폴리오를 보여주는 것이 좋겠지요. 아무래도 학과에다 눈 도장 한번 찍는 것이 좋다고 봅니다. 하지만 포트폴리오가 좋지 않았을 경우에는 처음부터 시작하든지 아니면 편입하기가 어려울 것 같습니다. 다시 말하면, 한국에서 했던 건축수업을 인정할 수 없으니 미국에서 처음부터 다시 시작하든지 아니면, 들어올 수 없다는 이야기입니다. 당신처럼 학부 때 건축을 전공하지 않았다면 드로잉이나 기타 자신을 보여줄 수 있는 그림, 사진, 스케치 등을 준비해서 해당 학교 건축과에 보여주는 것이 아무래도 좋겠지요.

Q : 들어간다면 얼마나 걸립니까?

A : 어디로 가느냐에 달렸습니다. 4년제 대학인지, 5년제 대학인지에 따라 다르겠죠. 권하고 싶은 것은 5년제 대학을 권하고 싶습니다. 학부로 졸업해도 First Professional Degree를 주니까요. 한국에서 대학 졸업하고 유학을 가도 학위는 석사이지만 똑같이 First Professional Degree입니다. 5년제 대학으로 갔을 경우 약 6년이 걸린다고 생각하세요.

Q : 편입생이라고 차별대우 같은 것은 없습니까?

A : 전혀 없습니다. 누가 어디를 나왔고 하는 것은 자신이 말하지 않는 이상 알 수도 없거니와 설령 말한들 아무런 상관도 없습니다. 미국 학생들도 컬리지에서 트랜스퍼한 친구들이 많기 때문에 전혀 문제가 되지 않습니다. 출신보다 능력이 중요하지요.

Q : 편입할 학교 선택은 어떻게 하면 좋습니까?

A : 이 책의 학교 색깔 알아보기와 학부 랭킹, 대학원 랭킹 등을 보고 결정하는 것이 좋겠습니다. 관심이 있는 학교 홈페이지에 들어가서 구경도 하고 궁금한 것들도 물어 보십시오.

Q : 졸업 후에 일자리 잡는데는 별 문제 없습니까?

A : 문제 없으리라 봅니다. 미국에서 인정하는 대학을 나왔으니까요. 문제는 능력이죠. 학교 다닐 때 얼마나 열심히 했느냐가 중요합니다. 어딜 가나 항상 포트폴리오가 따라다니니까요. 그리고 미국의 경제상황이나 건축경기도 중요하겠지요. 외국인으로서 일자리를 구하는 데 항상 걸리는 것이 비자 문제이니까요.

Q : 졸업 후에 대학원 진학은 어떻습니까?

A : 한국에서 대학을 마치고 유학 오는 것보단 훨씬 더 쉬우리라 봅니다. 이미 미국 시스템을 알고 있는데다가 어학도 그때쯤 되면 문제가 없으리라고 생각되어지기 때문입니다. 미국의 교수들은 학부를 졸업하고 꼭 실무를 하라고 합니다. 1년이든 2년이든 실무를 한 후에 대학원을 가라고 합니

다. 그리고 대학원에 오는 미국 친구들도 대부분이 실무경험을 1, 2년 했더군요. 실무경험이 대학원 입학하는 데 훨씬 유리하게 작용할 겁니다.

Q : 학부 편입에 대한 제 가능성은 얼마나 있다고 보십니까?

A : 글쎄요, 당신 실력을 모르니 판단 할 수 없지만, 컬리지에서 평균 B학점 유지하기도 쉽지 않을 것 같고, 대학으로 편입해서 최소 5년이라는 긴 시간을 공부하면서 학점 또한 잘 받기란 매우 힘든 것이 사실입니다. 경제적인 문제도 무시할 수 없습니다. 한 가지 말하고 싶은 것은 한국에서 무슨 대학을 나왔든 미국에서는 거의 알 수가 없습니다. 대부분의 미국 대학들이 한국의 어느 대학이 좋고 어느 대학이 나쁘다라는 것을 잘 모르지요. 몇몇 소수, 한국 학생들이 많은 학교는 한국 대학 리스트까지 원서 요강에 나와있기는 합니다만, 대체적으로 잘 모르지요. 어느 대학에서 공부했든지, 성실하고 충실하게 했다면 그 실력을 인정받을 것입니다. 한국에서 안 좋은 대학을 나왔더라도 학교 성적이 우수하면 그만큼 인정을 해 주고 있습니다. 한국에서 좋은 대학 갈 실력이 안 되면 일단 편입하기 쉬운 대학으로 들어가서 학점관리 잘하면서 실력을 쌓은 후 대학원 과정으로 유학 가는 것을 권하고 싶습니다. '무작정' 떠나는 유학이 당신의 인생을 '무작정' 위험에 빠뜨릴 수 있다라는 것을 명심하십시오.

입학 승부는 포트폴리오에서 좌우된다?
(좋은 포트폴리오 만들기 10가지 방법)

천천히 서두르라.

- 서양 격언 -

유학준비에 가장 신경이 쓰이고 부담되는 것이 바로 포트폴리오입니다. 영어 준비야 시간과 노력을 투자하면 결과를 얻을 수가 있지만, 포트폴리오는 일관된 특정한 스타일이 정해진 것도 아니고 또 입학심사의 가장 중요한 요소로 작용하기 때문에, 준비하는 수험생에게 있어 그 부담감은 상당하다고 볼 수 있겠습니다. 일반적으로 포트폴리오가 입학심사의 60%를 차지하고 있다고 합니다. 심사비중이 얼마인가를 떠나서 포트폴리오는 입학심사 기준 중 중요함에 틀림이 없습니다.

필자가 포트폴리오에 대해 말하는 것도 개인적인 의견에 불과할 뿐이지 결코 정답은 아닙니다. 다만, 먼저 준비했었던 유학생의 자격으로 그리고 건축대학원에 재학 중에 미국의 설계사무실을 지원해 본 경험을 바탕으로 말하는 것입니다. 이것은 개인의 살아 있는 경험에서 나온 것이기 때문에 이것을 바탕으로 더 좋은 포트폴리오를 만든다면 필자는 즐거울 것입니다. 독자들의 이해를 돕고자 본인의 샘플 몇 장을 첨부하였으니 도움이 되었으면 합니다. 그러나 이 샘플은 단지 하나의 견본이며 참조물이지 답은 아니라는 것을 밝혀두는 바입니다.

1. 포트폴리오를 많이 구경해라.

다른 사람들의 많은 포트폴리오 견본들을 본다면 그것만큼 포트폴리오를 이해하는 데 더 좋은 방법은 없을 것입니다. '백문이불여일견(百聞不如一見)'이라고 하지 않았습니까? 아무리 혼자 고민해보고 생각해본들 정답을 찾을 수도 없을 뿐더러 설령, 만들었다 해도 그것이 잘 만든 것인지 못 만든 것인지를 알 수도 없을 것입니다. 경쟁력 있는 포트폴리오를 만들기 위해선 일단 많은 견본들을 보면서 서로 비교도 해보고 자기만의 것을 구상도 해가면서 아이디어를 얻을 수 있을 것입니다.

견본들을 볼 때에는 아주 꼼꼼하게 구경하십시오. 글씨체는 무엇이며 컬러는 어떤 색을 주로 사용했으며, 어떤 종이를 사용했고, 내용의 순서는 어떻게 정리했는지(시간 순으로 했는지 아니면 잘한 것부터 보여주고 있는 건지), 프로젝트는 몇 개를 넣었고, 총 매수는 얼마인지, 사이즈는 어떤지, 파일 안에 넣어서 보여주고 있는지 아니면 제본을 했는지 등을 아주 꼼꼼하게 살펴보고 좋은 아이디어가 있으면 자기 것으로 만들어서 사용하십시오.

2. 형식은 없다. 네 멋대로 해라.

형식은 없습니다. 포트폴리오 자체가 하나의 디자인이라고 보면 됩니다. 많은 견본들을 본 후에 자기만의 독특한 스타일을 고안하십시오. 아이디어는 어디에나 널려 있습니다. 예술계통의 문화잡지나 여성잡지의 한 페이지 한 페이지를 디자인

의도를 가지고 아이디어를 수집할 수도 있습니다. 말하자면 잡지 한 권이 그 회사의 포트폴리오인 셈입니다.

학교에서 제시하는 포트폴리오 규격이 있습니다. 학교마다 다르지만 일반적인 규격은 레터 사이즈(8.5인치×11인치)입니다. 한국의 A4 사이즈보다 조금 적지요, 일괄적으로 레터 사이즈에다 만드는 것이 좋습니다. 지원하는 학교마다 서로 다르게 만들 수도 있겠지요. 하지만, 시간이 문제라 하겠습니다. 학교에서 규격을 정해 주므로 그 다음에는 정보를 구하는 것입니다. 세계 건축가 작품집이나 건축잡지, 설계사무실 소개 책자, 미술잡지, 영화잡지, 건축포스터, 미술전시회 포스터 등 가능하면 많은 곳에서 자료를 모으고, 생각나는 아이디어가 있을 때마다 메모를 해 둔 다음에 정리해서 본격적인 작업에 들어갑니다. 당신의 포트폴리오만이 갖는 독특한 형식을 당신이 직접 만들어 보십시오.

3. 무엇을 보여줄 것인가?

건축을 전공했다면 대부분의 포트폴리오 내용이 학교 재학중에 했었던 설계작품들일 것입니다. 그 중에는 입상에 상관없이 콤페에 출품했었던 것도 있을 것이고, 직장경험이 있으면 실무에서 참여한 프로젝트나 자신이 그렸던 실시 설계드로잉도 포함될 것입니다. 건축작품을 떠나 첨부시킬 수 있는 것은 일반적인 그림이나 풍경 스케치, 건물 스케치, 건축 사진, 회화작품 등 자신의 재능을 다 보여줄 수 있는 것이면 형식에 상관없이 따로 섹션을 만들어 보여주면 됩니다.

작업할 때에 수많은 도면들을 단 몇 장에 보여준다는 것이 매우 어렵고 무엇을 넣을 것인가를 가지고 고민도 하게 됩니다. 프로젝트 하나를 해도 스터디 모델도 하나 둘이 아니고, 그동안 해 왔었던 진행 과정의 스케치들도 많은데 다 보여줄 수도 없는 경우가 있습니다.

일반적으로 한 프로젝트당 3~5페이지 정도를 생각하면 무난할 것입니다. 그 중 규모가 크거나 자신 있게 보여주고 싶은 작품은 5페이지 정도로 강조를 하고, 자료도 없고 규모가 적은 것, 그리고 대학재학 시 저학년 때 했던 것들은 2~3페이지 정도를 할애하는 것이 좋습니다. 하지만 그동안 모아놓은 자료도 별로 없고 작품 수도 많이 없다면 자신이 적절하게 쪽수를 조정하고, 기타 스케치나 투시도, 건축사진 등을 첨부시키는 것도 좋은 방법입니다.

직장경력이 있는 분들의 포트폴리오를 보면 조금은 사실과 과장되게 보여주고 있는 것이 많습니다. 대형 프로젝트에 참여를 한 경우에 마치 자기가 모든 것을 설계한 것처럼 만든 경우가 있고, 심지어는 자신의 업무범위를 밝히지 않는 경우가 흔합니다. 프로젝트의 크레딧(Credit, 실적) 문제인데, 작품 설명 외에 자신이 업무범위를 밝혀 주는 것이 좋습니다. 미리 말해두지만 학교를 입학하여도 포트폴리오 심사를 교수들과 다시 하게 됩니다. 그때 곤란한 경우를 맞을 수도 있으니 미리 밝혀 주는 것이 좋습니다. 설령 크레딧을 밝히지 않아도 교수들은 혼자서 할 수 없다는 것을 다 알고 있기 때문입니다.

직장경험이 있는 지원자는 실무경력을 확실히 보여줄 수 있도록 권하고 싶습니다. 실시 설계 디테일도 좋고, 캐드 드로잉도 좋습니다. 아카데믹한 맛보다 현장감 있게 보여주는 것이 실무경험자의 포트폴리오에 어울릴 것입니다. 물론, 지원하는 학교에 따라 포트폴리오 전략이 또 다르겠지요. 학교의 색깔과 잘 맞추어서 당신의 포트폴리오 색깔을 보여주는 것도 좋은 전략이 될 수 있을 것입니다.

4. 건축 비전공자들의 포트폴리오 보여주기

건축 비전공자들을 위해 따로 글을 썼지만 포트폴리오에서 무엇을 보여줄 것인가를 가지고 건축 전공자보다 더 많은 고민을 하게 되는 것이 보통입니다. 건축 전공자들이야 학교 때 했었던 설계작품들이 있으니 문제될 것이 없지만, 비전공자들은 작품들을 새로 다시 만들던지 아니면 예전에 했었던 것들을 다시 모아야 할 것입니다.

비전공자들이야 전공이 다양하지만, 미술학부나 드로잉과 관련된 분야에서 공부를 했다면 다른 분야에 있는 사람들보다 훨씬 더 쉬울 것입니다. 회화, 조각, 산업 디자인, 시각 디자인, 조경 설계 등 주로 그림과 디자인에 관련이 있으면 자신이 그동안 해왔던 것을 잘 정리해서 보여주면 될 것입니다. 그 외에 건축과 관련된 스케치나 회화 등을 몇 개 준비하도록 하십시오. 스케치도 좋고 수채화도 좋습니다. 건축에 관심이 많다는 것을 보여주는 의도이니 싹 준비하라고 권합니다.

"무엇을 그릴 것인가?" 하고 질문하는 사람을 위해서 잠깐 이야기 해보도록 하겠습니다. 건축으로 유학을 생각한다면 그

동안 건축에 관심이 많다라는 것으로 생각이 됩니다. 서양건축에서 특별히 좋아하고 관심이 있는 건축가의 건축물이나 한국건축에서도 특별히 좋아하는 것 등을 그리는 것이 좋겠습니다. 시대에 구애받지 말고 가급적이면 유명한 세계 건축가의 작품이라면 건축과 교수는 누구나 다 알 수 있으니 더 많은 설득력이 있으리라고 봅니다.

학부 전공이 건축이나 그림과 전혀 상관이 없는 영문과나 생물학과, 음악과 등에서도 건축으로 바꾸어서 공부하는 사람이 심심치않게 많습니다. 대체로 그림을 못 그리는 미국 학생들에 비하면 한국 학생은 훨씬 더 유리하다고 볼 수 있습니다. 다시 말하지만, 자기가 보여주고자 하는 것을 솔직하게 보여주는 것이 좋습니다. 입학해서 공부한 후 2년 정도가 지나면 다시 포트폴리오 심사를 하기 때문에 지금 실력이 없다 해서 남의 것을 도용해 만들지 말고, 있는 그대로 자신의 실력을 보여주는 것이 좋습니다. 드로잉 실력이 떨어지면 Statement of Purpose에 따로 상세하게 자신의 사정을 설명하는 것이 건축 비전공자들에게는 더 중요할 수도 있습니다. 틀에 얽매이지 말고 마음껏 만들기를 권합니다.

5. 어떻게 보여줄 것인가?

자료가 다 준비된 다음에는 어떻게 자신의 작품을 강하고 효과적으로 보여줄 수 있느냐에 따라 포트폴리오의 질(質)이 결정됩니다. 똑같은 자료를 가지고 있더라도 편집이나 구성, 색깔 등에 따라 작품의 효과는 얼마든지 쉽게 달라질 수 있습니다. 말 그대로 새롭게 디자인하는 것이지요. 작품 수가 많으면 어떤 방법으로 작품들 간에 구별을 줄 수 있을 것인가? 작품 설명이나 자신의 디자인 의도를 어떤 형식으로 어떻게 보여줄 것인가? 등 말입니다.

포트폴리오에 들어갈 내용을 한번 보도록 하겠습니다. 프로젝트명, 언제, 설계과목 명(예 : 건축설계 1, 2), 학교는, 담당 교수는 누구, 간단한 프로젝트 설명, 자신의 디자인 개념과 의도, 작품마다 페이지 수, 그리고 작품 사진과 모델 사진 등을 보여줄 수 있습니다. 강조하고 싶은 것은 확실하게 강조하시고, 포트폴리오 한 페이지 한 페이지를 구성할 때 사진의 크기, 글씨의 크기나 색깔, 구성 배치 방법 등을 고려해서 사진들간의 강약(强弱), 대소(大小)를 적절히 조절하는 것이 좋습니다. 강조하고 싶은 것은 사진 크기도 조금 크게, 색깔도 강하게 하는 등의 방법으로 적절히 조절하는 것입니다.

일반적으로 작품 첫 페이지에 프로젝트의 간단한 설명을 첨부시킵니다. 프로젝트에서 이슈가 되었던 사항들이나 스튜디오의 특정한 목적들을 서술합니다. 예를 들면, 건축설계 1의 주 목적은 '예술로서의 건축'을 이해하기 위해 미술관 프로젝트를 했다 라든지, '건축과 사회의 관계'를 공부하기 위해 달동네 재개발 프로젝트를 했다든지 등 어느 과목이나 주목적이 있게 마련입니다. 이러한 내용을 바탕으로 자신이 풀어 나간 방법이나 개념 등을 서술하면 됩니다. 포트폴리오 중간중간에 간단하게 따로 서술해도 됩니다. 사진 설명이 될 수도 있고 자신의 건축관을 피력해도 좋습니다.

작품마다 작업이 끝났으면 편집 순서를 정해야 합니다. 포트폴리오 첫 면에 자기 이력서(Resume)를 보여주면서 간단한 작품 목차를 보여주는 방법이 있습니다. 이력서(Resume)를 제일 먼저 보여주는 방법도 있고 제일 마지막 페이지에 첨부시키는 경우, 아예 포트폴리오에 수록하지 않는 경우도 있습니다. 보통 학교 지원 시 이력서(Resume)를 별도로 제출하기도 하지만 포트폴리오에 같이 첨부시키는 경우도 많습니다. 그것은 자신의 포트폴리오 효과를 고려해서 선택하면 되겠습니다.

보여주는 순서는 어떻게 할 것인가? 최근에 했던 것을 제일 먼저 보여주고 그리고 시간을 거슬러 올라가는 순서로 정할 것인가, 아니면 자신이 판단해 제일 잘 된 순서로 보여줄 것인가, 학교에서 했던 작품들과 직장에서 했던 실무경험을 따로 분류해서 보여줄 것인가 등 배열하는 방법도 여러 가지가 있습니다. 미국 학생들의 경우, 최근에 했던 것을 제일 앞쪽으로 구성하고 자신의 작품을 역(逆)시간 순서로 보여주는 것이 일반적인 경우입니다. 자신만의 독창적인 아이디어를 사용해서 만들어 보도록 하십시오.

6. 어떻게 만들 것인가? 손(手)인가, 컴퓨터인가?

1990년대 초반까지 만해도 컴퓨터를 사용하여 포트폴리오를 만드는 경우는 매우 드물었습니다. 그 당시까지만 해도 사진을 이용하거나 도면을 축소 복사해서 만드는 경우가 일반적이었습니다. 학교 다닐 때 자신의 설계자료를 잘 보관해 두었거나, 사진을 그때그때 찍어 두었다면 문제가 되지 않지만 그 중 몇 개는 꼭 분실했거나 자료가 거의 없는 경우가 많습니다. 미리 유학을 생각했더라면 그런 실수를 범하지 않았을 텐데 말입니다. 그래서 다시 만드는 경우가 종종 있습니다.

손으로 만드는 것이 컴퓨터보다는 시간상으로 절약할 수가 있습니다. 주로 사용하는 기구는 복사기, 사진기, 그리고 레터링이나 컬러 펜슬 등인데, 사진의 크기 제한이나 자유로운 편집의 기능은 다소 제약적이게 마련입니다. 그렇다고 컬러 복사를 마음대로 사용할 수 있는 여건도 여의치 않기 때문에, 보통 작품을 사진으로 현상한 다음 적절한 크기로 잘라(조금은 원시적이지만) 레터 사이즈(8.5인치×11인치) 위에 잘 배열해 가면서 붙이면 됩니다. 레터링이나 컴퓨터로 타이핑을 한 글씨를 다시 사진과 잘 맞게 편집을 한 후 컬러 복사를 하는 것이 일반적인 방법입니다. 컬러 스크린톤지나 컬러 종이를 잘라 다시 구성하는 작업도 덧붙이면 됩니다. 아마, 이렇게 만드는 사람은 거의 없으리라 추측됩니다. 이제는 다 컴퓨터를 이용해서 만들지요.

그래픽을 주로 하는 디자인 회사에서 포트폴리오 작업을 대신해 주는 경우도 있습니다. 돈도 문제이지만, 마치 회사 브로슈어처럼 제본을 해서 만들기도 하는데 왠지 어색한 면도 없지 않았습니다. 너무 틀에 박힌 느낌이라고 할까, 뭐 그런 느낌이었습니다. 학생다운 신선함이 없다는 것이 아쉬운 점이지요.

컴퓨터로 작업을 하면 훨씬 그래픽 효과를 살릴 수가 있습니다. 주로 사용하는 프로그램은 스캐너, 포토샵, 페이지 메이커, 일러스트레이터 등입니다. 일단 컴퓨터와 스캐너가 필요하고 컬러프린터도 준비되어야 합니다. 사진이나 도면을 스캐너해 놓으면 마음대로 색깔이나 크기를 조정할 수가 있고, 편집기능이 월등히 뛰어나므로 여러 이미지를 서로 중첩시킬 수도 있습니다.

미국의 거의 모든 학생들이 컴퓨터를 이용합니다(한국도 마찬가지라 생각됩니다). 미국 대학 내의 기자재 시설이 잘 되어 있고 일반 복사집(Kinko's)에서도 컴퓨터 시설을 사용할 수가 있기 때문에 더욱 대중화되었지요. 컬러 복사비도 한 장당 99센트 정도이니 한국에 비하면 거의 반값입니다. 필자의 경우에 유학 지원할 때는 도면을 축소 복사하거나 모델, 패널 사진을 잘라서 적절히 배열한 후에 종이에 붙이고, 복사하고, 파일로 만들고 그랬습니다. 2년 후에 설계사무실을 지원할 때는 전부 컴퓨터를 사용해서 만들었고 효과도 전보다 훨씬 뛰어났습니다. 그리고, 코팅된 종이에 프린터를 하면 프린터가 잉크젯이지만 레이저 프린터 효과도 낼 수가 있지요. 학교 컴퓨터를 사용했기 때문에 개인적으로 지출된 것은 종이 값뿐이었습니다.

컴퓨터와 스캐너 등 기자재가 있으면 그래픽 효과를 많이 낼 수가 있지만, 일반적으로 이 모든 것을 갖추고 있기란 경제적으로 부담이 많이 가기 마련입니다. 컴퓨터에 익숙하지 않는 사람들에게 있어서 컴퓨터 작업은 시간도 많이 걸리고 경제적 부담감도 있으나, 결국 자신에 대한 투자이니 한번 시도하시길 바랍니다. 컴퓨터에 관한 문제는 대학에 다니고 있는 독자들이 필자보다 훨씬 많이 알고 있으리라 생각됩니다. 젊은 세대와의 차이이겠지요.

7. 흑백이냐, 컬러냐?

색깔을 사용하기가 자신이 없는 사람은 아예 흑백으로 만드는 것은 어떨까요? 컬러가 있는 것보다 전체가 흑백이면 작품이 더 개념적이고, 예술적인 면이 강조된 듯 하며, 아카데믹한 성격도 풍길 수가 있습니다. 공부하고 싶은 학교의 성격이 이론적이고 개념적이라면 이 방법이 좋을 것입니다. 화려한 색깔을 포기하고 흑백의 명도를 조정해 가면서 만들 수도 있겠지요. 스케치 실력이 뛰어나거나 개념적인 핸드 드로잉에 강한 사람들은 한번 만들어 볼 만합니다.

그래도 컬러가 좋다면 어쩔 수 없습니다. 컬러는 화려하지요. 색깔을 쓸 때에는 주의할 점들이 있습니다. 작품 사진의 컬러 외에는 가급적이면 색깔을 많이 사용하지 않는 것이 좋습니다. 보통 건축작품이나 다른 그림 등의 사진이 이미 화려한 색깔을 가지고 있기 때문에 바탕은 흑백 톤으로 가는 것도 바람직할 것입니다. 컬러를 많이 사용하면 오히려 효과보다는 보는 사람에게 혼란만 더 줄 수 있기 때문입니다. 색깔이 요란하면 보는 사람도 쉽게 피곤해진다는 것을 염려해 두고, 색깔을 절제하여 사용하길 바랍니다.

8. 첫 페이지 디자인하는 데 최대한 시간을 투자하라.

'시작이 반이다' 라는 말은 다 알고 있겠지요. 첫 페이지를 끝냈다면 전체 작업의 반 정도는 이미 마쳤다고 볼 수 있습니다. 첫 장이 제일 중요한 이유는 나머지 분량도 첫 장과 비슷한 스타일로 가기 때문입니다. 그림의 구성이나 제목, 글씨 크기, 색깔, 스타일 등 전체적인 포트폴리오 윤곽이 이 첫 장에서 결정되어지기 때문입니다. 한 장 한 장 다르게 만들 수도 있겠지만 포트폴리오의 일관성 있는 이미지를 주기 위해서나 통일성 있는 자신의 스타일을 보여줄 수 있기 때문에 전체적으로 비슷하게 만드는 것이 좋습니다. 세대차이라고 말할 수 있겠지만, 당신의 포트폴리오를 심사하는 교수들의 나이를 한 번 생각해보세요. 아마도 40대 이상이 대부분일 것입니다. 이것은 창작력의 제한이 아니라 심사 교수들이 생각하는 디자인의 일관성이나 형식도 한번 생각해 보라는 것입니다. 그래서, 첫 페이지를 디자인하는 데 최대한의 시간을 투자하라는 것입니다.

다양한 스타일로 첫 페이지를 여러 개 만들어 보고, 프린트해 보거나 복사해 본 다음에 최종적으로 결정하십시오. 그리고 다른 사람의 의견을 물어 보십시오. 짧은 시간 안에 적당히 하지 말고, 당신의 인생을 바꿀 수 있다라는 생각을 갖고 작업을 하시기 바랍니다. 이것은 정말 중요하기 때문입니다. 나중에 학교에 입학한 후에도 계속해서 포트폴리오를 보여줄 기회가 많습니다. 파트 타임 일이나 여름방학 인턴 쉽 등에도 포트폴리오는 필수 준비물입니다. 이왕 처음 만들 때 잘 만들어 놓으면 나중에 따로 고생해서 다시 만들 필요가 없습니다.

9. 여유 있게 만들자.

한정된 지면에 이제껏 했던 작품들을 선택해서 한곳에 집약시키기란 그리 쉬운 일이 아닙니다. 한 작품에 보통 적게는 1

페이지부터 많게는 5페이지 정도가 되는데, 욕심이 많은 사람들은 한정된 지면에 모든 것을 보여주려고 하다 보니, 너무 복잡하고 타이트하게 만들게 되는 경우를 보았습니다. 그림을 10컷 정도나 많이 집어넣거나 글씨도 아주 작고 촘촘하게 넣다 보면, 보는 사람에게는 매우 답답하고 도대체 무엇을 보여 줄려는지 학생의 의도를 파악하기 힘들 수도 있습니다.

'어떻게 보여 줄 것인가?'에서도 말은 했지만 강조할 부분은 크고 강하게 표현한다든지, 양으로 밀어붙이는 것이 아니라 질적으로 우수한 면을 보여주는 방식을 택하라는 것입니다. 여유 있게 지면에 여백도 어느 정도 할애하고 마치 사진첩이나 미술 작품 브로슈어 같이 부담 없이 볼 수 있는 포트폴리오를 만들라고 권하고 싶습니다. 그리고 지원하는 학교에 자신의 인상적인 이미지를 심어주기 위한 여러 가지 방법이나 구상을 생각해보는 것도 좋습니다.

10. 마무리는 어떻게 할까?

보통 영어 성적을 다 받아 놓고 포트폴리오나 학업계획서, 교수님들 추천서, 그리고 학교원서 작성 등의 절차를 밟게 됩니다. 영어 공부를 하면서 포트폴리오에 신경을 쓰기란 어렵고 영어시험의 집중력을 떨어뜨리기 때문에 시험을 다 끝내 놓고 만드는 것이 바람직할 것입니다. 영어시험에, 학교 데드라인에 쫓기다 보면 여유 시간이 별로 없어서 엉망으로 만드는 경우도 있습니다. 시험성적이 계획한 대로 잘 나오면 걱정이 없지만 마지막까지 토플과 GRE가 발목을 잡고 있으면 포트폴리오 작업계획은 그만큼 뒤로 밀려나게 마련이고, 그러면 적당히 얼렁뚱땅 만들 위험도 있으니 시간 계획을 잘 세우는 것이 중요합니다.

작업이 끝나면 원서와 포트폴리오를 학교로 보낼 준비를 해야 합니다. 지원하는 학교마다 포트폴리오가 필수 항목이어서 지원하는 학교 수만큼 만들어야 할 것입니다. 학교를 너무 많이 지원하는 것은 그리 권하고 싶지 않지만, 수험생 심정이야 불안하기란 이루 말할 수 없다라는 것을 이해 못하는 것은 아닙니다. 포트폴리오 원본을 하나 만들면 보통 컬러 복사를 하여 만드는 것이 일반적일 것입니다.

한 친구는 컴퓨터로 작업을 했는데 학교 지원하는 수만큼 프린터로 출력을 하다 보니 프린터가 거의 다 망가졌다고 하더군요. 한 두 장도 아니고 일시에 백장을 넘게 했으니 무사한 것이 이상하겠지요. 학교마다 다르겠지만 입학 심사 후 포트폴리오를 돌려주는 학교가 있고 그렇지 않는다고 미리 알려주는 학교가 있습니다. 페이지 수도 한정해 주는 학교가 있습니다만, 보통 건축을 전공한 학생이라면 30~40페이지 정도면 충분할 것 같습니다.

건축을 전공하지 않은 사람은 최소 10페이지 정도는 보여 주어야 하지만, 20페이지 정도로 준비하는 것이 좋습니다. 건축과는 관계가 없지만 자신의 능력을 보여주는 것이기에 너무 적게 만드는 것보다 어느 정도의 분량을 권하고 싶습니다.

포트폴리오 작업이 다 끝나면 책처럼 한 권으로 묶어야 하는데 여러 가지 방법이 있습니다. 책처럼 제본을 하는 방법, 스케치북처럼 측면에 바인더 링을 하는 방법, 클리어 파일에 넣는 방법, 결혼식 방명록처럼 천이나 실로 측면을 묶는 방법, 크레센트 보드지(Crescent Board)와 같이 유사한 두꺼운 종이에 붙이는 방법들이 있습니다. 자신이 가장 인상깊은 것으로 선택하면 되겠습니다.

포트폴리오 커버도 중요합니다. 고급스러운 가죽이나 특별한 종이를 사용하는 등 여러 가지 스타일이 있습니다. 일반적인 방법은 깔끔한 클리어 파일에 넣어 보내는 것입니다. 값도 저렴하고 보관하기도 편해서 이 방법을 쓰지만, 미국의 학생들은 거의 이 방법을 사용하지 않습니다. 미국 학생들의 스타일은 복사한 포트폴리오 원본 측면에 바인더 링을 해서 묶는 것이 일반적입니다. 여러 선택들이 있습니다. 오히려 선택의 폭이 너무 많아서 결정하기가 더 힘들 것입니다. 자신 스스로 작업해 가면서 여러 스타일을 구경해 보고 조사해 본 다음에 결정하기 바랍니다.

유학준비 과정에서 영어시험 준비가 시간적으로 제일 많이 차지할 것입니다. 포트폴리오가 제일 중요하다라는 것을 알면서도, 대부분 사람들이 영어시험 준비하는 만큼 포트폴리오 작업에는 시간을 충분히 할애하지 않고 있습니다. 틈틈이 포트폴리오에 대해서 나름대로 정보수집과 아이디어를 생각해 놓고 따로 메모해 두는 습관을 가지길 추천합니다. 필자가 말한 이 10가지 방법 위에 본인의 독창적이고 신선한 아이디어를 덧붙여 만든다면, 좋은 작품집이 나올 수 있으리라 믿습니다.

레쥬메, 영문 이력서

레쥬메는 대학원 지원 시 준비해야 할 서류 중 하나입니다. 미국에서는 한국처럼 문방구에서 이력서 용지나 양식이 포맷된 용지를 팔지 않습니다. 그래서, 미국 사람들은 레쥬메를 어떻게 쓰는가가 참 궁금합니다. 전공마다 레쥬메 스타일이 다르기도 하지만, 일반적으로 특정한 레쥬메 형식을 갖추고 있습니다.

레쥬메는 지원자의 과거 경력과 앞으로의 일생을 결정할 수 있을 만큼 아주 중요한 서류입니다. 특히, 잡 써치할 때에 레쥬메는 결정적인 역할을 합니다. 10초 동안에 한 사람의 레쥬메를 훑어본다고 합니다. 10초 안에 한 사람의 미래가 결정난다고 해도 과언이 아닙니다. 대학원에 들어가면 실무법규 시간에 레쥬메 쓰는 방법에 대해 간단하게 수업을 하곤 합니다만, 외국인 학생으로 영어에 익숙하지 못한데다가 한국에서 써 본 경험도 없고, 또 제대로 본적도 없기 때문에 자칫 잘못하다가 엉뚱한 방향으로 레쥬메를 작성하기도 합니다.

참고로 말씀드리자면 아래 내용은 보다 정확하고 신뢰성을 두기 위해서 다음과 같은 참고문헌을 기초로 서술한 것임을 밝힙니다.

Alred, G. J. et al.(2000). Handbook of the technical Writing

6th edition, New York : Bedford/St.Martin's.

1. 레쥬메의 가장 중요한 포인트는 첫 인상을 확실하게 심어주는 것입니다. 회사에서 사람을 뽑을 때 수많은 레쥬메를 어떻게 선택하겠습니까? 미국 변호사의 경험에 의하면 한 레쥬메당 2분 넘게 보지 않는다고 합니다. 2분 안에 책상에 남던지 아니면 쓰레기통으로 날라 가지요. 그래서, 확실하게 첫 인상을 심어줄 수 있는 레쥬메 작성이 요구됩니다.
2. 고급종이에, 퀄리티가 아주 좋은 종이에 프린트하십시오. 원서 지원 시, 학업 계획서와 레쥬메는 될 수 있으면, 아니 반드시 고급종이에 프린트하길 바랍니다. 일반적인 A4 종이에 자신의 과거 경력을 쓴다는 것은 그 만큼 자신의 경력을 하찮게 생각하고 있다는 증거이기도 합니다. 레쥬메 프린트 종이가 고급이면 심사위원도 한번 더 보게 됩니다. 학교뿐만이 아니라 회사 취직할 때도 마찬가지입니다. 미국 문방구에 가면 레쥬메용 고급종이를 판매합니다. 레쥬메용 페이퍼라고 적혀있습니다. 당신의 미래를 좋은 종이 위에 적어보시기 바랍니다.

3. 당신의 레쥬메가 심사위원에게 관심을 끌 수 있는 것인지, 잘 정리가 되었는지, 읽기는 쉬운지, 문법이나 스펠링 체크는 다 했는지 다시 한 번 확인하시기 바랍니다. 흥미로운 것은 미국 학생들도 레쥬메를 제대로 쓰는 학생이 없습니다. 이 말은 영어의 정확한 구사, 심지어 콤마 하나까지 정확하게 구사하는

친구들이 없다는 것이지요. 필자의 경우 변호사가 건축법규 강의시간 중에 레쥬메 작성방법에 대해 가르쳤는데, 변호사 사무실 같은 경우에는 레쥬메에 약간의 오자나 미스가 있으면 그 레쥬메는 바로 쓰레기통으로 들어간답니다. 지원자가 한 둘이 아니기도 하겠지만 그만큼 레쥬메는 정확해야 되기 때문이지요. 법률업무를 담당하니까 더욱 정확해야하겠지만, 일반적으로 레쥬메는 정확하게 써야합니다. 왜냐하면, 레쥬메가 당신의 얼굴이기 때문입니다.

4. 당신의 과거 경력은 정확합니까? 정보는 정확하게 삽입되었습니까? 다 쓴 다음에 반드시 다른 사람에게 리뷰를 받았습니까? 일관성 있게 글씨체와 순서가 정리되었습니까? 레이 아웃은 잘 되었습니까? 당신만의 레쥬메 스타일을 디자인했다면, 디자인과 글씨는 명확하게 잘 보입니까? 간혹, 디자인에 너무 신경 쓰면 글씨가 잘 안 보일 수도 있습니다. 이러면 곤란합니다.

이상과 같이 4가지의 간단한 체크 사항을 말했습니다. 레쥬메를 대충대충 쓰지 마십시오. 레쥬메는 당신의 얼굴이며 첫인상이라는 것 절대로 잊지 마시기 바랍니다.

■ 레쥬메 실전연습, Analyzing my background

1. 대학원 진학 시 레쥬메를 작성할 때 우리가 한번 생각해 볼 것이 무엇인고 하니, '내가 이제껏 살아온 경력 중에서 어떤 것이 가장 중요한 것일까?'하는 것입니다. 특히, 대학원 심사 시 '내가 가장 어필할 수 있는 경력이 무엇일까?'를 생각해 보

십시오. 물론, 직장 지원 시와 학교 지원 시의 레쥬메 쓰는 목적은 다릅니다. 직장을 찾는 것과 대학원 진학을 위한 레쥬메 작성은 조금 다릅니다. 직장을 찾을 때면 교육 배경보다 실무 경력이 더 중요할 수도 있습니다. 대학원 진학 시에는 교육 배경이 더 중요할 수도 있겠지요. 일반적으로, 대학원 진학 시에 교육 배경을 제일 먼저 쓰곤 하더군요. 즉, 내 경력에서 가장 중요하다고 생각되는 것을 고심해보고 결정한 다음, 나머지 사항을 효과적으로 보여주어야 할 것입니다.

2. 자, 그러면, 내 경력을 어떻게 정리할 것인가? 제가 던지는 질문들에 대답해 보십시오.
   (1) 현재, 어느 대학을 다니고 있는가? 어떤 학위를 가지고 있는가? 무슨 전공을 밟고 있는가? 장학금이나 기타 상을 받은 경력은 있는가? 장학금은 언제, 누구로부터 어떤 사유로 받았는가? 건축과는 학생 콤페를 많이 나가 수상한 경력이 있는가? 아니면 다 떨어졌는가? 떨어져도 좋습니다. 먼저 제가 질문한 사항에 대한 대답을 모두 적어보세요. 콤페 수상한 경력이 있으면 어떤 상을 받았고, 어디서 콤페를 주최했으며, 언제 수상을 했는가? 혼자 했는가? 공동작업인가? 떨어졌다고 해도 마찬가지입니다. 다만, 수상경력이 없을 뿐이지, 기타 활동 코너 2.2에 해당됩니다. 자, 한번 대답해 보십시오.
   (2) 공부 과정 외에 활동하고 있거나 참여했던 경력은 무엇인가? 동아리 활동이나 발런티어 활동은 없는가? 당신의 리더십 스킬은 어떠한가? 활동하고 있는 그룹에서 어

떤 일을 하고 있는가? 과거에 이런 경력이 있다면 한번 적어보도록 하십시오.

(3) 현재, 직장을 다니고 있다면 어떤 직업인가? 직장에서 당신의 주요 업무가 무엇이고, 또 직장 내에서 부수적인 일은 어떤 것이 있는가? 현재 또는 과거에 직장 경력이 있다면 얼마나 일했고, 어디서 또 무슨 직위로 일하였는가? 미국은 아주 사소한 일거리도 적는 경우가 많습니다. 근무한 기간과 상관없이 직장을 여러번 옮겨 다닌 것은 미국에선 결코 흠이 아니므로 다 나열해 보십시오.

(4) 프로젝트를 수행한 경험이 있다면 어떤 프로젝트인가? 언제부터 시작해서 언제 끝났는가? 그 프로젝트에서 어떤 일을 하였는가? 프로젝트가 끝났다면 완공된 건물 사진은 있는가? 외국 회사와 조인트 했다면 어떤 회사와 했는가? 가끔, 25층 고층빌딩을 마치 자기가 한 것처럼 아주 당당하게 자기 이력서에 적는 사람이 있습니다. 이러면 안됩니다. 심사위원도 말도 안 되는 이야기라는 것 다 알고 있기 때문에 절대 거짓말하지 마십시오. 참여한 프로젝트에서 캐드 드로잉을 했으면 그렇게 적고, 실시설계에만 참여했으면 그렇게 적으십시오. 미국에서는 거짓말하는 사람이 제일 나쁩니다.

(5) 레쥬메를 쓸 때 '내가 지금 지원하고자 하는 프로그램과 나의 과거 경력이 어떻게 관련이 있을까?'를 한번 생각해 보십시오. '괜히 이상한 것까지 적어 가지고 오히려 해가 되지는 않을까?' 하고 한번 생각해보십시오.

■ Organizing the Resume

여기서 제가 서술하는 오거나이즈 방법은 절대적인 답은 아닙니다. 레쥬메 작성에는 여러 가지 스타일이 있습니다만, 아래 내용은 제가 참조하고 있는 참고문헌을 기초로 했다는 점을 밝힙니다. 레쥬메에는 어떤 내용들이 들어가야 하는지 리스트입니다.

Heading – 자기 이름하고 주소, 이메일 주소 등
Education – 교육 경력
Employment Experience – 직장 경력
Skills and Activities – 특기사항이나 기타 대외활동 경력
개인적으로 첨부하고 싶은 것은
Awards & Scholarships 코너도 첨가할 수 있겠습니다.

1. 레쥬메는 글로 문서화하여 최대한 자신을 자랑하는 곳입니다. "나 이런 능력 있습니다. 이런 기술 있습니다"라고 뽐내는 것이지요. 한국 사람들 보면 자기 것을 감추기에 익숙해져 있습니다. '모난 놈 정 먼저 맞는다'는 말이 있듯이, 한국 학생들 자기 자랑 잘 하지 않습니다. 그리고, 동료가 너무 자랑을 하면 시기도 잘 하고 '잘난 체' 한다고 불평하기도 합니다. 하지만, 미국에서는 자기가 자기 자랑하지 않으면 어느 누구도 관심을 주지 않습니다. 학교에서도, 설계사무실에서도 "나는 이런 거 잘한다, 할 수 있다"고 말하고 다녀야지 일자리 하나 얻을 수 있습니다. 인터뷰 팁에도 썼습니다만, 한

예로 설계사무실 들어갈 때 인터뷰합니다. 그때, 선배들이나 경험이 있는 사람들은 이런 충고를 해 줍니다.

"자기가 가지고 있는 능력의 300%를 과장해서 말해라. 그래야 먹힌다." 이런 충고를 하곤 합니다. 뭐, 이런 사소한 것까지 레쥬메에 적나하고 생각하는 사람이 있는데, 될 수 있으면 자신을 많이 드러내십시오.

2. 학력과 직장 경력은 순서가 달라질 수 있습니다. 직장 경험이 최근에 있으면 직장 경험을 제일 위로 올릴 수 있고, 학교를 최근에까지 다녔다면 학력란이 제일 위로 올라갈 수 있습니다. 보통, 취직을 위해서는 직장 경력이 제일 위로 올라가지만, 대학원 입학용 레쥬메에는 학력이 제일 위로 올라가는 것이 일반적입니다.

3. 그럼, 처음에 들어가는 머리말, The Heading을 살펴보겠습니다. The Heading에서는 명확하게 자기 이름하고 주소, 전화번호, 팩스번호(있으면), 이메일 주소를 알기 쉽게, 클리어하게 보여줘야 합니다. 그리고, The Heading은 레쥬메 제일 윗 부분 가운데에 정렬시킵니다.

예를 들면,

YOUNG NAM KIM

676-12 Dong Sun 3-Dong

Kang Buk-Ku, Seoul 125-879(우편번호)

Republic of Korea

Tel : 82-2-123-4567

E-mail : kim@resume.com

주소는 한국에서 쓰는 것과 순서가 반대라는 점 알고 계시죠. 번지수가 먼저 오고, 그 다음에 동, 구(시), 시(도), 나라 이렇게 옵니다. 참고할 것은 시 다음에 우편번호가 오는 것 잊지 마시기 바랍니다. 구(지방은 시) 다음에 콤마 오는 것 잊지 마십시오. 항상 구(시) 다음에는 콤마를 넣으시기 바랍니다. 예를 들면, College Station, TX 77840.

한국에 관한 명칭에 대해 간단히 보충 설명을 하자면, 대한민국의 공식 국가명칭은 Republic of Korea(한국공화국?)입니다. 그래서, 우리 여권에도 Republic of Korea로 나오게 됩니다. 이것을 줄여서 여러 서류의 국가란에 R. O. K로 쓰기도 합니다. 일반적으로 미국에서는 South Korea, North Korea로 부르기도 합니다. 하지만, 국가 명칭은 공식적인 명칭으로 쓰는 것이 '공식서류'상에 맞다고 봅니다. 그래서 South Korea 보다 Republic of Korea가 정확한 표현이라는 것을 참조바랍니다.

보다 자세한 설명을 위해서 참고문헌에 나와 있는 미국 사람의 예를 한 번 써보겠습니다.

CONSUELA B. SANDOVAL ································· 이름
6891 Elm Street ·· 주소(번지수)
Somerville, Massachusetts 02144 ··························· 주소
(시와 주 그리고 우편번호, ZIP CODE)
(617) 625-1552 ·· 전화번호
cbsand@resume.com ································· 이메일 주소

일반적인 레쥬메는 헤딩을 가운데로 정렬시킵니다. 건축과 학생들은 레쥬메를 따로 디자인하는 경우가 많기 때문에, 디자인에 맞추어서 헤딩 부분을 왼쪽으로 정렬시키는 사람도 있고, 가운데로 위치시키는 사람도 있습니다. 전반적인 디자인 분위기에 조화되도록 정렬시키면 되겠습니다.
헤딩에 이어 Education에 대해서 서술하겠습니다. 학력 배경은 최근 배경을 제일 앞으로, 그리고 학부 시절의 내용을 제일 뒤로 보냅니다. 고등학교 졸업 내용은 쓸 필요가 없습니다. 예문을 들어보겠습니다.

EDUCATION

Ph. D. in Finance : expected November 2001
The Wharton School of the University of Pennsylvania

M. S. in Business Administration, January 1999-December 2001, University of Wisconsin-Mi-waukee

B. S. in Business Administration, January 1997-May 1998
Indiana University

위와 같이 순서가 최근 것에서부터 시간을 거슬러 올라가 학부까지 쓰게 되는 것입니다. 주의할 점은 사용 단어가 일관성이 있어야 합니다. 다시 말해, 어떤 곳에서는 January라고 쓰고 어떤 부분에서는 Jan.라고 쓰면 안 됩니다. 일관성 있게, 약어로 쓰고 싶으면 약어로 계속해서 사용하기 바랍니다.

참고문헌에서 학력란을 쓴 것과는 달리 필자는 다른 스타일로 레쥬메를 작성했습니다. 학교의 시간 순서는 위와 동일하지만, 공부한 기간과 학교를 쓰는 것은 다릅니다. 필자의 예문을 들어보겠습니다.

EDUCATION

Mar. 2000～Feb. 2002	Master of Engineering in Architecture Hankuk University. Seoul, Korea
Mar. 1997～Feb. 2002	Bachelor of Engineering in Architecture Hankuk University. Seoul, Korea

공부한 기간을 왼쪽으로 일목요연하게 정리하면 레쥬메를 보는 사람에게는 훨씬 읽기 쉽습니다. 그리고, 학위의 명칭은 기간에 같은 줄에, 그리고 학교의 명칭은 그 다음 줄에 학위 명칭과 위지를 정돈시킵니다. 다른 스타일은 학위와 학교명을 왼쪽으로 먼저 오게 하고 공부 기간은 오른쪽으로 정렬시키는 방법도 있습니다. 예를 들어,

EDUCATION

Master of Engineering in Architecture Mar. 2000~Feb. 2002
Hankuk University. Seoul, Korea

다음은 직장경력 작성방법에 대해서 서술하겠습니다. 일단 참고문헌에 나온 예를 들어보겠습니다.

EMPLOYMENT EXPERIENCES

Sep. 1998~Jan. 2001	An Architectural Assistant, Seoul Architects & Engineers, Seoul, Korea
Jan. 1996~Aug. 1998	An Intern, Hankuk Architects & Associates, Pusan, Korea

직장 경력도 교육과 마찬가지로 최근 순서부터 과거 순서로 거슬러 올라갑니다. 그리고, 공식 직함도 넣어주십시오. 직장 경력 기술도 학력 배경을 적는 것과 똑같이 일관성 있게 적어주십시오. 레쥬메에서 보여주는 것은 일관성 있는 정리, 보기 쉬우며 간단 명료함, 깨끗함을 잊지 마시기 바랍니다. 레쥬메를 쓰는 것은 개인의 성향에 따라 달라집니다만, 경력 밑에 간단히 기술하는 경우도 있습니다. 프로젝트에서 어떤 일을 했는가? 매니저 보조를 했는가? 기타 등등 간단하게 그 당시 일했었던 사항을 기술해서 보여주는 것입니다. 필자 생각엔 직장

경력이 적은 사람은 한번 시도해 보시기 바랍니다.

직장 경력이 있는 사람은 반드시 프로젝트를 언급해야 합니다. 프로젝트 경력과 관련된 항목을 부가적으로 만들면 되겠습니다.

EXPREIENCED PROJECTS

Mar. 1998~Dec. 1999	Hankuk Hosptital, Seoul, Korea
Jan. 1997~Feb. 1998	Korea Bank, Seoul, Korea

프로젝트에 대해 기술하거나 설명할 내용이 있으면 프로젝트 밑에 간단하게 적습니다. 기본 설계에만 참여했다든지, 실시 설계 과정에 참여했다든지, 자신이 참여한 부분을 간단하게 언급하면 좋습니다. 프로젝트 경력을 기술하는 순서는 최근 것부터 과거로 거슬러 올라갑니다. 다시 말하지만, 레쥬메에 기술하는 여러 가지 항목은 일관된 형식을 유지해야 합니다.

직장 경력 외에 AWARDS & SCHOLARSHIP을 기술할 필요는 있습니다. 특히, 학생 공모전에 입선한 경력이 있으면 마음껏 자랑해 보시기 바랍니다.

AWARDS & SCHOLARSHIPS

1st Winner	Korean National Architecture Competition, Korean Institute of Architects. 1999
Accepted Honor	Students Architecture Exhibition, Hankuk

University, 1998
Dosan Scholarship Recipient, 1998~1999

SKILLS AND ACTIVITIES

이 항목은 주로 레쥬메에서 가장 마지막에 오는 항목입니다. 학교활동이나 대외활동에 관해서는 고등학교 시절을 기술할 필요가 없습니다. 레쥬메에 항목이 너무나 많이 있으면 오히려 혼동만 주게 됩니다. 주로 대학 시절과 직장 경력을 언급하도록 하십시오. 학과활동 외에 사회활동에도 관심이 많은 것이 미국입니다. 동부 아이비리그 학교에 들어 갈려면 공부도 잘해야 하고, 사회활동, 교내활동 등 다양한 경험을 요구하기도 합니다. 학교 써클활동, 봉사활동, 종교활동 등 두각을 들어낸 부분에서는 과감하게 써보도록 하십시오. 스킬 항목은 워드부터 포토샵, 캐드, 기타 컴퓨터 프로그램을 다룰 수 있는 것은 다 적습니다.

참고로 미국 레쥬메에는 본인 사진, 가족관계, 결혼 유무, 성별, 출신지, 취미와 같은 개인적인 내용이 들어가지 않습니다. 뒤에 첨부한 '한·미 이력서 비교'를 읽어보시면 자세하게 알 수 있습니다.

마지막으로, 필자가 언급한 사항을 잘 생각해 가면서 레쥬메를 작성하시기 바랍니다. 작성할 내용을 잘 정리해서 한 번 쓰고 난 후에 다시 한번 교정을 받아보도록 하십시오. 그리고, 일관된 형식을 유지하면 보기 쉽고, 그래픽을 조금씩 삽입하면 멋있는 레쥬메가 될 것 같습니다. 필자가 언급한 내용을 기초로 해서 샘플 레쥬메를 작성해 보도록 하겠습니다. 만약, 그래픽을 사용하면 얼마든지 멋있는 레쥬메가 나올 수 있습니다. 그리고, 건축 디자이너답게 자신만의 레쥬메를 작성해 보시기 바랍니다.

YOUNG NAM KIM
676-12 Dong Sun 3-Dong
Kang Buk-Ku, Seoul 125-879
Republic of Korea
82-2-123-4567
kim@resume.com
URL : http : //www.myhomepage.com

EDUCATION

Mar. 2000~Feb. 2002	Master of Engineering in Architecece Hankuk University. Seoul, Korea
Mar. 1997~Feb. 2002	Bachelor of Engineerin Architecture Hankuk University. Seoul, Korea

EMPLOYMENT EXPERIENCES

Sep. 1998~Jan. 2001	An Architectural Assistant, Seoul Architects & Engineers, Seoul, Korea

Jan. 1996~Aug. 1998	An Intern, Hankuk Architects & Associates, Pusan, Korea

EXPREIENCED PROJECTS

Mar. 1998~Dec. 1999	Hankuk Hosptital, Seoul, Korea
Jan. 1997~Feb. 1998	Korea Bank, Seoul, Korea

AWARDS & SCHOLARSHIPS

1st Winner	Korean National Architecture Competition, Korean Institute of Archi-tects. 1999
Accepted Honor	Students Architecture Exhibition, Hankuk University, 1998
	Dosan Scholarship Recipient, 1998~1999

SKILLS AND ACTIVITIES

President	Design Study Group, FORUM. 1998~1999
Membership	Korean Institute of Architects
Skills	AutoCAD, 3D-MAX, Photoshop, MS Word 7.0

■ 한국과 미국 이력서의 비교

최민님의 허락 하에 글을 올립니다. 감사합니다.
〈저자 주〉

우리나라 이력서와 미국의 이력서를 비교했을 때 아주 다르다는 것을 알았습니다. 친구 녀석이 외국으로 유학 간다고 해서 보았더니 한국 것과는 사뭇 다르더군요. 이력서에서부터 남녀차별이 나타나고, 성차별이 나타나고, 연고주의가 나타난다는 것을 아시는지요? 간단하게 몇 가지 비교를 해보도록 하겠습니다.

1. 한국 이력서엔 사진이 들어갑니다. 하지만 미국 이력서엔 사진을 부치지 않습니다. 그래서, 이력서 상으로는 지원자의 얼굴을 모릅니다. 물론, 미국 레쥬메에는 성별란도 없습니다(이름으로 알겠지만. 그래도). 한국은 주민등록번호를 적습니다. 하지만, 미국은 소셜 시큐리어티 번호(Social Security Number) 같은 것은 적지 않습니다. 여기서 간단히 살펴볼 수 있는 것은 한국의 경우, 얼굴 예쁜 아가씨들은 서류심사에서부터 혜택을 받습니다. 주민등록번호로 나이까지 알 수 있습니다. 하지만, 얼굴과 나이는 일하는 데에 그리 중요한 사항은 아닙니다. 능력이 중요하시요.
2. 한국 이력서엔 출생지를 적습니다. 근래에 들어와 많이 사라지기는 했습니다다만 아직도 출생지 적는 이력서가 많습

니다. 미국 이력서엔 출생지란이 없고 현주소를 적습니다. 한국은 여기서부터 지역 연고주의가 시작됩니다.

3. 레쥬메 여러 항목을 작성하는 순서도 한국과 미국은 정반대입니다. 미국의 경우 가장 최근의 학력부터 기술하지만 한국은 고등학교부터 먼저 적고, 최종 학력은 제일 나중에 적습니다. 이래서 한국은 고등학교 출신이나 대학 출신이 중요하며 지역 연고주의와 학벌 중심이 시작됩니다. 실력보다 연고와 출신 대학을 대학원 배경보다 더 중요시하는 한국. 하지만, 미국은 최종 학력(대학원이나 박사학위 받은 곳)이 더 중요합니다. 최근의 실력이 더 중요한 것이니까요? 한국은 학부 출신은 족쇄와도 같습니다. 지방대를 나온 사람이 하버드 대학원을 나와도 그 사람은 지방대 출신이라고 폄하시키는 일이 아직도 일어나고 있습니다.
4. 한국 이력서엔 가족사항을 적습니다. 부모의 직업까지 적어야 하는 란도 있습니다. 하지만, 미국엔 가족사항 같은 따위는 없습니다. 개인이 중요하다는 것입니다. 한국은 결혼 유무도 적습니다. 하지만, 미국은 없습니다. 미국은 이혼을 너무 자주해서 그럴까요? 아니면, 성에 대해 개방적이라서 그런가요?
5. 한국은 인물을 먼저 보지만 미국은 그 사람의 경력을 우선시 합니다. 대체적으로, 각각의 상황에 따라 다르지만, 여기서 이야기하는 것은 일반적인 경우입니다. 예를 들어, 한국의 비서는 인물이 좋아야 먼저 뽑힙니다. 한국 항공

사의 스튜디어스도 다른 나라에 비해 아주 젊습니다. 하지만, 미국의 스튜디어스는 대체로 나이든 여자들이 많습니다.

6. 한국의 이력서는 정해진 틀이 있습니다. 일종의 이력서 양식 종이를 팝니다. 하지만, 미국의 이력서는 양식 같은 것은 팔지도 않고 그냥 적어 댑니다. 물론, 어느 정도의 틀은 있지만….

7. 취직할 때 인종, 결혼 유무, 지역출신 유무, 장애여부, 임신 등의 원인으로 취직을 거부시키면 위법입니다. 물론, 알게 모르게 이리 저리 핑계대기도 합니다만, 법으로까지 제정한 것을 보면 개인의 인권을 보장해 주려는 노력이 엿보입니다.

제가 짧게나마 말하는 것은 미국이 좋다는 '사대주의' 사고를 심어주기 위한 것은 아닙니다. 얼마나 개인의 프라이버시를 잘 지켜주고 있는가 하는 문제와 개인의 인권의식을 지적하고자 하는 것입니다. 사람 사는 세상 어디에나 사람의 외모는 볼 것입니다. 하지만, 정도의 차이가 크고 적음에 따라 그 사회가 얼마나 건강한가를 알 수 있습니다. 최근에 여성들의 성형수술의 사회문제는 우리 사회의 단편적인 모습을 엿보게 합니다. 성형미인이면 취직하기 쉬운 우리나라 사회풍토에서 과연 사람을 뽑을 때 능력이 먼저인지, 외모가 먼저인지 그 우선 순위를 모르는 경우가 많은 것 같습니다. 간단하게나마 한국과 미국의 이력서를 비교해 보았습니다 감사합니다.

에세이 작성에 필요한 내용을 구체적으로 알아보기 위해 3개의 대학원의 에세이 작성 요령을 아래 첨부하였습니다. 일반적으로 1페이지를 넘지 않도록 규정하고 있으며, 개인적인 배경과 프로그램 지원 이유, 건축을 공부하게 된 동기, 특별히 관심 있는 분야나 앞으로의 계획에 대해서 간략하고 명확하게 서술하라는 안내문구가 있습니다. 참고로 3개 학교가 명시하고 있는 에세이 작성 안내요령을 첨부합니다.

An essay, not to exceed one page, that includes a brief personal history and reasons for applying to this program.(Yale)

A statement of objectives describing the applicant's personal interest, background, and motivation for the study of architecture.(MIT)

Statement of purpose : This should be a one-page essay including purpose for entering the M. Arch program, career goals, and proposed emphasis of studies and special interest in the field. Statements should be clear and focused.(Berkeley)

주의사항

참고로 본 책에 올라가 있는 에세이나 추천장의 특정 문구를 그대로 인용하지 않기를 바랍니다. 간혹 한국 학생들 사이에서 에세이 문구가 똑같아 어드미션 자체가 취소되는 불미스러운 일이 발생하고 있습니다. '나 하나는 괜찮겠지'라는 생각이 어드미션 결정에 불미스러운 일을 발생시킬 수 있으니 각별한 주의 부탁드립니다. 대부분의 학생이 특정 학교를 중복 지원하게 되는 유학지원의 특수성 때문에 특정 문구를 동시에 인용하면 불미스러운 사건이 발생할 수 있기에 특별히 당부말씀 드립니다.

■ 에세이 샘플 1

석사과정 지원을 위한 에세이 샘플입니다. 샘플을 올리게 허락해주신 원 저자 방정균 님께 진심으로 감사드립니다.

〈저자 주〉

A Statement of Purpose

Written by Bahng, Jung-Kyun

After taking a travel in Southeast Asia, Europe and the United States, I had the first turning point on my architectural thought in the first semester 1999. At that time, I came out of my kitsch trend on my works and started thinking of the cognition for the quality of space as well as the architectural logical interrelationship of shape, function, and space. Especially the participating in the WING 99 Workshop as the representative at the department stimulated my architectural desire. Discussing 'space' with many professors and students came from respective countries solved my curiosity of architecture but it left me another question of a new concept for architecture. Based on my study of 'space' at the workshop, I worked on my graduation work and adapted it by interpreting the knowledge I studied, the concept of Folly. A certain space, where the usage isnt defined yet, will be given to people. It can be used various places such as a store, a pavilion, the place of meeting and so on. I hope to use the space like that by filling out the rest of space with users intention.

I wish that my works would consider unfixed and flexible public spaces which adjust various demands of users. I believe that people judge the value of constructions by unconscious or conscious cognitions considering many conditions. Therefore, the building, which cant satisfy diverse desires of people, will be disregarded. Considering those facts, I am interested in designing public space, where can be judged the usage by people, as well as the fundamental space, residence. It is in the nature of water to run downward. If someone wants to change the flow of water, it is necessary to use an artificial power. Against the flow is not natural because it breaks the order. It is not natural.

People feel very comfortable when they see a running stream or river that I regard the beauty originates from nature. For designing the flexible buildings, I am willing to use the properties of water that is uncertain and natural, and absorbs all materials.

Based on my concern regarding those concepts, I searched for lots of graduate programs in the abroad and eventually decided to apply for your graduate program considering your well organized curriculum and the creative studio works of your faculties and students that will solve my question of a new concept on architecture that I regard.

Sincerely

Bahng, Jung-Kyun

■ 에세이 샘플 2

에세이 샘플 중 하나로 필자의 박사과정 학업계획서를 첨부합니다. 참고로 박사과정 에세이는 전공분야에 대한 명확한 언급과 지원하고자 하는 학교의 어느 교수와 연구를 하고 싶다는 언급이 들어가야 합니다. 석사과정처럼 일반적인 내용만 언급하는 것이 아니라 들어가기 전부터 지도교수를 잠정적으로 언급하고 미리 정하고 가는 것이 좋습니다. 설령, 입학해서 지도교수와 전공분야를 바꾸는 한이 있어도, 공부하고 싶은 내용과 어느 교수와 같이 연구하고 싶은가를 언급해 주는 것이 좋습니다. 필자의 경우 입학하기 전에 지도교수 될 분과 인터뷰를 한 후에 지원하였습니다.

필자의 경우 석사과정의 배경을 언급하고 필자가 생각하는 건축관을 서술하였습니다. 필자의 건축관은 박사과정에서 공부하게 될 분야의 연구 패러다임과 밀접한 관계가 있음을 밝혔습니다. 박사과정에서 헬 케어 디자인 분야로 연구하고 싶다는 언급과 지원하는 학교의 주요 교수 이름을 언급하였고, 연구의 잠정적인 방향을 구체적이지는 않지만 간략하게 언급하였습니다.

Intended Degree : Ph.D. of Architecture

A Statement of Purpose

Applicant : Kwan Yong Lee

Since being admitted to the Master of Architecture degree program offered by the University of Texas at Austin, I have acquired further knowledge of architecture and professional experience as a result of my employment with several architecture firms such as RTKL Associates, Inc. I am now intending to pursue a doctoral program in architecture to acquire a specialty of architectural design to enhance my future career as an architect.

I am interested in studying for the Doctor of Philosophy in Architecture at Texas A&M University beginning in the Spring Semester 2000.

In 1994, after graduating from Kyung Hee University, Korea, I worked for the Il Song Architects & Engineers firm in Seoul, Korea to gain professional experience. For a year and seven months, I worked with international architecture firms such as RTKL, HOK, and WAT&G. After working together with American architecture firms, I decided that it was essential to study in the United States to achieve my professional goals and enrich my knowledge of architecture.

I believed that architecture has great potential in serving

the well-being of our society. An architect in today's society is obligated to understand the relationship between physical environment and human health. In other words, he or she should have acquire an aesthetic sense of building in addition to scientific knowledge of the human environment.

As an aspiring architect, I hope to make a contribute to human existence with my knowledge derived from both aesthetics and sound design. I believe that my education would be an asset and I am confident that I can contribute to the society with using the special knowledge acquired from further study. I wish to study architecture that is more focused on practical knowledge than theory. My goal in pursuing the Doctor of Philosophy in Architecture at Texas A&M University is to obtain specialty in health facilities planning and design.

I am concerned there are too many errors that are commonly committed by designers who have no real awareness of the hospital environment. I believe that human environment will be better served if healthcare facilities are renovated or built by architects with specialized skills in health facilities planning and design. I am very interested in the issues surrounding the hospital environment. Many crucial areas, such as architecture, landscape, medical treatment, and regional planning, can be combined to create a healthy hospital environment, which will affect patients both psychologically and physically. I hope to learn how physical environments can affect the emotional status of the patient.

The doctoral program in architecture at Texas A&M University, which has one of the most prestigious programs of health facility planning and design in the United States. My studies would allow me to bring a valuable perspective to my future career as a practicing architect and researcher. I believe the research dimension of the program is very well organized in its range from psychological aspects to the design of healing environments. For example, I am very interested in the research of Dr. Roger Ulrich and Dr. Mardelle Shepley who are among the distinguished faculty of the Center for Health Systems and Design. By pursuing be Doctor of Philosophy in Architecture, I will also obtain knowledge relating to the general design of healthcare facilities, design of hospital environments, and medical treatment buildings. I look forward to hearing a part of your academic community.

Sincerely Yours,

Kwan Yong Lee

■ 추천장 샘플 1

추천장 샘플을 올립니다. 샘플을 올리게 허락해 주신 원 저자 분께 진심으로 감사드립니다. 참고로 개인의 프라이버시를 보장하기 위해 학교와 프로젝트 명, 교과목 명, 추천장 작성자 등의 명칭은 가명 처리하였음을 밝힙니다.

〈저자 주〉

Dear Sir or Madam,

I am writing in behalf of Gil Dong Hong who is applying for an admission to your graduate program in design studies for Master of Architecture. I have known him for the past 5 years. At that time, I had taught some courses on graduate school as a tutor on field for about 10 years especially in Han Kuk University, a one of oldest and highly distinguished schools in the Korea.

In the both semester of 1998 and 2001, he was one of my student in the class, called "Architectural Design Studio II" and "Advanced Architectural Design Studio I", and his academic performance was the most outstanding so he belonged to the top out of graduate school student. He was the only one in the class to receive an A+ in both classes. I had been teaching for 10years and had advised approximately 100 graduate students on independent research projects and lectures. I also had personally supervised him as assistant designer in the "A Planning for Redevelopment of Seoul City Hall" in the belief of him. I tried to give him many chances because I had a positive thought about his efforts to experience preservation planning works, and once I gave him a chance and he gave me back satisfactory results. Even though that project was a pioneering work that never tried before in Korea, he showed me the combination of initiative ideas, analytical abilities, and good results beyond my expectations like he did that kind of works so many times.

Another merit of him, I want to mention, is his enthusiasm and positive attitude to everyday of life. He seeks truth in each and every area of his life, whether in learning, discussing or relating to his fellow students and his teachers. In the first lecture "Architectural Design Studio II", we had long conversations about design strategies and rehabilitation planning of historic district such as Jong-Ro, a district located at next to Seoul City Hall. He asked me if he could write a tourist guide of district as paper. I was shocked because I had never met such architecture student has wide view and creativities in the Urban district planning before. To write it, he checked all the buildings and infrastructure, draw 10 kinds of maps include detail information and analysis, met residents and shopkeepers and heard all the questions and assertions under urban planning debate. Because of his positive disposition, his reflective way of operating, and all of the character traits those make him so special. I think his merit was on the basic attitude towards architecture and preservation, class and people. He was very earnest and tried to be very objective. Since I considered a student's basic attitude is as important as the ability to planning and the results, I took an important view of the attitudes he had.

The only weakness I would like to mention about him is that he spent too much time for completing a project because of his attentiveness toward work. It makes him success in any work that he was assigned. Based on his academic and personal accomplishment, I am proudly saying that he is the one whom I can recommend to you without reservation. Let me reiterate that I strongly recommend him for his admission to your school. If you want to know further about Mr. Hong, please let me know.

Sincerely Yours,

Kim, Chul-Soo, AIA

■ 추천장 샘플 2

Dear Committee of Admission

This letter is written in support of Mr. Kim, Jung-Soo graduate application to your prestigious program, Master of architecture. I came to know him when he visited my office to ask my permission for auditing one of my graduate classes, Arts and Architecture in 1998. After that, I have guided his graduation work as a collaborative advisory teacher for one year. During that time, I became aware of his special interest in public space and residence design as well as was amazed by his abundant awareness and research experience of those fields.

Mr. Kim has shown me a strong sense of responsibility and eagerness to excel in everything he does. As a hard-working student, he actively participated in lots of extra lectures. By taking those lessons, he revealed his special interest and enthusiasm on the Space and those attitudes strongly touched my mind. Even though it was not easy to carry the role of leader due to language and culture differences among the member, he successfully concluded all processes. It was enough to confirm his driving force and concentration as well as his architectural potential power. Simultaneously he volunteered for conducting foreign students who wanted to go a field trip of traditional architecture in Korea. In addition, he is dependable, thoughtful, prompt, polite, and motivated, so he gets along well with his peers.

Considering his passion and constant effort toward studying, I am confident that Mr. Kim will pursue his further study in your school successfully. He also has interactive and open-mind toward various culture so studying overseas is not so difficult for him based on my personal experience for 3 years. I think that he is worth to get serious attention to enrollment in your school. For any more details on Mr. Kim please contact me in your convenience. I would be happy to answer regarding his admission.

Sincerely

Lee, Young Ho, AIA
Professor, Head of Department of Architecture
Han Kuk University

한인 학생회에서 살아 있는 정보를…

인생을 진리에 바친다.

- 루 소 -

미국 현지 정보를 입수하는 데 제일 빠른 방법은 인터넷을 통해 미국 주요 대학의 한인 학생회와 연락을 하는 것입니다. 일반적으로 대부분의 주요 대학에서 한인 학생회가 활동하고 있으며, 어떤 대학들은 석·박사과정의 한인 학생회와 미국에서 자라난 2세들의 Korean-American의 학부 학생회로 나뉘어져 있는 대학도 있습니다. 먼저 얻고 싶은 정보를 구하기 위해 주요 대학 웹사이트로 들어가서 서치(Search) 기능을 이용해 'Korean Students Association'을 친 후 찾으면 됩니다. 또 다른 방법은 대학 메인 홈페이지에서 'Students Activities' 나 'Students Organizations' 꼭지를 찾아 한인 학생회 웹사이트로 들어갈 수 있습니다. 건축과가 있는 주요 대학의 한인 학생회 웹 주소를 실어 놓았으니 참고 바랍니다.

한인 학생회 사이트에서 자신이 필요한 현지 정보는 기본적으로 구할 수가 있습니다. 대부분의 학생회 사이트에 현지 생활 정보를 소개하고 있으며, 유학에 필요한 생활경비, 한국에서 출발 시나 도착 후에 필요한 사항들, 아파트나 자동차 구입 절차, 필수적인 생활정보 등을 수록하고 있어서 유학을 떠날 때나 준비단계에서도 유학경비를 산정하는 데 도움이 될 수 있습니다.

주로 한인 학생회에서 하는 일은 유학생들과 그 가족들에게 유학생활에 불편이 없도록 현지 생활정보를 제공하고, 여권이나 자녀출산과 교육 등의 행정적인 절차나 학생들간의 친목도모를 주로 하고 있습니다. 학생회 웹사이트를 통해 한국과 미국의 구직 정보, 중고물건 세일 광고, 학생회 광고 등 매일매일 정보를 학생들에게 제공하고 있습니다. 다양한 정보들을 수록하고 있으며, 유학생 명단 꼭지에 가면 지원하고 싶은 과의 학생 이메일 주소를 구할 수도 있으니 용기를 내어 연락을 취해 보면 많은 도움이 될 것입니다. 현지의 유학생을 미리 알아두면 미국으로 직접 유학을 떠날 때 많은 도움을 받을 수가 있을 것입니다.

공부해야 할 곳에 아는 사람이 없을 경우에는 적지 않은 고생을 하게 되는 것이 일반적입니다. 한국에서 영어회화 공부를 했어도 직접 미국에 도착하면 당황하는 것이 사실입니다. 영어도 잘 안 되고 현지 지리에 어둡기 때문에 도움을 필히 받아야 할 것입니다. 자동차가 없으면 매우 불편한 것이 미국이어서 아파트나 은행계좌개설, 물품구입이나 시장에 갈 때 차 있는 사람에게 도움을 구해야 하는 경우가 많습니다. 현지에 도착하여 적응하는 데 최소한 1주에서 2주 정도는 걸릴 것이며, 그곳에서 공부하고 있는 유학생에게 도움을 청하면 좋습니다. 만약에 한국 유학생이 없을 경우에는 그곳에 있는 한인 교회에 도움을 청하는 방법도 있습니다.

■ 미국 주요 대학의 한인 학생회 주소록

1. Arizona State University
   http : //www.asu.edu/studentprgms/orgs/ksa
2. Columbia University
   http : //www.columbia.edu/cu/ksac
3. Geogia Institute of Technology
   http : //www.cyberbuzz.gatech.edu/ksa
4. Harvard University
   http : //hcs.harvard.edu/~ksa
5. Illinois Institute of Technology
   http : //www.iit.edu/~korea/
6. MIT
   http : //www.mit.edu : 8001/activities/kgsa/kgsa-home.html
7. Rice University
   http : //www.ruf.rice.edu/~ksa/
8. Texas A&M University
   http : //www.koreanaggies.com
9. University of California at Berkely
   http : //www-inst.EECS.Berkely.edu/~cwlee/kgsa/
10. University of Colorado at Denver
    http : //carbon.cudenver.edu/ksad/
11. University of Florida
    http : //grove.ufl.edu/~ksa/index.html

12. University of Michigan at Ann Arbor
   http : //www.umich.edu/~ksa
13. University of Minnesota, Twin Cities
   http : //www.me.umnn.edu/~coco/korea/student/KSA/
14. University of Oklahoma
   http : //www.ou.edu/student/ksa/
15. University of Pennsylvania
   http : //dolphin.upenn.edu/~kogsa/
16. University of Texas at Austin
   http : //www.utexas.edu/students/utksa/index.html
17. University of Virginia
   http : //www.student.virginia.edu/~kss-uva
18. University of Washington, Seattle
   http : //students.washington.edu/kgsa
19. Yale University
   http : //www.yale.edu/kasy/

제3장

생생한 정보 구하기

어드미션 포스팅, 2001~2006

건축대학의 전미(全美) 랭킹과 그 의미

미국 주요 건축대학원 프로그램 프로파일

등록금이 한국보다 더 싼 곳은 없을까?

원서 신청부터 태평양 건너기까지

NAAB에 등록되어 있는 미국의 건축대학

어드미션 포스팅, 2001~2006

본 어드미션 포스팅은 2001~2006년 가을 학기로 미국 건축 대학원에 지원한 유학생들의 자료입니다. 자료출처는 필자가 운영 중에 있는 오픈스케일(www.openscale.net)이며, 필자가 직접 요약 및 정리하였음을 밝힙니다. 혹자는 인터넷의 익명성으로 인한 자료의 신뢰성에 의문을 가질 수 있습니다만, 필자는 오픈스케일에 올린 유학준비생의 성의와 참여에 깊은 신뢰를 바탕으로 본 자료 요약이 이루어졌음을 밝힙니다.

본 어드미션 포스팅 자료는 절대적인 입학기준의 자료가 될 수 없습니다. 어드미션 심사는 케이스-바이-케이스인 경우가 많습니다. 영어 점수, 경력, 포트폴리오 등 개인을 평가할 수 있는 자료가 다양하고, 또 다양한 변수들이 복합적으로 작용하기 때문에 영어 점수나 대학 학점과 같은 객관적인 자료가 어드미션에 절대적으로 영향을 미칠 수 없다는 것을 참조하시기 바랍니다.

똑같은 영어 점수나 학점을 가진 학생이 같은 대학원에 지원하더라도 어떤 학생은 어드미션을 받을 수 있고, 어떤 학생은 떨어질 수 있습니다. 포트폴리오라는 디자인 창작물의 수준과 학생의 디자인 능력, 학교가 선호하는 디자인 경향 등에 따라 입학의 당락이 좌우될 수 있기 때문입니다. 때로는 영어 점수가 학교에서 요구하는 미니멈 점수에 부족하더라도 입학되는 경우가 있고, 영어 점수가 높더라도 거부당하는 사례도 있습니다.

필자가 다녔던 텍사스 주립대학 어스틴(UT Austin)의 경우 어드미션을 결정하는 심사위원이 3명인데, 두 명의 심사위원이 한 학생을 거부하더라도 한 교수가 어드미션을 주고 싶다고 원해서 어드미션이 나간 사례를 본 경우도 있었고, 이런 경우 그 교수가 특별히 그 학생의 작품 경향을 좋아해서 어드미션이 나갔다는 후문을 들은 적이 있습니다. 또, 학생 심사 중에 가장 중요한 사항이 무엇이냐고 물었을 때, 포트폴리오가 제일 중요하다는 말 역시 학교 오피스에 근무하는 입학 담당자에게 받은 내용입니다. 포트폴리오가 입학 당락에 중요한 역할을 한다는 것은 부인할 수 없을 것 같습니다. 첨부한 어드미션 포스팅을 살펴보시고, 설령 자신의 약점이 있더라도 열심히 준비해서 지원해 보시길 바랍니다. 학교에서 요구하는 영어 점수나 학점에 모자라더라도 미리 포기하지 말고 포트폴리오를 잘 만들고 에세이도 잘 준비하면 합격할 수 있다는 자세로 지원해 보시기 바랍니다. 좋은 결과가 있기를 바랍니다.

자료를 살펴보실 때, 토플 점수는 500 이상이면 페이퍼 점수이고, 300 이하이면 컴퓨터 시험 점수(컴)로 표기합니다. GRE 성적인 버벌, 매쓰, 어낼 순서로 작성되었으며, 학점은 포스팅한 분들이 4.5 기준으로 올린 경우도 있고, 4.0 기준으로 환산해서 올린 경우가 있습니다. 표기하신 분들의 자료에 따라 그대로 올립니다. 학위과정은 M.Arch.는 건축설계분야, MS는 아카데믹 과정으로, 역사·환경분야, CM은 건설경영 석사과정, Ph.D.는 박사과정지원이며, MLA는 조경학 석사과정입니다. 커리어 체인지로 건축석사를 새로 시작하시는 분의 표기는 M.Arch*로 표시했습니다. 포트폴리오란은 작품 수나 전체 분량쪽수와 같은 기본적인 참고사항만 언급합니다. 각 해당 항목에 언급을 아예 하지 않은 경우는 N/A로 표기하였습니다. 최종으로 선택한 학교이름 뒤에 *마크를 하였습니다. 사례순서는 시간 순이며, 2001년과 2002년은 굵은 선으로 구분하였습니다. 오픈스케일에 어드미션 포스팅 한 분들의 기본자료로 정리하였으며, 포스팅한 분들이 직장경력이나 지원학교를 언급하지 않은 분들도 있을 줄 압니다. 자료부족으로 인해 모든 정보를 자세하게 싣지 못한 점을 양해해 주시면 감사하겠습니다.

■ 2001년 가을학기 어드미션 포스팅

자료출처 : www.openscale.net

사례	토플점수	GRE	학 점	실무경력	포트폴리오	학위과정	리 젝	어 드 미 션
1	240(컴)	600,***,***	3.4/4.0	4년	N/A	M.Arch.	N/A	Yale
2	613	580,780,690	3.63/4.5	5년	4작품	M.Arch.	Berkeley	Harvard
3	580	4**,710,670	3.7/4.0	N/A	25작품	M.Arch*	N/A	Harvard*
4	257(컴)	500,800,680	N/A	없음	N/A	M.Arch.	Yale, Virginia	UPenn, Columbia*
5	257(컴)	340,800,620	3.78/4.0	없음	N/A	M.Arch.	UCLA, Yale	Columbia, UIUC
6	583	570,800,700	3.05/4.0	3년	8개, 62쪽	M.Arch.	Harvard, Yale, Rice	Austin,SCI-ARC, Berkeley*
7	580	570,740,500	3.3/4.3	없음	5작품	M.Arch.	Berkeley, Georigia Tech,, Austin,	SCI-ARC, TAMU, Syracuse, IIT, U. Florida*
8	N/A	600,600,***	3.2/4.0	6개월	N/A	M.Arch.	Harvard	Columbia, UCLA
9	597	540,780,690	3.8/4.0	N/A	필요없음	CM	U.of Iowa	Columbia, Stanford
10	600	700,800,670	3.0/4.0	N/A	필요없음	CM	Perdue, Austin	PennState, CMU,IIT
11	617	660,790,670	3.09/4.0	N/A	필요없음	CM	Perdue, Austin, Virginia Tech	Michigan, TAMU, Wisconsin, PennState, NorthCarolina, Northwestern
12	570	760,760,670	3.47/4.5	N/A	필요없음	CM	Austin,Perdue	PennState
13	240(컴)	750,790,600	3.34/4.3	3년	필요없음	CM	Michigan,GeorgiaTech	Perdue
14	630	620,800,780	3.7/4.0	1년	필요없음	CM	N/A	MIT,GeorgiaTech,Perdue

사례	토플점수	GRE	학 점	실무경력	포트폴리오	학위과정	리 젝	어 드 미 션
15	587	670,790,660	3.55/4.0	없음	필요없음	MS설비	Berkeley,PennState	GeorgiaTech, CMU, TAMU, USC
16	627	650.800,800	3.86/4.3	없음	필요없음	CM	Berkeley,PennState	MIT, Michigan, CMU, USC, GeorgiaTech

■ 2002년 가을학기 어드미션 포스팅

자료출처 : www.openscale.net

사례	토플점수	GRE	학 점	실무경력	포트폴리오	학위과정	리 젝	어 드 미 션
1	217(컴)	680,800,420	3.1/4.0	2.5년	50쪽	M.Arch.	N/A	USC
2	263(컴)	620,760,610	3.26/4.5	3년	7작품	M.Arch.	N/A	U. of Washington
3	213(컴)	520,760,620	2.25/4.0	없음	5개, 42쪽	M.Arch.	RISD	Austin, SCI-ARC, Washington Univ.
4	243(컴)	660,780,5**	3.56/4.5	N/A	7개+유화 12	M.Arch.	N/A	Austin
5	233(컴)	490,800,680	3.78/4.5	3년	8작품	M.Arch.	N/A	Berkeley, Austin, Michigan
6	233(컴)	500,790,770	3.19/4.3	N/A	5개, 60쪽	M.Arch.	N/A	Washington Univ.
7	N/A	720,800,680	3.6/4.0	N/A	5작품	M.Arch.	N/A	UCLA, Harvard
8	260(컴)	700,760,510	2.91/4.5	1년	8개, 40쪽	M.Arch.	N/A	Berkeley, Cornell, Yale
9	250(컴)	620,780,710	3.38/4.0	파트타임	30쪽	M.Arch.	Cornell, Princeton, MIT, Columbia, Austin	UIUC, Michigan, Berkeley, U. of Washington, TAMU
10	597	550,790,760	3.75/4.5	2개월	6작품	M.Arch.	RISD	U.of Wisconsin
11	23*(컴)	3**,800,7**	3.2/4.0	N/A	16쪽	M.Arch.	N/A	Washington Univ.
12	240(컴)	430,740,680	3.1/4.0	1.5년	4개, 16쪽	M.Arch.	Austin	SUNY-Buffalo
13	54*	400,590,450	3.53/4.5	3년	16쪽	M.Arch.	Austin	Washington Univ.
14	247(컴)	500,750,570	3.3/4.5	없음	N/A	M.Arch.	UPenn, Rice	UCLA, Austin
15	213(컴)	670,780,480	2.85/4.0	4.5년	N/A	MLA	N/A	UPenn, RISD
16	220(컴)	440,770,560	3.3/4.0	N/A	60쪽	M.Arch.	N/A	U. of Miami

사례	토플점수	GRE	학 점	실무경력	포트폴리오	학위과정	리 젝	어 드 미 션
17	227(컴)	630,790,600	3.12/4.5	N/A	4개, 50쪽	M.Arch.	Columbia, Yale,Cornell, RISD	UPenn
18	247(컴)	590,730,660	3.39/4.5	없음	3개, 20쪽	M.Arch.	Yale, Berkeley	UIUC, UPenn
19	220(컴)	510,710,570	3.0/4.0	1.5년	6개, 17쪽	M.Arch.	Austin, Washington Univ.	Michigan
20	247(컴)	510,780,560	3.6/4.5	N/A	N/A	M.Arch*	UPenn	Michigan, Austin, UIUC, Minnesota, U. Washington
21	247(컴)	total 1710	2.97/4.0	5년	5개, 30쪽	M.Arch.	N/A	Michigan
22	257(컴)	610,800,750	3.0/4.0	N/A	4개, 40쪽	M.Arch.	Berkeley, UPenn, MIT, Columbia	Georgia Tech, TAMU
23	220(컴)	680,780,480	3.6/4.5	N/A	30쪽	M.Arch.	N/A	Michigan,SCI-ARC
24	280(컴)	670,800,610	4.04/4.5	N/A	7개, 40쪽	M.Arch.	Harvard, Yale, Berkeley	Columbia, Michigan, RISD
25	250(컴)	550,800,710	3.44/4.0	3년	필요없음	MS역사	Austin	Cornell, UPenn, Columbia
26	243(컴)	610,790,720	3.3/4.5	N/A	필요없음	MS	MIT, Berkeley	Carnegie Mellon, Michigan, PenState, Uof Colorado
27	237(컴)	520,760,660	3.07/4.0	5년	필요없음	CM	Michigan, UIUC, Berkeley, Uof Colorado	Columbia, Uof Washington, USC, IIT, Florida, CMU

■ 2003년 가을학기 어드미션 포스팅

자료출처 : www.openscale.net

사례	토플점수	GRE	학 점	실무경력	포트폴리오	학위과정	리 젝	어드미션
1	230	Total 2040	3.75/4.0	H건설 3년	필요없음	CM석사	N/A	Penn State Univ.
2	230(4.0)	650,800,630	3.3/4.5 (학부), 4.23/4.5 (대학원)	설계사무소 3년	필요없음	MS.	N/A	Virginia Tech, TAMU, UT Austin, U of Denver , Geogia State Univ.
3	250	Total 2000	3.6/4.0	없음	40쪽	M.Arch.	N/A	Berkeley, Upenn, UT Austin
4	240(4.5)	650,800,600	3.75/4.5	파트타임 5개월	24장, 48쪽	M.Arch.	Havard, MIT	UW,seatle, UC Berkeley, Michigan, TAMU, UIUC, UCLA, UPenn.
5	233(3.5)	580,680,640	3.61/4.5 (학부,) 4.16/4.5 (대학원)	없음	36쪽	M.Arch.	UCLA/RICE/Cornell/UC Berkeley/GIT	Michigan
6	257	650,800, 660	3.5/4.0	없음	25장 6작품	M.Arch.	Bberkeley, RISD. Columbia	TAMU, Ohio, Wisconsin, Michigan, UCLA, Illinois, Washington

사례	토플점수	GRE	학 점	실무경력	포트폴리오	학위과정	리 젝	어드미션
7	240(4.0)	740,730,640	3.39/4.0	건설회사 1년 3개월	30쪽 (4개 작품)	MS. CG.	GIT, CMU, Michigan	TAMU, USC, Virginia Tech
8	220(4.0)	570,780,650	3.55/4.0	4년 이상	N/A	M.Arch.	GIT, Cornell, Harvard, Columbia, U of Washington, UT Austin	UC Berkely, SCI-Arc, Minnesota, Berkely, Michigan, U.penn
9	270	720,800,780	3.5/4.5, (학부) 4.0/4.5 (대학원)	2년 미만	40쪽	M.Arch.	Harvard	Upenn, Berkeley, UT-Austin, Michigan, GIT
10	247(4.5)	640,790,690	3.41/4.0	없음	N/A	M.Arch.	RICE, GIT, UCLA, Austin, Oregon	UIUC, IIT
11	N/A	690,800,790	3.6/4.0	없음	20쪽+유화,수채화	M.Arch.	Princeton	Yale, Columbia
12	243(5.0)	3**,760,***	2.*/4.0 (학부) 4.0/4.0 (대학원)	N/A	8개 작품	M.Arch.	Harvard, MIT	Michgan, UPenn, Columbia

사례	토플점수	GRE	학 점	실무경력	포트폴리오	학위과정	리 젝	어드미션
13	250	530,750,660	3.48/4.0 (학부) 3.44/4.0 (대학원)	6년	수상작품 3개+ 기타	M.Arch.	Harvard,Yale,MIT,Rice	Columbia,UCLA,UPenn, UT Austin
14	267(5.0)	710,780,670	3.5/4.0	없음	작품 6개, 30쪽	M.Arch.	Upenn,UTAustin,Michigan	UCLA,UIUC,Wisconsin,Ohio
15	247(5.0)	670,800, 540	3.44/4.0	N/A	작품 6개, 33쪽	M.Arch.	UT-Austin	TAMU, U of Houston
16	250(4.5)	620,750,610	3.22/4.5	1년 (미국)	작품 5개	M.Arch.	Harvard,Yale	Columbia,UPenn,Cornell, Princeton
17	230	670,770,660	2.8/4.5	없음	작품 6개	M.Arch.	U.Penn, UCLA, Berkeley	Michigan, Pratt, UT.Austin, SCI-ARC
18	237	6**, 7**,5**	3.15 / 4.5	9년	실무위주	M.Arch.	N/A	TAMU, U of Utah, U of Nebraka

■ 2004년 가을학기 어드미션 포스팅

자료출처 : www.openscale.net

사례	토플점수	GRE	학 점	실무경력	포트폴리오	학위과정	리 젝	어드미션
1	263(5.5)	500,800.- WR. 3.5	4.06/4.3 (학부) 4.22/4.3 (대학원)	없음	70쪽 8작품	M.Arch	N/A	Princeton(2yr), Michigan, Columbia
2	240	470,740.- WR. 3.5	3.76/4.3	인테리어 1년	40쪽	M.Arch	Columbia, Yale	UPenn(3yr)
3	223	300,560,- WR. 2.5	3.02/4.5	설계사무실 1년	42쪽	M.Arch.	Syracuse, UT Austin	UPenn(2yr),Michigan
4	260(5.5)	480,710,- WR. 4.5	3.8/4.5	없음	40쪽	M.Arch.	Havard	UCLA, Cornell, Syracuse, SUNY Buffalo, Parsons
5	280	520,710,-	3.xx/4.0	설계사무소 6개월	24쪽	M.Arch.	Yale, Princeton, Berkeley	Harvard, MIT, Cornell, Upenn
6	247(5.0)	430,750,- WR. 3.5	3.21/4.5	없음	4작품	M.Arch.	N/A	U.Oregon, UIUC
7	263	480,770,- WR. 4.0	3.5/4.3	공무원 4년	미술작품	M.Arch	UCLA, U.Oregon, Harvard, Rice	Minnesota, UT Austin, Florida, UPenn
8	257(6.0)	580,800,- WR. 4.0	3.69/4.3	인턴 5주	26쪽	M.Arch.	Harvard, Yale, MIT, Berkeley	Columbia, Upenn, RISD, SCI_ARC

사례	토플점수	GRE	학 점	실무경력	포트폴리오	학위과정	리 젝	어드미션
9	243(5.0)	380,730,- WR. 3.0	3.58/4.5,	조교1년	30쪽	M.Arch.	UPenn, UT Austin	Michigan, UIUC, IIT, UCLA, USC, SCI_ARC, Florida, Ohio
10	230	610,730,550	2.97/4.5	설계사무소 1년	40쪽	M.Arch.	Columbia, Yale, UCLA	UIUC, SCI_ARC, UPenn, Pratt
11	267(5.0)	550,790.- WR. 4.0	3.97/4.5	없음	40쪽	M.Arch.	UPenn, Berkeley	U.Washington, UCLA, UIUC, GIT
12	260(5.0)	410,7800.- WR. 5.0	3.1/4.3	건설 3년	30쪽	M.Arch.	Berkeley, UT Austin, Rice	U.Virginia, U.Washington, SCI_ARC
13	267	420,800,- WR.5.0	3.55/4.3	없음	30-40쪽	M.Arch.	Harvard, Yale, MIT, RISD, CMU	Columbia, UIUC, SCI_ARC
14	240	720,780,580	3.89/4.5	1년	35쪽	M.Arch.	UTAustin,Berkeley,Rice	Michigan, UWashington, Virginia, OSU, TAMU
15	230	600,780,560	3.3/4.0	2년	N/A	M.Arch.	UT-Austin,TAMU Minnesota, UWashington,	SCI_ARC
16	243	520,760,- W.R. 4.0	3.02/4.0 (학부) 3.98/4.0 (대학원)	-	36쪽	M.S.	Michigan	UT Austin, Arizona State

사례	토플점수	GRE	학 점	실무경력	포트폴리오	학위과정	리 젝	어드미션
17	250	–	3.3/4.3 (학부) 4.2/4.3 (대학원)	3년	50쪽	M.Arch.	Harvard,MIT Columbia,	Yale, Berkeley, UCLA, UIUC,Michigan, UPenn
18	257(5.5)	660,780,780	3.22/4.0	4년	22쪽	M.Arch.	UT Austin	Washington U. Michigan, UIUC
19	253	490,760,– WR. 3.5	3.9/4.5	–	140쪽	M.Arch.	Princeton,UPenn	Harvard, Washington U. UT Austin, Columbia, RISD, Syracuse
20	257	580,800,– W.R. 4.0	3.69/4.3	–	40쪽	M.Arch.	Berkeley,Yale,Harvard	SAIC, RISD, Columbia

■ 2005년 가을학기 어드미션 포스팅

자료출처 : www.openscale.net

사례	토플점수	GRE	학 점	실무경력	포트폴리오	학위과정	리 젝	어드미션
1	237	410,770,- WR. 2.5	3.2/4.0 (학부) 3.3/4.3 (대학원)	-	60쪽	M.Arch	N/A	TAMU
2	243(5.0)	430,620,- WR.3.5	3.87/4.5 (학부) 4.33/4.5 (대학원)	-	70쪽	M.Arch	N/A	TAMU
3	247	450,750,- WR. 3.5	3.46/4.0	-	90쪽	M.Arch	ASU	Minnesota,IIT,UIUC,UCLA, UT Austin
4	267(5.5)	540,750,- WR. 4.5	3.01/4.0	2년	80쪽	M.Arch	Harvard	Princeton,Yale,Columbia,MIT ,UT Austin,UPenn, Michigan
5	247(4.0)	500,800,- WR.4.0	3.58/4.3	1년	27쪽	M.Arch	Berkeley,UPenn	UT Austin,UCLA,Michigan
6	267(4.5)	480,800,- WR.3.5	3.36/4.0	6개월	69쪽	M.Arch	Yale,Princeton,UPenn	Berkeley,Syracuse,USC,Colu mbia,Michigan

사례	토플점수	GRE	학 점	실무경력	포트폴리오	학위과정	리 젝	어드미션
7	247(4.0)	510,790,– WR. 3.5	3.88/4.5 (학부) 3.9/4.0 (대학원)	1.5년	45쪽	M.AUD	MIT,Cornell	Harvard,Michigan, UT Austin,IIT,Berkeley
8	267(6.0)	500,700,– WR.4.5	3.75/4.3	4년	70쪽	M.Arch	Harvard,Cornell	Columbia
9	250(5.0)	500,800,– WR.3.5	2.97/4.3	6개월	35쪽	M.Arch	Harvard	UPenn
10	263(4.5)	480,800,– WR.3.5	3.44/4.5	–	40쪽	M.Arch	Harvard,Yale,Berkeley	MIT,Cornell,Columbia
11	273(4.5)	550,750,– WR.5.0	3.53/4.0	–	50쪽	M.Arch	UPenn	Harvard,MIT,Yale,Columbia
12	273	450,800,– WR.2.5	3.46/4.0	–	24쪽	M.Arch	Harvard,UPenn, Berkeley,Yale,Rice	UT Austin, Michigan
13	250(5.0)	430,720,– WR. 4.0	4.05/4.5 (학부) 4.1/4.3 (대학원)	10년	48쪽	M.Arch	UT Austin	Rice,TAMU,Oklahoma
14	250(4.5)	390,800,– WR.3.0	3.07/4.0	–	60쪽	M.Arch	Harvard,Columbia, UPenn,UT Austin	Michigan,Syracuse,UCLA

사례	토플점수	GRE	학 점	실무경력	포트폴리오	학위과정	리 젝	어드미션
15	230	330,700,-	3.2/4.3	1년	40쪽	M.Arch	UIUC,Virginia,Arizona,Ohio,UPenn	Michigan,IIT,SCI_ARC,Florida,Oregon

■ 2006년 가을학기 어드미션 포스팅

자료출처 : www.openscale.net

사례	토플점수	GRE	학점	실무경력	포트폴리오	학위과정	리젝	어드미션
1	260	450,800,– WR. 3.5	3.68/4.0	3년	84쪽	M.Arch	PrincetonYale,Harvard	Columbia,UPenn
2	257	490,760,– WR.3.5	3.73/4.5	–	40쪽	M.Arch	Yale,UPenn,MIT UT Austin,	Michigan,RISD,UCLA,Harvar d, Cornell,Berkeley,Columbia
3	263	420,***,–	3.0/4.0	7년	–	M.Arch	Columbia,UPenn,Yale	Berkeley,Michigan,Cornell
4	253	540,800,– WR.3.5	3.3/4.3	병특	40쪽	M.Arch	Harvard,Yale, Princeton,Berkeley	Columbia,Cornell,Michigan,U IUC
5	273	480,780,– WR.3.5	3.44/4.0	–	65쪽	M.Arch	Berkeley,UPenn	UT Austin,Michigan, Cornell,Virginia
6	280	340,780,–	3.4/4.0	–	40쪽	M.Arch	Yale,Columbia	UPenn,UCLA
7	253	550,800,– WR.3.5	3.08/4.3	2년	74쪽	M.AUD	Berkeley,Yale, Princeton	Harvard,Columbia,UPenn
8	260	420,760,–	3.24/4.0 (학부) 3.89/4.0 (대학원)	–	40쪽	M.Arch	Harvard,Yale,Rice	Cornell,Michigan,IIT,SCI_AR C

사례	토플점수	GRE	학점	실무경력	포트폴리오	학위과정	리젝	어드미션
9	237	370,800,- WR.3.0	3.6/4.0	-	43쪽	M.Arch	Berkeley,UPenn, Columbia,RISD,Cornell	SCI_ARC,USC
10	263	520,790,- WR.4.5	3.34/4.0	2.5년	100쪽	M.Arch	Harvard,Princeton, MIT,Columbia,Yale, UT Austin	Michigan,Berkeley,UCLA
11	253	640,800,- WR.3.0	3.25/4.0	3.5년	24쪽	M.Arch	Berkeley,Yale,Harvard,MIT	Michigan,Virginia,Columbia,UPenn,Cornell,UIUC
12	250	-	3.72/4.0 (학부) 3.75/4.0 (대학원)	-	40쪽	M.Arch	Harvard,Columbia	Pratt,UIUC
13	-	400,700,-	3.8/4.0	2년	40쪽	M.Arch	Princeton	Harvard,Yale,Columbia
14	26C	400,800,- WR.3.5	3.6/4.0	-	24쪽	M.Arch	Harvard,UPenn, Columbia,Princeton	SCI_ARC,Michigan,Florida,Pratt UT Austin,U.Washington,

건축대학의 전미(全美) 랭킹과 그 의미

강한 자가 이기는 것이 아니라 이긴 자가 강한 것이다.

미국은 매년 대학별로, 전공별로, 그리고 석·박사 과정 등으로 세분화시켜 랭킹을 발표하고 있습니다. 최근 들어 건축분야는 발표가 미루어지고 있습니다만, 뒤에 발표 내용을 참조하면 거의 그 윤곽을 잡을 수가 있을 것입니다. 이 랭킹을 조사하는 기관도 다양하고 평가방법도 서로 달라 어느 기관에서 평가한 것을 믿기가 어려울 지경인 것이 사실입니다. Gourman Report 와 U.S. News지에 건축과의 랭킹을 찾아볼 수는 있지만, 서로 다른 부분이 있어 유학 준비생으로서는 다소 혼동이 우려됩니다. 특히, 랭킹에 민감한 한국 학생들에게는 유학 갈 학교를 선정하는 데 중요한 참고 사항이 아닐 수 없습니다. 랭킹이 절대적으로 건축유학을 보장할 수는 없지만, 일반적인 건축교육기관의 객관적인 평가라고 보면 되겠습니다.

한국에서 으레 유학을 간다고 그러면 동부의 유명 명문대를 먼저 묻곤 합니다. 하버드를 비롯해 MIT, 예일, 콜럼비아 등 아이비리그를 먼저 떠올리는 것이 한국에서의 유학을 바라보는 일반적인 시각이기 때문입니다. 미국에 이민 온 한국인 교포들도 학교에 대한 똑같은 생각을 가지고 있는 것을 보면, 일류 대학을

선호하는 한국인의 의식은 어딜 가나 변함이 없는 것 같습니다. 전공별 랭킹과는 상관없이 명문대라는 학교 이름의 가치가 더 높다고 생각하고 있기 때문입니다.

미국 주요 대학의 건축교육 프로그램을 비교해보면 그리 큰 차이점을 발견할 수 없습니다. 랭킹의 의미를 가지고 논하기란 참으로 어려운 문제 중의 하나입니다. 미국 동부의 유명 명문대는 좋은 교수진을 비롯해 오랜 역사를 가지고 있는 경우이지만, 오히려 중위권의 대학들이 상위권보다 더 좋은 커리큘럼이나 건축교육에 대한 다양한 기회를 제공하고 있기도 합니다. 하지만, 대학 랭킹이 갖는 의미는 무엇일까요? 아니 유학이 갖는 다른 의미는 무엇일까요?

필자는 이렇게 생각합니다. 랭킹이나 유학에서 얻는 자신감과 프라이드(Pride)로 해석할 수 있습니다. 세계 최고의 패권주의를 심어 주는 하버드의 '분위기'가 학생들에게 더 큰 자신감과 자긍심으로 이어져 랭킹에 대한 파워를 갖게 되는 것입니다. 학생 스스로가 갖고 있는 학교에 대한 사랑과 프라이드, 그리고 역사와 전통의 힘은 자연스럽게 실력으로 이어지는 것이 보통입니다. 그렇다고, 랭킹이 높은 대학을 간다고 해서 실력도 저절로 같이 올라간다고 생각하면 오산이겠지요.

재미있는 현상 중에 하나는 미국에서 졸업 후 취직해서 직장에 가보면, 하버드 출신들이 실무현장에 그리 많지 않다는 것입니다. 대부분 학교에 머물고 있기 때문입니다. 우스개 소리로 "하버드 출신은 디자인은 못하고 입으로만 먹고 산다?" 라고 학생들이 농담 반 진담 반 섞어 말하기도 하지만, 정말로 강의 하나는 잘하며, 말도 청산유수입니다. 그러나, 진정한 프로 세계에서는 직원 채용 시 최종 출신 학벌을 보지 않고 진짜 프로의 능력을 봅니다. 예로 들어, 미국의 주요 건축사무실의 임원들 약력을 한번 보십시오.

당신 주위에 유학 갔다 온 직장 상사나 선·후배가 있습니까? 어떠합니까? 다른 사람보다 엄청나게 다릅니까? 아니면 별 볼 일 없습니까? 우리는 우리 주위에서 "유학 갔다 온 사람이 저 정도밖에 안 되는가?"하고 실망하는 경우를 종종 보게 됩니다. 유학을 매우 특별하게 생각하는 선입견과 유학이 많은 것을 변화시킬 거라는 기대 심리 때문이기도 하겠습니다. 유학과 학교 랭킹이 당신을 달라지게 할 수는 없습니다. 왜냐하면, 모든 것은 당신 마음에 달려 있기 때문입니다. 학교의 교육 시스템과 본인의 마음가짐, 이 두 가지가 잘 조화되어야겠지요.

예를 하나 들자면, 유학을 마치고 한국으로 돌아가는 소위 '유학파'의 또 다른 면을 당신은 생각해야만 할 것입니다. 대형 설계사무실의 콤페팀에 유학파들이 일하고 있는 것을 볼 수 있습니다. 유학파에 편견을 갖고 있는 상사라도 만날 때면 참 곤혹스런 직장생활이 아닐 수 없습니다. 더욱더 난감한 것은 콤페팀에 있으면서 설계경기에 낙방을 자주 한다면 스트레스

가 이루 말할 수 없을 것입니다. '유학파'인데 당선되는 것은 하나도 없으니 회사 봉급 받기란 여간 껄끄러운 게 아닐 것입니다. 학벌이 살아남는 것이 아니라 실력이 살아남는 현실을 부정할 수는 없으리라고 봅니다.

학교 선정을 하는 데 있어서, 경제적으로 어려운 사람이 뉴욕이나 보스턴 같은 물가 비싼 곳으로 간다면 그것은 다시 한번 생각해 보아야 할 문제입니다. 돈 없는 학생이 어찌 하버드에서 공부할 수 있겠습니까? 이것은 한마디로 힘든 싸움의 시작이지요. 자신의 경제적인 사정이나 학업 능력을 고려해 유학을 떠나, 열심히 하고 노력하면 랭킹 높은 학교에 간 학생보다 더 나을 수 있다고 믿고 있습니다. 경제적인 스트레스가 미국에서 얼마나 큰지 직접 경험을 해보지 않은 사람으로서는 아마 모를 것입니다만, 자신의 처지를 날카롭게 객관적으로 판단하고 학교를 선정하라고 권하고 싶습니다. 대학의 랭킹은 상대적으로 작용하는 것이지 절대적인 기준은 되지 못합니다. 랭킹이 만들어 놓은 출신 학벌로 한 사람의 모든 것을 판단하는 어리석은 짓은 하지 마시길 바랍니다. 당신이 바로 그 피해자가 될 수 있기 때문입니다.

뒤에 첨부되어 있는 랭킹 자료를 위해 덧붙여 설명하자면, 미국의 건축대학은 학교마다 서로 다른 시스템으로 운영하고 있습니다. 학부만 있는 대학, 대학원만 있는 대학 그리고 학부와 대학원 모두 있는 대학으로 구분되어지고, 학교명도 본 대학 밑에 School of Architecture, Department of Architecture, College of Architecture, College of Fine Arts 아래에 있는 건축과 등등 학교마다 명칭도 다양합니다. 랭킹 또한 학부와 대학원 랭킹이 서로 다릅니다. 만약에, 유학 가서 수업 조교(TA)나 연구 조교(RA)로 일할 생각을 가지고 있는 사람은 학부와 대학원이 공동으로 있는 대학으로 가야 할 것입니다. 아무래도 학생 수가 많고, 건축과에 학부 과정이 있으면 그만큼 일자리도 많기 때문입니다.

변명을 하나 하고자 합니다. U.S. News지와 Gourman Report의 두 랭킹을 비교해 보면 서로 다른 부분들이 있는데, 이것은 두 조사 기관의 서로 다른 평가방식이나 기준을 적용하고 있기 때문인 것으로 판단됩니다. 필자의 게으름과 부족으로 두 기관의 평가기준과 채점방법을 싣지 못했음을 변명하오니 부디 용서해 주길 바랍니다. 한 가지 더, 랭킹을 100% 믿을 수는 없습니다. 건축교육이 절대적인 것이 어디 있겠습니까? 결국, 두 평가기관에서 조사한 내용을 보면서 스스로 판단할 수밖에 없습니다. 전미(全美) 건축대학들의 특성을 정확히 판단할 수는 없으나, 학교의 특성이나 교수들의 관심분야로 알아보는 방법은 있을 수 있습니다.

■ Architecture - Master of Architecture(1997)/U.S.News

Rank	School	5.0
1.	Harvard University(MA)	4.6
2.	Massachusetts Institute of Technology	4.4
3.	Princeton University(NJ)	4.3
4.	Columbia University(NY)	4.1
5.	Yale University(CT)	4.0
6.	University of California at Berkely	3.9
6.	Rice University(TX)	3.9
6.	University of Virginia	3.9
9.	University of Pennsylvania	3.8
10.	University of Texas at Austin	3.7
11.	University of Michigan at Ann Arbor	3.6
12.	Southern California Institute of Architecture	3.5
13.	University of California at Los Angeles	3.4
13.	University of Minnesota at Twin Cities	3.4
15.	Georgia Institute of Technology	3.3
15.	Rhode Island School of Design	3.3
15.	University of Oregon	3.3
19.	Arizona State University	3.3
19.	University of Illinois at Urbana Champaign	3.2
19.	University of Washington	3.2
19.	University of Wisconsin at Milwaukee	3.2
19.	Washington University(MO)	3.2
24.	Ohio State University	3.1
24.	University of Miami	3.1
26.	Texas A&M University	3.0
26.	University of Florida	3.0
26.	Virginia Technology	3.0
26.	North Carolina State University	3.0
26.	Rensselaer Polytechnic Institute(NY)	3.0

■ Architecture - Master of Architecture/Gourman Report

1. Harvard University(MA)
2. Massachusetts Institute of Technology
3. Princeton University
4. University of California at Berkeley
5. University of Pennsylvania
6. Carnegie-Mellon University
7. University of Michigan at Ann Arbor
8. Georgia Institute of Technology
9. Rice University
10. Columbia University(N.Y.)
11. University of Texas at Austin
12. Yale University
13. University of Washington at Seattle
14. University of California at Los Angeles
15. Texas A&M(College Station)
16. Ohio State University
17. University of Illinois at Urbana-Champaign
18. U.P.I & State University
19. University of Oregon
20. Arizona State University
21. Washington University(St. Louis)
22. University of Hawaii
23. University of Florida

24. Rensselaer(N.Y.)
25. University of New Mexico
26. University of Houston
27. University of Virginia
28. University of Minnesota
29. University of Oklahoma(Norman)
30. University of Wisconsin(Milwaukee)

■ Our 1997 College Guide "Your best college buys now" / 미국 경제지 <Money>(건축대학원)

1. Harvard University
2. Princeton University
3. Columbia University
4. Yale University
5. Massachusetts Institute of Technology
6. Rice University
7. University of California at Berkeley
8. University of Pennsylvania
9. University of Texas at Austin
10. University of Virginia
11. University of Michigan at Ann Arbor
12. Georgia Institute of Technology
13. Southern California Institute of Architecture
14. University of Minnesota at Twin Cities

15. University of Washington
16. University of California at Los Angeles
17. Syracuse University
18. University of Illinois at Urbana-Champaign
19. University of Oregon

■ Ranking of Architecture Schools(Undergraduate) 1999 / Gourman Report

미국대학 건축과 학부 랭킹입니다. 1997년 12월, 랭킹인데, 리포트 책은 1999년에 출판된 것이며, 최근에 정보라 할 수 있습니다. 이 랭킹은 학부 랭킹이며, 대학원 랭킹과 많이 다르다는 것을 알려드립니다. '고어만 리포트'는 미국의 유명 시험 학원인 '프린스턴 리뷰'에서 발간하는 리포트입니다.

1. University of California, Berkeley ; Department of Architecture
2. Massachusetts Institute of Technology ; Department of Architecture
3. Carnegie-Mellon University ; Department of Architecture
4. Princeton University ; School of Architecture
5. Cornell University ; Department of Architecture
6. University of Michigan－Ann Arbor ; College of Arch. and Urban Planning
7. University of Illinois at Urbana-Champaign ; School of Architecture

8. Rice University ; School of Architecture
9. Georgia Institute of Technology ; College of Architecture
10. University of Southern California ; School of Architecture
11. University of Texas at Austin ; School of Architecture
12. Pratt Institute ; School of Architecture
13. University of Minnesota ; Department of Architecture
14. University of Cincinnati ; School of Architecture and Interior Design
15. University of Kansas ; School of Architecture and Urban Design
16. University of Oklahoma ; Division of Architecture
17. Rensselaer Polytechnic Institute ; School of Architecture
18. University of Arizona ; College of Architecture
19. Washington University ; School of Architecture
20. Virginia Polytechnic Institute and State University ; College of Architecture and Urban Studies
21. Texas A&M University ; Department of Architecture
22. Kansas State University ; College of Architecture and Design
23. University of Oregon ; Department of Architecture
24. Ohio State University ; Austin E. Knowlton School of Architecture
25. Cooper Union ; The Irwin S. Chanin School of Architecture

26. University of Houston ; College of Architecture
27. University of Virginia ; School of Architecture
28. University of Notre Dame ; School of Architecture
29. University of Miami ; School of Architecture
30. University of Hawaii at Manoa ; School of Architecture

■ Top 15 Schools and Colleges of Architecture, 2002/ The Almanac of Architecture & Design

미국 Almanac of Architecture & Design이라는 곳에서 발표한 2002 건축대학 랭킹입니다. 랭킹 조사방법은 미국의 3,000여 개의 디자인 사무실에 의뢰하여, 입사 전에 학생이 얼마나 준비가 잘 되어 있는가, 건축전문직으로서 일의 수행능력의 성공도에 관하여 질문하였습니다. 평가기준은 지난 10년 동안 평가자의 경험에 근거하여 점수를 산정하도록 되어 있습니다. 미국에서 인증된 111개 건축학교 출신을 대상으로 평가된 보고서입니다.

보고서에 의하면, 미국의 대형 설계사무실, 건축분야에서 전문성을 갖춘 사무실, 건축상 경험이 있는 사무실을 대상으로 이뤄졌으며, 약 800개의 사무실이 평가에 참여하였습니다. 보고된 800여 개의 사무실은 다양한 건축분야를 다루고 있습니다. 상업시설, 헬스케어, 교육시설, 주거시설, 호텔, 공공기관, 연구시설, 스포츠시설, 그리고 사무용 건물을 디자인하는 사무실입니다.

Almanac of Architecture & Design의 랭킹은 실무자들이

그들의 경험을 토대로 평가하고 있는 데 의의를 둘 수 있습니다. 1997년 이후로 랭킹을 발표하지 않는 US.News지와의 랭킹 비교를 해 보시면 많은 차이가 있을 것입니다. 좋은 학교를 나왔다고 해서 일의 수행능력이 뛰어나리라는 필요조건이 성립하는 것은 아닙니다. 그렇다고 랭킹이 낮은 학교를 졸업했다고 일의 능력 역시 떨어지는 것은 아니라는 것입니다.

랭킹은 학교 선정의 100%를 좌우하는 것은 아닙니다. 학생에 따라, 개인 사정에 따라 상대적일 수 있습니다. 참고자료로 보시면 좋겠습니다. U.S.News 선정 학교와 상당부분 다릅니다. 두 곳의 학교 선정자료도 여러분이 비교·선택해 보시면 좋겠습니다.

1. Cornell University
2. Harvard University
3. University of Cincinnati
4. Syracuse University
5. Georgia Institute of Technology
5. University of Michigan
7. Iowa State University
8. University of Illinois at Urbana Champaign
8. University of Virginia
10. Texas A&M University
10. Yale University
12. Massachusetts Institute of Technology
13. Columbia University

14. University of Notre Dame
15. University of Pennsylvania

■ 전미 베스트 Top 20 일반 대학교 랭킹, 2001/U.S.News

2001년 U.S.News지가 발표한 일반 대학교 랭킹이라는 점 참조하시기 바랍니다. U.S.News지 보고에 의하면, 총 228개의 대학(National University)이 있는데, 그 중 147개가 국·공립이며, 81개 학교가 사립입니다. 이들 학교 중에 50등까지가 베스트 및 1군 대학으로 선정되며, 그 다음 50개 학교는 2등급 학교군, 그 다음은 3등급 순으로 분류가 됩니다. 지면 관계상 20위까지만 올립니다. 다시 한 번 말씀드리자면, 건축대학 랭킹이 아니라는 점을 참조하시기 바랍니다.

1. 프린스턴 대학
2. 하버드 대학
3. 예일 대학
4. 칼텍, California Institute of Technology
5. MIT
6. 스탠포드 대학
6. 펜실베니아 대학, University of Pennsylvania
8. 듀크 대학, Duke University
9. Dartmouth College(NH) - 생소한 이름의 대학이군요.
10. 콜럼비아 대학
10. 시카고 대학, University of Chicago
10. 코넬 대학, Cornell University

13. 노스웨스턴 대학, Northwestern University
13. 라이스 대학, Rice University
15. 브라운 대학, Brown University
15. 죤 홉킨스 대학, Johns Hopkins University
15. 워싱턴 대학(세인트 루이스), Washington University in St. Louis
18. 에모리 대학, Emory University
19. 노틀담 대학, University of Norte Dame
20. 버클리, University of California, Berkeley
20. 버지니아 대학, University of Virginia

■ 미국 건축대학 2003 Ranking(출처 : Design Intelligence.com)

랭킹	학교	1	2	3	4	5	6	Total
1	YALE	95	95	90	94.5	94.5	95	564
2	HARVARD	95	95	90	93	95	93.5	561.5
3	CINCINNATI	95.5	93.5	90	94	91.8	93	557.6
4	PENNSYLVANIA	95	92.5	90	92.5	93	93.5	556.5
5	VIRGINIA	92	94	90	93.5	94.5	92.3	556.3
6	BERKELEY	91	94	90	94	93.3	93.5	555.8
7	GEORGIA TECH	91.5	92.5	90	92.5	94	93.5	553.8
8	MIT	92	95	90	92	93	91.5	553.5
9	MICHIGAN	95	90	90	92.3	94	92	553.3
10	COLUMBIA	95	90	90	93	95	90	553
11	TEXAS	91	90	90	94	93	94	552
12	CORNELL	95.5	93.5	90	91	92	89.8	551.8
13	MINNESOTA	88	91	90	95	93	94.5	551.5
14	COOPER UNION	88	95	90	93	93	92.3	551.3
15	PENN STATE UNIV.	91	92.5	90	91.3	93.3	91.5	549.6
16	NORTH CAROLINA STATE	88.5	91	90	93	93	93.5	549
17	CAL POLY SLO	91.5	95	90	90	91	91	548.5
18	U. WASHINGTON	86	92	90	94.5	91.5	93	547

랭킹	학 교	1	2	3	4	5	6	Total
19	RICE	91	92	90	90.2	92	91	546.2
20	CLEMSON	88	89	90	93	93	93	546
21	PRINCETON	91	94.5	90	90	91.3	89	545.8
22	IOWA STATE U.	91.5	90	90	91	92	90.5	545
23	URBANA-CHAMPAIGN	92	88.5	90	90.5	93	90	544
24	BALL STATE	91	92.5	90	90.1	89	91	543.6
25	U. WISCONSIN-MILWAUKEE	86.5	88	90	94.5	91	93.5	543.5
26	WASHINGTON U. ST. LOUIS	88	90	90	90.8	91	93	542.8
27	TEXAS A&M	92	88.8	90	89	92.3	90.5	542.6
28	U. OF HAWAII, MANOVA	86	89.5	90	95	89.5	92.5	542.5
29	NORTE DAME	91	90	90	90.3	91	90	542.3
30	ARIZONA STATE UNIV.	88.5	90	90	91	92	90.3	541.8
31	SYRACUSE	91.5	88	90	90	89	91.5	540
32	U. OF IDAHO	86.5	87	90	93	90	92.5	539
33	KANSAS STATE	91.5	88	90	88	89	92	538.5
34	AUBURN UNIV.	91.5	88	90	89	89	90	537.5
35	CARNEGIE MELLON	86	90	90	89	91	90.8	536.8
36	VIRGINIA TECH	91.5	87	90	89	89	90	536.5
37	RENSSELAER POLYTECH	86	88	90	89	91	89	533
38	U. KANSAS	86	86	90	89	89	92	532
39	R.I. SCHOOL OF DESIGN	86.5	87	90	89	88	90	530.5
40	U. NEBRASKA	86.5	86	90	88	88	90	528.5

1= Practice Survey Rank Over 4 years

2= Selectivity

3= Accredited Standing

4= Learning Environment

5= Technology & Library Resource

6= Repute of Dean/Faculty

■ 미국 건축학부,대학원 2004 Ranking(출처 : Design Intelligence.com)

Bachelors :

1. UC Berkeley
2. Cornell
3. Cal Poly
4. Syracuse
4. Rice
4. Rhode Island School of Design
4. Virginia Tech
8. Kansas State
9. Notre Dame
10. UT Austin

Master's :

1. Harvard
2. Yale
3. Columbia
4. UC
5. MIT
6. Princeton
7. Michigan
7. Pennsylvania
9. Virginia
10. Illinois-Champaign

■ 2004 Design Intelligence Regional M.Arch Rankings

EAST

1. Harvard University
2. Yale University
3. Columbia University
4. Syracuse University
5. University of Pennsylvania
6. Princeton University
7. Rhode Island School of Design
8. Massachusetts Institute of Technology
8. University of Maryland
10. Rensselaer Polytechnic Institute

SOUTH

1. Georgia Institute of Technology
2. Clemson University
3. University of Florida
4. University of Virginia
5. North Carolina State University
5. Rice University
7. University of Texas at Austin
8. Texas A & M University
9. Virginia Polytechnic Institute and State University

10. Savannah College of Art and Design
10. University of Tennessee, Knoxville

WEST

1. Arizona State University
2. University of Oregon
2. University of Washington
4. University of California, Berkeley
5. University of California at Los Angeles
6. Montana State University
6. University of Colorado at Denver/Boulder
8. California State Polytechnic University, Pomona
9. Southern California Institute of Architecture
9. University of Idaho

MIDWEST

1. University of Illinois at Urbana-Champaign
2. University of Cincinnati
2. University of Michigan
2. University of Minnesota)
2. University of Wisconsin-Milwaukee
6. Illinois Institute of Technology
7. University of Illinois at Chicago
7. Washington University in St. Louis

9. Iowa State University
9. University of Kansas

미국 주요 건축대학원 프로그램 프로파일

야망은 휴식이 없다.

필자가 조사한 바에 의하면, 미국에 건축대학원이 약 100여 개가 있고, NAAB(The National Architectural Accrediting Board)에서 인준한 학교는 109개의 대학 및 대학원이 있습니다. 첨부한 자료에서도 보듯이, 학부만 있는 대학, 대학원만 있는 대학, 그리고 둘 다 있는 대학들이 있다는 것을 알 수가 있습니다. 캐나다의 2개 대학을 포함해 미국의 주요 대학원들의 프로그램 프로파일을 첨부하였습니다. 몇 개의 대학들은 필자가 판단해 삭제시킨 대학의 프로파일도 있습니다. 미국의 40~50여 개의 대학들은 한국에 많이 알려져 있지도 않고, 유학 대상으로도 지명도가 현저하게 낮기 때문에 지면 관계상 생략하였음을 알립니다.

U.S. News지나 Gourman Report 그리고 학부 랭킹 등을 골고루 참조하여 대학들을 선정하였고, 특별히 학교 순위에서는 밀리나 경제적으로 비교적 저렴한 대학을 따로 추가시켰습니다. 텍사스, 아리조나, 그리고 유타주 등 비교적 미국의 중·남부에 위치한 학교들이 학비가 싸고 생활비 또한 낮아 경제적으로는 어렵지만 유학을 떠나고 싶은 분들에게 좋은 자료가 될 것으로 믿습니다. 이에 덧붙여서 해당 학교 홈페이지 주소록까지 실어 놓았으니, 특정 학교에 대한 자세한 정보를 원하시는

분들께서는 직접 방문해서 많은 자료를 구하기 바랍니다.

첨부된 자료의 이해를 돕기 위해 간단한 설명을 하고자 합니다. 학교 이름과 같이 그 아래에 학교 주소가 나와 있고, 해당 대학원에 개설되어 있는 학위 프로그램들이 서술되어 있습니다. 약어(略語)를 간단하게 설명하자면,

M.Arch. = Master of Architecture

M. Env. Des. = Master of Environmental Design

MS = Master of Science

MLA = Master of Landscape Architecture

MSAS = Master of Science in Architectural Study

MSCRP = Master of Science in Community Regional Planning

MUP = Master of Urban Planning

MBA = Master of Business in Architecture

MRP = Master of Regional Planning

그 뒤로 이어지는 교수진(Faculty) 수가 여자를 포함해 언급되어 있고, Full-time 교수는 학교의 정교수이고, Part-time은 전임강사나 객원교수로 보면 됩니다. 학생란에는 미국인 학생과 인터내셔널 학생으로 구분해 놓고 있습니다.

예

Students : 155 full-time(66 women) ; includes 27 minority(2 African Americans, 18 Asian Americans, 7 Hispanic Americans), 26 international.

437 applicants, 33% accepted.

In 1997, 51 degrees awarded.
Entrance requirements : GRE General Test, TOEFL, design portfolio.
Application fee : $70.

위의 정보를 보면, 예일대학의 미국 학생이 총 155 Full-time 학생 중에 66명이 여학생이고 소수 인종이 27명이 있는데, 그 중 흑인 학생이 2명, 아시아계 미국 학생이 18명, 스페인계 미국 학생이 7명이 있는 것으로 나와 있습니다. 그리고 26명의 인터내셔널 학생이 총 정원 155명 안에 포함되어 있습니다(약 18%). 437명의 지원자 중에 33%가 입학허가를 받았습니다. 1997년에는 51명이 석사학위를 받았고, 입학 요구사항은 GRE Test, TOEFL, 포트폴리오가 필수 사항으로 언급되어 있으며, 접수비가 70불입니다.

일반적으로 랭킹이 높을수록 지원자의 입학 허가율이 낮다고 보면 되겠습니다. 그만큼 경쟁이 치열하다는 의미입니다. 참고로 학교 프로파일 정보는 1998년 피터슨 가이드에서 인용하였습니다. 입학지원일과 경비는 매년 변할 수 있으니 관심 있는 학교 사이트에 가셔서 직접 확인해 주시길 당부 드립니다.

학교를 선정할 때에 한 가지 방법은 입학률을 기준으로 해서 3단계로 학교를 선정하고, 최종적으로 가야 되는 학교를 가장 밑으로, 제일 가보고 싶은 대학을 맨 앞에 놓고 분류하기 바랍니다. 일반적인 학생들의 입학지원은 10군데, 입학허가는 5군데에서나 받지만 최종적으로는 한 군데 학교를 선택할 수밖에 없습니다. 유학준비생의 마음이 우선 급하다 보니 무조건 많이 지원하는 것은 이해되나, 거기에 따르는 시간과 경비 또한 의미 없이 많이 소비된다는 것을 잊으면 안될 것입니다. 포트폴리오 제작비, 학교 지원비, ETS의 토플과 GRE 성적 제출비 등을 포함하면 유학경비가 꽤 많이 들 것 입니다. 필자가 권하고 싶은 것은 학교 선택을 5군데 정도로 압축시키라는 것입니다. 자신의 환경 여건을 고려했을 때 무엇이 우선 순위인가를 스스로에게 묻고, 잘 판단해서 신중을 기해야 될 줄로 믿습니다.

경제적으로 어려운 학생이 너무 비싼 대학원이나 도시로 유학갔을 때에는 오히려 역효과가 날 수 있습니다. 경제적으로 힘들다 보니 공부가 우선인지 일이 먼저인지를 분간 못할 정도로 유학생활이 뒤죽박죽이 되어 버릴 수 있기 때문입니다. 유학생 자신이 공부와 일을 동시에 하면서 등록금과 생활비를 만든다는 것은 거의 불가능하다고 봅니다. 학교의 수업 조교(TA)나 등록금을 면제받을 수 있는 일을 하면 몰라도, 캠퍼스 밖에서 일을 해서 유학경비를 해결한다는 것은 매우 어려운 일입니다. 거기에 결혼해서 아이까지 있으면 정말로 불가능합니다. 오히려 값싼 곳으로 유학을 가서 방학 때 동부나 서부로 건축여행을 갈 수도 있고, 졸업 후에 직장을 구할 수 있으므로 경제적인 것을 무리해 가면서 꼭 가라고 권유하고 싶지 않습니다. 최선이 안 되면 차선을 택하라고 저는 말하고 싶습니다. 고속도로가 막혀 있으니 국도를 타야 하는 것입니다.

미국 주요 건축대학원의 지원일정과 유학경비 프로파일 2002

학 교	데드라인	등록금	총유학경비	토플	GRE	소 재 지	Web-Site 주소
Carnegie Mellon University	2/1(2월1일)	$26,380	$36,810	600	required	Pittsburgh, Pennsylvania	www.arc.cmu.edu/grads/
Columbia University	1/15(M.Arch.) 2/15(Others)	$26,940	$42,000	required	required	New York	www.columbia.edu
Frank Lloyd Wright School of Architecture	any time	$10,200	$13,000	550	–	Scottsdale, Arizona	www.taliesin.edu
Georgia Institute of Technology(GIT)	1/15	$13,600	$24,000	600 (컴250)	required	Atlanta, Georgia	www.gatech.edu
Harvard University	12/2–지원서류 12/27–보조서류	$26,330	$42,000	required	required	Cambridge, MA	www.gsd.harvard.edu
MIT	12/15	$26,060	$44,700	600 (컴250)	required	Cambridge, MA	www.mit.edu
Pratt Institute	3/1–fall 11/1–spring	$19,248	$35,000	required	not required	Brooklyn, New York	www.pratt.edu/arch/index.html
Princeton University	12/1	$27,830	$50,000	required	required	Princeton, NJ	www.princeton.edu/~soa
Rice University	2/1	$18,500	$33,000	600	required	Houston, TX	www.arch.rice.edu
SCI_ARC	2/1	$16,740	$30,000	required	required	Los Angeles, CA	www.sciarc.edu
Texas A&M Univ.	3/1	$8,000	$20,000	550	required	College Station, TX	http://archone.tamu.edu

학 교	데드라인	등록금	총유학경비	토플	GRE	소 재 지	Web-Site 주소
U.C.Berkeley	12/16	$11,000	$33000	570 (컴230)	영어권출신:required	Berkeley, CA	http://arch.ced.berkeley.edu/
U.C.L.A.	1/5	$16,000	$33000	580 (컴237)	required	Los Angeles, CA	http://ww.aud.ucla.edu/
University of Houston	2/1	$7,000	$20,000	required	required	Houston,TX	www.arch.uh.edu
University of llinois Urbana-Champaign	1/15	$16,000	$31,000	required	not required	Urbana-Champaign, llinois	www.arch.uiuc.edu/
University of Michigan	1/15	$21,774	$32,642	560 (컴220)	required	Ann Arbor, Michigan	www.tcaup.umich.edu
University of Pennsylvania	1/15	$27,362	$42,250,	575	required	Philadelphia, Pennsylvania	www.upenn.edu/gsfa/
University of Texas Austin	2/1	$10,000	$25,000	550	required	Austin, TX	www.ar.utexas.edu
University of Southern California	2/1	$23,000	$34,000	required	required	Los Angeles, California	www.usc.edu/dept/architecture/
University of Virginia	1/15	$18,810	$34,000	required	required	Charlottesville, Virginia	www.virginia.edu/~arch
Univ. of Washington	1/15	$12,435	$25,000	required	required	Seattle, Washington	depts.washington.edu/archdept/
Washington University	2/1	$26,900	$41,038	550	required	St. Louis, Missouri	www.arch.wustl.edu

학 교	데드라인	등록금	총유학경비	토플	GRE	소 재 지	Web-Site 주소
Yale University	1/15	$26,110	$40,000	600	required	New Haven, Connecticut	www.architecture.yale.edu/ysoa-website/index.html

■ 미국 주요 건축대학원 프로파일

자료출처 : 피터슨 가이드, 1998

Harvard University-http : //www.gsd.harvard.edu

Graduate School of Arts and Sciences
Committee on Architecture, Landscape Architecture, and Urban Planning
Cambridge, MA 02138

Offers programs in architecture(PhD), landscape architecture(PhD), urban planning(PhD).
Students : 25 full-time(15 women) ; includes 5 minority(2 African Americans, 1 Asian American, 2 Hispanic Americans), 6 international. 55 applicants, 9% accepted.
In 1997, 4 doctorates awarded. Terminal master's awarded for partial completion of doctoral program.
Entrance requirements : For doctorate, GRE General Test, TOEFL(minimum score 550).
Application fee : $60.
Contact : 617-495-5315.

Massachusetts Institute of Technology-http : //alberti.mit.edu

School of Architecture and Planning
Department of Architecture
Cambridge, MA 02139-4307

Awards M Arch, SM Arch S, SMBT, SM Vis S, PhD.
Faculty : 36 full-time(8 women), 19 part-time(5 women).
Students : 171 full-time(78 women) ; includes 22 minority(4 African Americans, 13 Asian Americans, 4 Hispanic Americans, 1 Native American), 76 international. 452 applicants, 27% accepted. In 1997, 64 master's, 4 doctorates awarded.
Entrance requirements : For master's, GRE General Test(M Arch), TOEFL(minimum score 600) ; for doctorate, TOEFL (minimum score 600).

Application fee : $50.
Contact : 617-253-4408, Fax : 617-253-8993.

Princeton University-http : //www.princeton.edu/~soa

School of Architecture
Princeton, NJ 08544-1019

Awards M Arch, PhD.
Faculty : 16 full-time(5 women).
Students : 73 full-time(33 women) ; includes 9 minority(1 African American, 5 Asian Americans, 2 Hispanic Americans, 1 Native American), 25 international. 349 applicants, 12% accepted.
In 1997, 19 master's, 2 doctorates awarded. Average time to degree : doctorate--5.0 years full-time.
Entrance requirements : For master's, GRE General Test, portfolio ; for doctorate, GRE General Test, samples of written work. Application fee : $55($60 for international students).
Contact : 609-258-3034.

Columbia University-http : //www.arch.columbia.edu

Graduate School of Architecture, Planning, and Preservation
Master of Architecture Program
New York, NY 10027

Awards M Arch, M Arch/MS, M Arch/MS offered jointly with the Program in Historic Preservation and the Program in Urban Planning.
Students : 224 full-time(90 women).
In 1997, 63 degrees awarded.
Entrance requirements : GRE General Test.
Application fee : $60.
Contact : 212-854-3510.

Yale University-http : //www.architecture.yale.edu

School of Architecture
New Haven, CT 06520

Awards M Arch, M Env Des, M Arch/MBA, M Arch/M Env Des.
Faculty : 7 full-time(2 women), 48 part-time(14 women), 27 FTE.
Students : 155 full-time(66 women) ; includes 27 minority(2 African Americans, 18 Asian Americans, 7 Hispanic Americans), 26 international. 437 applicants, 33% accepted.
In 1997, 51 degrees awarded.
Entrance requirements : GRE General Test, TOEFL, design portfolio.
Application fee : $70.
Contact : 203-432-2296.

Rice University-http : //www.arch.rice.edu

School of Architecture
Houston, TX 77005

Offers programs in architecture(M Arch, D Arch), urban design (M ArchUD).
Entrance requirements : For master's, TOEFL(minimum score 550), minimum GPA of 3.0 ; for doctorate, GRE General Test (score in 70th percentile or higher), minimum GPA of 3.0(priority date ; rolling processing ; 11/1 for spring admission).
Application fee : $25.

University of California, Berkeley-http : //arch.ced.berkeley.edu

College of Environmental Design
Department of Architecture
Berkeley, CA 94720-1800

Awards MA, M Arch, MS, PhD, M Arch/MCP, M Arch/MS, MLA/M Arch.
Programs in architecture(M Arch), building science and urban design(MS, PhD), design(MA), design theories and methods(MS, PhD), environmental design in developing countries(MS, PhD), history of architecture and urban design(MS, PhD), social basis

of architecture and urban design(MS, PhD), structures and construction(MS, PhD), the building process(MS, PhD).
M Arch/MS offered jointly with the College of Engineering.

Students : 176 full-time(83 women) ; includes 36 minority(8 African Americans, 16 Asian Americans, 11 Hispanic Americans, 1 Native American), 39 international. 536 applicants, 20% accepted.
In 1997, 74 master's, 5 doctorates awarded.
Entrance requirements : GRE General Test, TOEFL(minimum score 570), minimum GPA of 3.0.
Application fee : $40.
Contact : 510-642-5577, Fax : 510-643-5607.

University of Virginia-http : //www.virginia.edu/~arch

School of Architecture
Division of Architecture
Charlottesville, VA 22903

Awards M Arch.
Faculty : 26 full-time(4 women), 9 part-time(2 women), 29 FTE.
Students : 68 full-time(30 women) ; includes 11 minority(3 African Americans, 4 Asian Americans, 4 Hispanic Americans), 1 international. Average age 26.
247 applicants, 13% accepted.
In 1997, 24 degrees awarded.
Entrance requirements : GRE General Test, TOEFL.
Application fee : $40.
Contact : 804-924-6442.

University of Pennsylvania-http : //www.upenn.edu/gsfa/arch/index.html

Graduate School of Fine Arts
Master of Architecture Program
Philadelphia, PA 19104

Offers architecture(M Arch), historic preservation(Certificate), real estate design and development(Certificate), urban design (Certificate).
Faculty : 9 full-time(4 women), 37 part-time(10 women).
Students : 201 full-time(79 women), 19 part-time(9 women) ; includes 44 minority(1 African American, 35 Asian Americans, 8 Hispanic Americans), 32 international. Average age 24. 464 applicants, 56% accepted.
In 1997, 72 master's awarded. Average time to degree : master's −3 years full-time, 5 years part-time.
Entrance requirements : GRE, TOEFL(minimum score 575), portfolio.
Application fee : $65.
Contact : 215-898-6520, Fax : 215-573-3927.

University of Texas at Austin-http : //www.ar.utexas.edu

Graduate School
School of Architecture
Austin, TX 78712

Awards M Arch, MS Arch St, MSCRP, PhD, JD/MSCRP, MSCRP/MA, MSCRP/PhD.

Students : 289(124 women) ; includes 35 minority(4 African Americans, 11 Asian Americans, 19 Hispanic Americans, 1 Native American), 29 international.
43 applicants, 38% accepted.
In 1997, 113 master's awarded.
Entrance requirements : For master's, GRE.
Application fee : $50($75 for international students).
Contact : 512-471-0134.

University of Michigan-http : //www.caup.umich.edu

College of Architecture and Urban Planning
Program in Architecture
Ann Arbor, MI 48109

Awards M Arch, M Arch/MSE, M Arch/MUP, M Arch/M Eng, MBA/M Arch, M Arch/MUP offered through the Horace H. Rackham School of Graduate Studies.
Application deadline : 1/15. Application fee : $55.
Contact : 734-764-1315, Fax : 734-763-2322.

University of California, Los Angeles-http : //www.gsaup.ucla.edu

School of the Arts and Architecture
Department of Architecture
Los Angeles, CA 90095-1467

Awards MA, M Arch, PhD.
Faculty : 17(5 women).
Students : 186(78 women) ; includes 49 minority(5 African Americans, 23 Asian Americans, 21 Hispanic Americans), 52 international. 553 applicants, 33% accepted.
Entrance requirements : For master's, GRE General Test, TOEFL, portfolio ; for doctorate, GRE General Test, TOEFL.
Application fee : $40. Electronic applications accepted.
Contact : 310-825-7857, Fax : 310-825-8959.

University of Minnesota, Twin Cities Campus-http : //www.cala.umn.edu

College of Architecture and Landscape Architecture
Department of Architecture
Minneapolis, MN 55455-0213

Awards M Arch. First professional and post-professional tracks available in M Arch program.
Faculty : 12 full-time(4 women), 35 part-time(7 women), 23 FTE.
Students : 137 full-time(49 women) ; includes 8 minority(5 Asian Americans, 3 Hispanic Americans), 24 international. 180 applicants, 28% accepted.
In 1997, 25 degrees awarded(100% found work related to degree).
Average time to degree : master's--3 years full-time.

Entrance requirements : GRE, TOEFL(minimum score 550), minimum GPA of 3.0, portfolio, sample of written work.
Application fee : $40($50 for international students).
Contact : 612-624-7866, Fax : 612-624-5743.

Georgia Institute of Technology-http : //www.arch.gatech.edu

College of Architecture
Master's Program in Architecture
Atlanta, GA 30332-0001

Awards M Arch, MS, M Arch/MCP.
Faculty : 30 full-time(4 women), 14 part-time(3 women).
Students : 115 full-time(38 women), 19 part-time(9 women) ; includes 19 international. 242 applicants, 42% accepted.
In 1997, 73 degrees awarded.
Entrance requirements : GRE General Test, TOEFL(minimum score 580), minimum GPA of 2.7. Application fee : $50.
Electronic applications accepted.
Contact : 404-894-4885, Fax : 404-894-0572.

Rhode Island School of Design-http : //www.risd.edu/arch.html

Division of Architecture and Design
Department of Architecture
Providence, RI 02903-2784

Awards M Arch.
Entrance requirements : Portfolio(optional), 3 drawings.
Application fee : $35.

Syracuse University-http : //mirror.syr.edu/soa.core.html

School of Architecture
Syracuse, NY 13244-0003

Awards M Arch. Part-time programs available.
Faculty : 30. Students : 76 full-time(28 women), 2 part-time(0

women) ; includes 14 minority(8 Asian Americans, 6 Hispanic Americans), 17 international. 144 applicants, 66% accepted.
In 1997, 20 degrees awarded.
Entrance requirements : GRE General Test, interview, portfolio.
Application deadline : rolling.
Application fee : $40.
Contact : 315-443-1041.

University of Oregon-http : //www.architecture.uoregon.edu

Graduate School
School of Architecture and Allied Arts
Department of Architecture
Eugene, OR 97403

Offers programs in architecture(M Arch), interior architecture (MI Arch).
Faculty : 28 full-time(10 women), 10 part-time(4 women), 32.19 FTE.
Students : 176 full-time(64 women), 15 part-time(4 women) ; includes 17 minority(1 African American, 11 Asian Americans, 3 Hispanic Americans, 2Native Americans), 34 international. 153 applicants, 58% accepted.
In 1997, 48 degrees awarded.
Entrance requirements : GRE General Test, TOEFL(minimum score 575).
Application fee : $50.
Contact : 541-346-1433.

Arizona State University-http : //www.asu.edu/caed

College of Architecture and Environmental Design
School of Architecture
Tempe, AZ 85287

Offers programs in architecture(M Arch), building design(MS).
Faculty : 22 full-time(5 women).
Students : 100 full-time(35 women), 11 part-time(5 women) ; includes 7 minority(2 Asian Americans, 5 Hispanic Americans),

37 international. Average age 27. 179 applicants, 59% accepted.
In 1997, 41 degrees awarded.
Entrance requirements : GRE General Test, design portfolio.
Application fee : $45.
Contact : 602-965-3536.

University of Illinois at Urbana-Champaign-http : //www.arch.uiuc.edu

College of Fine and Applied Arts
School of Architecture
608 East Lorado Taft Drive, Champaign, IL 61820

Awards M Arch, M Arch/MBA, M Arch/MUP, M Arch/MS.
Faculty : 35 full-time(3 women).
Students : 188 full-time(62 women) ; includes 25 minority(5 African Americans, 12 Asian Americans, 8 Hispanic Americans), 23 international. 268 applicants, 60% accepted.
In 1997, 86 degrees awarded.
Entrance requirements : Minimum GPA of 4.0 on a 5.0 scale.
Application deadline : rolling.
Application fee : $40($50 for international students).
Contact : 217-333-1331.

University of Washington-http : //www.caup.washington.edu

College of Architecture and Urban Planning
Department of Architecture
Seattle, WA 98195

Awards M Arch, Certificate. Programs in historic preservation (Certificate), urban design(Certificate).
Entrance requirements : For master's, GRE General Test, TOEFL, minimum GPA of 3.0, portfolio.
Application fee : $45

University of Wisconsin-Milwaukee-http : //www.sarup.uwm.edu

School of Architecture and Urban Planning
Department of Architecture
Milwaukee, WI 53201-0413

Awards M Arch, PhD, M Arch/MUP.
Faculty : 25 full-time(3 women).
Students : 104 full-time(38 women), 28 part-time(16 women) ; includes 11 minority(8 Asian Americans, 3 Hispanic Americans), 23 international. 131 applicants, 58% accepted.
In 1997, 41 master's, 4 doctorates awarded.
Entrance requirements : For master's, GRE General Test, portfolio.
Application fee : $45($75 for international students).
Contact : 414-229-5564.

Washington University at St. Louis-http : //www.arch.wustl.edu

School of Architecture
Program in Architecture
St. Louis, MO 63130-4899

Awards M Arch, M Arch/MBA, M Arch/MSW, M Arch/MAUD, M Arch/MCM.
Students : 117 full-time(44 women) ; includes 9 minority(3 African Americans, 5 Asian Americans, 1 Hispanic American), 35 international. 224 applicants, 64% accepted.
In 1997, 41 degrees awarded.
Entrance requirements : TOEFL(minimum score 550), portfolio.
Application fee : $50.
Contact : 314-935-6227, Fax : 314-935-8520.

The Ohio State University-http : //www.arch.ohio-state.edu

College of Engineering
Austin E. Knowlton School of Architecture
Program in Architecture
Columbus, OH 43210

Awards M Arch.
Faculty : 13.
Students : 66 full-time(16 women), 1 part-time(0 women) ; includes 12 minority(3 African Americans, 4 Asian Americans, 5 Hispanic Americans), 12 international. 188 applicants, 54% accepted.
In 1997, 27 degrees awarded.
Application fee : $30($40 for international students).
Contact : 614-292-1012, Fax : 614-292-7106.

University of Miami-http : //www.arc.miami.edu

School of Architecture
Professional Program in Architecture
Coral Gables, FL 33124

Awards M Arch.
Faculty : 19 full-time(2 women).
Students : 36 full-time(18 women) ; includes 17 minority(1 Asian American, 16 Hispanic Americans), 19 international. Average age 28. 100 applicants, 20% accepted.
In 1997, 10 degrees awarded. Average time to degree : master's--3.2 years full-time.
Entrance requirements : GRE General Test(minimum combined score of 1000), TOEFL(minimum score 550), minimum GPA of 3.0, portfolio. Application fee : $35.
Contact : 305-284-3731, Fax : 305-284-6879.

Texas A&M University-http : //archone.tamu.edu

College of Architecture
Department of Architecture
College Station, TX 77843-1246

Offers programs in architectural design(M Arch), architectural history and preservation(M Arch), architecture(MS, PhD), health facilities planning and design(M Arch), interior architecture(M Arch), management in architecture(M Arch), visualization sciences(MS).

Faculty : 44 full-time(8 women), 13 part-time(3 women), 50.3 FTE.
Students : 98 full-time(21 women), 31 part-time(18 women) ; includes 13 minority(2 African Americans, 6 Asian Americans, 5 Hispanic Americans), 41 international. Average age 30. 163 applicants, 55% accepted.
In 1997, 37 master's, 15 doctorates awarded.
Entrance requirements : For master's, GRE General Test, TOEFL, portfolio ; for doctorate, GRE General Test, TOEFL.
Application fee : $35($75 for international students).
Contact : 409-845-6582, Fax : 409-845-4491.

University of Florida-http : //www.arch.ufl.edu

College of Architecture
Department of Architecture
Gainesville, FL 32611

Awards M Arch, MSAS.
Faculty : 44.
Students : 92 full-time(29 women), 30 part-time(9 women) ; includes 28 minority(4 African Americans, 8 Asian Americans, 15 Hispanic Americans, 1 Native American), 9 international. Average age 25. 96 applicants, 94% accepted.
In 1997, 42 degrees awarded.
Entrance requirements : GRE General Test(minimum combined score of 1000 ; average 1010), minimum GPA of 3.0.
Application fee : $20.
Contact : 352-392-0205, Fax : 352-392-4606.

Texas Tech University-http : //www.arch.ttu.edu/architecture

Graduate School
College of Architecture
Program in Architecture
Lubbock, TX 79409

Awards M Arch. Part-time programs available.
Students : 48 full-time(13 women), 17 part-time(5 women) ;

includes 6 minority(5 Hispanic Americans, 1 Native American), 11 international. 39 applicants, 49% accepted.
In 1997, 13 degrees awarded.
Entrance requirements : GRE General Test(combined average 1057), TOEFL(minimum score 550), portfolio. Application fee : $25($50 for international students).
Electronic applications accepted.
Contact : 806-742-3136, Fax : 806-742-2855.

University of Oklahoma-http : //www.ou.edu/architecture

College of Architecture
Division of Architecture
Norman, OK 73019-0390

Awards M Arch.
Students : 25 full-time(4 women), 5 part-time(all women) ; includes 13 international In 1997, 20 degrees awarded.
Entrance requirements : GRE General Test(minimum combined score of 900), TOEFL(minimum score 550), appropriate bachelor's degree, portfolio.
Application fee : $25.
Contact : 405-325-6792.

Illinois Institute of Technology-http : //www.arch.iit.edu

College of Architecture
Chicago, IL 60616-3793

Awards M Arch, D Arch. Part-time programs available.
Faculty : 23 full-time(5 women), 24 part-time(5 women), 32 FTE.
Students : 118 full-time(34 women), 37 part-time(10 women) ; includes 12 minority(5 African Americans, 3 Asian Americans, 4 Hispanic Americans), 108 international. 175 applicants, 82% accepted.
In 1997, 17 master's awarded.
Entrance requirements : For master's, TOEFL(minimum score 500), minimum GPA of 3.0, portfolio ; for doctorate, TOEFL (minimum score 500).

Application fee : $30.
Electronic applications accepted.
Contact : 312-567-3024, Fax : 312-567-7517.

Cornell University–http : //www.architecture.cornell.edu

Graduate Fields of Architecture, Art and Planning
Field of Architecture
Ithaca, NY 14853-0001

Awards MA, M Arch, MS, PhD, M Arch/MRP.
Programs in architectural science(MS), design(M Arch), history of architecture and urban development(MA, PhD).
Faculty : 30 full-time.
Students : 41 full-time(15 women) ; includes 4 minority(1 African American, 2 Asian Americans, 1 Hispanic American), 19 international. 174 applicants, 32% accepted.
In 1997, 16 master's, 1 doctorate awarded.
Entrance requirements : For master's, GRE General Test, TOEFL, bachelor's
degree in architecture, portfolio(M Arch) ; for doctorate, GRE General Test, TOEFL.
Application fee : $65.
Electronic applications accepted.
Contact : 607-255-6701, Fax : 607-255-0291.

University of Colorado at Denver–http : //carbon.cudenver.edu/public/AandP

College of Architecture and Planning
Architecture Program
Denver, CO 80217-3364

Awards M Arch. Part-time programs available.
Faculty : 27 full-time(7 women), 16 part-time(3 women).
Students : 192 full-time(71 women), 17 part-time(5 women) ; includes 19 minority(1 African American, 11 Asian Americans, 7 Hispanic Americans), 38 international.

Average age 29. 185 applicants, 58% accepted.
In 1997, 66 degrees awarded.
Entrance requirements : Previous course work in calculus and physics, portfolio, GRE or minimum GPA of 3.0.
Application fee : $50($60 for international students).
Contact : 303-556-3387, Fax : 303-556-3687.

Pratt Institute-http : //www.pratt.edu/arch

School of Architecture
Program in Architecture
Brooklyn, NY 11205-3899

Awards M Arch. Part-time and evening/weekend programs available.
Entrance requirements : TOEFL(minimum score 550), B Arch, portfolio.
Application fee : $35($80 for international students).

Carnegie Mellon University-http : //www.arc.cmu.edu

College of Fine Arts
Department of Architecture
Pittsburgh, PA 15213-3891

Offers programs in architecture(MSA), building performance and diagnostics(M Sc, PhD), computational design(M Sc, PhD).
Faculty : 17 full-time(3 women), 5 part-time(0 women).
Students : 39 full-time(11 women) ; includes 1 minority(Asian American), 32 international. Average age 27. 46 applicants, 78% accepted.
In 1997, 3 master's awarded(100% found work related to degre e) ; 3 doctorates awarded. Terminal master's awarded for partial completion of doctoral program.
Average time to degree : doctorate--4 years full-time.
Entrance requirements : GRE General Test, TOEFL(minimum score 600).
Application fee : $50.
Contact : 412-268-2363.

University of Houston-http : //www.arch.uh.edu

College of Architecture
Houston, TX 77204-4431

Awards M Arch.
Faculty : 19 full-time(3 women), 5 part-time(0 women).
Students : 55 full-time(29 women), 7 part-time(2 women) ; includes 8 minority(1 African American, 2 Asian Americans, 5 Hispanic Americans), 11 international.
Average age 29. 120 applicants, 38% accepted.
In 1997, 15 degrees awarded.
Entrance requirements : GRE General Test(minimum score 550 on each section ; average 600), TOEFL(minimum score 550), portfolio.
Application fee : $10($75 for international students).
Contact : 713-743-2400, Fax : 713-743-2358.

University of North Carolina at Charlotte-http : //www.coa.uncc.edu

College of Architecture
Charlotte, NC 28223-0001

Awards M Arch. Part-time and evening/weekend programs available.
Faculty : 17 full-time(2 women).
Students : 19 full-time(13 women), 3 part-time(1 woman) ; includes 4 minority(3 African Americans, 1 Hispanic American), 1 international.
Average age 29. 46 applicants, 74% accepted.
In 1997, 5 degrees awarded.
Entrance requirements : GRE General Test.
Application fee : $35.
Contact : 704-547-3366, Fax : 704 547-3279.

Frank Lloyd Wright School of Architecture-http : //www.taliesin.edu

Graduate Program
Scottsdale, AZ 85261-4430

Awards M Arch. Summer session held in Spring Green, Wisconsin.
Faculty : 28 full-time(11 women), 34 part-time(7 women).
Students : 16 full-time(5 women) ; includes 12 international.
Average age 23.
15 applicants, 67% accepted.
In 1997, 5 degrees awarded(100% found work related to degree).
Average time to degree : master's--3 years full-time.
Entrance requirements : TOEFL(minimum score 550), interviews, portfolio.
Application fee : $25.
Contact : 602-860-2700, Fax : 602-391-4009.

The University of Arizona-http : //architecture.arizona.edu

College of Architecture
Tucson, AZ 85721

Awards M Arch. Part-time programs available.
Entrance requirements : TOEFL(minimum score 550), portfolio.
Application fee : $35.

University of Toronto-http : //www.ald.utoronto.ca

School of Graduate Studies
Social Sciences Division
Department of Architecture
Toronto, ON M5S 1A1, Canada

Awards M Arch. Program new for fall 1998.
Application fee : $75.
Contact : 416-946-3421, Fax : 416-978-4367.

McGill University-http : //www.mcgill.ca/arch

Faculty of Graduate Studies and Research

Faculty of Engineering
School of Architecture
Montreal, PQ H3A 2K6, Canada

Offers programs in architecture(PhD) ; history and theory of architecture(M Arch) ; housing(M Arch, Diploma), including affordable homes(M Arch, Diploma), domestic environment(M Arch), domestic environments(Diploma), minimum cost housing in developing countries(M Arch, Diploma). PhD new for fall 1998.
Faculty : 4 full-time(1 woman), 8 part-time(2 women).
Students : 71 ; includes 34 international. 86 applicants, 50% accepted.
In 1997, 13 master's awarded.
Entrance requirements : For master's, TOEFL(minimum score 550), minimum GPA of 3.0.
Application fee : $60.
Contact : 514-398-6700.

University of Utah-http : //www.arch.utah.edu

Graduate School of Architecture
Salt Lake City, UT 84112-1107

Awards M Arch, MS, M Arch/MBA. Part-time programs available.
Faculty : 13 full-time(1 woman), 16 part-time(6 women).
Students : 81 full-time(16 women), 11 part-time(6 women) ; includes 6 minority(4 Asian Americans, 2 Hispanic Americans), 6 international. Average age 29.
In 1997, 27 degrees awarded.
Entrance requirements : TOEFL(minimum score 500), minimum GPA of 3.0.
Application fee : $30($50 for international students).
Contact : 801-581-8254.

University of Maryland, College Park-http : //www.umd.edu/arch

School of Architecture
Program in Architecture
College Park, MD 20742-5045

Awards M Arch, M Arch/MCP.
Faculty : 18 full-time(3 women), 5 part-time(2 women).
Students : 73 full-time(29 women), 11 part-time(7 women) ; includes 15 minority(6 African Americans, 3 Asian Americans, 6 Hispanic Americans), 3 international.
143 applicants, 43% accepted.
In 1997, 26 degrees awarded.
Entrance requirements : GRE General Test, portfolio, minimum GPA of 3.0.
Application deadline : rolling.
Application fee : $50($70 for international students).
Contact : 301-405-4198, Fax : 301-314-9305.

등록금이 한국보다 더 싼 곳은 없을까?

운명은 기회의 문제가 아니라 선택의 문제다.
기다리는 것이 아니라 성취하면 되는 것이다.
- 윌리엄 제닝스 브라이언 -

세상을 살아가는 데 있어 최선이 아니면 차선을 선택할 줄 아는 지혜가 필요할 때가 있습니다. 때로는 이 길이 내가 가야 할 길이 아니면서도 가야 되는 길이 있는 것입니다. 그러한 과정 속에서 새로운 길을 찾을 수도 있고, 귀중한 인생경험을 얻을 수도 있을 것입니다. 세상의 모든 것이 자기 뜻대로 되지 않을 때가 더 많겠지요. 특히, 경제적인 문제에 부딪치고 나면 참으로 많은 갈등을 겪을 것입니다. 유학은 돈만으로도 갈 수가 없는 것이며, 실력만으로도 갈 수가 없습니다. 두 가지 다 갖추고 있어야 한다는 것은 유학을 꿈꾸는 모든 사람이 다 알고 있는 이치일 것입니다.

일반적으로 본인이 유학하고자 하는 학교를 5~10군데 학교를 선정 및 지원한 후에 여러 군데의 학교에서 어드미션을 받게 되며, 최종적으로 본인이 공부할 학교를 선정하게 됩니다. 이런 과정에 있어 유학경비가 결정적인 학교 결정을 하게 되는 경우가 많습니나. 오픈스케일이 실시한 설문조사에 의하면 유학생의 약 50%가 본인의 경제적 형편에 의해 학교를 결정한다는 조사결과가 있습니다. 그만큼 유학경비는 유학을 떠나는 데 있어 중요한 사항입니다. 유학을 결정하기 전에 경제적 뒷받침이나 조달방법에 대해 구체적이고 자세하게 심사숙고한 후에 학교를 결정하고 자료를 구하기 바랍니다.

설문조사

질문 : 최종적인 유학학교 선택 및 결정 시 가장 중요하게 고려한(될) 사항은 무엇입니까?

1. 본인의 경제적 형편	96명	45.07%
2. 학교 교수진 및 커리큘럼	62명	29.11%
3. 학교의 장학금 및 TA, RA 지원	21명	9.86%
4. U.S. News Ranking	19명	8.92%
5. 교수, 건축가 및 동료 추천	15명	7.04%

유학을 꿈꾸는 사람이라면 항상 궁금해하는 것이 유학경비입니다. 유학관련 서적에 대략 얼마라고 소개하지만, 그것이 언제 자료인줄도 모를 뿐더러, 매년 물가가 오르는 이곳 현실을 본다면 책에 나와 있는 내용과 많은 차이가 날 수가 있기 때문에 항상 스스로 확인해 보아야 합니다. 원서를 보낼 때, 서류와 같이 학교로 보내야 할 사항이 유학재정을 지원해 주는 보호자나 후원자의 은행 잔액증명서입니다. 학교에서 제시해 주는 최소 한도액이 있는데, 이 액수는 바로 해당 학교의 평균 유학경비라고 보면 됩니다. 미국에서 볼 때에 흔히 동부지역은 35,000~43,000불/년 정도를 생각하는 것이 일반적이고, 서부 역시 약 33,000~38,000불/년 정도 요구됩니다. 중부지역은 약 23,000~25,000불/년 정도로 잡으면 되겠습니다. 이 금액은 매

년 10% 정도 인상되는 것을 참고하기 바랍니다. 뒤에서 언급한 학교 외에 특별히 생각해 두고 있는 학교가 있다면, 해당 학교 홈페이지에 가서 직접 확인해 보기 바랍니다. 본 장에서 필자가 언급한 '미국 주요 건축대학원의 지원일정과 유학경비 프로파일 2002'를 확인하면, 학교에 대한 총 유학경비가 나와 있습니다. 그 금액에서 10% 내외를 가감하셔서 산정하기를 바랍니다.

독자의 이해를 돕기 위해 가장 살아 있는 실례를 실었습니다. 바로 필자의 1999년 가을 학기 등록금 명세서입니다. 이 명세서는 한국처럼 두리뭉실하게 설명되어진 것이 아니라, 매우 자세하게 등록금 내역서를 보여 주고 있습니다. 등록금 내에는 도서관 이용료부터 보험(유학생은 의무적으로 보험을 사야하므로 학교 등록금 안에 포함되어 있는 경우가 많습니다), 학교 내 의료센터 이용료, 운동시설 사용료, 과목마다 부과되는 경비, 심지어는 학교 건물 개 보수비까지 학생들에게 청구하고 있습니다. 뒤에 첨부한 내역서를 보면 실제 수업료는 12학점에 3,960불이지만, 기타 여러 경비를 포함하면 4,800불을 넘고 있습니다. 약 900불 정도가 추가된 것입니다. 우리가 일반적으로 생각하는 학교 등록금에 약 20%를 추가 산정하면 전체 내역이 될 것 같습니다. 아래 첨부된 예는 UT Austin에 해당되므로 동부나 서부는 이보다 훨씬 비싸다는 것을 염두(念頭)해 두기 바랍니다.

The University of Texas at Austin - Fall, 1999 Tuition Details

Description	Charges
TUITION GRADUATE NONRESIDENT(12학점)	3,960.00
STUDENT SERVICES FEE	127.12
LIBRARY FEE	24.00
STUDENT SERVICE BLDG FEE	13.20
GREGORY GYM RENOVATION FEE	22.80
UNION FEE	33.94
INTERNATIONAL EDUCATION FEE	3.00
REGISTRATION FEE	7.00
RECREATIONAL SPORTS FEE	20.00
HEALTH SERVICES BUILDING FEE	8.00
MEDICAL SERVICES FEE	55.00
INFORMATION TECHNOLOGY FEE	72.00
ARCHITECTURE DESIGN WORKSHOP FEE	60.00
EQUIPMENT MAINTENANCE-ARCHITECTURE	15.00
INTERNATIONAL STUDENT SERVICES FEE	30.00
INSTRUCTIONAL TECH FEE-ARCHITECTURE	70.00
ADVISING FEE-ARCHITECTURE GRADUATE	50.00
PLACEMENT FEE-ARCHITECTURE	55.00
INTL STUDENT HEALTH INSURANCE	186.00
INTL HEALTH INSURANCE-MED EVAC	12.00
00900 INCIDENTAL FEE	20.00
Total tuition and fees(12학점 기준)	$4,844.06×1,200원=5,812,872원

■ Texas A&M University - Spring, 2002 Tuition Details

Description	Charges
TUITION(9학점)	3,033.00
STUDENT SERVICES FEE	106.74
HEALTH CENTER FEE	50.00
LIBRARY ACCESS FEE	54.00
RECREATIONAL SPORTS FEE	78.00
STUDENT CENTER COMPLEX FEE	40.00
COMPUTER ACCESS FEE	83.25
TRANSPORTATION FEE	50.00
ARCHITECTURE INST ENHANCE FEE	120.00
INTERNATIONAL STUDENT FEE	36.00
INTERNATIONAL EDUCATION FEE	4.00
STUDENT ID/MAINTENANCE FEE	3.00
INSTALLMENT PMT SERVICE CHARGE	15.00
STUDENT INSURANCE	270.00
Total tuition and fees(9학점 기준)	$3,942.99×1,200원=4,731,588원

UT Austin과 Texas A&M 대학은 미국에서 등록금이 저렴한 대학임에도 불구하고, 한 학기에 약 오 백 만원(9학점)에서 육 백 만원(12학점)에 가까운 금액이 필요합니다. 하물며 동부는 어떠하겠습니까? 먼저 경제적인 보조가 어느 정도 뒷받침이 되어야 고학(苦學)하지 않고 유학할 수 있기 때문에, 무턱대고 덤벼드는 것은 위험하다고 하겠습니다. 그럼에도 불구하고 이런 난관들을 헤치고 '꼭' 미국 땅을 밟아야 하겠다는 의지가 있으면, 충분한 자료 검토와 분석이 요구됩니다. 그래서, 이

장(章)에서는 한국의 주요 대학들과 미국의 저렴한 대학들간에 등록금을 비교하였습니다(99년 기준). 최선이 아니면 차선을 선택해야 하듯이, 만약 당신이 경제적 여유가 없는 경우라면 심각하게 고려해 볼 만한 사항입니다.

참고로 하버드의 건축대학원에 실린 연 교육비를 보면(99년 기준) 등록금이 23,163불, 주거비 8,400불, Health Fee 1,271불, 개인 경비 2,300불, 책 기타 잡비 2,000불, 계산하면 37,134불/년(44,560,800원)이 소요됩니다. 어마어마한 돈입니다. 연간 사천 사백 만원 이상이 요구되니 말입니다. 한국 역시 등록금 비싸기는 마찬가지지만, 미국과 다른 것은 이수학점 차이입니다. 한국은 대학원을 2년 안에 마칠 수가 있지만, 미국의 경우는 연(年)수와 상관없이 이수학점에 따라 다르므로, 본인의 학업 여부에 따라 2년 안에도 끝을 낼 수 있고, 4년이 걸릴 수 있다는 것입니다. 뒤에 첨부한 비교표에서 염두해 둘 것은 학업 기간이 아니라 학점당 등록금 비교입니다, 그리고 미국의 경우, 비교표에 명시한 등록금은 순수 수업료이기 때문에 전체 경비를 산정하려면, 표 금액에 20%를 추가해야 한다는 것을 알리는 바입니다. 수업료에 20% 추가시키는 만큼 교육의 환경과 서비스가 다르다고 보아야 하겠습니다. 참고로 인터내셔널 학생은 의무적으로 학기 당 9학점 이상을 들어야 학생 비자(F-1)가 유지됩니다.

■ 한국과 미국대학의 등록금 비교, 1999년 기준

한국 대학	입학금	등록금/학기	미국 대학	9학점/학기	환전(1,200원 기준)
건국대	485,000	3,458,000	Arizona State Univ.	$3,501	4,201,200
경희대	430,000	3,241,200	Columbia Univ.	$5,976	7,171,200
고려대	513,000	3,063,000	Harvard Univ.	$23,163/year	27,795,600/year
국민대	500,000	2,888,000	IIT	$5,310	6,372,000
단국대	549,000	3,051,000	Texas A&M Univ.	$2,628	3,15,3600
동국대	520,000	2,946,000	Texas Tech Univ.	$2,241	2,689,200
서울대	123,000	1,654,000	U. of Arizona	$3,539	4,246,800
성균관대	535,000	3,043,000	U. of Houston	$2,862	3,434,400
연세대	511,000	3,214,000	U. of New Mexico	$3,447	4,136,400
중앙대	480,000	2,896,500	U. of Oklahoma	42,530	3,036,000
한양대	518,000	2,902,000	U. of Texas, Austin	$3,208	3,849,600
홍익대	537,000	3,213,000	U. of Utah	$3,155	3,786,000

■ UT Austin 2005 Fall Semester Tuition 12학점 기준

TUITION GRADUATE NONRESIDENT 6,483.00
FEES REQUIRED OF ALL STUDENTS 652.72
STUDENT SERVICES FEE 161.24
JORDAN/CHAVEZ STATUES FEE 2.00
LIBRARY FEE 147.48
STUDENT SERVICE BLDG FEE 13.20
GREGORY GYM RENOVATION FEE 22.80
AQUATICS FEE 10.20
UNION FEE 45.44
INTERNATIONAL EDUCATION FEE 3.00
REGISTRATION FEE 7.00
RECREATIONAL SPORTS FEE 20.00
HEALTH SERVICES BUILDING FEE 8.00
MEDICAL SERVICES FEE 64.88
INFORMATION TECHNOLOGY FEE 147.48
GENERAL PROPERTY DEPOSIT 10.00
ARCHITECTURE DESIGN WORKSHOP FEE 91.48
EQUIPMENT MAINTENANCE - ARCHITECTURE 22.50
INTERNATIONAL STUDENT SERVICES FEE 51.50
INSTRUCTIONAL TECH FEE - ARCHITECTURE 80.00
INTERNATIONAL STUDENT ORIENTATION FEE 51.50
ADVISING FEE - ARCHITECTURE GRADUATE 58.00
PLACEMENT FEE - ARCHITECTURE 63.00 ARCH MATERIALS
LAB FEE 62.00
GRAD CERTIFICATION FEE 12.36
INTL STUDENT HEALTH INS - 1 MONTH 78.00
COURSE RELATED FEES 0.00

Total Tuition and Fees $ 7,716.06 ($1 x 1,000원=7,716,060원)

위에서 언급한 수치만 가지고 미국 유학의 총 경비와 한국 대학원의 총 비용을 비교한다는 것은 다소 무리가 있음을 인정합니다. 왜냐하면, 두 곳의 대학원 이수학점과 교육의 환경, 그리고 서비스가 전적으로 상이하기 때문입니다. 건축대학 단독 건물 하나 없고, 건축도서관 하나 없는 대부분의 한국 대학 현실을 본다면, 미국 대학의 교육환경은 한국보다 우수하다고 시인할 수밖에 없을 것입니다. 문제는 유학에서 투자한 비용만큼 얼마나 얻고 갈 것인가 입니다.

위의 표에서도 볼 수 있겠지만, 등록금이 비교적 저렴한 곳은 미국의 중부지방에 위치한 대학들입니다. 물론 랭킹도 그리 높지는 않습니다. 하지만, 동부와 서부에 비교해 볼 때에 현저하게 저렴하다라는 것을 알 수가 있을 것입니다. '일체유심조(一體唯心造)'라고 하지 않았습니까? 비록, 학교 랭킹은 처지지만, 본인의 마음먹기에 유학의 효과가 달려있다는 평범한 진리를 말해 주고 싶습니다. 졸업 후 직장 잡을 때는 개인의 포트폴리오가 결정적인 역할을 한다는 것도 명심하기 바랍니다. 유학이 견문을 넓힌다는 취지라면 등록금을 절약하여 방학 때 미국 여행을 한다거나, 여름 학기 때 인턴쉽을 하거나 또는 다양한 학교 프로그램을 이용한다면 충분히 좋은 유학경험이 되지 않을까 생각됩니다.

원서 신청부터 태평양 건너기까지

인간은 극대화된 고난을 경험함으로써 비로소 고난이라는 상황을 극복할 수 있다.

- 마르셀 프루스트 -

미국에 오기란 정말로 쉽습니다. 미국행 비행기만 타면 바로 날라 오니까 말입니다. 그렇습니다. 날라 오는 것은 쉬워도 미국 오기 전까지가 우여곡절이니 문제라면 바로 비행기 타기 전까지 일들 일 것입니다. 참으로 기나긴 시간이요, 고행(苦行)의 시간이었을 것입니다. 유학을 마음먹기부터 미국 대학으로부터 어드미션 받기까지 얼마나 긴 시간이었겠습니까? 영어 시험에 발목 잡히고, 교수님들께 추천서 부탁하러 찾아뵈어야 하기도 하고, 또 어드미션 받기까지 수험생의 초조하고 긴장된 시간들을 그 누가 알겠습니까? 직접 경험해 보지 않고서는 그 심정을 알 수 없을 것입니다.

앞에서 언급한 미국 대학에 대한 객관적인 자료들을 훑어보면서, 그리고 자신의 여러 상황과 주위의 조언을 토대로 학교 선정을 약 5개에서 8개 정도로 압축을 하였으리라 봅니다. 관심이 있는 대학들을 선정한 후에 밟아야 할 단계가 바로 원서 신청하기입니다. 신청하는 방법은 학교 웹사이트에서 하거나 건축학과로 편지를 보내는 방법이 있습니다. 최근에는 인터넷 상에서 본인이 직접 원서작성을 하는 학교가 많아지고 있습니다. 예전처럼 학교로부터 원서를 수집(?)해서 작성하는 시기에 비하면 훨씬 수월해지고 있습니다. 유학원에 아예 맡겨 버리는 사람도 있는데, 준비 절차는 그리 어렵지 않으니 스스로 해도 무방할 듯싶습니다. 일반적인 방법으로는 원서가 필요하다는 한 장의 편지를 써서 학교 이름만 달리해 건축과로 보내는 것입니다.

대부분 대학들의 원서마감 일이 12월에서부터 2월에 걸쳐 있기 때문에, 늦어도 학교 원서를 10월이나 11월 정도에는 다 받아 놓아야 할 것입니다. 영어 공부를 하면서 원서를 신청해도 좋고, 영어 공부를 빨리 끝냈다면 포트폴리오 만드는 과정 중에 신청해도 되지만, 한국과 미국간의 거리와 우편 전달 시간 등을 감안한다면 최소한 5월이나 6월에는 원서 신청을 서둘러 해야 할 것입니다. 대학마다 원서를 보내주는 기간도 천차만별입니다. 학교에서는 보냈다고 하는데 한국에 도착하지 않는 경우도 있고, 어떤 대학은 토플 점수를 미리 보내야 원서를 보내주는 학교도 있기 때문에, 원서를 신청한 후부터 받기까지가 빠르면 한 달이요 늦으면 네 달 정도를 예상해야 할 것입니다. 원서를 받아 놓아야 지원도 할 수 있으므로 미리미리 서두르는 것이 좋습니다.

건축대학원 지원 시 필요한 준비서류를 적어보고자 합니다.

1. 영어 성적, 토플과 GRE
2. 학교 원서 작성 - 대학측과 건축과 두 곳으로 원서를 작성하는 경우가 있으므로 확인하시기 바랍니다.
3. 학업 계획서, Statement of Purpose.

4. 대학 성적증명서(영문) - 대학원을 다니거나 졸업한 경우 그리고 직장 경력이 있는 경우라면 대학원 성적증명서와 직장 경력증명서를 대학성적표와 같이 첨부하기 바랍니다. 성적증명서는 보통 2부를 요구하며 4.0으로 환산해서 보내야 합니다.
5. 추천서 3부 - 보통 3부를 요구하나 4부를 요구하는 대학도 있습니다. 대학 교수나 직장 상사로부터 받으면 됩니다.
6. 포트폴리오 - 각 학교에서 명시하고 있는 내용 참조바랍니다.
7. 영문, 은행 잔액증명서 - 보통 부모님이 재정 지원자가 됩니다.
8. 원서 접수비 - 머니 오더(Money Order)로 보내면 됩니다.
9. 레쥬메(Resume) - 이력서
10. 기타 학교에서 특별히 언급한 것이 있으면 같이 첨부하기 바랍니다.

대략 유학을 준비하는 기간은 짧게는 1년에서 길게는 2년이 걸립니다. 시간을 어떻게 잘 조절하고 쓰느냐에 따라 준비기간이 결정되므로 치밀한 사전 분석과 타이밍 조절이 요구됩니다. 유학지원은 일년에 한번씩 치러지기 때문에 한번 실패는 일년이라는 기나긴 시간을 다시 기다려야 하기 때문입니다. 그래서 시간 조절의 승부 중에 하나가 영어시험입니다. 학교에서 요구하는 성적이 얼마나 빨리 나오느냐가 그 준비기간을 줄일 수 있기 때문입니다. 유학을 생각 중에 있는 학부생이나 직장에서 근무하고 있는 건축인이 있다면, 평소에 영어 공부를 해두라고 권하고 싶습니다. 그러면 본격적인 준비단계에서 시간을 절약할 수 있을 것입니다. 학부생들은 영어 공부를 하면서 동시에 성적관리도 잘 하기 바랍니다. 으레 "설계만 잘하면 되지" 하고 다른 과목을 등한시하는 친구들이 많으나 훗날 유학을 갈려고 준비할 때면 많은 후회를 할 것입니다.

영어시험이 끝나면 포트폴리오를 비롯해서 교수 추천서, 학업 계획서, 이력서, 기타 서류를 준비해야 합니다. 직장 경력이 있으신 분들은 직장 상사로부터 추천서를 한 장 받는 것이 좋습니다. 가급적이면 회사에서 직급이 높은 사람(사장이나 부사장급으로)이나, 유학을 다녀온 사람에게 받는 것을 추천합니다. 대학 성적증명서도 4.0 기준으로 다시 작성하여서 보내는 것이 좋습니다. 미국 대학마다 요구하는 성적의 기준이 다르므로 잘 확인하고 보내는 것이 좋습니다.

영어 성적을 학교로 리포트하는 문제가 남아있는데, ETS에서 말하는 2주 이내에 학교로 보고된다는 것은 거의 지켜지지 않고 있는 것이 사실입니다. 최소 한달 전에 ETS에 리포트 신청을 해야 할 것입니다. 가끔씩 학교에서 아직 영어 성적을 받지 못했다고 편지가 오는 경우가 있습니다. ETS에서는 보냈다고 하는데 늦게 도착하는 경우가 있으므로, 원서지원 시 한국에서 받은 영어 성적표를 복사해서 첨부시키는 쪽으로 권하고 싶습니다. 일반적으로 건축과와 해딩 대학교 대학원 사무실로 분리해서 서류를 보내는 경우가 많습니다. 특히, 건축과로 보내는 원서에는 영어성적표 복사본을 첨부시켜주기를 권합니다.

원서를 미국 학교로 보내놓고 나면 참으로 오랜만에 갖는 여유 시간을 가질 수 있습니다. 원서 심사기간이 최소한 한 달에서 3개월 정도가 걸리기 때문에 느긋하게 기다리기 바랍니다. 어드미션을 기다리는 시간 동안 영어 회화공부도 하고 특히, 작문공부를 많이 하라고 권하고 싶습니다. 한국 학생들이 가장 힘들어하는 것이 세미나 수업과 페이퍼 쓰기입니다. 건축적인 특정 주제를 정해 놓고 글쓰기 연습을 권합니다. 단순한 사실을 나열하는 리포트 형식이 아니라, 본인의 의견이 확실하게 들어있는 그런 글쓰기를 하라는 것입니다. 학교에 오면 바로 에세이를 쓰거나 리서치 페이퍼(Research Paper)를 써야 하므로 미리 작문공부를 해 놓으면 많은 도움이 될 것 같습니다.

원서를 보내놓고 한 달 후부터 학교에서 하나 둘 결과가 날라 오기 시작합니다. 참 초조한 순간들이지요. 몇몇 학교는 입학 심사 도중에 전화로 인터뷰까지 하는 학교도 있습니다. 일반적인 어드미션 절차는 대학에서 학과 정원의 200~300% 정도에게 어드미션을 줍니다. 학생들이 여러 학교에서 어드미션을 받기 때문에 정원의 300% 정도를 예산해도 다 오지 않기 때문입니다. 입학심사 1차에서 통과한 사람이 어드미션을 받으면 대체로 한 달 안에 학교에 가부(可否) 결정 통보를 해 주어야 합니다. 그리고 다시 2차 심사를 하고, 3차 심사까지 하게 되기 때문에 결과가 일찍 날아오는 경우는 1차 심사에서 합격을 하였거나, 탈락한 경우가 많습니다.

3월부터 4월이면 1, 2차 심사 결과의 윤곽이 드러나면서 지원자들의 희비가 엇갈리게 됩니다. 연락이 늦을수록 대기자 명단에 들어가 있을 확률이 많다고 보고 차분히 기다리기 바랍니다. 여러 학교에서 어드미션을 받게 되면 자신의 가부(可否) 결정을 신속히 결정하여 학교측에 통보해 주는 것이 좋습니다. 입학허가서(I-20)와 같이 기타 서류들을 학생에게 보내 주므로, 그 학교에 가지 않는다면 입학허가서(I-20)를 다시 학교로 돌려보내야 한다는 것을 명심하기 바랍니다. 또 대기자 명단에 있는 학생들의 심정을 조금이라도 이해하고, 한국 학생의 이미지를 좋게 심어주기 위해서라도 결정을 빨리 하여서 학교에 통보해 주는 것이 좋습니다.

입학심사를 하는 교수는 이 학생이 우리 학교에 꼭 오고자 하는 의도로 지원한 것인지, 아니면 그냥 여분으로 지원해본 것인지 다 알고 있는 경우가 흔합니다. 예를 들어, 영어 성적이 월등히 우수하거나 과거의 건축 경력 등이 화려한 학생이 랭킹이 낮은 곳에 지원했다고 한다면, 그것은 뻔한 이치이기 때문입니다. 이 같은 경우는 어드미션을 주어도 그 학교에 오지 않을 것을 알고 있기 때문에 아예 어드미션을 주지 않는 경우도 있습니다. 그래서 랭킹이 높은 학교에서 어드미션을 받았으나 현저히 낮은 학교에서 떨어지는 경우가 종종 있습니다. 어찌되었던 3월부터 늦게는 6월 중순까지 어드미션이 나가게 되니 학교에서 연락이 없다고 하여 너무 초조해 하지 말고 오히려 희망을 갖는 것이 좋습니다.

입학 결과가 다 오고 나면 나시 또 바빠지기 시작합니다. "합격을 축하합니다"라는 말도 잠시 바로 비자 준비부터 해야 합니다. 비자는 짧게는 3년에서 길게는 5년까지 받게 되는데,

대체로 무리 없이 미국 대사관에서 발급해 주지만, 가끔 비자 인터뷰에서 세 번까지 거부당하는 경우도 있습니다. 한국에서의 모든 절차가 끝나고 아무리 늦어도 학기 시작하기 보름 전에는 미국으로 와야 하기 때문에, 비자에 문제가 생기면 모든 것이 뒤로 밀리게 되니 각별히 신경을 써야 할 일입니다. 최대한 빨리 비자를 받고 비행기 예약을 바로 해야 합니다. 오히려 비행기 예약부터 먼저 해놓고 비자신청을 하는 방법도 있습니다. 미국은 한국과 달리 8월 중순에 새 학기가 시작되기 때문에 서둘러야 합니다. 왜냐하면, 그때가 여름철 여행 성수기와 겹치기 때문에 비행기표 구하기가 매우 어렵다고 합니다. 그리고 나서 이것저것 짐도 챙겨야 하고, 한국에서의 생활도 정리해야 하고 또, 미국에서의 주거문제도 한국에서 알아보아야 하기 때문에 매우 분주한 시간이 아닐 수 없습니다. "무엇을 가지고 미국을 올 것인가?" 하는 것은 이 책 뒤에 따로 정리를 해두었습니다.

비행기를 타는 순간 새로운 인생이 시작될 것입니다. 약 20여 시간의 비행시간이 한국과 미국의 거리감을 단적으로 말해주지만, 미지로의 새로운 항해에 대한 가슴 벅참과 두려움, 그리고 설레임은 이루 말할 수 없을 것입니다. 참으로 인생에서 귀한 시간임에 틀림없습니다. 소중한 경험의 시간임이 틀림없습니다. 비행기 탈 때 바로 그 심정과 각오로 유학생활을 계속한다면 참으로 많은 것을 얻을 것이요, 인생의 큰 전환점이 될 것이지만, 시작의 그 결심이 오래 가지 못하고 흐트러지는 것은 인간이기에 어쩔 수가 없습니다.

NAAB에 등록되어 있는 미국의 건축대학

- NAAB에서 인정한 공식 건축 학교입니다..

1. Andrews University ; Department of Architecture Berrien Springs, Mich. 49104-0450 (616) 471-3309 Bachelor's
2. University of Arizona ; College of Architecture Tucson, Ariz. 85721 (602) 621-6751 Bachelor's
3. Arizona State University ; School of Architecture Tempe, Ariz. 85286-1605 (602) 965-3536 Master's
4. University of Arkansas ; School of Architecture 120 Vol Walker Hall Fayetteville, Ark. 72701 (501) 575-4945 Bachelor's
5. Auburn University ; School of Architecture 202 Dudley Commons Auburn, Ala. 36849-5313 (334) 844-4524 Bachelor's
6. Ball State University ; College of Architecture and Planning Muncie, Ind. 47306 (317)285-5861 Bachelor's
7. Boston Architectural Center
   320 Newbury Street Boston, Mass. 02115 (617) 536-3170 Bachelor's
8. University of California, Berkeley ; Department of Architecture 232 Wurster Hall Berkeley, Calif. 94720-

1800 (510) 642-4942 Master's

9. University of California, Los Angeles ; Department of Architecture and Urban Planning
405 Hilgard Avenue Los Angeles, Calif. 90024-1467 (310) 825-7857 Master's*
10. California College of Arts & Crafts ; School of Architectural Studies 1700 17th Street San Francisco, Calif. 94103 (415) 703-9561 Bachelor's
11. California Polytechnic State University, San Luis Obispo ; Architecture Department San Luis Obispo, Calif. 93407 (805) 756-1316 Bachelor's
12. California Polytechnic State University, Pomona ; Department of Architecture
3801 West Temple Avenue Pomona, Calif. 91768-4048 (909) 869-2683 Bachelor's and Master's
13. Carnegie-Mellon University ; Department of Architecture 201 College of Fine Arts Pittsburgh, Penn. 15213-3890 (412) 268-2355 Bachelor's
14. Catholic University of America ; School of Architecture and Planning
620 Michigan Avenue, NE Washington DC 20064 (202) 319-5188 Bachelor's and Master's*
15. University of Cincinnati ; School of Architecture and Interior Design Cincinnati, Ohio 45221-0016 (513)

556-6426 Bachelor's

16. City College of the City University of New York ; School of Architecture and Environmental Studies New York, N.Y. 10031 (212) 650-7118 Bachelor's
17. Clemson University ; College of Architecture Clemson, S.C. 29634-0501 (803) 656-3082 Master's
18. University of Colorado at Denver ; College of Architecture and Planning Campus Box 126, P.O. Box 173364 Denver, Colo. 80217-3364 (303) 556-3382 Master's*
19. Columbia University ; Graduate School of Architecture Planning and Preservation New York, N.Y. 10027 (212) 854-3510 Master's*
20. Cooper Union ; The Irwin S. Chanin School of Architecture New York, N.Y. 10003-7183 (212) 353-4220 Bachelor's
21. Cornell University ; Department of Architecture 143 East Sibley Ithaca, N.Y. 14853-6701 (607) 225-5236 Bachelor's
22. University of Detroit Mercy ; School of Architecture 4001 West McNichols Road, P.O. Box 19900 Detroit, Mich. 48219-0900 (313) 993-1532 Bachelor's
23. Drexel University ; Department of Architecture Philadelphia, Penn. 19104 (215) 895-2409 Bachelor's
24. Drury College ; Hammons School of Architecture Springfield, Mo. 65802 (417) 873-7288 Bachelor's

25. University of Florida ; Department of Architecture Gainesville, Fl. 32611-2004 (904) 392-0205 Master's
26. Florida A&M University ; School of Architecture Tallahassee, Fl. 32307 (904) 599-3244 Bachelor's and Master's
27. Georgia Institute of Technology ; College of Architecture Atlanta, Georgia 30332-0155 (404) 894-3880 Master's
28. Hampton University ; Department of Architecture Hampton, Virginia 23668 (804) 727-5440 Bachelor's
29. Harvard University ; Department of Architecture 48 Quincy Street Cambridge, Mass. 02138 (617) 495-2591 Master's*
30. University of Hawaii at Manoa ; School of Architecture 2410 Campus Road Honolulu, Hawaii 96822 (808) 956-7225 Bachelor's and Master's*
31. University of Houston ; College of Architecture Houston, Texas 77204-4431 (713) 743-2400 Bachelor's and Master's
32. Howard University ; School of Architecture and Planning Washington, D.C. 20059 (202) 806-7420 Bachelor's
33. University of Idaho ; Department of Architecture Moscow, Idaho 83844-2451 (208) 885-6781 Bachelor's
34. University of Illinois at Chicago ; School of Architecture

Box (M/C030), 845 W. Harrison Street Chicago, Ill. 60607-7024 (312) 996-3335 Bachelor's and Master's*

35. University of Illinois at Urbana-Champaign ; School of Architecture
608 East Lorado Taft Drive Champaign, Ill. 61820 (217) 333-1330 Master's
36. Illinois Institute of Technology ; College of Architecture
3360 South State Chicago, Ill. 60616 (312) 567-3260 Bachelor's and Master's*
37. Iowa State University ; Department of Architecture
156 College of Design Ames, Iowa 50011-3093 (515) 294-4717 Bachelor's and Master's
38. University of Kansas ; School of Architecture and Urban Design Lawrence, Kan. 66045 (913) 864-4281 Bachelor's and Master's
39. Kansas State University ; College of Architecture and Design Manhattan, Kan. 66506 (913) 532-5953 Bachelor's
40. Kent State University ; School of Architecture and Environmental Design Kent, Ohio 44242 (216) 672-2917 Bachelor's
41. University of Kentucky ; College of Architecture
Pence Hall Lexington, Kent. 40506-0041 (606) 257-7619 Bachelor's
42. Lawrence Technological University ; College of

Architecture and Design 21000 West Ten Mile Road Southfield, Mich. 48075 (810) 356-0200, ext. 2800 Bachelor's

43. Louisiana State University ; College of Design Baton Rouge, La. 70803 (504) 388-5400 Bachelor's
44. Louisiana Tech University ; Department of Architecture P.O. Box 3175 T.S. Ruston, La. 71272 (318) 257-2816 Bachelor's
45. University of Maryland ; School of Architecture College Park, Maryland 20742-1411 (301) 405-6284 Master's
46. Massachusetts Institute of Technology ; Department of Architecture 77 Massachusetts Avenue Cambridge, Mass. 02139 (617) 253-7791 Master's
47. University of Miami ; School of Architecture P.O. Box 249178 Coral Gables, Fla. 33124-5010 (305) 284-5001 Bachelor's
48. Miami University ; Department of Architecture 205 Presser Hall Oxford, Ohio 45056 (513) 529-1964 Master's
49. University of Michigan ; College of Architecture and Urban Planning Ann Arbor, Mich. 48109-2069 (313) 764-1300 Master's
50. University of Minnesota ; Department of Architecture 89 Church Street, SE Minneapolis, Minn. 55455 (612) 624-7866 Bachelor's and Master's*

51. Mississippi State University ; School of Architecture P.O. Box AQ Mississippi State, Mississippi 39762-5541 (601) 325-2202 Bachelor's
52. Montana State University ; School of Architecture Bozeman, Mont. 59717 (406) 994-4255 Bachelor's
53. Morgan State University ; Institute of Architecture and Planning Baltimore, Maryland 21239 (410) 319-3225 Master's*
54. University of Nebraska ; College of Architecture Lincoln, Neb. 68588-0106 (402) 472-9212 Master's
55. New Jersey Institute of Technology ; School of Architecture
University Heights Newark, N.J. 07102-1982 (201) 596-3079 Bachelor's and Master's*
56. University of New Mexico ; School of Architecture and Planning 2414 Central Southeast Albuquerque, N.M. 87131 (505) 277-2903 Master's
57. New York Institute of Technology ; School of Architecture and Fine Arts Old Westbury, N.Y. 11568 (516) 686-7593 Bachelor's
58. University of North Carolina at Charlotte ; College of Architecture Charlotte, N.C. 29223 (704) 547-2358 Bachelor's
59. North Carolina State University ; Department of Architecture P.O. Box 7701 Raleigh, N.C. 27695-7701

(919) 515-2201 Bachelor's and Master's

60. North Dakota State University ; Department of Architecture & Landscape Architecture
SU Station, P.O. Box 5285 Fargo, N.D. 58105 (701) 231-8614 Bachelor's

61. University of Notre Dame ; School of Architecture
Notre Dame, Ind. 46556 (219) 631-6137 Bachelor's and Master's

62. Ohio State University ; Austin E. Knowlton School of Architecture Columbus, Ohio 43210 (614) 292-5567 Master's

63. University of Oklahoma ; Division of Architecture
Norman, Okla. 73019-0265 (405) 325-2444 Bachelor's and Master's

64. Oklahoma State University ; School of Architecture
Stillwater, Okla. 74078-0185 (405) 744-6043 Bachelor's and Master's

65. University of Oregon ; 1206 Department of Architecture
Eugene, Oregon 97403-1206 (503) 346-3656 Bachelor's and Master's*

66. Parsons School of Design ; Department of Architecture and Environmental Design
66 Fifth Avenue New York, N.Y. 10011 (212) 229-8955 Master's

67. University of Pennsylvania ; Department of

Architecture 207 Meyerson Hall Philadelphia, Penn. 19104-6311 (215) 898-5728 Master's*

68. Pennsylvania State University ; Department of Architecture
206 Architecture Unit C University Park, Penn. 16802 (814) 865-9535 Bachelor's
69. Prairie View A&M University ; Department of Architecture P.O. Box 397 Prairie View, Texas 77446-0397 (409) 857-2014 Bachelor's
70. Pratt Institute ; School of Architecture
200 Willoughby Avenue Brooklyn, N.Y. 11205 (718) 636-3404 Bachelor's
71. Princeton University ; School of Architecture Princeton, N.J. 08544 (609) 258-3741 Master's
72. University of Puerto Rico ; School of Architecture
P.O. Box 21909 San Juan, Puerto Rico 00931-1909 (809) 250-8581 Master's
73. Rensselaer Polytechnic Institute ; School of Architecture
110 8th Street Troy, N.Y. 12180-3590 (518) 276-6466 Bachelor's and Master's
74. Rhode Island School of Design ; Division of Architecture and Design 2 College Street Providence, R.I. 02903 (401) 454-6280 Bachelor's and Master's
75. Rice University ; School of Architecture 6100 S. Main

Street Houston, Texas 77251-1892 (713) 527-4044 Bachelor's and Master's

76. Roger Williams University ; School of Architecture 1 Ferry Road Bristol, R.I. 02809 (401) 254-3605 Bachelor's
77. Savannah College of Art and Design ; Department of Architecture 201 West Charlton Street Savannah, Ga. 31402-3146 (912) 238-2487 Bachelor's
78. University of South Florida ; Architecture Program 3702 Spectrum Blvd., Suite 180 Tampa, Fla. 33612 (813) 974-4031 Master's*
79. University of Southern California ; School of Architecture Los Angeles, Calif. 90089-0291 (213) 740-2723 Bachelor's
80. Southern California Institute of Architecture 5454 Beethoven Street Los Angeles, Calif. 90066 (310) 574-1123 Bachelor's and Master's*
81. Southern University and A&M College ; School of Architecture Baton Rouge, La. 70813 (504) 771-3015 Bachelor's
82. University of Southwestern Louisiana ; School of Architecture Lafayette, La. 70504-3850 (318) 482-6225 Bachelor's
83. State University of New York at Buffalo ; School of Architecture and Planning 112 Hayes Hall 3435 Main

Street Buffalo, N.Y. 14214-3087 (716) 829-3483, ext. 104 Master's

84. Syracuse University ; School of Architecture
103 Slocum Hall Syracuse, N.Y. 13244-1250 (315) 443-2256 Bachelor's and Master's*
85. Temple University ; Architecture Program 12th and Norris Streets Philadelphia, Penn. 19122 (215) 204-2560 Bachelor's
86. University of Tennessee ; College of Architecture and Planning Knoxville, Tenn. 37996-2400 (615) 974-5265 Bachelor's
87. University of Texas at Arlington ; School of Architecture Box 19108 Arlington, Texas 76019 (817) 273-2801 Master's
88. University of Texas at Austin ; School of Architecture Goldsmith Hall 2.308 Austin, Texas 78712 (512) 571-1922 Bachelors and Master's
89. Texas A&M University ; Department of Architecture College Station, Texas 77843-3137 (409) 845-0129 Master's
90. Texas Tech University ; College of Architecture
Box 42091 Lubbock, Texas 79409-2091 (806) 742-3136 Bachelor's and Master's
91. Tulane University ; School of Architecture Richardson Memorial Hall New Orleans, La.70118-5671

(504) 865-5389 Bachelor's & Master's

92. Tuskegee University ; School of Engineering & Architecture Tuskegee, Ala. 36088 (205) 727-8329 Bachelor's
93. University of Utah ; Graduate School of Architecture Salt Lake City, Utah 84112 (801) 581-8254 Master's
94. University of Virginia ; School of Architecture Campbell Hall Charlottesville, Va. 22903 (804) 924-3715 Master's
95. Virginia Polytechnic Institute and State University ; College of Architecture and Urban Studies Blacksburg, Va. 24061-0205 (703) 231-6416 Bachelor's and Master's
96. University of Washington ; Department of Architecture Seattle, Wash. 98195 (206) 543-4180 Master's
97. Washington State University ; School of Architecture Pullman, Wash. 99164-2220 (509) 335-5539 Bachelor's
98. Washington University ; School of Architecture One Brookings Drive St. Louis, Mo. 63139 (314) 935-6200 Master's
99. Wentworth Institute of Technology ; Department of Architecture 550 Huntington Avenue Boston, Mass. 01225-5998 (617) 442-9010 Bachelor's
100. University of Wisconsin-Milwaukee ; Department of

Architecture P.O. Box 413 Milwaukee, Wisc. 53201 (414) 229-5564 Master's

101. Woodbury University ; Department of Architecture 7500 Glenoaks Blvd. Burbank, Calif. 91510 (818) 767-0888 Bachelor's
102. Yale University ; School of Architecture P.O. Box 208242 New Haven, Conn. 06520-8242 (203) 432-2288 Master's*
103. University of the District of Columbia ; School of Architectural and Civil Engineering Technology Carnegie Building, #20 800 Mount Vernon Place, NW Washington, D.C. 20001 (202) 274-6800 Bachelor's
104. Frank Lloyd Wright School of Architecture Taliesin West Scottsdale, Ariz. 86261-4430 (602) 860-2700 Master's*
105. University of Nevada, Las Vegas ; College of Architecture, Construction Management and Planning 4505 Maryland Parkway Las Vegas, Nev. 89154 (702) 895-3031 Master's
106. New School of Architecture 1249 F Street San Diego, Calif. 92101-6634 (619) 235-4100 Bachelor's
107. Norwich University ; Division of Architecture and Art Northfield, Vermont 05663 (802) 485-2620 Bachelor's
108. Philadelphia College of Textiles and Science ; Department of Architecture and Interior Design School

House Land & Henry Avenue Philadelphia, Penn.19144-5497 (215) 951-2896 Bachelor's

109. Southern College of Technology ; School of Architecture 1100 S. Marietta Parkway Marietta, Ga. 30060-2896 (404) 528-7253 Bachelor's

※ Candidacy Programs(103~109)

"Candidacy" status is granted by the NAAB to new architectural programs seeking initial accreditation. Candidacy indicates only that the proposed plan will meet the conditions for accreditation if it's properly implemented. It does not assure a school's accreditation.

제4장

유 학 상 담

요즘엔 회의(懷疑)가 들고, 유학 결심까지 흔들려요.

무작정 유학을 가보고 싶다고…

설계를 그만두기로 결정했습니다.

문제는 돈이 없다는 사실…

포트폴리오에 대한 질문들

여러 가지 질문들

미국 대학원 과정에 대하여

박사 과정에 대하여

미국이 불황일 때, 유학의 장단점은?

비전공자의 유학과 나이 문제

세 가지 방향에서 고민하고 있습니다.

학업 기간에 대하여

건축을 고집해야 하는지, 집어치우는 것이 맞는지?

한국에서 대학원을 마치고 유학 가는 것이 좋은지, 아니면…

요즘엔 회의(懷疑)가 들고, 유학 결심까지 흔들려요.

안녕하세요!

저는 서울에서 건축 실무를 하는 사람입니다. 관용님께서 한 건축잡지에 기고한 내용을 읽었어요. 그리고 '아크포럼'에서 나온 책에서도 관용님의 얘기를 보았습니다.

일단 제 소개를 하자면 서울에서 건축과를 나와서 실무를 2년, 잠깐 쉬고 OO그룹에서 6개월, 현재 OO에서 공항 프로젝트에 잠깐 합류한 나이 30의 신출내기입니다. 다른 게 아니라 저도 잠깐 쉴 때(1~2월) 유학준비를 해서 Admission을 받았거든요. 학교는 미시간, 사이악, IIT입니다. 아주 상위권의 학교는 아니지만 그나마 2달 준비에 얻은 성과라고 자족하고 있어요. 아쉬운 건 어스틴(University of Texas at Austin) 역시 추천서까지 준비를 해놓고 어찌하다보니 Apply조차 못했어요. 물론 한다고 된다는 보장은 없었지만.

본론은 제가 붙은 학교들이 학비가 다 비싼, 미시간은 생활비도 엄청나다는 게 걱정입니다. 여기서 돈을 벌자니 아시다시피 실무와 돈과는 거리가 멀어서요. 그래서 어스틴은 Early Apply를 해보려고 하는데 상담 좀 받을까 해서요. 말씀드리기가 힘들지만 저의 점수를 공개하고 여쭈는 것이 도움이 될까 해서 말하겠습니다. 토플은 550~560, GRE는 1190(Verbal

500)입니다. 토플 점수가 그리 좋은 편은 아니라 생각이 되지만(변명하자면 3주 공부하고 시험을 봐서 듣기가 영 안되더군요)…. 어떨 것 같습니까? 물론 중요한 포트폴리오도 보여드리고 싶지만, 일단 유학 선배 되신 분의 말씀을 듣고 싶습니다.

그리고 잡지에 기고하신 말씀, 저도 너무 공감하는 말입니다. 돈 생각하자면 제가 왜 건축설계를 하고 있는지 이해가 안되요. 그래서 요즈음엔 너무너무 회의가 들고 유학 결심 자체까지 흔들려요. 디자인 말고 다른 분야(구조, CM 등)로 차라리 바꿀까 하는 생각도 들고요. 아무튼 너무너무 우울한 날들을 보내고 있습니다. 사실 학교들을 Defer한 이유도 돈이 제일 크죠. 오죽하면 그나마 학비가 조금 싸다는 반가운 소식에(물론 어스틴이 학비만 싼 학교라는 말로 오해하지 마세요. 저도 준비를 해봐서 좋은 학교인줄 압니다) 이렇게 무작정 메일을 보냅니다. 바쁘고 힘드신 줄은 압니다만 저의 애타는 마음을 조금만 이해해 주시고 저에게 도움주실 말씀 부탁드립니다.

그럼, 건강하시고 다시 한 번 부탁드리겠습니다.

1999년 9월 12일 서울에서

A : 너무 걱정하시지 않아도 될 것 같습니다. 보통 입학허가를 받고 나서 한 학기 정도는 연기할 수 있습니다. 대부분이 경제적인 형편 때문이지요, 한 학기라도 연기를 해 놓으면서 그 사이에 조금이라도 학비를 마련할 수 있어서 그렇게 하는 사람을 종종 보게 됩니다. 입학 사정 절차는 학교마다 다릅니다. 학교 안내책자에 Rolling Process라고 나와 있는

경우는 먼저 지원할수록 유리합니다. 예를 들어, Rolling Process를 하는 학교는 10개 정도의 원서를 받은 후 그 중에서 입학 학생을 결정하고, 그 다음에 오는 10개의 원서를 모아 심사하는 절차를 밟고 있는 경우이어서 먼저 지원할수록 유리합니다. 입학 정원의 학생을 다 뽑고 나면 그 이상 원서를 받지 않게 되지요. 학생 선발도 정원의 250~300% 정도를 뽑습니다. 그 중에 다른 학교로 가는 학생들을 고려해서이지요. UT Austin의 입학 절차에 관해서 직접 학교로 이메일을 보내 보세요. 그것이 가장 확실한 방법입니다.

미국의 여러 대학에서 어드미션을 받으셨으니, 어스틴도 크게 걱정을 하지 않아도 될 것 같군요. 입학 후 신입생들의 영어 성적을 보면 의외로 낮은 점수의 학생들이 있습니다. 토플도 550인 학생이 들어가기도 하고, GRE 버벌 점수가 400이 넘지 못해도 들어오는 학생이 있습니다. 영어의 미니멈 요구 점수에 근접하면서, 포트폴리오가 좋은 경우의 학생들이 어드미션을 받는 경우를 필자는 보아 왔기 때문에 어스틴에 희망을 걸어도 될 것 같습니다. 영어 점수, 특히, 당신의 경우는 토플 점수가 낮다고 생각하고 있는 것 같습니다(이미, 미니멈 점수는 넘었습니다만). 그럴 경우에 먼저 지원을 해 놓고 다시 한번 토플을 보고 성적이 예전 것보다 나을 경우에 다시 학교로 보내십시오. 입학심사 과정인 경우라도 과로 직접 보내시면 학교에서 새로운 토플 성적을 반영할 겁니다.

우리가 세상 속에 살면서 갈등하게 되는 것은 내가 하고 싶은 것만 하고 살수는 없다는 것입니다. 예술을 하자니 생활이 안 되는 경우가 참 많지요. 그렇다고 해서 건축가가 예술가라는 얘기는 아닙니다. 예술적인 면에 가깝다는 것이지 결코 예술가는 아니지요. 많은 학생이 건축가를 예술가라고 착각을 하면서 스스로 체면을 거는 일이 많습니다만, 현실을 무시한 자위(自慰)라고 밖에 볼 수 없습니다. 인간은 결코 현실에 안주할 수 없는 동물이지요. 항상 갈등하고 고민하고 번민하는 당신 모습에서 당신은 "도대체 무엇을 위한 고민을 하고 있는가"를 한 번 생각해 보십시오. 어떠한 대가를 치르더라도 당신이 하고 싶은 일을 할 수 있는 자신이 있으면, 과감하게 행동하십시오. 당신이 칠순을 바라보는 나이에 갔을 때, 30세 때의 과거 모습을 되돌아본다면 그때의 시간이 당신이 살아온 인생 중에서 보면 아주 짧은 순간이었다는 것을 깨달으리라 믿습니다. 칠십평생 중에 당신의 유학 기간은 3~4년밖에 되지 않지요. 그 3~4년이 당신의 운명을 완전히 바꾸어 놓을 수 있다는 것(그것이 긍정적이든, 부정적이든 간에)을 한번 생각해 보시고 결정하기를 바랍니다. 결국, 세상의 모든 일을 결정할 때는 당신 혼자라는 것을 느낄 것입니다. 최종 결정은 당신 스스로 내려야 하기 때문이지요. 또 그 결정에 대한 책임도 당신 홀로 짊어지고 가야 할 것이기 때문입니다. 승리하시기를 바랍니다.

편지 1.

‘건축세계’에 실린 글 잘 읽어 보았습니다. 현직에 계시는 교수님께서는 듣지 못했던 인상 깊은 글이었습니다. 사실, 무작정 유학을 가보고 싶다고 생각만 했지 구체적이고 체계적인 계획은 세우지 못한 상태였는데, 글을 읽고 조금 신중히 생각을 하려고 합니다. 다시 한번 고맙다는 말씀을 드립니다. 그런데 한 가지 덧붙여 주셨으면 하는 것이 있는데요. 다름이 아니라, 저는 부전공으로 건축을 공부하고 있기 때문에 국내의 대학원을 진학하는 데 약간의 어려움이 있는데, 미국의 경우는 어떠한지요? 경우에 따라 다를 수도 있겠지만, 저는 건축설계와 지난번에 알려주셨던 그래픽에 도전을 해볼까 합니다. 물론, 대부분의 독자가 건축가 지망생이겠지만 저와 같은 독자도 있음을 상기시켜 드리고자 글을 올립니다. 마지막으로 읽어주셔서 고맙고, 답신을 보내주셔서 더욱 고맙습니다. 앞으로도 건강하시기를….

1999년 8월 12일

편지 2.

반갑습니다.

제 소개를 잠시 드리자면요, 저는 학부에서 법학을 전공하고 뜻한 바 있어 대학원에서 건축설계를 전공하고자 준비하고 있는 학생입니다. 물론 이 길이 쉽지 않다는 걸 잘 알고 있지만 세월이 지난 후 후회하지 않기 위해 선택한 길입니다. 관용님께서 '아크포럼'과 '건축세계'에 기고하신 글은 다 읽었고, 또 읽고 있는 중입니다.

제가 이렇게 메일을 띄운 것은 비전공자들은 어떤 식으로 포트폴리오 준비를 해야하는지 조금 더 구체적으로 알고 싶어서 입니다. 상당히 막막해서요…. 참고할 만한 포트폴리오가 있으면 실제 작물을 보았으면 합니다. 아니면, 관련 웹사이트라도 알고 계신 것이 있으시면 소개 부탁드립니다. 주변에 건축을 공부하는 사람이 없어서 정보를 구하기가 조금 힘이 드네요. 공부하시느라 바쁘실 텐데 초면에 실례가 많았습니다. 급히 답변을 요구하는 건 아니니 천천히 연락 주셔도 좋습니다. 그럼, 건강하십시오.

P.S : 저는 일단 국내에서 어느 정도 기본을 갖춘 후 독일이나 미국 쪽으로 유학까지 생각하고 있습니다. 편입이 나은지 아니면, 국내에서 개설된 대학원의 비전공자 과정이 나을지에 대해서도 조언 부탁드립니다.

1999년 11월 29일

A : 제 2장에 실린 '전공을 바꿔 건축유학을 가고 싶어요' 편을 한번 읽어보십시오. 중복되는 내용이지만, 전공을 바꿔서 미국으로 유학한 학생들을 주위에서 보면 유학 적응을 잘 못하는 것이 제 경험이었습니다. 그래서, 한국에서 꼭 건축대학의 경험을 하시고 유학 가길 바랍니다. 그것이 학부 편입이든 대학원 과정이든 상관없습니다. 가급적이면 건축설계 스튜디오 과정을 꼭 경험하시고 유학을 생각해보시는 것이 순서일 것입니다.

두 번째 편지를 보내 주신 분은 바람직한 생각을 하고 있다고 생각됩니다. 문제는 학부 편입이냐, 대학원이냐, 그리고 졸업 후 유학에 관한 진로 문제인데, 문제의 핵심이 유학에 있는 것인지 아니면 그냥 유학과 상관없이 건축을 하고 싶은 것인지를 잘 모르겠습니다. 막연하게 유학을 생각한다면 실제 실행에 옮기기까지 3년에서 5년이 걸릴 수도 있습니다. 아니면 아주 못 가는 경우도 많지요. 유학을 꼭 가겠다고 하는 경우는 준비 또한 아주 철저하게 해야될 것입니다. 결국, 시간 싸움이지요.

그리고 독일과 미국은 언어 또한 전혀 다를 뿐 아니라 준비 절차도 다르리라 봅니다. 막연하게 생각하지 마시고 확실한 결심이 필요하다고 봅니다. 두 분 모두 다 건축유학에 목표를 두고 있다면, 시간을 최대한 단축시키는 학부 편입을 해서 공부를 마친 후에 유학을 오는 것이 시간을 절약할 수 있다고 봅니다.

포트폴리오 문제 역시 제 2장에 실어 놓았습니다. 저 역시 비전공자들의 포트폴리오 샘플을 구하려고 노력했습니다만, 쉽게 공개를 하지 않더군요. 더군다나 공개 출판매체에 싣는다는 것을 꺼려하기도 해서 구할 수가 없었습니다. 하지만 제가 구경한 경험으로는 건축과 출신보다는 다소 감각이 떨어지며, 내용 또한 대부분이 그림 위주로 구성되어 있더군요. 마치, 개인 미술작품 전시회를 위한 팜플렛 같은 인상을 받았습니다. 너무 어렵게 생각하지 마십시오. 그리고, 건축 전공자의 포트폴리오 견본들을 구경한 후에 당신의 아이디어를 생각해보세요. 그래도 어려우면, 당신이 구경한 샘플들과 비슷한 스타일로 만드셔도 될 것 같습니다. 어차피 내용은 다르니까요.

편지 1.

안녕하세요. 저는 OO 대학교 건축공학과 4학년에 재학 중인 OOO이라고 합니다. '건축세계'에 기고하신 글을 읽고 도움을 좀 주십사 글을 씁니다. 유학생활이 바쁜 걸 뻔히 알면서도 염치 불구하고 몇 가지 도움을 구합니다. '건축세계' 99년 9월 호에 실린 '돈을 벌고 싶으면 건축을 때려 치워라'를 읽고 저는 설계를 그만두기로 결정했습니다.

물론, 그 전부터 진로 문제로 교수님과 상의도 하고 설계로 유학까지 생각했지만, 설계는 제 길이 아니라는 걸 그 글을 읽고 확인할 수 있었습니다. 4년 동안 꿈꿔오던 건축가의 꿈을 포기한다는 게 결코 쉬운 일은 아니었습니다. 그럼, 제가 알고 싶은 것을 구체적으로 쓰겠습니다.

먼저 Visualization 과정이 어떤 것인지 궁금합니다. 전문적 그래픽 디자이너 과정인지, 건축대학원 내에 있는지, 자기 설계를 하면서 시각화 과정을 배우는 것인지, 아니면 설계를 떠나 그래픽만 배우는 것인지 궁금합니다. 텍사스 주립 대학에도 그래픽 스튜디오가 있다고 하셨는데 어떤 성격의 스튜디오인지 상세히 좀 알려 주셨으면 합니다. 저는 설계를 그만두기로 마음먹은 이상 그래픽만 배우는 곳으로 가고 싶습니다.

두 번째로 Visualization 과정이 MS로 분류되었는데 구체적으로 어떤 과정이고, 무엇을 배우며, 입학 시 포트폴리오가 필요한지, MS 학위를 받은 후에 그래픽 쪽으로 일할 수 있는지 궁금합니다. 그리고 2001년 봄 학기는 언제 시작하고 언제쯤 원서준비를 해야 하는지도 궁금합니다.

참고로 제 계획은 내년 여름까지 영어 성적과 제 작품들을 캐드 작업으로 마무리 지은 후 2001학년도 봄 학기에 지원할 예정입니다. 두서없는 글 바쁘신 와중에도 끝까지 읽어주셔서 감사합니다. 귀중한 답장 손꼽아 기다리겠습니다. 건강하세요.

1999년 11월 16일

편지 2.

안녕하십니까? 저는 OOO이라고 합니다. 우선 새해에도 하시는 공부 잘 되시기를 기원합니다. 이제 연재하시는 글도 거의 끝나가고 있는 것으로 알고 있습니다. 잘 읽어 보았구요, 잡지를 사거나 인터넷에서 다운을 받아 소중한 자료로 잘 보관하고 있습니다.

제 소개를 간단히 하자면 저는 OO 대학교 기계과 4학년이 되는 학생입니다. 앞으로 건축과 관련된 분야로 진출하려고 합니다. 그런데, 요즘 제가 앞으로의 진로에 대한 고민을 하고 있거든요. 올려주신 글 중에서 컴퓨터를 이용하는 분야에 대해서 언급하신 적이 있는데, 제가 궁금한 것은 대부분의 건축과 학생들은 오토 캐드란 3D MAX를 사용하는데, 말씀하신 분야가 그것을 더 심층적으로 공부하는 것인가요? 말하자면, 하청 받아서 그래픽으로 나타내기 위한 교육을 받는 것인가요? 아니면, 설계를 컴퓨터로 이용하는 것을 교육받는 것인가요?

질문이 잘 정리가 되어 보이지 않은데, 제가 건축이라는 분야를 잘 몰라서 그러는 것이니 양해바라고요, 답신 부탁드립니다. 제가 앞으로 대학원을 선택하는 데 꼭 필요하거든요. 읽어주셔서 고맙습니다.

2000년 1월 6일

A : 먼저 두 분의 편지를 읽고 느낀 것은 글쓰는 것이 얼마나 중요한 것인가에 대해서 깊게 생각해 봅니다. 또, 글쓰기 작업이 얼마나 많은 책임감을 수반하는지에 대해서도 많은 것을 느낍니다.

두 분의 편지를 읽어보면 두 분은 아직도 건축을 때려치우지 못한 것 같습니다. '돈을 벌고 싶으면 건축을 때려 치워라'의 글이 많은 파장을 몰고 온 것 같습니다. 먼저 그 글에 대한 제 의도를 밝히는 것이 순서일 것 같습니다. 현실 속에 과대 포장된 건축가의 꿈을 깨는 것이 첫째 의도이며, 둘째는 건축가의 길을 가고자 결심했을 시에 가져야 할 '자세'를 말하고 싶었고, 마지막으로 마치 설계가 아니면 건축의 길을 걷지 않는다고 하는 생각을 깨고자 하는 것도 제 의도 중에 하나입니다.

건축기술의 발전이 없고서는 결코 세계적인 건축을 구현할 수 없으리라는 것은 두 말할 나위 없습니다. 그래서, 그 예로 컴퓨터 이야기를 가져왔습니다. 그것은 저 또한 충격이었습니다. LA에서 잠시 인턴 생활을 하면서, 건축 석사 졸업생이 그래픽 학부 졸업생보다 더 적은 봉급을 받는다는 것을 보고 새삼스레 건축가의 길은 참으로 힘들다는 것을 느꼈고, 설령 그래픽이 아니더라도 일반 학부의 엔지니어보다 더 적은 수치의 봉급은 건축가와 돈은 거리가 멀다라는 현실을 일깨워 주었습니다. 진짜 돈을 벌고 싶거든 아예 건축가의 길을 때려치우는 것이 현실입니다. 차라리 집장사를 하는 것이 더 많은 돈을 벌 것입니다.

첫 번째 편지를 보내신 분에게 말씀을 드리겠습니다. 님은 아직도 건축을 사랑하고 계십니다. 건축을 때려치우질 못하고 있습니다. 님께서는 다만, 돈이 되면서 건축까지 하고 싶은 의중을 보여주고 있습니다. 유학 준비하는 데 포트폴리오를 다시 만들 생각이나, 캐드 작업을 해서 님의 작품을 재구성하려는 의도는 결코 건축을 때려칠 수 없다는 증거입니다.

여기 님의 이해를 돕고자 몇 마디 덧붙이겠습니다.

건축대학의 그래픽 스튜디오는 건축가의 설계 스튜디오 과정 중 하나입니다. 전문 그래픽 디자이너가 되시는 것이 건축가보다 경제적으로 성공하는 빠른 길입니다. 건축 마인드를 가지고 그래픽을 하면 순수 그래픽 디자이너보다 훨씬 나으리라 봅니다. 여기서 그래픽은 건축설계와 관련된 프리젠테이션이 대부분일 것입니다. 현상설계 투시도, 설계보고서 용역, 도면작성, 3D 시뮬레이션을 그 예로 들

수 있습니다. 두 번째 편지를 보내주신 분이 말한 것처럼, 하청을 받아서 그래픽 작업을 한다고 보면 되겠습니다.
일반 건축대학에서 개설하는 Architectural Computing 과정은 건축에 관한 정보관리, 분석이나 종합시키는 과정에서 시뮬레이션, 멀티 미디어를 이용한 디자인, 설계 보조 시스템 연구, 설계 자동화에 관한 이론적인 연구, 디자인 생산 과정의 연구 등 매우 시스템적이고 순수 디자인 과정을 보조하거나 공정을 단축시키는 프로그램 개발 등을 볼 수 있겠지요.
미국 모 대학의 Architectural Computing 박사 과정 커리큘럼입니다. 핵심으로 배우는 과목들은 이렇습니다. Data Processing in Environmental Design, 빌딩 디자인을 위한 소프트웨어 개발, Hypertext/Hypermedia Systems, 인공지능, Introduction to Construction Visualization, Computer-Human Interaction, Computer-assisted Instruction, Computing Environments, 그리고 Experimental Visual Techniques 등입니다. 위의 커리큘럼은 건축 쪽이 아니라 엔지니어링에 더 가깝다고 볼 수 있습니다.
그래픽의 시각화 과정은 건축대학에서 가르쳐 주지 않습니다. 학생 스스로 배우는 것이지 대학은 직업훈련원이 아니라는 것을 말해 주고 싶군요. 위의 두 분이 Architectural Computing 과정이 아니고 그래픽 쪽이라면, 미국의 LA나 뉴욕지역에 있는 몇몇 디자인 스쿨을 처음부터 시작해야 될 것입니다. 비행기 디자인, 자동차 디자인, 애니메이션, 광고, 모션 픽쳐 등을 배울 수 있지요. 한국에서 말하면 산업디자인학과와 유사할 것 같습니다.

건축가가 설계를 하면서 컴퓨터를 많이 사용할 수는 있습니다. 건축가가 머리라면 그래픽 디자이너는 손과 발이라고 생각하면 쉬울 것 같습니다. 다시 말해, 건축에서의 그래픽 디자이너는 기술적인 보조라고 보면 됩니다. 아니면 건축과 완전히 동떨어진 별개의 분야에서 활동할 수 있겠지요.

미국에서 다시 아트 스쿨에서 새로 시작하기란 어렵겠지요. 그런 경우에는 한국에서 산업디자인학과로 편입을 하시고, 주요 프리젠테이션 기술을 익힌 다음, 건축 전문 프리젠테이션 사무실을 찾아보십시오. 건축잡지의 광고를 보면 3D Modeling 서비스를 해 주는 용역회사는 쉽게 찾으실 겁니다. 건축과는 전혀 다른 길을 가는 것이지요.

문제는 돈이 없다는 사실…

편지 1.

안녕하세요.

'아크포럼' 특파원 소식과 얼마 전 '건축세계'에 연재되기 시작한 '너도 유학을 꿈꾸니?'에서 유학 소식을 접하고 있습니다. 저처럼 유학을 준비하는 건축학도들에게 선배님 글은 귀중한 정보가 되고 있답니다. 저는 토플 617, GRE 1,320이고, 지금은 포트폴리오 준비에 여념이 없답니다. 질문할 게 참 많은데 한 가지만 묻겠습니다. 저는 OO 대학교에서 석사 과정을 마치고 유학준비를 하고 있는데, 미국의 대학들은 왜 그리 프로그램이 많은지, 선배님 글도 읽어봤지만 좀 자세한 답변을 부탁드립니다.

미국 대학의 Master of Architecture Program은 First와 Post로 나뉘는데 사실 제가 지금 어느 프로그램으로 가야 할지 고민입니다. 단지 기간과 금전적 사정으로 보자면 짧은 Post로 가야하는데, 저는 사실 기회가 된다면 학위 따고 미국에서 실무까지 하다가 AIA까지 생각하고 있습니다. 선배님 글을 읽어보면 Post로 가면 2년 실무 후 AIA 시험을 칠 수 있다고 하는데, First Degree가 없는 상태에서도 가능한지 알고 싶습니다. 또 Post는 아카데믹한 학위라고 하셨는데 모든 주를 설명해 주실 수는 없겠지만 그래도 좀 아시는 대로 시간이 있으시면 알려주세요.

지금 가장 큰 고민은 프로그램 선택에 있고요, 사실 포트폴리오도 걱정입니다. 선배님 글도 읽어보았지만 역시 자기가 스스로 해야 하더군요. 데드라인이 점점 다가오는데 마음은 점점 더 불안하고, 결혼하고 미국 가서 돈 없이 살 거 생각하니 걱정도 앞서는군요. 그럼, 타국에서 몸 건강히 잘 계십시오.

1999년 11월 19일

A : 미국의 학위 제도에 관해서도 글을 썼습니다만, 일반적으로 Master of Architecture 학위에는 퍼스트(First)와 포스트(Post) 프로그램이 있습니다. 둘 다 프로페셔널 학위입니다. 아카데믹한 학위는 MS(Master of Science in Architectural Study)입니다.

문제의 핵심은 미국에서 First Degree 학위 없이, Post만 가지고 있으면서(한국에서 석사 학위를 마친 사람이나, 인도 학생들처럼 5년제 학부를 나오면 Post로 가게 됩니다) 미국 건축사 자격 시험을 볼 수 있느냐에 관한 것이라 생각됩니다.

간단하게 말해서, 정확한 답을 저도 줄 수가 없습니다. 그 이유는 미국의 어느 주에서 공부를 했느냐, 또 어느 주에서 실무를 쌓았느냐가 문제이고, 어느 주에서 시험을 보느냐가 마지막 이유입니다. 미국 주마다 경력이나 학위를 적용하는 법이 다르기도 하지만, 일반적으로 말해서 건축사 시험 자격요건은 건축교육과 실무를 합쳐서 총 8년의 과정을 요구합니다. B. Arch.와 M.Arch I의 First Professional 학위인 경우에는 5년의 학교 과정과 3년의 실무경력입니다. First 학위를 마치고 Post 과정으로 가는 것이 미국 학생들의 일반적인 과정입니다. Post 과정을 경력 1년으로 인정해 준 셈이어서, Post 학위를 마친 경우에는 2년의 실무를 더 쌓고 건축사 시험을 보게 됩니다.

그래서, 님처럼 First 학위 없이 Post Professional 학위 과정으로 입학을 한 경우에는, 미국 학교에서 당신의 석사 학위를 미국의 First 학위에 준하는 자격으로 인정해 준 것이나 다름없지요. 그러나 법적으로는 미국의 First Professional 학위는 없는 것입니다.

참 복잡하지요. 건축사 자격요건 심사는 해당되는 주의 건축사 협회에 알아보아야 정확한 정보를 구할 수가 있습니다. 사실, 이와 같은 경우에는 학교에 있는 대학 교수들도 잘 모르고 있는 것이 사실입니다. 그렇다고 해서 First 학위를 다시 밟는다는 것은 시간 낭비이며, 돈 낭비라고 생각합니다. Post 과정은 36학점인데, First 학위는 그 보다 훨씬 더 많지요. 또 배우는 내용도 예전에 배웠던 거와 중복되는 경우가 많은 것이 사실입니다.

현 시점에서 조언하고 싶은 것은 님이 공부하고 싶은 해당 학교의 프로그램이 NAAB에서 인정되었는가, 그리고 건축사 시험 자격요건을 해당 학교 주 건축사 협회에 직접 물어보는 것이 가장 정확한 정보일 것입니다.

이곳 텍사스 주는 1999년 9월부터 건축사 자격법이 바뀌었습니다. 예전에는 First Professional 학위가 없어도 어느 정도 실무경력이 되면 건축사 시험을 볼 수 있었는데, 새롭게 바뀐 내용은 First Professional 학위를 소지하고 있는 자만이 건축사 시험을 볼 수 있도록 강화되었습니다.

한국의 상황으로 해석하면, 전문대 건축과를 나온 사람이 7년의 실무를 쌓은 후 건축사 시험을 볼 수 있었으나, 새로운 법은 건축대학 졸업자만이 시험을 볼 수 있게 되었다는 것입니다. 건축사의 기득권 문제와 관련된 해석이라고 보면 되겠습니다. 신중하게 묻고 넘어가야 할 것은 과연 님 같은 경우에 발생되는 문제입니다. 자세하게 알아보고 결정해야 할 문제입니다. 저의 한계를 용서하시기 바랍니다.

편지 2.

'아크포럼'을 읽고 연락 드립니다. 유학생활을 하시느라고 고생이 정말 많으시겠네요. 저도 유학을 가려고 여러 가지로 생각해보고 재고 또 재고 있답니다. 문제는 돈이 없다는 사실이고 어떻게든 반년 동안 마련해보려고 하지만, 한국에서는 설계를 하면서 돈을 번다는 것이 쉽지 않은지라 어찌하지도 못하고 있답니다. 그래서, 결국 미국에 어학연수 식으로 가서 주로 아르바이트로 생활비라도 마련해 보면서 찾아보려고 하는데 그것도 쉽지는 않을 것 같군요. 바쁜 시간이겠지만 꼭 조언을 부탁드립니다. 그럼 이만.

1999년 7월 23일

A : 먼저, 미국에서의 어학연수 비용도 무시 못할 돈입니다. 둘

째, 유학생 신분으로 일을 할 수 없는 것이 미국 이민법입니다. 불법으로 일하다가 이민국에 적발이 되면 바로 추방입니다. 물론, 불법으로 일하는 사람들이 많지요. 그래도 가고 싶다면 대도시로 가십시오. 특히, 한인들 많은 LA나 뉴욕, 시카고 등으로 가는 것이 일자리를 구하기가 쉬울 겁니다.

어학연수 중에 일하면서 유학 준비한다는 것이 그리 쉬운 것은 아닙니다. 정말 어렵다고 해야겠군요. 대도시에 살면서 생활비 마련하기도 버거울 텐데, 유학준비까지 한다는 것은 참 어려운 게임인 것 같습니다. 한국에서 직장 생활하면서 차근차근 영어시험을 보시고, 어드미션도 한국에서 받으십시오. 그 후에 유학을 한 학기 정도 연기하면서 학비를 마련하는 것이 님에게 더 맞을 것 같습니다.

국비유학이나 다른 방법들을 찾아보십시오. 돈 없이 유학을 떠나기란 참으로 어려운 시대가 되었습니다.

포트폴리오에 대한 질문들

'건축세계' 99년 8월 호를 통해 관용님의 현실적인 언어로 각색된 글을 읽고 많은 생각과 느낌을 가지게 되었습니다. 저는 OO 대학교 건축공학과 4학년에 재학 중인 학생입니다. 오래전부터 막연한 유학을 동경하다가 제대하고 나서 하나 둘씩 떠나는 선배들의 모습에 용기를 얻어 결심하게 되었습니다. SCI-ARC에서 공부하신 교수님 밑에서 배우게 되다 보니까, 디자인뿐만 아니라 삶에 대한 용기까지 배우게 된 것 같습니다. 유학에 관한 정보를 이런 저런 방법으로 수집하다 보니 가장 비중 있게 점철되는 부분이 포트폴리오였습니다. 몇 가지 궁금한 사항들을 물어보겠습니다.

1. 미국 교수들이 입학 사정에서 보는 독창성이나 가능성은 어떤 기준에서 보는지?
2. 한국 학생들이 흔히 포트폴리오에서 실수하는 점이나 잘못 생각하고 있는 점은 무엇인지?
3. 관용 님께서 미국 학생들의 포트폴리오를 본 소감은?

형식에 없는 글을 읽어주셔서 너무 감사합니다. 감사합니다. 빠른 회신 기다리겠습니다.

1999년 8월 13일

A : 글쎄요, 독창성이나 가능성을 어떻게 판단할까요? 유학 다녀오신 교수님이 더 잘 아시리라 생각됩니다. 학생들 포트폴리오의 작품들에서 보여주는 건축적인 완성도라고 저는 말하고 싶습니다. 가장 일반적인 답이겠지요.

그리고 포트폴리오 페이지 하나 하나도 디자인이라고 보았을 때, 거기에서 느껴지는 디자인 감각도 독창성이나 가능성에 포함 될 듯 합니다. 제가 생각하기에 입학사정 시 개개인의 사정을 모르는 상태이기 때문에, 포트폴리오와 학업계획서가 가장 중요한 판단 기준이겠지요. 포트폴리오가 실기라면 학업계획서는 이론이라고 보면 될까요?

두 번째 질문에 관한 것은 이렇습니다. 포트폴리오를 너무 타이트하게 만들지 말라는 것입니다. 한 페이지에 너무나 많은 정보와 사진을 싣다 보니까, 도대체 무엇을 말하려는지 학생의 의도를 파악하기가 어렵습니다. 조금은 여유 있게 만드는 것이 좋을 것 같고, 한국 학생이 소홀하게 하는 부분은 포트폴리오에 들어가는 영어 문구입니다. 사진에 너무 치중한 나머지, 작품설명이나 개념설명에 대한 주석을 게을리 할 수 있지요. 문법과 단어의 적절한 선택도 중요할 겁니다.

미국 학생과 한국 학생의 포트폴리오의 차이점 중에 하나는 실무에서 경험한 프로젝트에서 본인의 역할 언급에 대한 문제입니다. 한국 학생들의 경우를 보면, 실무에서 했었던 작품을 마치 본인이 다 한 것처럼 아무런 언급을 하지 않습니다. 20층 오피스 빌딩을 투시도 회사에서 그린 멋진 투시도와 모델 회사에서 만든 모델들을 보여주면서, 자신의 크레딧 사항은 언급하지 않은 것을 볼 때가 많습니다. 저도 그랬으니까요. 실제로 자기가 팀에서 했던 일은 스터디 모델 만들고, 캐드 작업했었는데, 포트폴리오 만들 때는 그런 사항을 빼놓고 멋있게만 만드는 것이 한국 학생들의 스타일인 것 같습니다. 하지만 미국 학생들은 자신의 역할을 분명히 언급하는 것이 일반적입니다. 예를 들어, 매니저 보조, 캐드 작업, 모델 작업, 워드 작업 등등 세세하게 자신이 했었던 업무내용을 기록합니다.

포트폴리오의 시각적인 효과 면에서는 한국 학생이 더 뛰어난 것 같습니다. 일반적인 미국 학생들을 보면 예술적인 감각이 조금 떨어진다고 보면 됩니다. 투박하죠. 하지만 신선한 아이디어를 사용하여 포트폴리오 작업을 한 경우도 있습니다. 한마디로 말하면, 남의 눈을 의식하지 않습니다. 자신이 멋있다고 생각하면 남이 무어라 해도 개의치 않고, 자기 것을 만듭니다.

안녕하세요. 서울의 OOO이라고 합니다. 먼저 이렇게 모르는 분께 편지를 드리게 되어 죄송스럽게 생각합니다. 저는 미국 건축대학원에 유학 가기 위해 준비하고 있는 사람입니다. 제가 드리는 질문에 답변해 주신다면 중요한 결정을 앞두고 있는 제게 커다란 도움이 될 줄로 믿습니다. 간단히 제 소개를 드리면, 저는 건축(학사)을 전공하고 6년간 건축설계사무소에서 근무한 후 유학을 준비하고 있는 사람입니다. 저는 지금 GRE 공부를 하고 있고, 지원할 학교를 선정하느라 고심하고 있습니다. 제가 여타 자료들을 통하여 나름대로 지금까지 고려하고 있는 학교들은 UT-Austin, Texas A&M, UC-Berkeley, UC-LA, U of Michigan-Ann Arbor, U of Arizona 등입니다. 제가 여쭙고 싶은 것을 항목별로 간단히 적어보면,

1. UT-Austin 건축대학원에 대해서 재학생으로서 실감하신 점과 평가,
2. 제가 지원한다면 포트폴리오 제작 시 유념해야 될 사항,
3. 제가 고려하고 있는 학교들에 대한 조언과 추천해 주고 싶은 학교,
4. 졸업 후 미국 내 취업을 고려하는 경우, 학교 선정 시 중요한 점입니다.

참고로 저는 설계 일변도보다 향후 환경건축(Environmental Architecture), 부동산, 건축 MBA 등과 연계하여 공부하기를 희망하고 있습니다. 건축 디자인을 기본으로 하고 그 후에 접목시키고 싶은 제가 가지고 있는 여러 대안들 중 몇 개입니다. 다소 막연한 생각들이므로 답신 시 언급 않으셔도 됩니다. 바쁘시겠지만, 다소 장황한 저의 질문에 답변을 보내주신다면 제겐 큰 도움이 되겠습니다. 꼭 답신 부탁드립니다.

감사합니다.

1999년 10월 9일

A : 미국 유학생활 중에 직장경력이 많으신 유학생 분들을 가끔씩 뵙게 됩니다. 5~6년의 긴 직장생활을 하시고, 유학을 결심하시는 분들은 무엇인가 새로운 것을 얻기 위한 중요한 선택을 했다고 생각됩니다. 먼저, 그 힘든 결심까지 한 용기에 찬사를 보냅니다. 님께서 요구하신 질문에 대한 답을 드리겠습니다. 3년간의 UT-Austin의 석사 과정은 정말로 긴 시간이었습니다. 미국의 다른 학교에 비해 학점이 많은 UT-Austin의 경우 몇 과목들은 굳이 꼭 들어야 하는지에 대한 의문도 들었습니다. 어찌되었든 6학기 동안 석사 과정을 하면서 많은 것을 느꼈고, 배우기도 한 시간이었던 것 같습니다. 꼭 건축만이 아니라 인생을 살아가는 데 필요한 삶의 지혜와 살아가는 방법들을 나름대로 익힌 것 같습니다. 학교에 대한 평가라면 UT-Austin은 전형적인 건축가 훈련을 시키는 학교라고 보면 되겠습니다. 실무와 이론

그리고 역사를 균형 있게 교육시키고 있으며, 90년대 후반에 접어들어서는 학교 교육 프로그램을 주로 외국에 나가는 쪽으로 초점을 맞추고 있는 것 같습니다. 한편으로 보면 돈 없는 학생들이 참가하기 힘든 프로그램이지만, 그래도 학생들에게 다양한 건축경험을 할 수 있는 기회제공 측면에서는 긍정적인 것 같습니다. 이태리, 영국, 일본, 유럽, 멕시코 프로그램이 개설되어 있습니다. 한 가지 좋은 프로그램은 인턴쉽 프로그램인데, 7개월 동안 자신이 일하고 싶은 건축사무실에서 일하면서 학점을 인정받는 좋은 기회라고 봅니다. 저도 그 프로그램을 이용해서 RTKL, LA 사무실에서 7개월 동안 근무하기도 하였습니다. 졸업 후 취직하는 데에도 좋은 것 같습니다.

두 번째 질문은 포트폴리오 제작 시 주의할 사항인데, 첫 번째 편지에 답한 내용을 참고하시고, 직장생활 6년이나 하셨으니 저의 조언이 필요 없을 것 같습니다. 굳이 덧붙인다면 실무경력 6년을 어떻게 보여줄 것인가, 그리고 실무적인 부분에 아카데믹한 부분을 적절히 넣어서 실무와 학구적인 면 사이에 균형을 맞추셨으면 합니다.

세 번째는 학교 추천 문제인데요, 학교 하나 하나를 평가하기보다는 님께서 공부하고자 하는 프로그램이 잘 짜여진 곳으로 갔으면 합니다. 유학 가서 공부하고 싶은 분야를 님께서 이미 언급하셨으니, 거기에 맞는 학교를 찾는 것이 첫 번째 순서이겠지요. 실무를 6년이나 하셨으니 굳이 건축대학원을 다시 갈 필요는 없다고 봅니다. 일반적인 건축분야보다는 새로운 분야를 개척하시는 것이 좋을 것 같습니다. 님께서 언급하신 환경건축(Environmental Architecture)을 제외하고는 부동산, 건축 MBA 등은 건축 대학원의 개설과목이 아닙니다. 건축설계보다는 도시분야나 비즈니스 분야도 좋을 것 같습니다. 한 가지 신중할 것은 일반 건축대학원에서는 건축설계에 초점을 맞추고 있으므로, 지원하시고 싶은 학교의 커리큘럼을 자세히 살펴본 다음 결정하기를 바랍니다.

네 번째는 졸업 후 취업문제입니다. 졸업 후 취업을 하고 싶으면 대도시로 가는 것이 좋습니다. 대도시 근처에 있는 학교도 무방합니다만, 가급적이면 대도시로 가기를 권합니다. 방학 때 아르바이트 자리도 구할 수가 있고, 졸업 후 인터뷰하는 데도 그리 큰 어려움이 없을 것입니다. 중소도시는 아무래도 건축사무실이 적을 뿐더러, 일자리를 구하는 데도 선택의 폭이 적기 때문에 대부분의 인터내셔널 학생들은 동부나 서부로 일자리를 찾아 떠나는 것이 일반적인 현상입니다. 또, 비자문제도 걸려 있기 때문에 주로 대형 설계사무실에 취직하기를 바라더군요. 그리고 취업문제는 미국의 경제사정과 밀접하게 관련되어 있으므로, 현 시점에서 3년 후의 앞날을 예측한다는 것은 다소 무리가 있다고 봅니다. 개략적으로, 대도시로 가라는 조언밖에 할 수 없군요. 그럼, 앞날에 행운이 함께 하시기를….

미국 대학원 과정에 대하여

오픈스케일에 있는 질문만을 선정하여 필자가 재작성하였음을 알립니다.

〈저자 주〉

편지 1.

안녕하세요. 유학을 준비 중인 학생입니다. 일단 저의 답답함에 한숨을 쉴 뿐입니다. 다름이 아니라 저는 지금 가을에 석사 3학기가 되는 대학원생입니다. 제가 잘못 알고 있어서 그랬는지 우리나라의 경우 학부 과정이 미국과 달리 5년이 아니라서, 한국에서 대학원을 마칠 경우에만 미국 대학원 M.Arch.를 지원할 수 있는 것으로 착각하고 현재 대학원에 와서 유학준비를 하고 있었습니다. 하지만 우리나라에서 대학원을 마치지 않은 상태에서 미국 대학원을 지원할 시 한국 석사를 인정 못 받는다는 것을 이제 알았습니다. 몇 가지 질문하고자 합니다.

1. M.Arch 1 하고 M.Arch 2 하고 어떻게 틀린지요? 단순히 공부기간이 2년하고 3년 차이인지요? 자세한 내용 부탁드립니다.
2. M.Arch 1과 M.Arch 2 하고 어떤 과정이 합격하기 쉬운지요? 제가 알기로는 M.Arch 1이 M.Arch 2보다 숫자가 훨씬 많아서 M.Arch 1이 더 합격하기 쉬운 걸로 아는데 맞습니까?
3. M.Arch 1으로 지원하고 나서 합격 후 입학하기 전에 대

학원 졸업증을 그 학교에 제시하면 M.Arch 2로 과정을 바꿀 수 있는지요?

4. 저의 경우 어떤 걸 지원하는 것이 적절한지 진단 좀 내려 주세요. 보통 한국에서 대학원 과정 마치신 분들의 경우 2년 과정이던데.

이제 토플하고 포트폴리오 준비하느라 시간은 없는데 아는거라곤 조금도 없다보니 답답합니다. 자세한 답변 부탁드립니다.

편지 2.

4학년 졸업하자마자 유학 갈 수 있나요? 이제 유학을 결심했는데 어떻게 해야 할지 궁금합니다. 저는 현재 건축학부 3학년을 마쳤습니다. 이번 2학기를 휴학하려고 합니다. 그래서 유학을 결심한 터라 이번 쉬는 기간 동안 GRE와 TOEFL을 공부하려고 합니다. 어떻게 시작해야 좋을지 모르겠습니다. 미국에 잠시 다녀올 생각도 해보았지만 방법과 절차, 그리고 효용성에 대해 무지하기에 이렇게 질문합니다. 그리고 제가 이번 2학기 동안 성적을 제대로 받아두면 4학년 졸업하자마자 유학 갈 수 있는지요? 즉, 지원할 수 있는지도 궁금합니다. 조언 부탁드립니다.

A : 기존의 우리나라 건축대학이 4년제 학부 과정이다 보니 이러한 문제가 생기는 것 같습니다. 이제 우리나라도 5년제 학부 과정이 개설되고, 건축전문대학원이 개설되고 있으니 앞으로는 이러한 혼동은 없을 것 같습니다. 한 마디로 말해

서, 한국에서 학부 졸업하고 바로 유학 갈 수 있습니다. 미국의 건축대학원마다 프로그램을 부르는 명칭이 다양합니다. 일반적으로 M.Arch 1은 비전공자와 건축학부 4년제 졸업생이 지원하게 됩니다. 다만, 비전공자는 이수 학점이 90~110학점으로 건축 전공자보다 30~40학점이 더 많습니다. 일반적으로 건축 전공자는 60~70학점을 이수해야 하며, 학교마다 요구 학점이 다릅니다. 한국 학생을 기준으로 해서 M.Arch 1 과정 지원 절차를 보면, 학부만 졸업하고 가는 사람, 대학원 도중 유학 가는 사람, 학부 졸업하고 실무경력이 많지만 대학원 과정을 이수하지 않은 사람들이 지원하게 되는 과정입니다. M.Arch 2 과정은 일반적으로 한국에서 대학원을 마치고 유학 가는 사람이 많이 지원하게 되고, 또 본인의 의지와는 상관없이 학교에서 학생을 심사할 때 M.Arch 2 과정으로 어드미션을 주게 되는 경우도 있습니다. 다시 말해, 한국에서 대학원을 마친 사람이 M.Arch 1으로 지원을 했을지라도 학교에서는 M.Arch 2로 어드미션을 주는 경우입니다. 이 두 학위 과정의 차이는 먼저 이수 학점이 현저하게 차이가 납니다. M.Arch 2 과정은 보통 36학점을 이수하며, 1년 반에서 2년이면 졸업할 수 있습니다만, MArch 1 과정은 2년 반에서 3년이 걸리게 됩니다. 수강해야 하는 과목도 부분적으로 중복되는 경우도 있고, M.Arch 2 학생만 수강해야 하는 과목도 있습니다. 학교마다 커리큘럼이 다르기 때문에 원론적인 말씀만 드립니다.

두 과정의 어드미션 합격률을 논하기란 어려울 것 같습니다. 참고로 말씀드리자면, M.Arch 2 과정이 M.Arch 1 과정의 학생보다 적은 것은 사실입니다. 입학 심사기준은 사실 심사위원 외에 아무도 모르는 것이 정설일 것 같습니다. 대학원 도중에 지원하는 경우의 학위 과정 문제인데요, 제 생각엔 대학원 도중에 M.Arch 2과정으로 지원할 수 있을 것 같습니다. 지원 서류에 M.Arch 2로 지원 표시하시고, 성적증명서를 첨부하시기 바랍니다. 그리고 조금 더 확실하게 하기 위해서 별도의 편지를 작성해서 보내는 것이 좋을 것 같습니다. 현재 공부 중이며 입학하기 전에 석사 학위를 받을 예정이다라는 내용을 작성하시면 될 것 같습니다. 만약, 가을 학기 개강 전에 졸업을 못할 것 같으면 어드미션을 받아놓은 후 디퍼 연기를 하시기 바랍니다. 대학원 3학기 과정까지 공부했는데 도중에 포기하는 것은 시간적으로나 경제적으로 효율적이지 않은 것 같습니다.
제 개인적인 생각엔 현재 다니시는 대학원을 마치시고, M.Arch 2 과정으로 유학 가기를 권합니다. M.Arch 2 과정을 나와도 취직하거나 건축사 시험을 보는 데 별 무리는 없습니다. 미국의 주마다 건축사 자격을 인정하는 기준이 다르기도 하지만, 얼마든지 길은 열려있다는 것을 말씀드립니다. 졸업 후 어디에서 실무를 하고 있느냐가 건축사 자격 인정기준에 영향을 미치기 때문에, 제 생각엔 한국에서 대학원을 마치고 M.Arch 2 과정으로 유학 가기를 권합니다.

박사 과정에 대하여

유학 사이트의 게시판 질문과 대답을 보면 거의 건축학 석사 과정에 대해서 많이 나온 것 같습니다. 박사 과정으로 계획을 세우고 있었는데 박사 과정은 설계를 안 한다는 말을 듣고 솔직히 약간 당황했습니다. 그리고 기간을 보고 더욱 당황할 수밖에 없었습니다. 건축 이외의 과들 중 공대, 인문대 등을 봐도 4~6년 정도의 기간이 걸린다고 들었습니다. 그런데 건축박사는 7~10년 정도 걸린다는 것에 놀라지 않을 수 없군요. 저는 그렇게 오래 걸리지 않는다고 생각하고 있었거든요.

마지막으로 미국의 박사 과정은 무엇을 배우는지 자세히 알고 싶습니다. 어떻게 졸업하고, 구체적으로 뭘 하는지, 그리고 교수를 하려면 박사 과정을 마쳐야 하는지 정말 궁금합니다.

A : 박사 과정을 개설한 미국 건축대학은 그리 많지 않습니다. 제가 알아본 바로는 약 20여 개 내외로 알고 있습니다. 세부전공으로 들어가게 되면 학교 선택의 폭은 좁혀지게 될 것입니다. 특히, 박사 과정은 학교보다도 공부하고 싶은 분야의 교수를 찾는 것이 우선 순위입니다. 설령, 학교에 입학하였더라도 학생이 공부하고 싶은 분야를 지도해 줄 교수가 없다면 다른 학교를 알아보아야 합니다. 제가 보기엔

먼저 전공하고 싶은 분야를 선정하시고, 그 분야를 지도해 줄 만한 교수를 찾는 것이 좋을 것 같습니다.
박사 과정에서는 디자인을 하지 않습니다. 여기서 말하는 디자인의 정확한 의미는 석사 과정 때 스튜디오에서 하는 설계를 의미합니다. 하지만 디자인의 의미는 다양하게 사용되어집니다. '프로그램을 디자인한다', '시스템을 디자인한다'와 같이 물리적인 설계를 의미하지 않는 경우에도 많이 사용됩니다.
박사 과정은 연구 중심입니다. 예를 들어, 디자인 방법론을 연구한다든지, 아니면 컴퓨터를 이용한 디자인 개선을 연구한다든지, 연구 주제야 많이 있겠지요. 한국의 박사 과정을 한 번 알아보세요. 디자인 박사 있습니까? 다들 연구 중심이라는 것을 알 수 있을 겁니다. 제가 알기로 한국의 박사 과정은 역사, 이론, 계획, 구조, 시공, 씨엠, 환경 등의 분야가 개설되어 있는 것으로 알고 있습니다.
물리적인 설계 야는 없지요. 설계과정을 지원하거나 계획 과정을 지원해 준다고 보면 되겠습니다. 미국의 한 중부권 대학의 박사 과정 분야를 첨부합니다.
Architecture practice & teaching, Construction science, Design computing, Design theory, Energy studies, Facility management, Hazard management, Health care design, Heritage preservation, Housing/urban design, Visualization.
영어에서 말하는 디자인은 물리적인 디자인 분야와 관련

된 연구를 하는 것입니다. 스튜디오에서 하는 그런 디자인을 의미하지 않는다는 것을 참조하시기 바랍니다.

미국의 박사 과정은 학교마다 요구하는 지원조건이 다릅니다. 일반적으로 아이비리그 쪽의 대학의 역사, 이론, 비평 분야는 입학지원조건에 학생이 Master of Science(MS) 석사학위를 마치고 논문을 쓴 경험이 있어야 합니다. 설령, 유학 와서 Master of Architecture 학위가 있어도 다시 Master of Science 학위 과정을 해야 합니다. 하지만, 중부권 대학은 MS 학위가 없어도 박사 과정에 지원할 수 있는 학교가 있습니다.

한국은 건축전문대학원 개설로 박사 학위가 없는 실무 건축가들이 교수로 가는 경향이 증가하고 있습니다. 미국 대학원도 마찬가지입니다. 스튜디오 가르치는 데 박사 학위보다 실무경력이 더 중요하고, 박사 학위 가진 교수들도 그리 많지 않습니다.

미국 대학 스튜디오 교수들을 보면 대부분이 석사에서 끝나게 되지요. 실무 위주로 교수를 임용하다 보면 연구 중심이 약해지는 단점이 있습니다. 앞으로 한국 건축대학의 5년제와 전문대학원 개설로 인해 박사학위 소지자보다 실무경력 유명 건축가가 더 선호 받을 것 같습니다.

미국에서 건축학 박사는 빨라야 4~5년입니다. 특히, 역사 이론은 최소 5년일 것입니다. 하지만 6~8년이 보통입니다. 심지어, 학생에 따라서 10년까지 걸리는 경우도 있습니다. 물론, 개인의 능력에 따라 다르지요.

박사 과정 개설 학교는 앞 질문에 대답한 것으로 알고 있습니다. 역사 쪽은 주로 아이비리그가 강세고, 실무와 연관된 쪽은 미시간, 죠지아 텍, TAMU 쪽입니다. 자세한 사항은 해당 학교 사이트에 가 보세요. 미국에서 박사과정으로 오는 미국인을 보면 90% 이상 학교 교수가 되기 위한 경우가 많습니다. 그래서 나이 많이 먹은 사람들이 많습니다(특히, 미국인). 미국 사람들이야 영어가 되니까, 학교로 갈 확률이 많지만, 외국인 학생들은 주로 고국으로 다시 돌아가지요. 아니면 봉급 조금 받고 다시 설계사무실로 취직하든지요.

참고로 건축 구조나 시공, 씨엠을 전공하시고 한국으로 들어간 교수들은 미국 대학의 건축학과 출신이 아니라 대부분 '토목공학 - Civil Engineering'에서 박사 학위를 받았다는 것을 참조하시기 바랍니다.

미국이 불황일 때, 유학의 장단점은?

어드미션이 이제 본격적으로 통보될 시점입니다. 여러 학교로부터 어드미션을 받는 것도 좋겠지만, 경제적인 면도 무시하지 못할 것입니다. 특히나 RA, TA 등을 지원 받을 수 없는 Master of Architecture의 경우에 있어서, 현재 미국과 일본 경기침체가 계속되고 있다는 점, 이들의 경기침체가 세계 경기침체로 이어질 수 있다는 점은 정말 중요한 문제일 것 같습니다. 미국 경제에서 큰 부분을 차지하고 있는 민간소비가 큰 폭으로 둔화되고 있으며, 일본 역시 소비증가율이 마이너스 상태를 지속하고 있는 모습입니다.

세계 경제의 40% 이상을 차지하는 이들 국가의 소비 둔화는 세계 경기 둔화로 이어질 수 있다는 점에서 우리나라 경제에 부담이 되는 상황입니다. 97년 IMF를 겪었을 때, 환율이 2,000원까지 올라갔었습니다. 지금은 1,200원을 향하여 돌진 중입니다. IMF와 상황이 다릅니다. IMF 때는 미국은 호황, 한국은 불황이었으나, 현재는 미국, 한국 모두 불황이 예상됩니다.

이러한 시점에서 과연 건축유학은 어떠한 장단점을 가질 수 있는지 알고 싶습니다. 가령, 학비가 매년 up되지 않고 flat하게 유지될 전망인지, 과정을 마친 후 취직은, 현재 미국에서의 취직 가능성 등에 비추어볼 때 호전될 전망인지? 등 여러 면에서 말씀해 주셨으면 합니다.

A : 유학은 세계화의 물결에서 보아야 할 것 같습니다. 부시 정권이 들어선 이후로 미국 경제가 삐그덕거리고 있습니다. 세금 감면정책에다 Social Security 공적자금을 시장으로 돌리려는 부시 경제정책이 어떤 효과가 있을지 의문입니다만, 뉴욕의 증시가 최악으로 떨어진 지금, 유학생의 한 사람으로서 앞으로의 상황을 예측할 수가 없어 걱정입니다. 9.11 이후 2002년 9월 현재 건축경기는 거의 밑바닥을 보이고 있습니다. 여기저기서 해고 소식이 들려옵니다.

1997년 12월의 한국 상황과 현재의 한·미 상황은 아주 다릅니다. IMF 당시에 미국 경기가 좋아서 그나마 다행이었고, 아시아 5개국 학생들을 위한 구제 조치도 있었기에 일하면서 공부할 수 있었습니다. 하지만, 현재는 미국 경제가 안 좋아지고 있는 상태라 유학생들에게는 많은 걱정이 있습니다. 1980년 레이건 정부 당시에 이와 같은 상황이 있었습니다. 그 당시 유학생들은 거의 취직을 못하고, 졸업하자마자 다 한국으로 귀국했었습니다.

만약에, 앞으로 미국 경기가 더 악화된다면, 1980년대 레이건 시기와 똑같은 상황이 연출되리라 생각됩니다. 취직은 거의 못하고 한국으로 돌아갈 수밖에 없는 상황이 나오겠지요. 정말 실력이 좋아서 취직할 수도 있습니다만, 대체적으로 어려울 전망입니다.

현재까지는 건축경기가 호전되리라는 예측도 있습니다만,

언제 좋아질지는 아무도 모르지요. 하지만, 최악의 상황을 예상하고 유학준비를 해야겠습니다.

요즘 미국에서 취직과 이민을 목적으로 유학을 오는 경우가 많아진 것이 사실입니다. 미국에서 살아남기란 많은 노력을 해야 될 줄로 믿습니다. 영어는 필수로 잘해야 하고, 미국인과 원만한 대인관계는 필수적입니다. 세계시민이 되는 것이지요. 이런 상황에서 유학의 장단점을 대답하기란 제 식견으로는 어려울 것 같습니다.

현재 상황으로 제가 답할 수 있는 것은 앞으로 세계 경제는 말 그래도 '세계화'로 간다는 것입니다. '경제세계화' 물결이 부분적인 단점도 있습니다만, 그 대세는 거스를 수 없다고 봅니다. 마치 '모더니즘'을 거부하려 해도 우리가 거부할 수 없었듯이, 세계화의 물결을 당분간 거부하기 어려울 것 같습니다.

여기서 유학은 세계화의 물결로 합류하기 위한 하나의 훈련 과정이 될 수 있다는 것입니다. 전부는 아니지만, 지극히 현실적으로 보자면, 선진국에서 받는 교육과 그 학위를 바탕으로 세계 활동을 할 수 있는 '기본적인 조건'을 갖춘다고 할까요? 그 중에 영어도 해당되겠지요. 미국에서 유학을 한 후 세계 어디를 가도 언어 소통을 할 수 있고, 미국 학위는 세계 어디에서 일할 수 있는 기본 자격수준으로 인정받을 수 있다는 것이지요.

이런 점에서 볼 때에, 유학의 장점 중의 하나는 바로 '커뮤케이션 능력 배양'이라고 볼 수 있다는 것이지요. 개인의 노력 또한 필수적으로 동반되어야 할 항목이라는 점 명심하십시오. 한국의 건축교육이 UIA 기준을 만족시키고, 세계 어디에 내놓아도 동등한 인정을 받을 수 있다면, 유학 나오는 것을 다시 한 번 생각해 보아야 할 것입니다. 하루빨리 그날이 오리라 믿습니다. 국내에서 세계적인 기업으로 성장하려면 영어는 필수적입니다. 영어가 국제 소통어로서 기본사항이기 때문이죠.

미국이 불황일 때의 유학 단점은 유학을 너무 우습게 알고 왔다가, 졸업하자마자 보따리 싸고 한국으로 다시 돌아가는 것입니다. 한국으로 돌아가서도 별 소용이 없는 경우라면, 더욱 가슴 아픈 일이겠지요. 문제의 핵심은 '실력이 있느냐? 유학이 그 실력을 자동적으로 만들어 주느냐?'라는 것인데, 천만의 말씀입니다. 어영부영 하다간 유학오지 않는 것보다 못한다는 것입니다. 돈은 돈대로 쓰고, 돌아가서도 인정 못 받을 거면 차라리 한국에 조용히 있는 것이 경제적으로 더 낫다는 것이지요. 실력 배양 없는 유학은 아무 의미 없을 것입니다.

이제, 유학은 세계화의 물결에서 보아야 할 것입니다. 한국에 있는 것과 유학 가는 것을 구분하기보다는 세계적인 물결에서 보아야 한다는 것입니다. 국수적인 사고를 버리고, 세계인들과 경쟁한다는 각오로 준비하고 경쟁해야 한다는 것입니다. 이 경쟁을 거부하면 할수록 퇴보할 수밖에 없습니다. 한시라도 빨리 이 세계적인 흐름을 감지하고 준비해야 할 것입니다.

비전공자의 유학과 나이 문제

오픈스케일에 있는 질문만을 선정하여 필자가 재작성하였음을 알립니다.
〈저자 주〉

OO공학을 거의 마친 학생입니다. 올해 졸업을 앞두고 건축으로의 전환을 결정하였습니다. 평범한 삶보다는 간절히 원하는 나의 삶을 펼치고 싶습니다. 현재 저의 상황은 OO기사 자격증을 가지고 있고, 건축기사를 우선 준비 중 입니다. 편입을 생각도 했지만 저의 나이가 28(한국 나이)살이라서 부모님은 너무 늦는 것이 아니냐 걱정이십니다. 현재 저는 학교에서 건축과목을 두 학기 정도 이수를 하고 실무를 1년 정도 한 뒤, 학원에서 실기를 배워서 대학원으로 2002년 9월 정도에 유학을 가려고 계획을 세워봤는데, 가능한 일일까요? 막막하고 걱정이 많습니다. 정말 제가 너무나 늦은 것일까요?

A : 나이에 너무 얽매어 사는 것이 한국 사람들의 일반적인 문화인 것 같습니다. 하지만, 님이 건축으로 과감하게 전공을 바꾼 것 자체가 이미 그러한 벽을 넘은 것이라고 저는 생각합니다. 늦은 때가 가장 빠른 것이지요. 저는 유학시절, 44의 나이로 건축학부 공부를 새로 시작하는 미국 친구를 보았습니다. 이유는 하고 싶으니까 한다는 것이었습니다. 자기만족이죠. 남의 시선을 의식하지 마시길 바랍니다.

미국 대학원생 평균 나이는 26살에서 28살 사이가 많습니다. 요즘 들어오는 석사 과정의 학번을 보면 90학번에서 92학번이 일반적이고(남자 경우), 여자 경우는 94학번, 95학번까지 젊어지고 있습니다. 가끔 80년대 학번도 오기도 하고, 한국에서 건축사 자격증까지 취득하신 분들도 오곤 합니다. 또 한국에서 대학원을 다니다가 오는 학생도 많고, 대학원을 마치고 오는 경우도 많습니다. 한국에서 대학을 졸업했을 시에는 직장 경력이 1년에서 2년 있는 경우, 그리고 취업이 잘 안되어 졸업과 동시에 바로 오는 사람 등 유학 오는 사람의 배경은 오는 수만큼 천차만별입니다. 나이로 인한 유학의 불이익도 없고 취직에도 별 차이가 없습니다. 나이로 사람을 보고 평가하는 것이 아니라 그 사람이 무엇을 공부했고 현재 무엇을 하고 있는지가 중요합니다. 미국에서는 나이 개념이 없습니다. 능력만큼 봉급을 받는 것이지요. 공부하는 데 나이가 무슨 소용입니까? 많이 배우고 또 끊임없이 새로운 것을 도전하고 배우는 그 자세가 아름답지 않습니까? 힘을 내시기 바랍니다. 유학 후, 나이 때문에 취직 못하는 일은 없으니 걱정하지 말기 바랍니다.

한국에서 건축과로 학부 학위를 받은 후에 유학을 바로 갈 수는 있지요. 유학조건을 충족시키면 갈 수 있습니다. 장기적으로 계획을 잘 세우고, 세부계획을 꾸준히 밀고 나가시기를 바랍니다. 인생은 장거리 마라톤이지요. 그리고, 유학준비는 중거리라고나 할까요. 힘내시고, 학점관리 잘 하십시오.

세 가지 방향에서 고민하고 있습니다.

오픈스케일에 있는 질문만을 선정하여 필자가 재작성하였음을 알립니다.

〈저자 주〉

전 지금 26살의 수학과 4학년 학생입니다. 어렸을 때부터 건축에 관심이 많았지만 성적이 안 되어 건축 관련과로는 진학을 하지 못했습니다. 하지만 나이가 들수록 쫓기는 맘이 들면서 제가 하루라도 젊을 때 하고 싶은 일을 위하여 공부해야겠다는 결심에 이르렀습니다. 그런데 지금 세 가지 방향에서 고민하고 있습니다.

1. 4학년이지만 내년 가을 학기 졸업이라 내년 봄 학기에 건축계열로 편입하여 졸업하고 유학을 가느냐?
2. 그냥 수학과 졸업을 하고 유학을 가느냐?
3. 지금 하루라도 빨리 떠나 언어를 익히고 그 나라 대학에 편입하느냐?

이 생각에 머리가 꽉 차 있습니다. 또한 일본과 미국 중 어느 나라가 건축에 더 도움이 될지도 궁금합니다. 갑자기 진로를 바꾸자니 겁이 나기도 하지만 오히려 나이가 저를 더 재촉하는 것 같습니다. 조언 부탁드립니다.

감사합니다.

A : 개인적으로 학부 과정을 마무리하시기 바랍니다. 어떤 과

정을 마무리한다는 것은 단편적인 마무리의 차원이 아니라 심리적으로 매우 중요한 역할을 하게 됩니다. 먼저 마무리하는 일에 대한 자신감을 가질 수 있을 것이고, 세상을 살아가는 데 여러 가지로 유용하기 때문입니다.

세상은 과정보다도 결과만을 보곤 합니다. 사회에 나가면 이 '증'이 중요할 때가 많습니다. 미국도 마찬가지입니다. 학위 중간에 오는 것은 아무런 의미가 없고, 훗날 수학 전공의 이점을 유학 중에 살릴 일이 있을 거라는 가능성을 열어둔다면 학부과정을 마치는 것이 좋을 것 같습니다. 유학 와서 아르바이트로 수학 과외를 하든지, 아니면 건축구조와 같은 과목 TA를 할 수 있는 기회의 가능성을 열어두라는 것이지요.

학부를 마치신 다음 유학 문제로 고민하시기 바랍니다. 커리어 체인지 프로그램(석사 과정)으로 유학가시는 것이 학위 명이나 시간·경제적으로 절약할 수 있는 길이라 생각됩니다.

커리어 체인지는 미국을 말합니다. 한국도 요즘 건축 대학원을 개설해서 비전공자를 위한 프로그램을 실시하고 있는 학교도 있습니다. 하지만, 유학이 최종 목적이라면 미국쪽으로 가시는 것을 권합니다. 영어권의 공부가 미치는 경제적·사회적 파장도 크리라 생각되기 때문이죠. 개인적으로 학부 편입은 권하지 않습니다. 비전공자로서 이왕 고생할 것 석사로 다시 시작하는 것은 편입하는 것과 별 차이가 없기 때문입니다.

우선 졸업하신 다음 영어 준비와 포트폴리오 준비를 차근차근 하시기 바랍니다. 공부 기간은 3~4년 정도로 잡으시고, 과정은 학교마다 다르니 우선 영어시험을 마무리하는 것이 순서일 것 같습니다. 2004년 가을 학기로 준비하세요.
영어 준비를 한국에서 하느냐, 미국에서 어학연수 겸 현지에서 하느냐 다 일장일단이 있습니다. 가고 싶은 대학 부설 어학원에서 공부하면서 교수도 만나고 그러면 이점도 있겠지요.
하지만, 영어시험 특히 GRE 시험은 어학연수와 상관없이 일정 기간을 투자해야 하는 특성이 있으므로, 한국이나 미국이나 별 차이 없을 것 같습니다. 개인 사정에 따라 결정하시는 것이 좋을 것 같습니다.

저는 2001년에 건축공학과를 졸업한 학생입니다. UT Austin을 정말 가고싶은데, 학업 기간에 대한 부담이 너무 많아서요. 사실 우리나라 건축공학과 졸업해도 2년 반이라는 기간을 보장받는 것도 아니고, 막상 가서 학점 인정을 못 받으면 어떻게 되는 건가요? 현실 상 2년이나 2년 반 동안 69학점에서 75학점을 이수할 수가 있나요? 제가 알기로는 학기 당 9학점 정도도 많은 거라 들었는데, 2년 반이라도 5학기정돈데… 5×9 해도 45학점밖에 이수할 수가 없는데요. 70학점 정도 들으려면 정말 3년 반을 다녀야할 것 같습니다. 좀 자세한 답변 좀 부탁드려요.

A : 유학 준비생들이 가장 혼동하기 쉬운 내용입니다. 한국에만 있다보니 미국 학교 사정을 잘 모르고 학교에서 안내하는 자료에만 의존하니까 더욱 혼동됩니다. 학교 안내문이나 홈페이지에 가면 건축대학원 프로그램에 맞추어 공부 기간을 언급해 놓은 부분이 있습니다. 그 계산은 학교에서 생각하고 있는 것이지 학생의 의지와는 별개의 문제입니다. 똑같은 이수학점이라도 여름 학기에 과목을 수강하고, 일반 학기에 많은 교과목을 수강하면 일찍 졸업할 수 있습

니다. 다시 말해, 학생의 공부 의지에 따라 졸업 시점이 달라진다는 것입니다.

외국인 학생으로 학기 당 9학점을 수강해야 비자가 유지됩니다. 하지만 9학점이 미니멈이지, 9학점만을 수강해야 한다는 조항은 없습니다. 특히, 건축과 학생들은 이수학점이 다른 과에 비교하여 많습니다. 이럴 경우 9학점씩 수강하게 되면 많은 시간이 걸리게 됩니다. 한국 학생이나 미국 학생이나 일찍 졸업하기 위해서 미니멈 12학점을 수강합니다. 15학점씩 수강하는 학생도 많습니다. 자, 그러면 72학점을 수강해야 한다고 가정하고 계산 한번 해 볼까요?

1) 15학점×4학기+(6학점×2 Summer)=2년에 졸업
2) 15학점×5학기(No Summer)=75학점=2년 반에 졸업
3) 12학점×5학기=60+(6학점×2 Summer)=2년에 졸업
4) 12학점×6학기(No Summer)=72학점=3년에 졸업
5) 9학점×8학기=72학점=4년에 졸업

학생의 학업능력에 따라 짧게는 2년에서 길게는 4년이 걸리게 됩니다. 첫 학기에는 12학점을 수강하시고 어느 정도 학교생활에 익숙해지면 15학점씩 수강하여도 잘 해낼 수 있습니다. 다만 교과목 수강 시 어려운 과목과 쉬운 과목을 적절히 배분하여 수강하시길 바랍니다. 너무 어려운 과목만을 수강하면 성적이 잘 안 나올 수 있습니다. 가끔 C학점이라도 받으면 학점관리에 어려움이 있습니다. 참고로, 대학원생은 평균 B학점(3.0/4.0) 이상을 유지해야 합니다.

건축을 고집해야 하는지, 집어치우는 것이 맞는지?

오픈스케일에 있는 질문만을 선정하여 필자가 재작성하였음을 알립니다.
〈저자 주〉

한국에서 4년제 건축대학을 졸업하고, 한국에서 설계사무소에 4년차 다니고 있습니다. 개인적으로 미국에서 Master of Architecture 후에, 미국 건축사 자격증을 획득하고 싶습니다. 그런데, 현실을 무시할 수는 없을 것 같습니다.

현실은 냉정합니다. 먹고 살아야 하는 것이지요. Master of Architecture를 받는다고 하더라도, 다른 Master of Computer Science나 전자, 기계 쪽 석사들보다 연봉이 적다는 것을 알고 있습니다. 제가 건축을 좋아하기 때문에 투자해서 하긴 하겠지만, 앞으로 제가 투자할 노력과 시간, 금전 등을 고려할 때 '과연 건축은 나에게 그만한 대가를 돌려주는가?'에 대해서 생각해 볼 때, 회의감이 듭니다.

과연 건축을 하는 것이 맞는지, 건축을 집어치우는 것이 맞는지, 이 문제는 개개인의 인생관, 경험 등에 따라서 다르겠지만, 저와 같은 문제로 고민하시는 분들의 답변을 많이 듣고 싶습니다.

A : "난 잘 해 낼 수 있어, 힘들어도 잘 해 낼거야!"라는 구호로

시작합니다. 보통 유학기간을 짧게 잡아도 2년은 걸립니다. 저렴한 곳에서 유학을 해도 일년에 20,000불은 소요됩니다. 거기에 현재 님이 받고 있는 봉급이 2,500만 원이라고 가정한다면 유학기간 동안 2년-5,000만 원의 기회비용이 날라가 버리는 셈이지요, 그러면 총 경비가 유학 2년 40,000불+5,000만 원=약 80,000불이 소요된다는 결론이 나오지요, 기회비용까지 계산하니까요. 유학 졸업 후 얼마 후에 80,000불을 회복할 수 있을까요? 일년 연봉이 35,000불 잡고 직장생활 2년 반이면 80,000불의 수입을 얻을 수 있다는 잠정 결론이 나옵니다.

그러면, 유학 기간 2년과 유학 후 봉급생활 2년 반을 합한 총 4년 반을 계산하면 경제적으로 '제로'의 의미입니다. 4년 반 동안 공부해서 학위 딴 것, 그리고 미국에서의 직장 경력 2년 반이 님에게 남는 것 전부인 반면 경제적으로는 남는 것이 아무 것도 없지요.

아주 단순한 수치로 유학을 말하기 어렵겠습니다만, 돈 없는 평범한 사람에게는 지극히 현실적인 계산입니다. 4년 반 동안 경제적으로 '제로'임에도 불구하고, 유학을 갈 만한 가치가 있는가? 4년 반 이후의 삶의 질이 유학을 떠나지 않고 한국에서 계속 있었을 때 무엇이 얼마나 다를 것인가? 경제적으로, 정신적으로 모두 합산해서 비교해 보아야겠지요.

하지만, 이렇게 앞뒤 재고 나면 유학 못 갑니다. 한 달 후의 우리 인생을 모를진대 4년 후를 어떻게 알겠습니까만, 현실적으로 가장 최선의 추측은 할 수 있으니, 잘 생각해 보시고 결정하십시오. 4년의 시간이 평생을 좌우할 수도 있고요, 유학을 가지 않고 한국에 남아 시간이 지난 후, 그 때 일을 평생 후회할 수도 있습니다. 긍정적으로 보자면 2년의 유학 기간이 남은 인생을 180도 전환시킬 수도 있습니다.

유학을 실패할 수 있을 거라고 떠나는 사람은 없을 겁니다. 성공하기 위해 유학을 떠날 것입니다. 저는 유학을 떠나는 사람은 다른 일도 자신 있게 할 수 있을 거라는 생각을 합니다. 자기 나라도 아니고 이국만리 유학을 떠나는 사람에게는 모험심과 개척정신이 있다는 것이지요. 그리고 유학 후에 얻는 자신감은 무엇과도 바꿀 수 없는 소중한 재산일 것입니다.

유학을 망설이신다면 한 가지 대안이 있습니다. 직접 가고자 하는 학교에 한 번 가셔서 구경해보십시오. 어학연수도 좋고 유학도 좋습니다. 가급적이면 장기간 머무르면서 현지 유학생도 만나보고 학교생활도 구경해 보면 마음 속에 결정이 생길 겁니다. 한국에서 생각하는 유학과 미국에 와서 몸소 느끼게 되는 유학에 대한 현실은 사뭇 다르기 때문입니다. 직접 경험하고 님의 마음이 움직이는 대로 결정하십시오.

한국에서 대학원을 마치고 유학 가는 것이 좋은지, 아니면…

안녕하세요. 저는 건축과 3학년에 재학 중인 학생입니다. 요즘 저희학교 특차원서 현황만 보더라도 건축경기를 뼈저리게 실감할 수 있는 것 같아 매우 아쉬운 마음이 드네요. 제가 이렇게 글을 올리게 된 것은 궁금한 것을 여쭈어 보기 위해서 입니다.

저는 유학을 가기는 확실히 갈 건데 한국에서 대학원을 마치고 유학을 가는 것이 좋은지, 아니면 실무를 조금 하다가 가는 것이 좋은지, 아니면 지금부터 바로 준비를 하여서(어느 경우라도 해야겠지만) 바로 유학을 가는 것이 좋은지를 알고 싶습니다. 제가 두 번의 배낭여행에서 느끼고 본 것으로는, 솔직히 미국 동부에서 일어나고 있는 건축보다는 독일 또는 이태리 쪽의 건축을 공부하고 싶다는 생각이 들지만, 미국의 전체가 다 그렇지는 않은 것 같아서 그리고 어학의 문제가 제일 크다고 생각하기에 미국으로 가기로 마음을 먹고 있습니다.

만약 한국에서 대학원을 졸업하고 간다면 박사 과정으로 가야 하는 것인지, 아니면 다시 처음부터 공부해야 하는지가 궁금합니다(저는 박사까지는 생각하고 있지 않아서요). 그렇지 않고 바로 가는 것이 좋다면 한국에서 실무를 얼마나 하고 가는 것이 좋은지를 알고 싶습니다. 당연히 제가 하고 싶은 것은 정통적인 디자인 쪽의 공부입니다. 그리고 각각의 장단점에 대해서도 알고 싶습니다.

교수님께서는 군대 한번 더 간 셈치고 대학원을 마치고 가는 것이 좋다고 하시는데, 그것이 오히려 시간 낭비가 되지는 않을까 하는 생각이 듭니다(미국에서 대학원을 다니는 것과 비교하여서). 답변해주시면 감사하겠습니다.

A : 너무 많은 질문이고, 선택의 여지가 너무나 많습니다. 또 님이 어느 정도 답을 가지고 계십니다. 이미, 님의 미래 계획이 서 있다는 것이지요. 그리고, 미국 동부 건축이 마음에 들지 않았다면, 아마도 미국 다른 지역에 가면 실망이 더욱 클 것으로 예상됩니다. 미국적인 건축을 담은 매력적인 도시가 별로 없습니다. 너무 넓어 황량한 감만 들지요. 뉴욕이나 샌프란시스코는 볼만해도 말이죠.

대학 3학년이라고 하셨으니, 만약 제가 당신이라면 이렇게 하겠습니다. 빨리 졸업하고 미국으로 유학은 가겠습니다. 님이 최종적으로 유학을 생각하고 계시니 더욱 그렇습니다. 학부 성적 관리 잘 하고, 졸업하고 바로 미국 건축대학원(동부)으로 가서 공부하고, 그 후에 더 부족하면 유럽으로 다시 한번 유학을 가든지 전공을 바꾸어서 새로운 것을 공부한다든지, 아니면 취직을 한다든지 하겠습니다.

한국의 건축전문대학원 수준도 다른 외국의 대학과 뒤질게 없어 보입니다. 자세한 내용을 제가 알지 못하지만, 외국에서 공부하고 한국 건축대학원에서 강의하시는 교수님들의 의견을 보면 한국의 건축전문대학원도 외국에 비해 손색이 없다고들 합니다. 외국에서 실무를 경험하고 현지 문화를 경험하고 싶다면 유학을 가시기 바랍니다.

한 가지 마음에 걸리는 것은 현재 님은 유럽으로 유학을 가고 싶다고 생각한다는 것입니다. 그러면, 미국으로 가지 말고 님이 지금 생각하고 있는 유럽으로 가시는 것을 권하고 싶습니다. 미국 동부 건축에 실망을 했다면 100% 유럽으로 가라고 말하고 싶습니다.

어느 경우나 일장일단이 있습니다. 그 상황을 결정하는 요인도 각자 다르지요. 마음만 있다고 유학을 갈 수 있는 것도 아니고, 돈만 있다고 가는 것도 아니기 때문이죠.

만약, 한국에서 대학원을 마치고 디자인 쪽을 공부하기 위해서 유학을 가신다면 박사 과정으로 갈 필요는 없습니다. 1년 반~2년 M.Arch 가는 것이 적절해 보입니다. 한국 대학원에 진학하신다면 한국의 건축교육과 건축계를 좀 더 알 수 있을 것이고, 대학원 과정 중에 무언가를 공부하고 싶다는 생각이 새로 생길 수 있을 것입니다. 여러 가지 선택은 일장일단이 있습니다. 신중하게 선택하기 바랍니다.

제5장

유학준비 후기

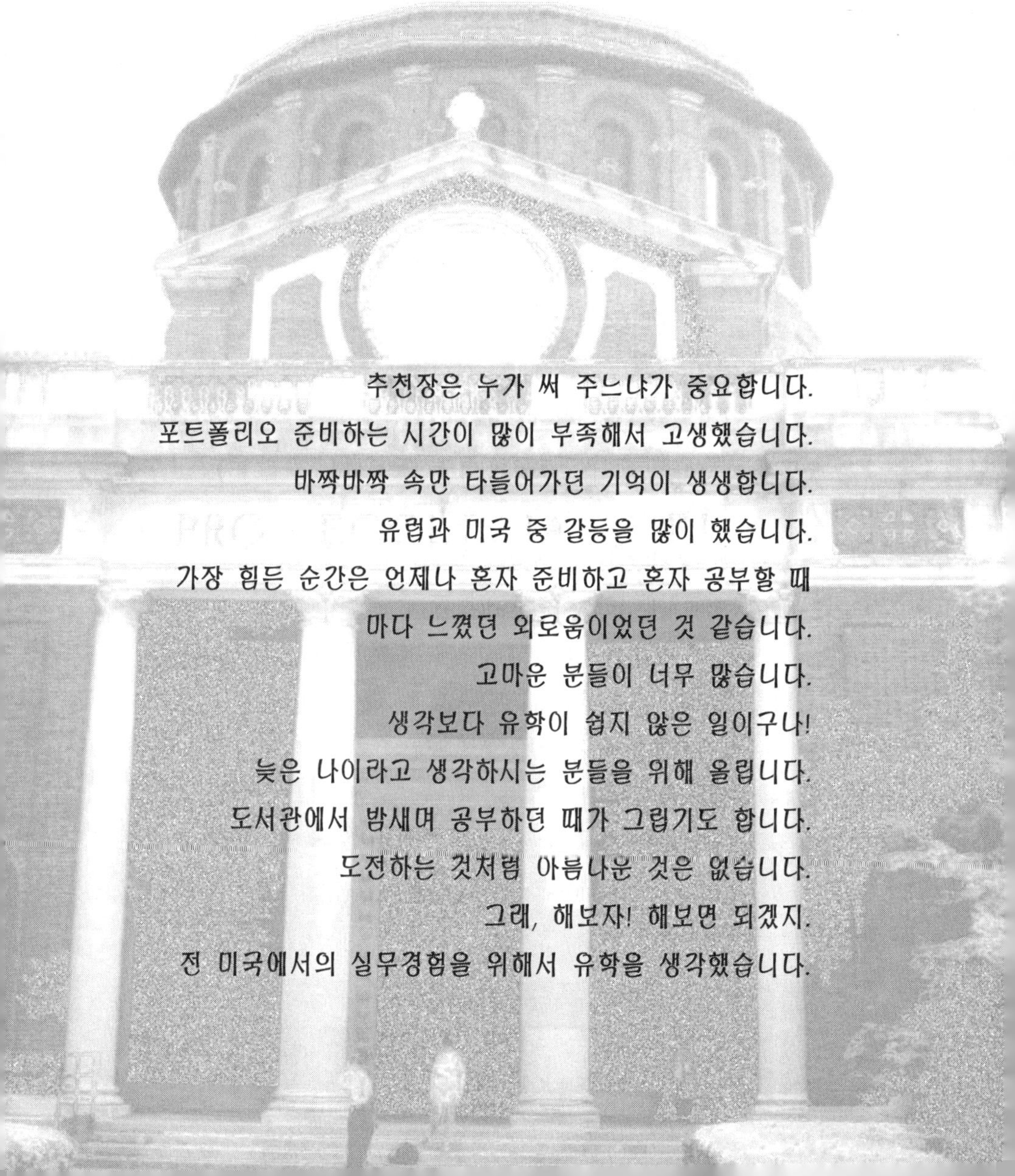

추천장은 누가 써 주느냐가 중요합니다.

포트폴리오 준비하는 시간이 많이 부족해서 고생했습니다.

바짝바짝 속만 타들어가던 기억이 생생합니다.

유럽과 미국 중 갈등을 많이 했습니다.

가장 힘든 순간은 언제나 혼자 준비하고 혼자 공부할 때마다 느꼈던 외로움이었던 것 같습니다.

고마운 분들이 너무 많습니다.

생각보다 유학이 쉽지 않은 일이구나!

늦은 나이라고 생각하시는 분들을 위해 올립니다.

도서관에서 밤새며 공부하던 때가 그립기도 합니다.

도전하는 것처럼 아름다운 것은 없습니다.

그래, 해보자! 해보면 되겠지.

전 미국에서의 실무경험을 위해서 유학을 생각했습니다.

추천장은 누가 써 주느냐가 중요합니다.

* 오픈스케일에 올린 유학준비생들의 후기를 가감 없이 그대로 올립니다.
유학준비에 많은 도움이 되기를 바랍니다.

1. 목표학위 : MArch 2006년 가을학기
2. 직장 및 경력 : 경력은 모두 학교를 다니며 한 인턴 입니다.
   - Resolution for Architecture(intern 1년)
   - ACHA architects(intern 1년)
   - 학교 내 architectural center에서(intern 1학기)
   - AIAS 2005 national competition 1등(exhibited in 2005 AIA convention in Las Vegas, published on the 60th issue of "crit"magazine)
   - AIANY 2005 뉴욕주 포폴 장학금 1등
   - Polshek 포폴 장학금 1등
   - 학교 내 4학년 best design
3. 출신학교 : The City College of New York
4. 전공 : BArch(5-year first professional degree) expected in june 2006
5. 학부GPA Total : 3.8/4.0
6. 대학원GPA : N/A
7. TOEFL LC : SW : RC : Total : N/A
8. GRE Verbal : Quan : Anal : Total : 4XX/7XX/X.X

9. 입학이 허가된 학교Admission :
   - Harvard MArch 2($15000/year)
   - Yale MArch 2($30000/year)
   - Columbia MSAAD(12000/year)
10. 입학이 거절된 학교Rejection : Princeton
11. 입학후보명단에 오른 학교Pending/Waiting : none
12. 입학이 진행 중인 학교 : none

전 하버드로 결정을 했습니다. 솔직히 예일의 intimate한 class 싸이즈와 환경이 저에게는 더 잘 맞고 돈두 덜 들이고 갈 수 있는 학교였는데. 힘들게 하버드로 결정을 했습니다. 하버드가 더 나은 학교라서라기 보다는 다른 경험을 할 수 있을 것 같아서 입니다. 예일은 왠지 제 학부의 연장이라는 느낌을 많이 받았습니다. 한편으로는 편한 느낌마저 들어 이곳에서 공부하고 싶다는 생각이 많이 들었었지만. 새로운 환경에서 새맘으로 공부하고 싶은 맘에 하버드로 결정 했습니다.

전 대학원을 준비하며 솔직히 gre때문에 많이 고민 했었습니다. 그렇다고 해서 공부를 한 것도 아니였고, 미국에서 대학을 나오는 관계로 토플도 보지 않았는데. 아무튼 포트폴리오가 승부수라고 생각하고 열심히 했습니다.

제가 이번에 오픈하우스를 다니며 어드미션 디렉터들과 면담을 하며 느꼈던 건 학교마다 조금씩은 다르셨지만. 건축디자인을 할 사람과 책을 쓰거나 나중에 아카데미아 쪽으로 갈 사람들을 골고루 뽑는다는 느낌을 받았습니다.

그리고 또 하나 느낀 건, 어떤 내용의 recommendation letter를 받는 것이 중요한게 아니고 누구에서 받느냐가 너무나도 중요하다는 생각이 들었습니다. 예일에서 MArch 디렉터와의 면담에서는 추천서를 써주신 제 3학년 스튜디오 교수님 Jeremy Edmiston과 제가 TA를 했던 Douglas Gauthier와의 친분이 있으신 분이라 안부까지 물으며 같이 일은 했었냐? 하며 대화를 시작했고. 하버드에서는 토시코 모리와의 면담에서는 제 2학년 교수님이셨던 Brad Horn이 하버드에서 가르쳤던 지라 말문을 편하게 열었습니다. 이처럼 너무나도 좁은 건축사회라 뉴욕에서 학부를 다닌 것으로부터 많은 혜택(?!)을 본 듯합니다. 저는 모든 추천서를 학교 교수님들에게서 받았고 모두들 직접 써주셨습니다.

SOP는 제가 1학년 때 성적도 안 좋고 힘든 시간을 어떻게 딛고 개과천선(?)했고 지금에 이르기까지 제가 건축을 알아가며 어떻게 발전해 왔는지 등을 쉽게 썼습니다. 되도록 힘든 건축은 모니 하는 말을 쓰지 않았습니다. 그리고 제가 이 학교에서 무엇을 얻어 가려 하는지 나가서 미래의 나아갈 길 등을 썼습니다.

전 학부를 다니며 그때그때 제 작품을 꾸준히 다큐멘트를 해 놓았고 부족했던 프로젝트는 방학을 이용해 보충을 해놓아서 인지 포폴을 다른 분들에 비해 쉽게 준비한거 같습니다. 참고로 포폴은 1학년 때 작품을 빼고 다 넣었습니다, 학교 스튜디오 작품은 2학년 것부터 지금 현재 진행 중인 작품까지 다 넣었고, 인턴을 하며 참여했던 작품도 간략하게 넣으며 제가 어떤 부분에 참여 했는지도 썼습니다. 그 외에 학교 수업 중에 만든 인스톨레이션과 친구들과 참여해서 1등을 한 competition project두 넣었습니다. 집에서 $89짜리 epson r200 프린터로 풀 블리드 양면으로 프린트를 했고 와이어바인드를 했습니다. 포폴을 하며 많은 분들에게 조언을 구했는데 너무 양이 많다, 제일 완성도가 있는 작품을 앞에 넣어라는 등 여러 가지 의견이 있었는데 제가 게을러서인지 그냥 했던 대로 냈습니다.

감사합니다.

포트폴리오 준비하는 시간이 많이 부족해서 고생했습니다.

1. 목표학위 : M.arch 2006년 가을학기
2. 직장 및 경력 : SDG(3년 6개월)
3. 출신학교 : OO대 2000년 졸
4. 전공 : 건축
5. 학부GPA Total : 3.25/4.0(3.45/4.5)
6. 수상경력 : 없음
7. TOEFL : 253(2005/12)
8. GRE Verbal : 640 Quan : 800 Anal : 3.0(2005/10 일본 CBT)
9. Admission : 연락 온 순서대로
   Michigan 2G($25,000+Shadowing program), UVa(2년), Columbia(3년), UPenn(2년 $10,000), Cornell(2년), UIUC Track 1(1년)
10. Rejection : 연락온 순서대로
    UCB, Yale, Harvard, MIT,
11. 추천서 : 교수님 2분(미시간, 하버드), 사장님(일본분).

오늘 하버드와 MIT에서 리젝레터를 받음으로 모든 어드미션이 끝났습니다.

전 GRE와 토플 공부는 미리 조금씩 준비하다가 작년 8월부터 본격적으로 유학준비를 했습니다.

8~10월 GRE.

9~11월 SOP, 추천서

10~11월 토플(12월 7일시험에 겨우 250넘음)

10~12월 포트폴리오.

위의 스케쥴로 했는데 실질적으로 포트폴리오 준비하는 시간이 많이 부족해서 고생했습니다.

좀 미리미리 준비할 수도 있었는데 여러 가지 일을 핑계로 열심히 못한 게 아쉽습니다.

포트폴리오는 학부적 작품 2개(2학년 때 것, 4학년 때 것), 회사 때 작품 5개, 회사를 그만두고 한것 1개를 넣었습니다. 학부 작품은 제 회사스타일인 구조적 디자인과 맥락이 맞는 것을 찾아 넣고 회사작품은 제가 주도적으로 했던 프로젝트4개와 누구나 알만한 큰 프로젝트 1개를 넣었습니다. 물론 제가 한 일은 명확하게 정리해 넣었습니다. 뒤에는 그림들과 사진 찍은 것, 가구(결혼하면서 만든 식탁, 거실테이블)등을 넣었는데 그림들이 통일성이 없었던 게 지금 생각하면 아쉽습니다. 레이아웃은 친한 형이 고맙게도 많이 도와주었습니다. 회사 사장님께서 포트폴리오를 보시곤 서툰 그림들은 왜 넣었냐 하시더군요. 그림을 좀 많이 넣어야 좋을 것 같아서 그냥 넣었는네 차라리 일관성을 유지했었더라면 더 좋았을 뻔 했습니다.

포트폴리오는 12월 마감이 있던 버클리와 MIT는 12월초까지 1차적으로 만든 12장짜리(표지 포함, 버클리에 맞춤)를 넣었고 그 뒤에 보강해서 만든 2차 포트폴리오를 나머지 8학교에 보냈습니다. 1차 포트폴리오는 너무 완성도가 떨어진 느낌이었네요. 그래서 그 두 학교는 가차 없이 떨어진 듯 합니다. 그리고 추천서를 써주신 사장님께서 작년에 예일에 초빙되어 강의도 하시고 했던 분이라 예일은 되지 않을까 생각했는데 TSE를 제출안한 사람은 우선 떨어뜨렸다는군요.

학교는 고민 끝에 컬럼비아를 선택했습니다. 제일 비싸고 장학금도 안주고 오래 걸리지만 뉴욕이라는 큰 도시에 있다는 것과 와이프의 생활, 3년 정도 열심히 하면 많은 것을 배울 수 있지 않을까 생각했습니다. 나이도 많고 영어도 잘 못하지만 열심히 공부해서 많은 시간과 돈이 아깝지 않게 노력하겠습니다.

1. 목표 학위 : Master of Architecture 2006년 가을학기
   - M.arch 2 아니면 Advanced standing
2. 직장/경력 : 없음
3. 출신 학교 : OO대 건축공학부(졸)/건축대학원(재)
4.전 공 : 건축공학/건축설계
5.학부 GPA : 3.24/4.0(Total) // 3.36/4.0(Major)
6.대학원GPA : 3.89/4.0
7.TOEFL : 240/(추후 260 추가리포팅)
8.GRE : 1180(420/760)
9. 입학이 허가된 학교 :
   Cornell/M.arch 2($ 19,200 year)
   Michigan Ann Arbor/M.arch 2G($10,000 per year)
   IIT/M.arch 2 year
   Sci-Arc/M.arch 2
10. 입학이 거절된 학교 :
   Harvard, Yale, RICE(영어미니멈 미달/GSD : 섹션점수 1점 미달)
11. 입학후보명단에 오른 학교 : 없음
12. 입학이 진행 중인 학교 : 없음

13. 추천서 : 총 4장(Rice가 4장 요구)

10월 1일에 군에서 제대해서, 11월 5일 날 GRE시험보고 좌절하고(1180), 11월 30일 날 토플보고 좌절하고(240), 토플은 다시 볼려구 해도 예약이 꽉차버려서 볼 수도 없고, GRE는 일본까지 가야 볼 수 있고..

뭐 이러냐하는 생각에 바짝바짝 속만 타들어가던 기억이 생생합니다.

그래도 그냥 포기하긴 싫어서 미리 일년 후를 연습해본다는 생각에 포트폴리오 열심히 만들어서 1월 중순과 2월초 마감학교들을 지원했습니다. 12월 마감인 학교들은 시간상 과감히 포기했습니다.

운이 좋았나 봅니다. 영어미니멈이 되는 학교들은 좋은 소식이 있었고, 영어미니멈이 안되는 학교들은 코넬 빼고 다 떨어졌네요. 코넬에서는 포트폴리오가 맘에 들었는지, 미니멈도 안되는 저를 좋게 봐주어 입학 전 250 넘는 조건으로 컨디셔널 어드미션 보냈습니다. 지금은 충분한 성적 나와서 입학이 확정되었네요. 3월 30일 날 본 토플이 잘 나와서(260 CBT) 추가 리포팅하니 장학금도 꽤 많이 오퍼 받았습니다.

미시건에서 샤도윙 프로그램 오퍼를 받아서 많이 흔들리긴 했는데, 어떤 것인지 잘 모르겠고, 원래 코넬 커리큘럼이 맘에 들었는지라 그냥 마음 가는 데로 정했습니다.

고작 석 달 밖에 준비를 못해 많이 망설였지만, 이것저것 따지지 않고 소신껏 밀어 붙여본 게 잘 되어서 다행입니다. 맘 약해져서 포기하려고 할 때마다 오픈스케일의 글들이 힘을 주었는데 제 글도 누군가에게 힘을 주었으면 좋겠네요.

1. 목표학위 : Master of Architecture 2006년 가을학기
2. 학교 : OO대 건축공학 96(2003. 가을졸업)
3. 학점 : 3.08/4.3(전공학점이나 최종2년 학점은 저거보단 낮지만. 학점 낮으신 분들 힘내세요.)
4. 영어 : GRE 버벌 550 퀀트 800 라이팅(3.5)
   TOEFL 253/ 5.0 TSE 45
5. 경력 : 정림건축 19개월(공간건축 인턴1개월)
6. 특이사항 : 대학입학 후 2년간 컴퓨터 공학과 다님. 2년 후 건축과로 전과해서 공간공모전 입선
   이상건축 칼럼 1회
7. 활동 : 로타랙트
8. 포트폴리오 : 학부작품5+회사3, 레이저양면출력,
   크기 : 210*246(정사각형은 펼쳤을 때 약간 비례가 이상해서여)
   종이 : 반누보 내추럴 127g(충무로 국제종이)
   표지종이 : 펄메탈그레이 250g
   출력 : 충무로 스카이 맥(여기는 우리처럼 여러 장, 여러 권 출력해야하는 사람대상으로 하는 데가 아니라 약간 비싼 감이 있었네요. 페이지 당 700원_깎아준 가격입니

다.)

제본 : 떡 제본

분량 : 양면 74페이지(좀 많은 감이 없지 않았습니다. 분량 제한 있는 학교 분량 신경 안 써도 될듯합니다.)

9. 추천서 : 추천서는 여러장 받아 학교에 적절히 섞어서 냈습니다. 추천인 학교는 대학원 기준입니다.

   학부교수님 2분(MIT, UPenn)

   회사사장님 2분(Berkely, Harvard)

   학교 때 튜터 1분(Harvard)

   평소 친분 있던 다른 학교 교수님(MIT)

10. SOP : 약 1,100 자 정도 됐던것 같습니다.

    위에서 말씀드린 추천인 젤 마지막 교수님께서 검토 해주셨습니다.

    전과를 해서 건축을 택하게 된 계기. 학부 때 고민했던 부분, 회사에서 느낀 점. 대학원을 가려고 하는 동기 등을 담았습니다.

11. 지원학교

    지원 : 버클리, MIT, 하바드, 콜럼비아, 유펜, 예일, 코넬, 프린스턴, AA, 베를라헤어드미션 : 하버드, 콜럼비아, 유펜, AA(4학년), 베를라헤리젝 : 버클리, 예일, 프린스턴

    웨이팅 : 코넬, MIT(MIT는 떨어졌다고 봄)

    결정 : 하바드 MAUD(2년)

12. 유학준비후기

    일단 지원학교를 보시면 아시겠지만 유럽과 미국 중 갈등

을 많이 했습니다. 처음 유학을 생각 할 때에는 미국으로 가겠다고 했는데 준비를 하면서 미국학교에 대한 회의감이 들어, 결국 결정은 나중에 공부하자라고 생각하고 유럽에 2학교를 지원하게 됐네요. 나중에 AA에서 제일먼저 어드미션 받으니 정말 갈등되었습니다. 결국 GSD MAUD가 되어 GSD가기로 했습니다. GSD MAUD는 post professional과정이라 건축사 취득할때 인증문제가 걸린다고 애기를 들었으나 이후에 확인하니 별 문제 안 된다고 애기를 들어 결정했습니다. 원래 제가 5년제 졸업도 아니고 석사도 없어서 별 기대를 안했습니다만, 직장 경력 때문에 된 것 같습니다. 사실 마지막까지 AA때문에 갈등이 많이 되더군요. 미국학교와는 전혀 다른 시스템이어서 더 판단하기 힘들더군요. 하지만 결국 Urban Design이란 매력 때문에 GSD택하게 됐습니다.

포트폴리오 :

사실 워낙 포트폴리오를 잘 만드시는 분들이 많고 저는 포트폴리오가 자신이 없어서 드릴말씀이 별로 없습니다. 다만 가출력 된 것을 선생님들께 보여드렸을 때 해주셨던 말씀들은 프로젝트는 강한 것부터 나가는 게 좋을 것 같다고 하셨고, 소스도 사이즈, 퀄러티, 내용 등을 고려해서 약-약-약-강! 이런 식으로 보여주라고 조언해 주셨습니다.

그분들 말씀이 결국 포트폴리오를 처음 검토할 때 강한 이미지부터 눈이 가게 된다고 하시면서(절대 CG를 의미하는 건 아닙니다. 다이어그램이던 스케치던 모델이던) 먼저 눈에 들어야 그 다음부터 스토리를 읽게 된다고 합니다. 그래서 정말 강하고 퀄러티 좋은 이미지들로 일단 눈에 들고 그 담에 중간 정도 되는 내용물들로 대충의 스토리 파악시키고 세부적인 것들로 이해시키게 하면 된다고 했습니다.

포트폴리오에 너무 가득 꾹꾹 담아 넣지 말고 여백을 잘 주어 이미지가 돋보이게 하라는 조언도 있었습니다.(이분은 GSD출신이라 그런 경향이 좀 있습니다.) 아, 그리고 저희 회사 지원자들 포트폴리오를 봐도 어디서 인턴하고 그런 프로젝트를 아주 떳떳하게 넣어 오시는 분들이 있던데, 아무리 직장경력 중에 했던 프로젝트라도 자신이 명확히 무엇을 했는지 명시해야 할 겁니다.

애매모호하게 디자이너, 보조디자이너, 뭐 이런 식이 아니라 모델링이면 모델링, 도면이면 도면 작업 등 명확히 표현해야 합니다. 직장 프로젝트는 어떤 프로젝트 어떤 생각을 했는가 하는 걸 보여주기보다 어떤 스킬을 갖고 있다, 어떤 경험을 해봤다 라는 식으로 가는 게 맞는 것 같네요.

아무튼 가출력된 포트폴리오를 갖고 수많은 포트폴리오를 보셨을 것 같은 분들께 가서 조언을 구하십시오. 같은 학생들도 좋은데 역시 평가자의 입장은 항상 약간 다른 것 같습니다. 대부분 학생들은 자신이 좋아하는 스타일을 얘기합니다.

영어 :

뭐 솔직히 GRE 때문에 회사까지 관두고 했는데 꼭 그래야 하나 의문입니다. 물론 설계사무소를 다니면서 공부한다는 건 불가능에 가깝지만 말입니다. 아무튼 중요한건 토플이던 GRE건 공부할거면 빠른 시일 내에 끝내는 게 좋을 듯 합니다. 제 생각엔 GRE 3개월, 토플 1달 반이 적절하다고 봅니다. 기간이 짧을 수도 있겠으나 어차피 영어로 승부 거는 건 아니니까요. 준비할 땐 영어에 목숨 걸지만 막상 끝나고 나면 결국에 영어 때문에 못 갔다는 사람은 없었습니다.

SOP :

이 부분은 아는 교수님께 정말 도움을 많이 받았습니다. 거의 영어구사능력이 한국어와 같은 분이라, 옆에 앉으셔서 네가 하고 싶은 얘기가 뭐냐? 어떤 식으로 표현하고 싶으냐? 등을 물으셨습니다. 제가 처음 써서 보여드리고, 선생님께서 전체적인 내용에서 어떤 식으로 진행되는 게 좋겠다 라고하면 또 수정하고 그랬습니다. 몇 번의 그런 과정을 거친 후 최종적으로 선생님께서 영어 표현들을 봐주셨습니다. 이 교수님도 나름대로 SOP를 많이 심사하셨던 분인데 다음과 같은 조언을 해 주셨습니다.

SOP에서는 어떠한 정보를 주려고 애쓰지 말고 - 어느 학교 나왔다, 무슨 경력이 있다, 그런 대부분의 사실정보는 레주메에 있으므로- 계속해서 '왜'란 질문을 할 것. 왜 건축을 하는지, 왜 대학원을 가는지, 왜 그 학교를 가는지를 질문하고 답하라고 했습니다.

또 표현은 현장감 있게 할 것. 똑같은 내용이라도 '나는 건축을 하기로 결심했다' 가 아니라 예를 들면 '롱샹 채플 안에서 떨어지는 빛을 보며 건축을 하기로 결심했다' 뭐 이런 식 말입니다. 그리고 마지막으로 그 학교를 가고 싶다고 쓸 때에는 학교 싸이트나 책자에 보면 학장이나 뭐 그런 사람들이 쓴 글 들이 있는데요 그걸 꼭 참조하시길 바랍니다. 홈페이지에 보면 그 학교에 대한 여러 가지 자랑과 내용들이 있기 때문입니다.

스케쥴 :

3월말까지 회사 다니고, 4월~5월 중순 : 토플, TSE, 6월 말까지 : 포트폴리오 1차, SOP, 추천서(장학금 신청 때문에 만들었습니다. 하지만 한번 작업해 본 것이 큰 도움이 되었습니다.) 6월 말~9월 말까지 GRE, 10월~12월초 : 포트폴리오 및 SOP, 추천서.(프린스턴은 솔직히 기대도 안했고 그냥 한번 지원해 본다는단 생각으로 지원했습니다. 역시 떨어졌죠. 하지만 프린스턴 지원 때문에 포트폴리오를 조금 빠르게 완성 본을 한번 만들었던 건 좋았던 것 같습니다. 그 이후에 지원하는 학교들에 제출할 땐 훨씬 업그레이드가 많이 된 느낌이었습니다. 한번 완성 본을 만드는 것도 중요하다고 생각합니다. 시행착오 면에서도 그렇고,선생님 들께 크리틱 받기도 좋습니다.

마지막으로 이번에 지원하신 모든 분들 수고 많으셨고. 오픈스케일을 통해 많은 정보 얻어서 좋았습니다. 이후에 지원하시는 모든 분들 모두 건승하시고, 저 같은 경우는 학점이 너무 낮았는데 학점질문을 하면 대부분의 분들이 가능하시다고 말씀

해주셔서 용기를 얻게 되었습니다. 적어도 건축에 있어서는 낮은 학점 때문에 시도도 못해볼 일은 없다고 생각됩니다.

가장 힘든 순간은 언제나 혼자 준비하고 혼자 공부할 때 마다 느꼈던 외로움이었던 것 같습니다.

1. 목표학위 : Master of Architecture 2006년 가을학기
2. 직장 및 경력 : 학부시절 설계사무소 알바 3번...카투사 제대...
3. 출신학교 : 00대 건축공학과 98학번...이후 00대 건축학과 01학번으로 편입...
4. 전공 : 건축학과
5. 학부 GPA Total : 3.44/4.0(3.61/4.5) Major : 3.5/4.0(3.68/4.5) Upper 2 year : 3.68/4.0

   : 학부 2학년 설계 스튜디오 크리틱 과정에서 교수님과 심한 논쟁을 벌이고, 그 학기 설계과목 F를 받은 적이 있습니다. 그래도 여러 곳에서 합격메일이 오더군요. 많이 걱정했었는데 지금은 많이 후회합니다. 어설픈 지식으로 교수님과의 논쟁은 피하는 것이 좋을 것이라는 말을 덧붙이고 싶네요. 나중에 만회하기가 참 어렵게 때문이죠.
6. TOEFL(CBT) LC : 27 SW : 25 RC : 30 Total : 273
7. GRE(CBT) Verbal : 480 Quan : 780 Anal : 3.5
8. 추천서-학부시절 교수님 3분께 받음.(한분은 프랑스 건축사출신, 다른 한분은 한국의 원로 건축가로, FAIA 받으신 분, 마지막 한분은 하버드 출신) 안타깝게도 많은

분들과 마찬가지로 제가 미리 작성한 추천서를 교수님들께서 읽어보시고 고쳐주신 다음, 사인을 해주셨습니다. 3명의 교수님들 중 미국 교포로서 하버드 출신인 교수님께서는 추천서에 앞서 2~3시간 가량의 인터뷰를 하시며 추천서에 서술하실 소스를 얻으신 후 직접 써주셨습니다. 모두 원서내기 약 3주 전쯤에 찾아뵈었고, 최종적으로 1주 전에 추천서와 관련된 모든 일들을 마무리 지을 수 있었습니다.

9. 포트폴리오 - 8월부터 1월까지 약 6개월간 준비했습니다. 애초에 취업준비용으로 학부 3학년 때부터 준비해둔 포트폴리오가 있었는데, 거기에 4학년 때 했던 작품들 등등 살을 더 붙여서 완성했습니다. 총 65페이지가량 되었었고, 학부 때 작품 총 5점을 넣었으며, 약간은 통일된 스타일로서, 각 작품마다 '작품개요-컨셉-도면-투시도' 등의 페이지 순으로 정리했습니다. 마지막에 누구나 첨가하는 스케치나 그림 몇 점, 그리고 레주메를 첨부하고 마무리를 지었습니다. 홍대근처 석*출력에서 제본 식으로 책을 만들었는데, 개인적으로는 이것 때문에 돈을 너무 많이 들인 것이 아닌 가 후회가 많이 됩니다. 출력된 페이지의 색을 보고는 뒷목잡고 쓰러졌던 기억들이 새록새록 나네요.

10. 지원한 학교 :

UCB(m.arch 2)

UT-AUSTIN(1st professional)

MICHIGAN ANN ARBOR(2G Option)

UPENN(M.arch Professional)

CORNELL(M.arch 1)

UVA(M.arch path 2)

11. 합격한 학교 :

UT-AUSTIN

MICHIGAN ANN ARBOR(scholarship waiting list)

CORNELL(AP, $8000 per year)

UVA($6500 per year, $2000 health insurance subsidy)

12. 불합격한 학교 :

UCB

UPENN

13. 학교 결정 :

CORNELL

원래는 주립대학원을 목표로 준비를 했습니다. 하지만 마지막엔 결국 사립을 선택하게 되었네요. 개인적으로는 UVA와 코넬 사이에서 많은 갈등을 했었지만, 교수님들, 그리고 유학을 경험하시고 지금은 실무에 종사하고 계신 선배님들의 조언 결과, 역시 현실을 무시할 수 있는 배짱이 제겐 없었나 봅니다. 그래도 결정을 하고나니 마음이 후련하네요. 유학을 준비했던 기간이 대략 쳐도 한 1년 정도 되는 듯 합니다. 그동안 가장 힘든 순간은 언제나 혼자 준비하고 혼자 공부할 때 마다 느꼈던 외로움이었던 것 같습니다. 완전 똥배짱으로 영어학원을 다니지 않고 시험 준비를 했었던 관계로 거의 자취방과 도서관을 들락날락거리면서 외로움을 무지 많이 탔었습니다. 그래도 꾸준히 페이스를 잃지 않고 여기까지 오게 된 것은 아마도 오픈스케일의 여러분들과 얼굴을 마주치고 대화하지는 않아도 그 기간을 같이 온라인상에서 보내며 MOTIVATION을 키워온 덕택이라고 생각합니다. 감사합니다.

고마운 분들이 너무 많습니다.

준비한 기간이 1년 3개월이었습니다. 근 2년간 오픈스케일에 들락날락 하면서 많은 정보를 얻었습니다. 참 시간 빨리 가네요. 작년에 동기친구가 먼저 떠난 지도 얼마 안 된 것 같은데, 그사이에 영어공부다, 토플이다 하면서 1년이 후딱 지나갔네요. 오픈스케일에서 많은 도움을 받은 만큼, 저도 작게나마 내년을 준비하시는 분들에게 정보를 드리고자 포스팅을 합니다. 이 포스팅이 지난 1년간의 유학준비의 마침표가 되는군요.

1. 목표학위 : M.Arch I 2006년 가을학기
2. 최종학위 : B.S. in Architecture/OO대학교 98학번/2005년 2월 졸업
3. UndergradGPA : 3.73/4.5
4. 경력 : KATUSA 복무, 어학연수 5개월(San Diego), 공모전특선1번, 직장경력無
5. TOEFL : 257(25/25/27) - 2004년 12월 CBT
6. GRE : 1250(490/760/3.5) - 2005년 6월 PBT
7. Recommendations : 학부 교수님만 3분(GSD MDES+DDES/ MIT PhD/ 프랑스출신)

   MIT 출신 교수님은 감사하게도 직접 써 주셨습니다. - 추천서를 학생이 직접쓴다는 것 자체를 용납 못하시는,

어쩌면 당연한 생각에 너무 감사했습니다. 어찌 보면 추천서를 직접 작성하는 것은 상대적으로 '안전한(?)' 내용을 담을 수 있다는 장점이 있지만, 한 장 한 장을 모두 직접 쓴다는 것은 그 작업 자체가 너무 힘들고 오래 걸리는 작업입니다. 개인적으로 그렇게 잘 알지 못함에도 불구하고, 저를 더 알기위해 SOP를 읽어주시고 저를 인터뷰까지 해주신 이 교수님께 너무 감사드리고 있습니다.

8. Portfolio : 4작품(학부작업 2+공모전 1+개인작업 1) - 40 pages

   6월에 GRE 끝내고, 학부 때 작업한 것 설계부터 모형까지 다시 만들었습니다. 때문에 한 작품 당 시간이 너무 많이 소요되었지만, 그만큼 학부 때 만족스럽게 끝내지 못한 프로젝트들을 여유 있게 다시 생각하면서 정리할 수 있었다는 것은 의미 있는 작업이었던 것 같습니다. 포트폴리오의 전체적인 테마는 없었습니다. 그렇다 보니, 4개의 작품들이 일관된 포멧으로 단순나열식으로 들어갔고, 너무 지루한 구성이 아닌가 걱정을 많이 했습니다. 어찌보면 일관성 있는 구성과, 소위 말하는 '예쁜 포트폴리오'가 아닌 작업한 내용을 솔직하게 보여준 것이 오히려 좋은 인상을 주었는지도 모르겠습니다.

   종이는 충무로에서 구입, 출력은 남부터미널 ImageNet에서 컬러 레이저 출력했습니다. 일하시는 분들이 매우 친절하고, 컬러 조정도 잘 해주시고, 무엇보다 출력 퀄리티가 좋았습니다. 계산해보니 종이값 제외하고 권당 2만

원꼴로 나오더군요. 출력 퀄리티에 비해서 나름대로 경제적으로 한것 같아 만족스럽습니다.
초안 완성 후 미국출신 학교 교수님들께 한번 쭉 돌아가면서 크리티컬을 받았고, 많은 조언을 들었습니다. 12월 Deadline 이었던 MIT와 UCB는 3작품만 넣어서 보냈고, 1작품 더 넣어서 나머지 학교들에 보냈습니다. 최종 마무리는 12월 중순이었던 것 같네요.

9. SOP : Letter Size - 2 pages.

평이하게 시작해서 평이하게 마무리 지었습니다. 어렸을 때의 제 이야기와 건축전공하게 된 계기, 포트폴리오에 들어간 작품들 작업했을 때의 이야기를 썼고, 대학원에 지원한 이유를 마지막으로 썼습니다. EssayEdge.com에서 수정받았습니다. SOP의 중요성에 대해서는 뭐라고 말씀드리기 힘들 것 같습니다. 저의 경우 그렇게 오랜 시간과 노력을 투자하지 못하고 매우 평범한 내용을 담았습니다.

10. Application :

크게 12월과 1월로 나누어서 지원했습니다. 11개나 지원하는 바람에 원서 지원하는 것 자체가 복잡하고 정리해야할 서류들도 너무 많았습니다. 저 같은 경우는 엑셀로 학교별 requirement와 특이사항들을 정리해서 하나씩 해결하는 방식으로 했습니다.
모두 DHL 유학할인서비스(19,000원)을 이용했습니다. 트래킹도 잘되고 도착하면 문자도 보내주고, 무엇보다 저렴하니 이용 안 할 수가 없겠더군요.

11. Admissions :
    3월11일 : Univ. of Michigan 2G(email)
    3월16일 : RISD(전화통보)
    3월18일 : UCLA(email)
    3월20일 : Harvard Univ. GSD-AP(FedEx)
    3월20일 : Cornell Univ.(전화인터뷰) + $8,000 첫해장학금
    3월22일 : UC Berkeley Option 2(email)
    3월31일 : Columbia Univ.(airmail)
12. Rejections :
    3월17일 : Yale Univ.(airmail) - TSE 제출안함
    3월21일 : UT Austin(online)
    3월30일 : UPenn(airmail)
    4월01일 : MIT(email로 문의)
13. Pending/Waiting : N/A
14. Decision :
    Harvard GSD로 가기로 결정했습니다.
    3.5년 과정으로 지원했는데, AP(2.5년)로 나왔네요.
15. Epilogue :
    너무 감사하게도 예상치 못한 좋은 결과를 얻게 되었습니다. 고마운 분들이 너무 많습니다. 이렇게 공부할 수 있게 믿어주시고 성원해주시는 부모님, 작년에 먼저 떠나면서 많은 도움을 준 Austin의 친구, 작업실 친구들,

GRE 스터디 그룹 형님동생친구들, 포트폴리오에 많은 조언을 주신 교수님들 등등. 그리고 오픈스케일도 빼놓을 수 없겠죠.

유학준비기간은 힘들기도 했지만, 여유 있게 제 자신을 돌아보고, 많은 생각을 할 수 있었던 소중한 시간이었던 것 같습니다. 앞으로의 유학생활을 생각하면 지난 1년 동안 힘들었던 건 아무것도 아니겠죠.

사실 유학준비하면서는 느끼지 못했는데, 이렇게 모든 결과가 나오고 이제 곧 떠난다고 생각하니 이제부터가 진정한 시작이라는 생각이 드네요. 새로 시작하는 마음으로 다시 하나하나 준비해나가야겠습니다. 내년을 준비하시는 분들에게 제 정보가 조금이나마 도움이 되었길 바랍니다.

1. 목표학위 MASTER OF ARCHITECTURE 2006년 가을 학기
2. 출신학교 : OO대학교 건축공학과 98학번 2005년도 2월 졸업
3. 학점 3.68/4.3, 전공과 upper 2년은 모두 4.0이 좀 넘을 듯합니다. 1학년 때 성적이 1,2 학기 모두 3.0이 되지 않으니 말입니다.
4. GRE 1250/ 3.5(PBT), TOEFL 260/ 5.0(CBT)
5. 건축 경력/ 없음
6. 직장 경력/ 병역특례 2년 8개월 디스플레이 업체에서 근무
7. 공모전/ 공간 2등, 기타 국내 공모전 입상 2번
8. 활동/ HABITAT(1999~), LG GLOBAL CHALLENGER, 기타 봉사 및 사회참여활동 수차례.
9. 포트폴리오/ 총 84페이지, 레이저 양면 출력, 하드 커버, 겉표지, 속표지, 목차, 스튜디오 작품 4개 위주, 공모전 입상 3개 간단히 정리, 레쥬메 순으로 정리
   스튜디오 작품은 완성된 작품보다 발전 단계에 초점 맞춤.(서론이 너무 길고 거기에 비해 최종 완성품의 퀄러티

가 떨어진다는 지적을 많이 받음)

컴퓨터 툴을 능숙하게 돌리지 못하기에 3D 랜더링 같은 거는 거의 없습니다.(한 작품 당 한 컷 정도), 모델위주

9. 추천서/ 컬럼비아 출신 1분, 하바드 출신 1분, 동경대 출신 1분, 끝으로 정년 퇴임한 명예 교수님까지해서 총 4부 받음. 1분을 제외하고 모두 직접 작성해 주셨음. 칭찬위주 보다 그냥 솔직하게 작성해주심. 등수 체크도 14명에 4등 12명에 3등 이런 식으로 해주심. 명예 교수님께서 가장 정성 들여서 작성해 주셨습니다. 하비타트 활동을 꾸준히 해왔는데 지도 교수님이셨고 그래서 그 활동에 관련된 이야기로만 추천서를 작성해 주셨습니다.
10. 지원(날짜 순으로)/ 프린스턴, MIT, 하바드, 컬럼비아, 유펜, 예일(모두 MARCH 1으로 지원)
11. 불합격 : 프린스턴(이메일 통보 리젝), 예일(공식레터 리젝), 하바드, MIT(이메일로 리젝 통보)
12. 합격 : 컬럼비아(3년 합격), 유펜(2년 합격, 지원하지도 않았는데 1년 줄여줬습니다.)
13. 결정/ 컬럼비아 3년으로 거의 결정할 듯 합니다.
14. 에필로그

GRE 준비를 시작으로 1년이 훌쩍 넘었습니다. 처음에 도시계획을 목표로 유학을 준비했습니다. 하지만 가고자 했던 대학원들이 도시계획의 경우 석사급 이상이거나 거기에 준하는 직장경력을 요구하여서 학부 졸업이 전부였던 저는 교수님들과의 면담 후 March로 지원을 하게 되

었습니다. 영어를 공부 하면서 포트폴리오를 준하면서 원서 및 SOP를 작성하고 추천서를 받으면서 뭐 하나 만만한 일이 없다는 것을 느꼈습니다.

건축 March 지원 시에는 영어는 그다지 중요하지 않은 요소 같습니다. 학교 당국과 연락을 취해 본 결과 어드미션 진행이 포트폴리오와 sop 추천서등으로 결정이 나고 그 후 어느 정도의 영어 성적만 만족되면 합격시킨다는 이야기를 어드미션 담당자에게 직접 들었습니다.

토플 250 GRE 버벌 500 이상만 받으시면 충분히 넘칠 듯 합니다. 올해부터 바뀌는 IBT사정으로는 어떨지 모르겠습니다. 예일 지원자의 경우 반드시 TSE를 지원하시기 바랍니다. 이번 어드미션에서 예일대학교로부터 일찍 리젝 메일을 받고 실례가 안 된다면 내가 떨어진 이유를 이메일로 물어봤습니다. 답변이 학교에서 요구하는 영어 시험 점수를 제출하지 않은 것이었습니다. 물론 다른 이유도 있었겠지만 학교에서 요구하는 것들에는 성의껏 모두 준비를 해야 할 듯 합니다.

포트폴리오에 가장 신경을 써야 될 듯 합니다. 포트폴리오 때문에 교수님과 면담을 수차례 하였는데 하나같이 공통된 이야기가 각자의 개성이 나타나야 한다는 것이었습니다. 저의 경우 모든 주제가 MINORITY에 관련 된 것이었는데 그들에 대한 사랑이 보이지 않는다는 지적을 많이 받았습니다. 한 교수님은 차라리 네가 활동해온 이야기를 에세이처럼 작성해서 수필집을 너의 포트폴리오로 하는 것이 어떻겠냐고 제안하시기도 하셨습니다.

한 분은 좋은 대학교일수록 화려함 보다는 프로젝트의 깊이감을 중요시하고 포트폴리오의 일관성을 중요시한다는 이야기를 자주 해주셨습니다. 다른 한 분은 한 분야에 특출한 능력을 가진 학생일수록 좋아한다는 이야기를 해주셨습니다. 가령 3D 능력이 너무 뛰어나던지, 캐드 도면이 너무 뛰어나던지, 설계 능력 자체가 우수하던지, 사교성이 풍부해보이던지, 리더의 기질이 엿보이던지 등등 말입니다.

각 학교별 포트폴리오 특성은 무시해도 될 듯 합니다. 컬럼비아와 유펜이 컴퓨터 툴을 중요시한다고 들었지만 저의 포트폴리오에는 앞서 밝힌 바처럼 컴퓨터 C.G.가 가뭄에 콩 나듯 하나씩 있고 그 완성도도 너무 미흡해 교수님께서 지적하시기도 하셨습니다. 하지만 지원 학교 중 두 학교에서 어드미션을 받았습니다.

규격은 크게 구애를 받으시지 않으셔도 괜찮을 듯 합니다. 저의 경우 레터 사이즈로 작성했고 양면을 이어지게 편집 해서 양면 출력을 정확하게 오차 없이 해줄 곳을 찾느라 충무로에서 다리품을 많이 팔았습니다. 원하는 종이와 정확한 양면 출력을 위해들인 돈만 생각하면 지금도 머리가 좀 아파옵니다.(충무로 정우 출력에 계신 분들이 가장 정확하게 오차 없이 양면 출력해주셨습니다. 하지만 좀 비쌉니다. 낱권 하드커버 제본(논문제본)의 경우 충무로의 명성인쇄소가 제가 찾은 곳 중에서 유일했습니다. 단점은 낱권 하드커버 제본은 비싸다는 겁니다.)

많은 사람들의 포트폴리오를 보는 것이 도움이 크게 됩니다.

가령 저의 경우 도면마다 이쁘게 그림자를 넣은 모습을 다른 이의 포트폴리오에서 보게 되어 제 것에도 그렇게 해보고 크게 만족했습니다. 레이아웃도 도움이 많이 됩니다.

참고로 저의 주된 레퍼런스는 폰트 디자이너 BAUMAN 부부의 작품이었습니다. 그것을 참고삼아 포트폴리오를 만들었습니다.

추천서는 11월 초에 1분을 제외하고 모두 일찍 받았습니다. 일찍 받으면 받을수록 유리할 듯 합니다. 그러기 위해서는 포트폴리오가 일찍 완성되어야 한다는 단점이 있지만 나중에 여럿이 동시에 받게 되면 아무래도 좋은 말보다는 상대적인 글들이 많이 적힐 것 같습니다. 좋은 예로 저의 경우 하바드 출신 교수님께서는 12월이 넘어서야 모든 학생들의 추천서를 손수 하나씩 작성하고 내용을 전혀 볼 수 없게 실까지 하셨는데 추천서를 건네시면서 하시는 말씀이 "가장 하바드에 유력한 학생에게 가장 잘 써주고 나머지 학생들은 하나씩 차이를 두어서 작성했다." 였습니다. 그리고 반드시 잘 아는 분들에게 직접 받는 것이 좋습니다. 그러기 위해서 미리 미리 교수님들과 친분을 만들어 두는 것도 좋을 듯 합니다. 저의 경우도 제가 학교생활 중 가장 공들여온 하비타트 활동을 어떻게 증명할까 고민 했는데 담당 지도 교수님이셨던 분이 고맙게도 거기에 관련된 부분을 직접 상세히 작성해주셔서 무척이나 감사했습니다. 지원하는 학교 출신 교수님들 것을 받는 것도 괜찮은 방법인 듯 합니다.

SOP는 그 중요성에 비해 건축과 학생들은 준비를 덜 하는 듯 합니다. 저의 경우도 제가 왜 유학을 가는지 이유와 왜 너의 학교인지 그리고 꼭 미국이어야 하는지 정도에 대해서만 간략히 작성하였습니다. 좀더 신경을 쓸 걸 하며 가장 후회가 되는 부분입니다. 교수님들께 보여드리는 것도 좋은 방법입니다. 저의 경우도 시간이 좀 넉넉해서 교수님께 조언을 구하기도 했습니다.

저의 경우 어플라이에서 프린스턴은 양면의 칼과 같았습니다. 하바드 보다 프린스턴을 가고 싶다고 입버릇처럼 말할 정도로 프린스턴에 애정이 있어(12월 1일 마감) 덕분에 빨리 빨리 준비를 하게 되지만 프린스턴 지원을 다 마치자 근 한 달 동안 아무런 진전도 보지 못하는 불상사가 발생되었습니다. 저의 경우 긴장감이 쭉 빠져서 포트폴리오와 SOP 기타 등등을 다시 수정하고 한다는 것이 거의 불가능했습니다. 덕분에 하바드 및 기타 학교는 마감날짜 보다 근 한달 일찍 발송했습니다. 프린스턴을 지원하지 않았다면 한 달 동안 더 알차게 준비할 수 있었을 텐데...라는 후회가 좀 있습니다.

어드미션을 기다리면서 사실 작년도 저희 학교에서 하바드에 2명 프린스턴에 1명 컬럼비아에 1명 등 좋은 학교에 척척 갔기에 은근히 터무니없는 기대감만 부풀었습니다. 그래서 처음에 생각했던 6개 아이비 학교만 지원을 했지만 결과 발표가 늦어질수록 내가 터무니없는 기대만 한 것은 아닌가 하고 그리고 생각보다 유학이 쉽지 않은 일이구나 하고 깨닫게 되었습니다.

여러분들도 끝까지 요행을 바라지 말고 준비하셔서 다음해 꼭 건승하시길 바랍니다.

늦은 나이라고 생각하시는 분들을 위해 올립니다.

지난 1년 오픈스케일에서 얻은 정보로 유학준비를 했고 또 원하던 학교 어드미션을 받았습니다. 웬지 머쓱하고 무안해서 며칠 주저하다가 오늘 포스팅 합니다. 저와 비슷한 상황에서 1년 전 같은 고민을 하시는 분이 있을 것 같아서요. 늦은 나이라고 생각하시는 분들 위해 올립니다.

1. 지원프로그램 : Master of Architecture 2005년 가을학기
2. 직장 및 경력 : 2005년 졸업(OO건축전문대학원)
   1987년 졸업(OO대 건축과)
   실무 10년 이상
3. GPA- 4.1/4.3(대학원), 4.05/4.5(학부)
4. TOEFL : 250(23.25.27) 5.0
5. GRE : 430/720/4.0
6. 추천서- 대학원교수님3분, 전 직장상사 1분.
   전 추천서를 너무 쉽게 받았네요. 여기 올라온 다른 글 읽어보니 제 추천서 써 주신 분들께 더 감사드려야겠네요. 특히 교수님 한분은 포트폴리오까지 지도해주셨습니다.
7. 포트폴리오- 7작품(대학원스튜디오3,현상설계1,실무3)
   스케치 좀 넣고 실무는 업무범위를 확실히 밝힘. 과장 없

이 진솔하려고 노력. 레터 사이즈로 48페이지 해서 클리어 파일에 넣어 보냄. 이미지는 큼직하게 넣었습니다. 심지어 두 페이지 걸쳐 도면 한 장 넣음.

8. SOP : 그냥 솔직히 이 나이에 왜 학교 또 가려는지 있는 상황그대로 설명함. 온라인교정업체에서 한번교정.
9. 지원학교 : 4개

   집 전세 빼서 유학 가는 고로 IVY는 지레 포기했습니다. 가격대비 질 따져서 싼 곳으로만 지원.

   RICE UNIVERSITY

   UNIV. OF OKLAHOMA

   TEXAS A&M UNIVERSITY

   UT AUSTIN
10. 입학허가 :

    RICE UNIVERSITY(POST과정, 반액 장학금)

    TAMU(FIRST과정, 장학금미정)

    UNIV. OF OKLAHOMA(FIRST과정)
11. 리젝 : UT AUSTIN
12. 물론 장학금주는 라이스로 갈 생각입니다. 3학기로 마치면 18,000$ 이면 되니까 정말 다행입니다. 그래도 제게는 너무 큰돈입니다. 모두들 투자하시는 것 몇 배로 많은 것들을 얻으시기 바랍니다. 경력보고 짐작하시겠지만 전 83학번입니다. 그 나이에 주책이다 하실 분 있겠지만 제겐 다른 대안이 보이지 않았습니다. 뭐 좀 배우다 50부터 1년에 하나씩 해도 70까지 20개는 할 수 있으니 마음 조

급하진 않습니다.

저 같이 실무에 시달리며 건축 계속 해야 하나하고 고민하시는 분들, 나이 때문에 새로운 길을 망설이는 분들을 위해 머쓱하지만 글을 올렸습니다. 모두들 힘내시기 바랍니다.

도서관에서 밤새며 공부하던 때가 그립기도 합니다.

1. 지원프로그램 : Master of Architecture 2005년 가을학기
2. 직장 및 경력 : 2005년 2월 졸업
3. 출신학교 : OO대학교 98학번
4. Degree(전공) : B. Science in Architecture
5. 학부GPA
   - overall : 3.46/4.0
   - upper 2 year : 3.35/4.0
6. TOEFL : 273(2004년 9월)
7. GRE - Verbal : 450/Quan : 800/writing : 2.5(2004년 6월)
8. 추천서 3부- 대학원원장님과 졸업설계 지도교수님, 학부교수님
9. 포트폴리오
   - 메인 4작품(공모전 2, 학부작업 2)
   - 그 외 학부 3작품과 강구조 공모전 1작품, FineArt 에스케치와 취미생활인 사진편집
   - 총 24 pages. 떡 제본

전적으로 핑계이지만 토플시험이 9월 달에 또 졸업 작품

전이 10월 달 잡혀있어서 더욱이 영어에 욕심낸다고 10월 GRE를 준비도 제대로 않고 치른 것 때문에 고생을 했습니다. 정작 포트폴리오에 여러모로 많은 준비를 하지 못했습니다.. 졸업 작품전이 끝나고 학교 작업실에서 철야작업을 해서 두 달에 걸쳐 완성했습니다. 12월.15일 지원마감인 버클리의 24페이지(12장)의 압박에 못 이겨 여기에 맞춰 페이지 구성했습니다.
전체적으로 통일된 주제는 정하지 않았습니다. 하지만 메인 4작품마다에는 한 페이지씩을 할애해 저만의 생각인 prologue 와 epilogue를 강조했습니다.
학교 선후배 동기들을 비롯하여 교수님 등 많은 분들께 자문을 구해보니 부족한 면이 많다는 것을 깨닫고, 차후 지원하는 학교에는 더 업그레이드 해야지 하다가.. 결국 그대로 나갔습니다. 많이 후회되는 부분이네요. 교수님들이 공통적으로 하시는 말씀이 "대학원에 제출하는 포트폴리오 치고는 Academic한 면이 잘 보이지 않는다. 작품수가 페이지에 비해 너무 많다. 그래서 인지 넘겨보는 재미가 덜하다." 라는 말씀이셨습니다. 저도 많은 공감을 했습니다. 하지만, 제가 SOP에서도 언급했지만, 실무와 비주얼의 조화를 꾀한다는 방향을 잡았기에 제가 가진 테크닉적인 면(계획 설계외의 구조 설비적 측면)을 포트폴리오에 적절히 강조하고 싶었습니다. 욕심이 지나쳐서 많은 작품을 보여주고 싶은 나머지 나열식이 된 면이 없지 않습니다.

용지는 알파에서 사진 인화지(A3) 대량구입해서(160장 8개 - 20page/ one packet - 약 12만원 가량 한거 같네요.) 학교에서 플로터로 출력, 작업실에서 하나하나 테두리 칼로 자르고 해서 돼지본드와 거즈로 직접 떡제본 후 하드보드로 표지 디자인.

10. SOP & Biographical Essay
    - 4장 & 3장. 포트폴리오를 마치고, SOP와 Resume 작업을 했습니다. 건축과는 포트폴리오라는 말만 듣다가 여러 사람들이 말하는 SOP의 중요성에 많은 당황을 했습니다. SOP를 쓰면서 동시에 On-line applying 을 하던 상황, 해보신 분은 아시겠지만, on-line 어플라이의 어마어마한 시간 지연 때문에 결국 저는 학교 수업 시간을 빌려 맨 뒷자리에서 SOP구상만 했습니다. 내가 건축에 관심을 가지게 된 계기를 포함해 나의 건축 process, 앞으로 내가 하고 싶은 건축 등을 피력했습니다. 쓰다보니 길어지더군요. 4장에서 1장으로 제한하는 학교가 많았지만, 그래서 부담도 많았지만, on-line 에서는 4장 분량의 text가 모두 다 채워지더군요. 교정을 받았어야 했는데 교정 싸이트들의 어마어마한 가격과 이왕 내손으로 시작한거 내손으로 끝내자는 생각에 스스로 나름대로 교정을 했습니다. 이런 이유로 글이 길어 졌겠죠.
    - Biographical Essay는 Berkeley를 지원하면서 작성하였는데,(버클리 외에는 요구하지 않았음.) 저의 성장과

정을 Chronological 하게 보여주며, 차후 혹시나 모를 TA나 RA를 겨냥해 저의 진지한 성격이나 동아리 활동 등 사교성을 강조해 적었습니다. 이것역시 3장되더군요. 위의 두 Essay를 모든 학교에 인쇄해서 보냈습니다.

11. 다른 특기사항 : 특이할 만한 공모전 수상 없습니다. 2004 부산국제공모전 selected work와 건축대전 1차까지만(이것도 preliminary work라고 강조함.) 그 외 전태일, 강구조공모전 참가했었습니다. 학부 졸업 후 바로 대학원 진학이기에 남들이 가진 실무경력에 못지않은 공모전 경력과 작업실에서의 cooperative works를 언급했습니다.

12. 지원학교(각 학교 제시 마감 순) - 7 schools
    - a. UC Berkely - Option 2(12.15)
    - b. GSD - M.Arch I(AP)(on-line 12.1 & final 12.27)
    - c. Yale - M.Arch I(AP)(1.15)
    - c. Michigan AA - 2G program(1.15)
    - d. Upenn - First Professional(1.15)
    - e. Rice - Option 2(2.1)
    - f. TX Austin - First Professional(2.1)

13. 입학이 허가된 학교(연락 온 순서)
    - a. TX austin(3.20)
    - b. Michigan AA(3.28)

14. 입학이 거절된 학교
    - a. UC Berkely

- b. GSD
- c. Upenn
- d. Yale
- e. Rice

15. 입학결정
   - TX Austin
   - 미시건과 오스틴 두 학교 사이의 갈등이라 다른 여러 분들에 비해 까다롭지 않을 수도 있었겠지만, 워낙 현지 사정에 관한 정보가 없어 많은 갈등을 했었습니다. 비용적인 측면에서는 단연 오스틴이 유리하지만, 3년이라는 학업기간이 부담이 되었고, 제가 가지고 있던 텍사스의 전통적 건축성향에 대한 선입견 또한 걸렸습니다. 교수님 외 여러 현지 선배들의 조언을 듣고 내린 결론은 두 학교 모두 실무에 유리하다는 것과 오스틴의 건축성향에 있어서도 동부, 서부에서 활동하는 많은 젊은 Faculty들의 영입으로 많은 변화를 겪고 있다고 합니다..

     또한 재정적으로 어스틴의 3년 과정에 드는 비용(생활비 포함)이 미시건의 2년 과정에 드는 비용보다 적거나 비슷하다는 점.(둘 다 장학금 내역이 not available 이네요..)

     마지막으로 실무를 염두 한 저에게 어스틴의 인턴 쉽 프로그램은 충분히 매력적인 이유입니다.

16. Epilogue

제가 지금 현재 느끼는 심정과 마찬가지로 조금은 감상적으로 써볼까 합니다..

유학을 결심하게 된 군 시절, 포항 홍해 앞바다를 보며 별보며 달 보며 참으로 많은 생각이 들더군요. 이전에 느낄 수 없었던 여러 학문(철학, 순수과학) 에의 관심을 비롯해 전공이었던 막연한 건축이 포진지 구축작업을 계기로 새롭게 보이기 시작했습니다. 휴가 나와서 당시엔 이름을 알지도 못하던 여러분들의 책을 읽으면서 정말 매력이 있는 학문임을 확신했습니다.

제대하자마자 더 넓은 곳을 느끼기 위해 미국에 계신 외삼촌댁에 6개월간 다녀왔습니다.. 관광 비자를 직접 준비하고 또 현지의 Community College 학교와 컨택이 되서 ESL을 받았던 기억.. 제대하자마자 느낀 보람 있는 일들이네요.

미국에서(PA, Harrisburg)학교를 다니며, 아는 분을 통해서 일도하고 돈도 벌고 하면서 많은 분들을 만났습니다. 그중 유학생들이 단연 인상이 깊었는데, 참으로 어렵게 고생하면서(낮에는 학교생활에 밤에는 자정이 너머까지 일하고) 까지 자신의 꿈을 이루고자 하는 모습에 많은 감명을 받았습니다.

그 후 복학해서는 쭉 유학에 대한 생각만 하고 있었죠. 생각해 보건데, 당시엔 현실적 문제보다는 단지 저도 international이 되고 싶다는 막연한 생각과 이런 것들에 대한 도전정신에 많이 매료되었던 것 같습니다. 단지 저는 빨리 경험하고 싶었던 나머지, 학부를 졸업하자마자 도전해보고 싶었고 올해 그 첫발을 디디게 되었습니다.

생각해 보건데 저는 그리 부유하지도 그리 어렵지 않은 환경에서 자라면서 그다지 시련도 없었던 터라 어쩌면 이런 환경들로 그저 평범한 내가 되지 않을까 많이 두려웠습니다. 대학교에 와서 많은 고민 끝에 해병대를 지원했고, 남들 못지않은 고생을 하면서 거기에서 살아남으려 발버둥을 쳤습니다. 이런 것들 적을까 고민도 했지만, 분명 저에게 닥친 첫 번째 시련이었기에 그리고 분명 인생이라는 부분에 있어 저에게 일종의 충고랄까(?) 모종의 도움을 주었기에 말할 수 있네요..

제대 후 의심하지 않았던 진로에 대한 고민을 했던 적도 그 때였고, 연봉과 life에 관한 상관관계에 대한 고민을 했던 적도 그 때였네요. 결국엔 제 모난 성격으로 인해 헤어졌지만, 그 친구와의 시간도 역시 저에게 많은 도움이 되었습니다. 4학년이 되어서야 느낄 수 있는 압박감, 비단 취업을 준비하는 이들 뿐 아니라, 모든 4학년 들이 느끼는 이유 있는 압박. 저는 졸업 후 학업을 더 할 것을 염두 해 두었음에도 주위에 보이는 상반기 취업동기들은 그렇게 부러울 수가 없었습니다.

매번 마음을 다잡고, 이를 꽉 물고 생활하자 다짐했죠. GRE나 토플은 제가 야행성의 전형적인 인간-사실 마감이나 스튜디오 수업준비 할 땐 길게는 한 삼사일이면 되던 것이 이놈의 GRE는 롱런을 해야 하는 관계로 규칙적인 Nocturnal Behavior가 필요했죠. - 이 되는데 결정적인 역할을 하였고 덕분에 오전 수업 시간 때는 눈이 뻘게서 엎드려 자거나 섭 듣는 둥 마는 둥 했습니다. 교수님들께는 한편으로 죄송하면서 또 한편으론 섭섭하기도 했다는 반성을 합니다. 스스로를 유학 준비가 대단한 핑계가 되는 줄 착각하고 있었습니다.

돌이켜 보건데, GRE 공부할 때 도서관에서 밤새며 공부하던 때가 그립기도 합니다. 참 단조로운 작업의 연속!! 단어 암기와 모의 test, 2회 분량을 마친 뒤 가지는 커피한잔과 담배한 모금의 여유, 그리고는 또다시 반복. 하지만 두 번 다시 하고 싶지 않네요.

주객전도라고 건축과의 입학사정상 영어성적은 결코 중요하지 않음에도 그 당시엔 왜 그리도 목을 매달았는지. 6월 달의 적당한 점수에도 불구하고 결국 10월 달의 2회 시험도 지원했고 결국 괄목할만한 성적을 거두지 못하고 접었죠. 한 가지 느낀 점이 있다면, 개인적인 생각이지만, IVY쪽의 학교들은 확실히 영어점수가 입학사정에서 중요하게 고려되는 것 같습니다.

GRE를 끝내고 난후의 달콤한 휴식은 왜 그리 빨리 지나가는지 그렇게 지리 하던 여름이 지나고 가을바람이 불 때쯤엔 이제 슬슬 초조해지기 시작하더니 토플이며 졸작과 포트폴리오를 비롯한 여러 본격적인 지원 작업이라는 한바탕 숙제들이 기다리고 있었습니다. 극한의 상황에서의 카타르시스란 이런 것을 두고 말함이겠죠.

산 너머 산인 이런 것들을 친구들이랑 같이 라도 했으면 가끔씩 소주 한잔에 쌓아왔던 불만이며 스트레스를 안주삼아 씹으며 위안이라도 삼으련만, 같이 준비하자던 동기들은 휴학을 하면서 1년을 미루는 관계로 참으로 외로웠음을 고백합니다. 졸업 작품전이 끝나고 그 넓은 지하 학교 작업실에 홀로 남아 밤새 포트폴리오 작업을 하는 나름대로의 낭만과, 같이 자취하는 친구 외에는 주행성인간들과는 얼굴도 제대로 보지 못해 느낀 인간 체취에 대한 그리움. 명절이라고 고향에 내려가 친척들 집이라도 가면 항상 듣게 되는 걱정 어린 말씀들...

이런 고행(?)을 이겨내고 막상 1월 중순께 모든 학교의 지원을 마친 이후 느낀 점이라면 제 자신에 대한 자부심입니다. 어드미션을 받고 안받고를 떠나 여기까지 꾸준히 걸어왔다는 제 스스로의 대견함 말입니다. 올해 지원하신 분들은 많은 공감을 하실 거라 믿고 또 앞으로 준비를 하실 여러분들도 반드시 느끼실 거라 확신합니다.

그리고 현재 어드미션을 받고 난후의 심정이라면, 앞으로 내가 걷게 될 경험하지 못한 것들에 대한 기대감과 한편으로는 두려움. 이것들은 어쩌면 올해 유학을 준비하면서 이미 예행연습을 한 지도 모르겠습니다. 학교결정의 상황에 부딪쳤을 때엔 현실을 직시하지 않을 수 없더군요. 그간 유학에 있어 약간은 이상적이고 감상적인 포부만 가득했던 터라 막상 선택의 기로에서 망설여 질 수밖에 없었는데요.

가깝게는 내가 하고 싶은 건축과 학교의 성향이며 재정상황 멀게는 졸업 후 현지에서의 surviving 여부며 결혼 적령기의 압박(?)까지 그동안 막연하게만 그려왔던 그래서 차일피일 미뤄왔던 고민들에 스스로의 대답을 내려야 하는 부담감들이 걱정됩니다. 분명 유학을 준비하는 과정에는 학교결정의 상황을 비롯한 여러 현실적 고민들이 반드시 따르는 것 같습니다. 부딪혀 봐야겠지요. 감사합니다.

1. 지원프로그램 : Master of Architecture 2005년 가을학기
2. 건축학부 졸업(B.S., 2000), 건축대학원 졸업(M.Arch, 2003)
3. GPA : 3.88/4.5, 3.9/4.0
4. TOEFL : 247/4.0(2004. 12), GRE : 510/790/3.5(2004. 10 paper)
5. 경력 : 해외인턴-설계사무소(미국) 6개월(2003)/국내 설계사무소 인턴-대략 10개월(2004)

   도시 관련 프로젝트 연구원참여 ; 4-5개(~현재)
6. 그외경력 : 공모전 입상 3번, 성적 우수 장학금(학부 6번, 대학원 4번), 워크샵 참여 2회
7. 추천서 : 미국 인턴 때 사무소 사장님, 교수님(미국유학), 지도교수님(독일유학), 학교강사이자 설계사무소장 선생님
8. 포트폴리오 : 총 45page 양면, letter size/main 7작품+others 3작품+실무 2작품

   몇 주제로 grouping하여 정리. 화려하지 않고 솔직 담백히 보여주고자 함. 매수 제한 있는 학교들은 20pagc정도 요약
9. SOP : 하버드 프로그램이 제일가고 싶었기에, 거기에 맞

취 건축가로서 도시를 다루려는 이유에 대해 초점 맞춰 씀. 1000자로 하고 외국인 2명에게 3번에 걸친 교정 받음.

10. 지원학교 및 프로그램

총 8곳

- GSD : MAUD(Master of Architecture in Urban Design)
- Michigan : MUD(Master of Urban Design)
- MIT : MCP(city planing)
- Cornell : M Arch 2
- Upenn : M Arch 2
- Austin : M Arch 2
- IIT : M Arch 2
- Berkeley : MLA(landscape architecture)

11. 어드미션

GSD, Michigan, Austin, IIT, Berkeley

12. 리젝

MIT, Cornell

13. 학교결정

GSD, MAUD

14. 후기

저는 건축대학원을 졸업했기 때문에 학교마다 다 문의해서 인정되는지 아닌지, MArch 1인지 2인지 다 확인해봐야 했습니다. 아직 건축디자인대학원 졸업생들이 우리나라에 많지 않기 때문에, 또 그중 유학 간 사람이 많지 않아서 정보가 많이 부족했습니다. 알아본 결과, MIT,

UCB는 건축 관련 어떤 과정도 지원이 안 되었어요. 저는 결국 건축설계를 할 사람이지만, 건축가가 도시를 다뤄야한다는 기본 생각을 가지고 있어서, urban design을 고집했고(city planning과는 다름) 공부하고자 합니다.
처음엔 다 떨어지면 어쩌나 하는 불안한 맘으로 많이 썼고요, 예상보다 좋은 결과들 주셔서 하느님께 감사할 따름이죠.
개인적인 생각으로, 리젝의 두 학교는 모두 토플250미니멈이었고, 인정사정없이 안 되더군요. 저도 토플점수가 계속 안 나와서 막판까지 고생 많이 했지만, 결과를 보니 정말 미니멈만 넘으면 괜찮은 것 같아요.미니멈은 꼭 넘기세요.
저는 4월부터 준비 시작해서, 토플2달, 쥐알이 4달, 10월 쥐알이 끝나고 포트폴리오 준비 시작하여 한 달 남짓 작업한듯합니다. 틈틈히 추천서 받고 SOP쓰고 그랬습니다.
장학금은 IIT는 $8300, 미시건은 웨이팅, 오스틴은 공식멜로 알려준다네요.
제일가고 싶은 학교, 프로그램이지만, 학비가 너무 비싸 막판까지 고민 많이 했습니다. 결정하긴 했지만, 아직도 맘 한구석이 씁쓸합니다. 그간의 힘들었던 시간들 나열하자면 끝도 없을 것 같고, 그만큼 소중하고 나름대로 즐거웠던 시간들이었습니다. 도전하는 것처럼 아름다운 것은 없습니다.

우선 실력 없는 제가 이렇게 좋은 학교로 가게 되어서 너무 감사드립니다. 새로운 도전이란 항상 설레고 좋지만 항상 위험이 따르죠. 전 2003년 2월에 졸업. 그 가을학기 UTA-University of Texas at Arlington-텍사스 주에 있는 얼링턴이라는 학교로 입학하기 위해서 미국을 왔습니다. 학교 다니던 중 하버드로 유학 떠난 친한 친구를 보면서 그동안 막연히 멀게만 보이던 미국의 대학들이 눈앞에 보이더군요.

그래, 해보자 해보면 되겠지. 그 생각으로 시작한 유학의 꿈. 이제 그 첫 출발을 버클리에서 하려합니다.

1. 지원 프로그램 : MArch 1 2005년 가을학기
2. 출신학교 : K대학교 건축공학과 96학번
3. GPA : 3.36/4.00
4. TOEFL : 267/ 4.5(쓰기)/GRE : 480(단어)/800(셈)/3.5(쓰기)
5. 실무경력 : 기홍성 모형사무서 알바(6개월), 삼촌인테리어 업체에서 인턴쉽(3개월), 현재 미국 DCI construction INC에서 6개월. 건축기사 소지
6. 추천서 : 학교 교수님1분, 사무실 소장님, 지금 현재 다니고 있는 college 미대교수님1분.

7. 포트폴리오 : 69Page(전 양면으로 작업했습니다. 학부 작품 4, 공모전 2, 유럽여행 스케치, 일본 여행스케치, 도자기 모델, 미국에서 art 수업 들으면서 그린 유화, 수채화, 차콜 드로잉, 전 개인적으로 그리는 것을 좋아해서 캐드 도면도 중요했지만, 평면도를 4b,2b,1b,4h등등의 연필로- 명암 넣으면서 그렸고요(시간이 많이 소요되었죠). 전체구성으로 4개의테마로 만들었습니다. 1.연계 2.시간과 공간 3.자연과 인간 4.우주 로 테마를 잡아 구성했습니다.

   직접 epson 포토프린트기 사용했고요, 노트북(T41GEU 파쥐128모델 램1기가) 소니사이버샷 717과 접사에 강한 니콘995, 포토샵7.0과 3D MAX, CAD2002, epson 스캐너 각 학교마다 포트폴리오 요구사항이 다른데 특히 버클리가 전 이런 거 무시하고 그냥 다 똑같은 것으로 보냈습니다. 내면서 미음 졸인 거 당연하죠. 그런데 후배님들 절대 마음 졸지 마세요. 요구사항 over해도 괜찮습니다. 단 종이사이즈만 지키세요.

   바인딩은 킹코스(4불 50전하는 링)

8. 공모전 성적 : 건축대전 입선 1회, 자드공모전 3등, 공간사무소 콤빼 3등
9. SOP : 나의 간단한 소개와 왜 건축을 하게 되었는지 그리고 당신의 학교를 졸업한 뒤 나의 포부, 당신의 학교에서 내가 관심 있는 과목과 교수님들을 언급했습니다.
10. 지원학교 : Princeton, UPenn, Yale, Columbia, Uva,

Michigan, Uwm, 미네소타, syracuse, 와슈, 버클리, usc, 사이악, 버지니아텍, Uiuc 총 15개의 학교를 지원했네요.
참고로 텍사스에 있는 학교는 지원 안 했습니다. 라이스는 하고 싶지만 합격률 거의 없고 한국학생 지난 3년 동안 안 뽑아서, 나머지 오스틴과 A&M은 텍사스날씨를 제가 경험한 결과 여긴 나같이 더위 많은 사람이 오면 안 된다는 결론을 내렸죠.

11. 어드미션 : UWM, 와슈, Syracuse, 버클리, USC, 미네소타, 콜롬비아, 미시간, 사이악(03-31-05), 버지니아텍. 여기서 USC(25000불 장학금 아마도 반액정도가 됩니다. 1년에 17500불씩) 미시간 8000불 장학금, 와슈 10000불) 중요한 것은 제가 장학금을 신청 안했는데 학교 몇 군데 합격하고 나서 메일 보냈죠 장학금 보내달라고 그래서 얻은 결과입니다.
12. 리젝 : 예일, 프린스턴, UVA, 유펜
13. 학교결정 : 버클리
콜럼비아 3년과 버클리2년을 비교했을 때 뉴욕보다 생활비가 그래도 싼 샌프란시스코와 뉴욕보다 안전한 샌프란시스코를 선택했습니다. 또, 아시안 사람들이 40퍼센트 이상이라서 그래도 아시안 계통이 많은 차별 없는 버클리가 좋았고, 사실 여기서 영주권이나 working 비자 없으면 일 못하거든요. 그래서 능력 있는 분들도 그놈의 영주권 받기위해 3만불도 안되는 돈 받으면서 큰 회사에 들어가는 이유. 1년 공부하고 1년 일하고 다시공부하고 물론 일은 설계겠죠. 그리고 혹시 부모님이 오실지도 몰라서 기후가 온화한 샌프란시스코로 결정했습니다.
그리고 경제적 이유 말고 버클리로 가는 가장 큰이유중에 하나가 콜롬비아의 진보 지향적 건축과 저의 건축이 안 맞는다는 생각하게 되었습니다. 전 사실 survey와 리서치에 의해 멋있는 건축보다는 지어질 수 있고, 현실적인 건축을 좋아하거든요. 이점이 사실 제가 제 자신을 제일 싫어하는 점이면서도, 다른 사람과 다른 강점입니다. 사실 학교 다니면서 왜 난 튀는 생각을 못하지. 왜 난 기상천외한 아이디어를 못 낼까 이런 생각 많이 하거든요 제가 설계한 것은 항상 누군가가 먼저 해왔던 것이었습니다. 하지만 현실과 이상은 괴리가 항상 존재한다는 나의 좌우명에 의해 전 버클리로 갑니다. 감사합니다.

전 미국에서의 실무경험을 위해서 유학을 생각했습니다.

1. 지원프로그램 : Master of Architecture 2005년 가을학기
2. 직장 및 경력 : 2005. 2월 졸업
3. 출신학교 : OO대학교
4. Degree(전공) : B. Science in Architecture
5. 학부GPA
   - overall : 3.46/4.0
   - upper 2 year : 3.76/4.0
   - Max : 4.0/4.0
6. TOEFL : 247(2004년 1월)
7. GRE - Verbal : 450/Quan : 750/writing : 3.5(2004년 6월)
8. 추천서
   - a. 학부director(국내학사/principal),
   - b. 학부director(프랑스)
   - c. 학부director(RISD/Columbia/Harvard)
   - d. 학부director(네덜란드인/principal)
9. 포트폴리오
   - 4작품(공모전2, 학부작업2) - 90 pages. 스프링 제본.
10. SOP

- 4장 분량으로 오랜 기간을 준비하진 않았지만, 한글로 정리하는데 일주일 정도의 시간이 소요되었습니다. 4개의 chapter로 구성해서 각 학기마다 느꼈던 건축에 대한 내 나름의 정의를 제목삼아 단락 식으로 기술했습니다. 영작 작업하는데 3일 정도의 시간이 걸렸고, 그 시기에 수업을 들었던 영어수업의 Canadian 교수님께 1회 교정부탁 드렸습니다. 더 요약을 하구 싶었지만, 추천서와 sop를 모두 제가 작성했기 때문에 정신적 여력 없이 그냥 4장으로 제출했습니다. 그 후에 각 학교에 연락해서 SOP의 text type, font size, 분량 등에 대해 문의 결과, 별 상관없다는 답을 얻어낸 후에 그대로 보냈습니다.

11. 다른 특기사항 : 공모전 수상 경력은 3번 있지만, 그리 규모가 있는 것도 아니었고, 크게 언급하지 않았습니다. 제가 강조한 부분은 각 사무소에서 방학기간에 일했던 짧은 경험들, 작업실에서의 경험, squash 대회에서의 수상 경력 등을 언급했습니다. 공부를 잘 한 것도 아니었지만, 공부만 하는 바보는 아니다 라는 모습을 보이고 싶었습니다.
12. 지원학교(각 학교 제시 마감 순) - 13 schools
    - a. Ohio State University(12.30)
    - b. Arizona State University(12.30)
    - c. Oregon University(1.3)
    - d. UCLA(1.5)

- e. Minnesota(1.15)
- f. UIUC(1.15)
- g. Sci-Arc(1.15)
- h. IIT(1.15)
- i. Virginia(12.1/1.15)
- j. Virginia Tech(1.15)
- k. Texas Austin(2.1)
- L. Florida(2.1)
- m. TAMU(3.1)

13. 입학이 허가된 학교(연락 온 순서)
  - a. Minnesota(2.16) : instate tuition+$6,000
  - b. Virginia Tech(2.26)
  - c. IIT(3.10) - $12,478 + $8,000 TA guaranteed
  - d. Virginia(3.17) - Highly position waiting list
  - e. UIUC(3.21)
  - f. UCLA(3.22)
  - g. Texas Austin(3.24)
  - h. Florida(3.25)
  - i. TAMU(3.25) - instate tuition
  - j. Sci-Arch(4.1)
  - k. University of Oregon(Eugene)(4.2)
  - l. OSU(4.2)
14. 입학이 거절된 학교
  - a. ASU - status check

15. 입학결정 : 4월 2일을 기점으로 모든 학교에서 발표가 났습니다. UVA가 waiting position에 올라와 있긴 하지만, director가 따로 보내준 정보에 의하면 두번째 waiting에 올라와 있으니, 4월 15일까지 입학수락에 대한 언급을 해달라는 내용이 있었습니다.

운이 너무 좋게도, 13군데 지원해서 1곳에서 rejection 받고 12곳에서 합격소식을 전해줬습니다. 최종적으로 선택한 학교는 University of Minnesota 입니다. 제가 쓴 학교들은 모두가 학교 나름의 특색이 있는 곳이라 생각했습니다. 이렇게 모든 학교에서 연락을 받고 보니, 입학사정에 대해 드는 생각은 -지극히 개인적인 생각의 scale이지만- 제가 리젝 받은 ASU 에서는 미니멈으로 제시한 토플점수(250)에 부족해서가 아닌 가라는 생각도 해 봅니다. 물론, 그 학교의 성향에 미치지 못하는 제 포트폴리오두 한몫 했겠지만, 아무래도 주립대 이다보니 그런 기준자체가 더 까다로웠던 건 아닌가 생각을 해 봅니다. 하지만, 대부분의 학교가 꼭 토플점수가 결정적인 요인은 아니다 라는 결론이 나는 것 같습니다. 대부분의 학교가 213점이라는 미니멈을 제시했지만, UIUC에서는 243점, UVA에서는 250점을 요구했었거든요. 어중간한 토플점수에 미련과 걱정이 앞서겠지만, 제 경험이 그랬기에, 237전만 넘으면 어느 정도 허용이 되지 않을까? 라는 생각입니다.

미네소타라는 학교를 선택하게 된 요인은

1. Design과 실무의 조율적인 입장이 마음에 들었습니다.
2. 2개의 대도시(Twin cities - Minneapolis, St. Paul)근처에 학교가 위치하고 있다는 점, 또한 매력이었습니다. 방학기간을 이용해서 인턴 쉽을 해결하기에도 적격이라는 생각이었고요. 졸업 후의 Job Offer가 수월하다는 점이 가장 컸습니다. 그런 면에서 본다면 UCLA가 가장 좋겠지만, 현실이 되어버린 경제적인 부분의 문제 또한 간과할 수 없는 부분이었기에 한결 수월했습니다.
3. Instate tuition offer + $6,000 scholarship 또한, 경제적인 부담을 줄여준다는 부분에서 매력이 아닐 수 없었습니다.
4. Minnesota의 겨울 날씨에 대해 사람들이 많이 걱정을 하지만, 개인적으로 눈이 많은 겨울날을 좋아 하는지라. 겨울에 보드타구 학교 갈 수 있겠다라는 생각을 할 정도로 눈 오는 겨울을 좋아합니다.
5. 다른 학교들에 대한 정보는 없었지만, 이미 Minnesota에서 공부하구 계신 학부 선배님의 조언이 도움이 되었습니다. 아무래도 좀 더 친숙하게 학교의 이러저러한 장단점, 실제로 생활하시면서 느끼신 점들을 많이 조언해주셨는데, 이 또한 심적인 부분에서 결정적 요인이었다라고 생각됩니다.

   이렇게 적고 보니, 학교 결정에 대한 별 내용이 없구나 라는 생각도 들긴 하지만, 나름대로의 그간의 고민들을 다 적을 수는 없었습니다.

16. 여러 가지 생각 :

School :

이미 보셔서 아시겠지만, 전 동부 쪽 학교들은 처음부터 쓰고 싶은 생각이 없었습니다. 경제적인 사정이 가장 큰 요인이었고요. 그 다음의 요인은 유학을 준비하는 모든 이들이 생각하고 있을 테지만, 전 미국에서의 실무경험을 위해서 유학을 생각했습니다. 어쩌면 너무도 미련스럽기 그지없는 유학준비생의 생각일련지도 모르겠지만, 유학이 그 도구쯤 된다는 생각을 했었고, 졸업 후의 Job Offer에 대한 생각이 가장 컸습니다. 동부 쪽 학교들의 훌륭한 교육 여건과(competition 포함) 그보다 더 훌륭한 faculty가 매력적이긴 했지만, 그로 인해 내 스스로가 어느새 껍데기만 치장된 건축 인이 될지도 모른다는 생각에(단순히 제 스스로 저를 비추어 보았을 때의 생각입니다. 오해 없으시길.) 용기 내어(?) 원서를 내지 않았습니다. 지금 이 글을 적는 시점에서도 그 생각에는 변함이 없습니다. 많은 학교를 지원한 이유는 지원 당시에 한 학교에서도 연락이 오지 않을 경우에 날릴 술값을 떠올리며, 술값보다는 원서비로 써서 마음 편히 먹는 게 좋지 않을까? 라는 생각이었습니다. 비록, 너무나 개인적 생각이지만, 앞으로 지원하시는 여러분들께서도 참고가 되셨으면 합니다. 간략히 말씀드리면, 두루두루 쓰일 수 있는 도구보다는, 적당한 장소에 알맞은 장소에서 쓰일 수 있는 도구가 되고 싶다는 생각이었습니다.

Recommendation :

- 추천서만 떠올리면 너무도 화가 납니다 - signature는 네

분께 받았지만, 작성은 제가 다 했습니다. 물론, 각 교수님들과의 에피소드를 위주로 작성 했습니다. 모두가 제 머릿속에서 나오고, 제 손을 거쳐 영작된 내용이었기에 정말 피곤한 작업이었습니다. 문체를 다르게 한다는 것이 가장 힘들었습니다. 3주 정도의 시간이 소요되었습니다. 두 분은 1페이지, 한분은 3페이지, 한분은 2페이지 분량이었습니다. 유일하게 국내학사 출신이신 교수님께서는 - 제가 가장 존경하는 분입니다 - 생략하면 좋은 부분은 과감하게 정리해 주시기도 했습니다.

> 처음에 제가 모든 추천서를 적어야만 한다는 사실이 부담되었지만, 시간이 지날수록 오히려 맘 편하다는 생각이 들었습니다. 앞으로 추천서를 받으실 때 느끼게 될 내용이지만, 정말 피곤한 작업입니다.

Portfolio :

출력은 학교에서 플로터기로 해서 떡제본 했습니다. 직접 cutting해서 kinko's에서 스프링 제본 했습니다. 작업은 9월초부터 본격적으로 시작해서 11월말에 끝났습니다. 따로 작업한 내용은 전혀 없이, 학기마다, 공모전마다 작업한 pannel 편집만 했습니다.

1차 포트폴리오 작업 후에, 여러 교수님들과 선배님, 사무소 소장님들 찾아뵙고 보여드렸습니다. 하지만, 아쉽게도 그 후에 수정이나 추가 작업은 전혀 없었습니다. 이미 매학기 마감을 하면서,그러한 일들이 익숙해졌더라고요. 여러 번 수정을 거친다는 생각보다는 한번 할 때, 마감이라는 생각으로 작업했습니다. CAD, Form-Z, Max, Photoshop, Illustrator등의 툴로 작업했습니다. 컴터 사양은 512 RDRAM, CPU 2.45였습니다.

작품에 대한 내용을 정리한다면, 전체 작업은 공모전 작업을 포함해서 9개 작품이었지만, 그 중 잘된 것보다는 가장 특징있는 작업으로 4개를 선별했습니다. 나름대로 그 작업에서 보여줄 수 있는 나만의 능력을 어필하고 싶었습니다. 그래픽에 대한 능력, 분석에 관한 능력, drawing을 포함한 수작업에 대한 능력, 전체적으로 다 보여줄 수 있는 작업 이렇게 말이죠. 그래서 각 작업마다 첫 페이지에(dandy, classic, modern... 등등으로 작업에 대한 이미지를 만들었습니다. 타인의 포트폴리오는 참고하지 않았습니다. 눈이 기억하고 있는 것들은 완전한 내 것이 아니라는 생각이었습니다. 단지, 서점에서 구할 수 있는 각 분야별 design 책들의 구성을 참고했습니다. 가장 특징적이라고 할 수 있는 내용은 제 작업에 있어서의 나름대로의 design process와 material에 관한 정리, 또한 sub work로 올렸던 수묵화 작업, textile design 작업이었다고 생각합니다.

apply;

각 학교마다 다르다는 것을 알고는 있었지만, 제가 느낀 점을 말씀드린다면, 롤링 방식으로 진행되는 학교들이 있었습니다. 전 그것보다는 3년 전쯤에 오픈스케일에서 보았던 어떤 분께서 올려주셨던 문구가 생각나서 가능하면 빨리 보내는 게 상책이라 생각했습니다. "입학사정은 주차장 차대기"라는 말이었는데요. 맞는 말 같습니다. 몇몇 학교들은 롤링 방식이었던 것 같습니다. 제가 지원한 시기들은 각 학교에서 제시한 마감 날짜보다 모두 2주전에 마감했습니다. 가능하면 일찍 지원하면 할수록 마음의 여유를 위해서도 좋은 일 같습니다.

정리하면서;

참 많이 길어졌군요. 하지만, 제가 준비를 하면서 매 순간 느꼈던 처음이라는 것들에 대한 두려움이 긴 글을 남기게 한 것 같습니다. 직접 경험해 보아야만 그 두려움이 사라질 테지만, 제 경험에 대한 짧은 소고가 2006년을 준비하시는 여러분들께 도움이 되었으면 하는 바램입니다. 항상 멋있는 사람이 되고자 마음으로 노력하지만, 항상 부족한 제 자신이 이곳에 이런 글을 남긴다는 게 참 우습다는 생각이 듭니다. 더 노력하겠습니다.

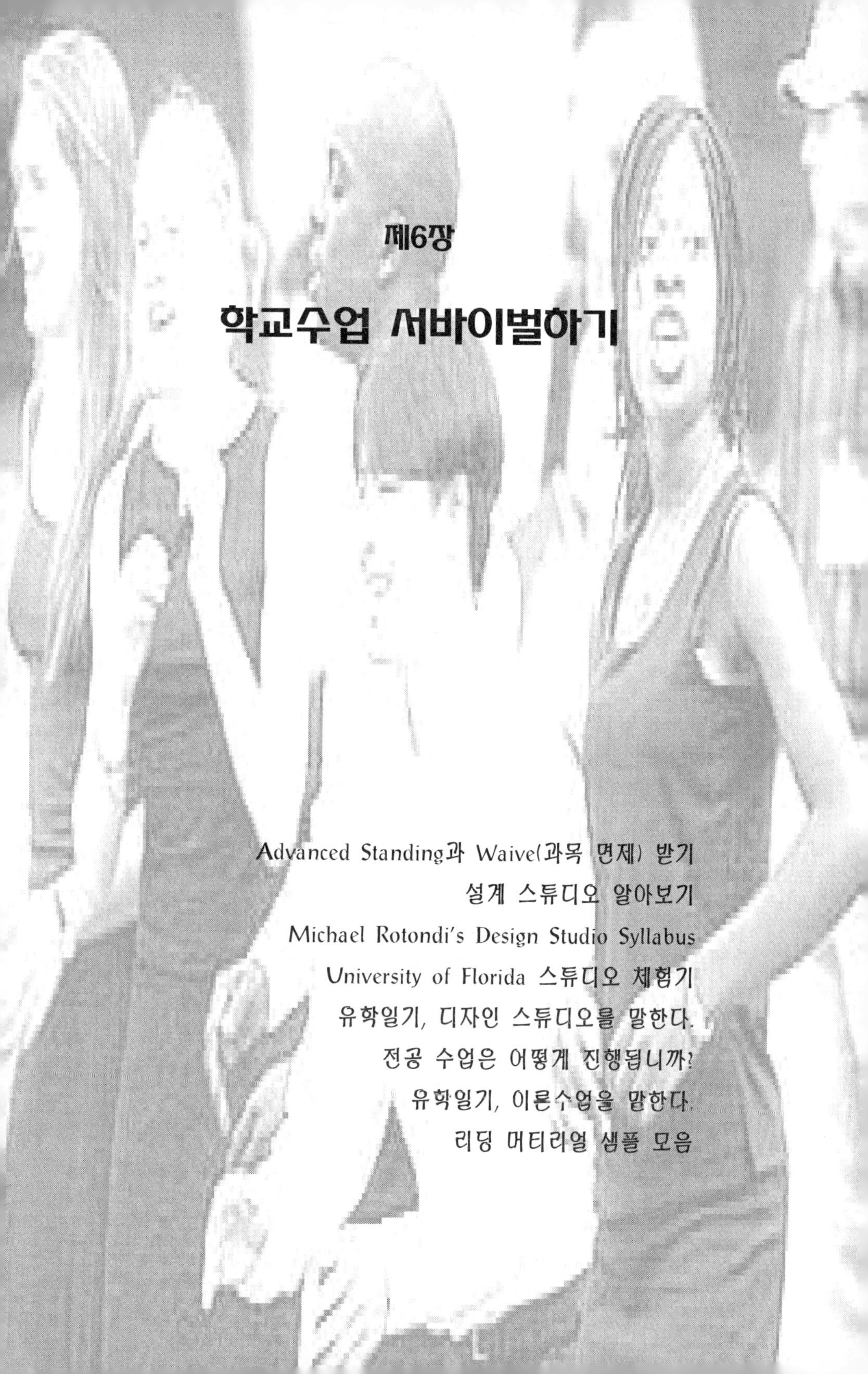

제6장

학교수업 서바이벌하기

Advanced Standing과 Waive(과목 면제) 받기

설계 스튜디오 알아보기

Michael Rotondi's Design Studio Syllabus

University of Florida 스튜디오 체험기

유학일기, 디자인 스튜디오를 말한다.

전공 수업은 어떻게 진행됩니까?

유학일기, 이론수업을 말한다.

리딩 머티리얼 샘플 모음

Advanced Standing과 Waive(과목 면제) 받기

최고에 도달하려면 최저에서 시작하라.

- P. 시르스 -

개강 후 얼마 지나지 않아서 Graduate Advisor를 만나러 갔습니다. 봄 학기에 입학한 학생도 별로 없었고, 개강하기 전부터 병원 신세를 지느라 입학 오리엔테이션도 참가하지 못했었습니다. 개강하기 전에 건축과(科)에서 신입생 환영회와 비슷한 파티를 하는데 거기도 불가피하게 참석을 못한지라, 학교가 어떻게 돌아가는지 정신이 없을 지경이었습니다. 제가 입학했을 당시 건축대학원에 한국 유학생이 한 명 공부하고 있다고 들었는데 만날 수도 없었고 필요한 정보도 구하지 못한 실정이었습니다. 미리 알았으면 만반에 준비를 했을 텐데 말입니다.

이미 언급을 했지만 First Professional Degree의 이수 학점은 건축 학위가 있으면 최소 66학점부터 72학점이고, 건축을 전공하지 않았으면 최대 111학점입니다(물론, 학교마다 다르기도 합니다). 한국의 건축 교육이 4년제이기 때문에 미국의 5년제보다 1년이 부족한 만큼 더 공부하라는 것입니다. 직장 경력이 있든 건축기사 자격증이 있든 그것은 상관이 없습니다. 왜냐고요? 한국의 현재 학위 시스템이 미국처럼 공식적인 프로페셔널 학위가 아니기 때문에 인정해 주지 않기 때문입니다. 미국 학생들도 마찬가지입니다. 라이스에서 건축학부를 마쳤어도 버클리에서 학사 학위를 가졌어도 석사 과정으로 다시 진학하게 되면 최소 66학점을 들어야 합니다. 왜냐하면, 이들 학교가 4년제이기 때문입니다(이수 학점은 학교나 프로그램마다 다르므로 앞쪽의 대학원 프로파일 내용을 참조바람).

미국 학생들도 그럴진대, 아시아의 작은 나라 한국에서 왔으니 미국 교수들은 학생의 실력을 더욱더 의심하는 것입니다. 그래서, 수강 신청하기 전에 Graduate Advisor와 인터뷰를 하게 됩니다. 매우 중요한 인터뷰입니다. 66학점이냐, 아니면 80학점이 넘느냐, 졸업 이수 학점이 이 자리에서 거의 결정이 나기 때문입니다. 건축으로 전공을 바꾼 사람도 마찬가지입니다. 학부 때 건축과 유사한 공부를 했으면 이 자리에서 몇 과목을 면제받을 수 있습니다. 하지만, 그 인터뷰 자리에서 결정하지 못할 경우에는 학교를 다니면서 웨이브를 받아야 하는데 여간 성가신 일이 아닙니다.

예를 들어, 학부 때 토목을 공부했으면 건축구조나 시공 등의 과목들을 수강할 필요가 없습니다. 또, 산업디자인이나 미술을 전공했으면 드로잉 수업의 몇 과목을 면제받을 수도 있습니다. 말 몇 마디에 한 학기를 더 공부하느냐, 아니면 빨리 졸업하느냐가 결정되기 때문에 최대한의 정보를 입수하고 준비를 해야 합니다. 제일 좋은 방법은 그 학교에 다니는 한국 학생을 만나서 물어 보는 것이 좋습니다. Graduate Advisor와 인터뷰 할 때 학부 때의 성적표를 가지고 이야기하기도 하는데, 학부 때 들었던 과목과 해당 학교에서 개설하는 과목 중에 중복되는 것이 있으면 면제를 받을 수도 있습니다. 가끔은 특정

과목에 대해 한국에서 무얼 배웠냐고 묻는 경우가 있습니다. 만약에 학과 내용이 틀리면 다시 수강해야 합니다. 자신이 판단해 어떤 과목은 수강할 필요가 없는데도 불구하고 강요하는 경우가 있습니다. 성적표에는 기록이 되어 있지 않고, 공식 서류로는 증명할 길이 없으면 시험을 보든지, 아니면 학부 때 배웠던 교과서나 강의 요강서(Syllabus) 또는 기사 시험 준비서라도 보여주어야 합니다.

그래서, 가을 학기로 들어오는 학생들은 학기 시작하기 전에 특정 과목에 대한 시험을 보는 경우도 있습니다. 예를 들면, 서양건축사 같은 과목을 들 수 있습니다. 하지만 필자 생각에 건축사 시험을 보는 것은 다소 무리라고 생각합니다. 어떻게 수년 전에 공부했던 것을 당장 시험 본단 말입니까? 그것도 영어로 말입니다. 과거의 강의 계획서도 어디서 구한단 말입니까? 교과서도 마찬가지입니다. 한국으로 전화를 걸어 교수님께 보내 달라고 부탁하든지 아니면 시험을 보든지, 아니면 수업을 들어야 합니다. 그래서, 될 수 있으면 한국에서 학부나 대학원을 다니고 있는 중이면 마치고 오는 것이 좋습니다. 중간에 휴학하고 온다든지 그만두고 오면 과거에 공부한 내용을 전혀 인정받지 못합니다. 특히, 대학원 과정은 더욱 그렇습니다.

한국에서 건축 석사 과정을 밟고 있는 사람은 선택을 두 가지 할 수 있습니다. 빨리 그만두고 유학 준비를 하든지, 아니면 빨리 마치고 건너오든지 입니다. 한국에서(미국도 마찬가지이지만) 석사 과정을 2학기나 또는 3학기를 마쳤는데도 불구하고 도중에 유학을 오는 것은 그동안 공부했던 세월을 깨끗이 포기하고 다시 처음부터 시작해야 한다는 마음을 가져야 합니다. 학부 과정이든 석사 과정이든 도중하차하고 미국에 오는 것은 적지 않은 시간과 돈 낭비라고 볼 수 있습니다.

과목을 면제받기 위해서 가장 중요한 것은 정보입니다. 학교 방침은 자기 학교의 커리큘럼과 다르면 다시 공부해야 된다는 원칙을 가지고 있습니다. 콜럼비아 대학에서 1년 다니다가 하버드를 갔다 해도 졸업 학점 이수에는 변함이 없습니다. 한국에서 이제껏 배웠던 건축이론 과목들을 교수에게 설명하여 그것이 유학간 대학의 이론 수업과 비슷하면 면제받을 수도 있겠지만, 그건 정말 우연의 일치가 아니고서는 거의 드문 일일 것입니다. 학교에서 최소한으로 요구하는 학점을 줄일 수는 없습니다. 다만, 이미 공부한 것을 억울하게 다시 듣는다는 것을 미리 방지하고자 함입니다. 그래서, 한국에서 가져올 수 있는 주요 건축 교과서나 강의 계획서 그리고 건축기사 수험준비서 등을 가져오는 것이 좋습니다. 그리고 나서 현지 유학생의 도움을 받아 유학간 곳의 학교에서 개설한 강의 계획서를 미리 한 번 살펴보고 준비를 하는 것이 좋습니다. 어드바이저와 인터뷰할 때 직접 교과서나 강의 계획서 등을 보여주며 설명하는 것이 더욱더 설득력이 있을 것입니다. 실제로 있었던 일인데, 이곳에 유학 와서 건축구조 과목을 인정 못 받아 유학 공부 도중에 다시 준비하여 건축구조 시험을 보고 합격한 후 웨이브를 받은 적도 있었다고 합니다.

학부 때 이미 들었던 과목을 다시 수강하는 것도 그리 썩 나쁘지는 않습니다. 문제는 시간과 경제적인 지출일 것입니다.

석사 과정을 4년 한다고 가정해 보십시오. 한국에서 대학 다니는 것과 똑같은 시간 아닙니까? 이미 배웠던 것을 영어로 다시 배운다기보다는 한국에서 배우지 못했던 새로운 분야나 과목을 수강해야 유학의 이점이 있다고 말할 수 있지 않을까요? 그리고, 어드밴스 스탠딩이라는 것은 스튜디오와 관련된 사항인데 아래 설명한 포트폴리오 리뷰와 밀접하게 관련되어 있으므로 자세하게 읽어보기 바랍니다.

Portfolio Review

Post Professional Degree를 공부하는 사람은 계획 논문 비슷한 디자인 리포트를 써야 합니다. 하지만 First Professional Degree를 공부하는 사람은 논문 대신 학점이 많아서 코스 워크만 마치면 졸업입니다. 왜냐고요? 아카데믹한 학위가 아니기 때문입니다. 말 그대로 프로페셔널 학위이기 때문에 논문은 졸업에 필수 사항이 아닙니다. 하지만 한 가지 치러야 할 일이 있습니다. 포트폴리오 리뷰(심사)를 졸업하기 전에 하는 것입니다.

학교마다 커리큘럼이 다르기 때문에 엄밀히 말해서 미국 전체 대학에 해당된다고 말할 수 없습니다. 하지만 대부분의 학교가 포트폴리오 리뷰를 하는 것으로 알고 있습니다. 이 내용은 학교 소개 책자에도 언급되어 있지 않은 진짜 살아 있는 정보입니다. 심지어 입학하고 나서도 잘 모르고 있다가 어느 날 갑자기 포트폴리오 리뷰를 준비하라는 통보를 받기도 합니다.

디자인 스튜디오는 Vertical(학교마다 용어가 다를 수도 있습니다) 과정과 Advanced 과정으로 구분되어져 있습니다. 건축 비전공자들이 석사 과정으로 전공을 바꿔서 들어왔을 때 이 Vertical Studio를 3~4개 정도는 마쳐야 합니다. 그리고 나서 포트폴리오 심사를 하게 됩니다. 학생 실력이 얼마 정도인가를 교수 3명이 심사한 다음에 Advanced Studio로 보낼 것인가 말 것인가를 결정합니다. 한마디로 건축 석사로서 디자인 실력이 수준 미달이면 더 공부하라는 것입니다.

한국 학생처럼 4년제 대학에서 건축 전공을 했을 경우, 일단 첫 학기를 Vertical Studio로 보내고 나서 학기말 중에 포트폴리오 심사를 하게 됩니다. 그때 진짜 실력을 직접 보겠다는 것입니다. 입학 지원했을 때의 포트폴리오와 학기 중에 하고 있는 프로젝트도 같이 심사하게 됩니다.

조금은 부담이 되지만 제대로 된 건축교육 과정을 했다고 생각하는 사람은 걱정할 필요가 없습니다. 하지만, 가끔 보면 3번씩이나 떨어진 사람도 있었습니다. 떨어진 만큼 졸업이 늦어진다고 보면 됩니다.

미국 사회는 원칙을 고수하는 스타일이라고 보면 됩니다. 대충 대충이라는 것은 없습니다. 일단 이 심사를 통과하면 졸업 자격을 갖는 것과 유사합니다. 3개의 Advanced Studio와 남은 과목을 이수하면 졸업이니 말입니다. 남의 작품들을 빌려서 포트폴리오를 만들었거나 회사에서 했던 거창한 프로젝트를 자기 포트폴리오에 아무런 언급 없이 도용한 사람들은 한 학기도 못 가서 들통이 납니다. 미국 건축학교의 프로페셔널 과정은 말 그대로 프로를 만드는 과정입니다.

설계 스튜디오 알아보기

무지는 신의 저주이며 지식은 천상에 이르는 날개다.

- 세익스피어 -

설계 수업(스튜디오)은 석사(M.Arch.) 과정에서 제일 중요한 부분을 차지하고 있습니다. 학점도 일반 과목의 2배입니다. 보통 6학점이 디자인 스튜디오로 배정되어 있어서 수업시간도 일주일에 15시간 정도로 진행됩니다. 월, 수, 금 오후 1시부터 6시까지 진행하는 것이 일반적입니다. 필자가 한국에서 공부했을 당시에는 보통 1주일에 2일 정도, 10시간이 설계수업이었고 학점도 3학점이었던 기억이 납니다. 한국도 많이 바뀌어졌으리라 믿습니다. 미국에선 모든 과목 중에 스튜디오가 중심적인 위치를 차지하고 있습니다. 학교마다 커리큘럼이 다를 수도 있지만 일반적인 스튜디오 진행 방식은 대부분 비슷하다고 볼 수 있습니다.

미국의 스튜디오는 학생이 자율적으로 선택을 하게 되어 있습니다. 프로젝트를 모든 스튜디오가 획일적으로 똑같이 진행한다든지 친절하게(?) 반 편성까지 학과에서 일괄적으로 정해주는 것이 아닙니다. 자신이 관심 있는 스튜디오를 스스로 선택하게 하는 방식이 수업의 기본 방향입니다.

한국의 설계 스튜디오와 다른 점들이

있습니다. 요즈음은 외국에서 공부하고 돌아온 교수진들이 많아서 자신이 공부했던 스튜디오와 비슷하게 설계수업을 진행할 수도 있겠지만, 미국이라는 문화적인 차이에서 오는 상이함은 직접 체험해 보지 않는 한 알 수 없는 것입니다. 유학 오기 전 스튜디오 수업에 대해 미리 알아보고자 합니다.

1. 스튜디오 복권추첨(Studio Lottery)

웬 복권 추첨이냐고 궁금해 할겁니다. 학기가 시작하기 전에 스튜디오 수업을 개설하는 교수들이 간략하게 수업계획서를 학과 게시판에 붙여 놓습니다. 개강하기 전에 미리 학교에 들려서 프로젝트, 수업목표, 진행방법, 평가항목 등을 기록한 각 교수들의 수업계획표를 미리 보아 두는 것이 좋습니다. 이번 학기에 어떤 스튜디오가 개설되는지를 미리 알아보고, 그 중에 관심 있는 수업이 있으면 교수를 직접 찾아가 수업 목적이나 일정에 대해 물어 보는 것도 좋습니다. 아니면, 현지 유학 선배에게 교수들에 대해서 물어보는 것도 좋은 방법입니다. 아마 제일 빠른 방법이겠지요.

각 스튜디오 과목마다 Lottery 시간이 정해져 있습니다. 보통 개강 후 설계수업이 있는 첫날에 스튜디오 Lottery를 하게 됩니다. 스튜디오 추첨을 하는 것입니다. 이를테면, 학과목마다 개설된 스튜디오가 서로 다른 시간에 Lottery를 하는 것입니다. Lottery 시간에는 절대로 늦으면 안 된다는 것을 명심하십시오. 불이익을 당할 수가 있으므로 꼭 정해진 시간에 가야 합니다.

먼저 스튜디오를 개설한 교수들이 간단하게 자기 소개와 프로젝트 소개, 진행방법, 교과 목적 등을 학생들에게 소개합니다. 한 과목당(예를 들어, 디자인 1이라는 과목) 적게는 4개 스

튜디오 많게는 8개 스튜디오가 한 학기에 개설됩니다. 교수들의 설명이 끝나면 학생들이 프로젝트나 스튜디오에 대해 궁금한 내용을 교수들에게 질문하고 간단하게 답하는 시간을 갖습니다. 그리고 나서 미리 나눠 준 스튜디오 배정 신청서에 과거에 들었던 교수 수업을 표시하거나 자기가 듣고 싶은 스튜디오를 지망 순서에 따라 표시를 합니다. 대학지원 시 우리가 했었던 1지망, 2지망하는 것처럼 말입니다.

당연히 인기 있는 교수의 스튜디오는 경쟁률이 심합니다. 재미없거나 늙은 교수들의 스튜디오는 한가하기 마련입니다. 그래서 복권 추첨처럼 '스튜디오 Lottery'라고 부릅니다. 학교 방침은 1지망 80%, 2지망과 최소 3지망까지 학생들이 원하는 곳으로 배정을 해 주려고 노력하지만, 경쟁이 치열하면 어쩔 수가 없습니다. 말 그대로 Lottery인 것입니다. 때로는 학기가 시작되기 전에 유명 스튜디오의 학생들을 미리 신청 받기도 합니다.

Lottery 신청서를 담당 교수에게 제출하면 컴퓨터에 입력한 후 1시간 정도 기다린 다음에 발표를 하게 됩니다. 그 결과에 불만이 있는 학생들을 구제하기 위해 바꿀 수 있는 기회를 한 번 더 주기도 합니다. 교수들마다 프로젝트가 서로 다르고 수업방식이나 평가방식도 교수들에게 자율적으로 주어지므로 학

생들의 특정 교수에 대한 편중현상은 심하다고 볼 수 있습니다. 스튜디오 Lottery를 처음 갖는 사람은 교수들이 어떻다는 것을 알 수가 없습니다. 주위에 한국 학생이 있으면 설계 교수들에 대해 미리 한 번 확인할 필요가 있습니다. 왜냐하면, 인종차별하는 교수나 게이 교수들이 있기 때문입니다.

스튜디오가 정해졌으면 바로 수업에 들어갑니다. 우선 수업할 설계실로 가서 자기 책상을 배정 받고, 교수의 프로젝트에 대한 설명이나 학생들 소개 등부터 시작하게 됩니다. 학생 당 제도판 하나, 작업대 하나가 전부입니다. 스튜디오가 좁을 경우는 두 사람 당 한 모델 작업대를 같이 사용하기도 합니다. 보통 스튜디오 당 10명에서 많을 경우는 15명까지 수업하게 됩니다.

획일적인 교육보다는 학생들에게 선택권을 주는 것이 한국과는 다를 것입니다. 학생이 스스로 스튜디오를 선택하게 하고, 한번 들었던 교수의 설계수업은 다시 듣지 않는 것이 일반적인 현상입니다. 한국처럼 학부, 석사, 박사를 한 교수 아래에서 무려 10년을 넘게 헌신적으로 봉사하는 맹신자(?)나 광신도(?)들은 찾아 볼 수가 없습니다.

일반적인 현상은 같은 학교에서 계속해서 공부를 하지 않는 점입니다. "한 번이면 만족(滿足)하다"라는 것입니다. 학교 출신이 한국만큼 중요하지도 않기 때문이기도 하지만, 새로운 환경에서 또 다른 사람들로부터 교육을 받고자 하는 생각이 작용하는 듯합니다.

2. 필드 트립/슬라이드 쇼/세미나(Field Trip/Slide Show/Seminar)

나의 첫 스튜디오의 프로젝트는 고급주택이었습니다. 학교에서 1시간 정도 떨어진 강가의 언덕 위에 사이트가 있었습니다. 부자들이 사는 동네였고 주로 밀리언네어(Millionaire) 집들이 위치한 곳이기도 하였습니다. 차 없이 스튜디오를 진행하기란 힘듭니다. 학교와 같은 도시 내에 있으면 다행이지만 인근 도시에 프로젝트 사이트가 있는 경우도 많습니다. 대도시에 있으면 그렇지 않겠지만 중소 도시에 학교가 위치해 있으면 대도시로 가끔 사이트 사냥을 가게 됩니다. 어스틴(Austin)에서 산 안토니오(San Antonio)나 휴스턴(Huston)까지 사이트 조사를 가끔 가기도 합니다.

가장 첫 번째 필드 트립(Field Trip)은 사이트 조사입니다. 스튜디오 공동으로 다 같이 대지조사를 가게 되고, 대지에 모여 같이 둘러보고 이야기하고, 사진 찍고, 건축주가 있으면 즉석에서 인터뷰도 하게 됩니다. 이 과정은 한국과 거의 비슷하리라 봅니다.

필드 트립(Field Trip) 단계에서 가장 많이 하는 것은 프로젝트와 성격이 같거나 담당 교수가 설계한 건물들을 직접 방문하는 것입니다. 스튜디오와 관련된 건축업체를 방문하기도 하고, 건축주가 학교로 찾아와서 같이 수업하는 경우도 있습니다. 가능하면 학교교육을 실질적인 사회 현장과 연관시키려고 합니다.

첫 프로젝트가 고급주택이다 보니 학생들에게는 한 가지 딜

레마가 있었습니다. 그것은 어떻게 학생 신분에서 백만장자(Millionaire) 집을 설계할 수 있느냐 였습니다. 고작 살고 있는 곳이 학생 아파트일 텐데 말입니다. 그래서 교수가 설계한 집을 시작해서 건축가가 설계한 주택들, 때로는 주택건축 시공현장까지 직접 구경하는 경우도 있었습니다. 느끼고 직접 배우라는 것이었습니다. 이러한 과정은 프로젝트를 이해하는 데 많은 도움이 됩니다. 그것도 살아 있는 현장경험 말입니다. 대부분의 스튜디오가 필드 트립(Field Trip)을 3~4번 정도 가게 됩니다.

필드 트립 외에 스튜디오에서 이루어지는 것은 슬라이드 발표와 세미나 수업입니다. 교수가 먼저 자신의 작품이나 이와 유사한 프로젝트들을 소개하고 토론합니다. 다큐멘터리 영화를 보고 난 후에 세미나를 통해서 이론적인 접근방식의 검토와, 프로젝트가 가지고 있는 여러 특성들을 토론하면서 디자인 이슈들을 공동으로 작업하기도 합니다.

학생들이 스튜디오 프로젝트와 비슷한 기존 작품 하나를 선택해서 발표하기도 합니다. 타 프로젝트에서 배울 점들을 토론하기도 하고 프로젝트의 프로그램을 숙지하고 풀어 나가는 배경을 습득하게 됩니다. 이러한 일련의 과정은 일종의 워밍업(Warming Up) 단계이라고 볼 수 있습니다. 본격적인 스튜디오 과정의 준비단계인 셈이지요. 교수들이 미리 설계교육에 관한 자료들을 준비해 두고, 읽을 자료(Reading Materials)들을 복사해 오거나 리딩 리스트(Reading Lists)를 나눠주며 의무적으로 자료들을 읽도록 요구하기도 합니다. 이것은 이론적인 것과 실질적인 디자인의 상호보충을 시도하는 의도라고 보면 되겠습니다.

3. 핀업(Pin-Up)

학교가 학기(Semester)제인 경우는 한 학기가 보통 15주로 편성되어 있습니다. 이 중에서 일주일에 삼일 동안 스튜디오 수업을 하니 거의 설계에 모든 것을 매달린다고 볼 수 있습니다. 이론 수업은 대부분이 화, 목요일에 편성되어 있습니다. 스튜디오가 무르익으면 학생들이 다 모여서 발표를 하게 됩니다. 이것을 보통 핀업(Pin-Up)이라 부르는데, 핀으로 도면을 벽에 다 올려붙이고 발표한다는 의미일 것입니다.

보통 핀업의 진행방식은 스튜디오 학생들과 교수들이 모여서 한 사람씩 자신의 설계과정을 발표하는 것입니다. 물론 영어로 말입니다. 처음에는 진땀을 빼지만 한 두 번하면 익숙해지니 그리 큰 걱정은 하지 마십시오. 담당교수가 핀업 룸이나 발표 시간을 1주일 전에 미리 예약을 하고, 다른

교수들(리뷰어)을 초청합니다. 발표하고 질문하고 답하고 그렇습니다. 한 사람 당 약 30~40분 정도 걸리는 것이 일반적인 핀업입니다. 일종의 쪽지시험과 같은 역할을 합니다.

발표 내용은 한국의 설계수업에서 하는 것과 유사합니다. 개

념, 디자인 의도, 형태 의도 등 자신의 설계과정을 발표하는 것입니다. 한 학기 중 핀업은 약 3~4번 정도 하게 되는데, 교수마다 교육 스타일이 다르기 때문에 매 주마다 하는 교수가 있고, 한 달마다 하는 교수가 있습니다. 그것은 스튜디오의 프로젝트 규모나 성격과도 관련이 있습니다. 한 학기에 프로젝트를 1개만 하는 스튜디오가 있고, 3~4개까지 하는 경우도 있습니다. 바쁜 스튜디오가 있는 반면에 한가한 스튜디오도 있게 마련입니다. 이것은 전적으로 스튜디오의 모든 과정을 교수에게 독립적이고 자율적인 교육의 권한을 부여해 준 것이라고 볼 수 있습니다.

4. 리뷰(Reviews)

담당 교수는 핀업이나 리뷰 일정을 미리 잡아 놓고 다른 교수들이나 그 지역 건축가들을 부르는 것이 일반적인 리뷰입니다. 이것 또한 예약 제도가 잘 되어 있는 미국 사회의 한 단면이라 할 수 있습니다. 핀업의 성격이 다소 비공식적인 반면에 리뷰는 공식적인 형태의 설계 발표회입니다. 학생들도 옷차림을 깔끔하게 입고 리뷰에 참여하며, 리뷰 준비사항도 미리 교수가 알려줍니다. 2~3주 전에 리뷰 일정을 잡아 놓고 학생들에게 알려주면 스튜디오가 조금씩 바빠지게 됩니다. 모델도 만들어 준비해야 되고 도면도 그려야 하는 등 리뷰 준비에 정신없어집니다.

리뷰를 진행하는 방법은 이렇습니다. 교수가 미리 예약을 해서 다른 교수(리뷰어)들을 부릅니다. 리뷰어들과 전 학생이 모

인 후에 발표자 혼자 말하는 스타일이 있는가 하면 학생과 리

뷰어가 일대 일로 리뷰하는 방법이 있습니다. 전자는 매우 공식적이며, 발표하는 사람은 긴장을 많이 하게 되고 교수들이 질문할 때면 횡설수설 당황하게 됩니다. 주로 리뷰 장소는 주로 큰 홀에서 하는 경우가 많기 때문에, 그 속에서 혼자 발표할 때면 보통 20~30여명이 발표자를 지켜보게 되는데, 영어도 잘 안 되고 긴장까지 하게 되어 참으로 진땀빼는 시간이 됩니다.

리뷰어들과 일대 일로 말하는 것은 다소 캐쥬얼하다고 볼 수 있습니다. 리뷰어하고 일대 일로 이야기하면서 작품을 설명하기 때문에 부담도 그리 되지 않습니다. 마치 둘이 대화하는 분위기이지요. 다만 똑같은 설명을 리뷰어가 올 때마다 반복해야 되는 것이 다소 귀찮기도 하지만, 외국인 학생으로는 긴장이 덜 하기도 합니다.

미리 발표할 내용을 메모해 가면 좋습니다. 30분에서 1시간 정도를 발표하고 토론하게 되는데, 이 리뷰 시간에 많은 것을 배우게 됩니다. 담당 교수의 의견보다는 다른 교수들의 코멘트를 주로 청취하는 시간이어서 다양한 의견과 아이디어를 건질 수 있습니다. 설계의 불가능한 요소들을 꼬집는 것이 아니라 아이디어의 문제점이나 방향 등을 서로 개진하게 되는 시간입니다.

외국인 학생 신분으로 영어가 안 되면 그림으로 설명하는

수밖에 없습니다. 영어가 부족한 만큼 도면이나 모델을 더 많이 준비하는 것입니다. 말이 안 되면 성의라도 보여야 하는 것이 기본 상식이니까요. "기죽지 말고 되는 영어 안 되는 영어 마구 하라"는 한국 교수님의 말이 생각납니다. 미국 학생들 중에도 말로 때우는 친구들이 있기도 합니다. 어렸을 때부터 토론 위주의 교육을 받은 미국 학생들은 말하는 것 하나만큼은 잘 훈련되어 있다고 볼 수 있습니다. 때론 얄밉기도 하지만 어찌하겠습니까? 아쉬운 것은 인터내셔널 학생들이지요.

스튜디오 진행 방식이나 실제 스튜디오에 대해 보다 나은 이해를 돕고자, 마이클 로툰디의 스튜디오 진행서(Syllabus)와 플로리다 주립 대학의 살아 있는 스튜디오 체험 기를 예(例)로 실었습니다. 일반적인 미국 건축학교의 스튜디오 진행과 유학생의 체험기라고 보면 될 것입니다.

Michael Rotondi's Design Studio Syllabus

본 내용은 The University of Texas at Austin의 1998년 봄 학기(98년 1~5월),
Michael Rotondi's Studio 강의 계획서입니다.

Michael Rotondi의 허락 아래 글을 실었음을 알립니다.
<저자 주>

The University of Texas Spring Semester Studio

by Michael Rotondi

A. Thinking systemically
B. Visualizing the whole thing
C. Architecture as a setting
D. Architecture in a setting

– ***Project*** : ***A Nature Center in Texas*** for
- Naturalists
- Birders(watchers)
- Storytellers
- Us Generally(but in precise ways) we will study, draw, and model
  1. Cycles celestial, bi-urnal
  2. Systems purpose, process
  3. Orders position, orientation, size

4. Movement motivation, resistance out of which space and form will emerge

■ Thought 1.

Our objective is to improve our ability to think big(Macro) and small(Micro) simultaneously and to understand the nature and relationship of *Limits*, *Choices* and *Consequences*. We will share to stay focused on the fact and conceptual relationship between *Continuity, Change*, and *Growth* paying special attention to what could be the most fundamental concept of society-*Reciprocity*. We will develop a broader and deeper understanding of a key word(to this project).

Ecology and study it in 3ways

Philosophical - Meaning

Economic - Currently of exchange

Physical - Facts

■ Thought 2.

: *Time and Space*

Temporal and spatial order

Time from our human perspective is one of the principle dimensions along with space in which we orient ourselves within reality(as we know it). Time is a human creation. It is not something empirically given in the world to be laid out and measured moving beyond this abstract level, it could be said that in the whole natural community there exists. The temporal experiences identified with ecology, occupation, behavior, and social structure.

Migration for purpose of mating, hunting, and general sustenance, activities that correspond to the nature cycles of reasons and day and night. Through our study and documentation and diagramming of the migration patterns and router over Texas we will find sites that interest us for reasons we will describe and explain, upon which we will propose a nature center building. This building will be a place of exchange. It will be a place for teaching and learning. Ideas and new information will be the currency of exchange.

The building will have to be strategically situates on the situated on the site you choose so that it won't disrupt the natural events of the site. It is possible that it can be instrumental in enhancing our listening and observing capabilities. It is possible that it can make aspects of the site more legible and complete.

■ Areas of Research and Study

A. Birds

1. Any and all birds that migrate through Texas
   → study one species

B. Migration

- The phenomenon and the Science
- Describe and Explain.

1. What it is
2. Why it occurs
3. What is the physiology of birds in migration
4. Genetic, sensing → instinct

C. Fly Ways

1. Routes/Circuit/Destination
2. Duration of total flying time and periodic(per day)
3. Conditions - climate, weather, prevailing winds etc.
4. Navigation - internal → magnetic resonance
   external → visual
5. Space - all dimensions
   The shape of the space made by the moving flock in flight, landing, taking all.

D. Habitat

This category is important because from this research you will choose a site.

1. Where does your species live : Nest
2. Where do they migrate too
3. Where do they make periodic Rest stops
4. Environmental factors
5. Territory - Size, Space, etc

■ Reqiured Reading and Texts

(purchase, not from the library)

1. Last of the curlews
   By Fred Bodsworth
   Counterpoint Press P.O.BOX 65793
   Washington D.C. 20035-5793
2. Birds of Texas

■ The Work

You will work in all media.

- Writings
- Diagrams
- Drawings
- Models
- Physical and Electronic

At various scales(negotiable) appropriate to Maps and mapping Globally/Regionally/Locally

Drawings

Site – Area 1 : 400/1 : 200

Site – BLDG. 1/16″=1′–0″

BLDG. 1/8″=1′–0″ Drawings, Models

1/4“=1′–0″ Drawings, Models

1/2“=1′–0″ Section model

■ Note : Sketchbook

Please remember this

: A completed sketchbook/journal will be handed in at the end of the semester and will be significant part of your grade. You will be required to have it with your in class or in conversation with me–so process will be evaluated throughout.

■ Phase 1. Research

A. – Collect information

– Maps and mapping

– Study and diagram/Flyways and Habitats

B. – Build a library in the class

C. – Base study

– Nature preserves

- Nature centers
- Animal/wild life refuges

■ Phase 2. Defining the problem

D. – Program and organization
  Principles for site and building
  – Choose a site
  – Program a bldg.

E. – Draw habitats on the site,
  Birds at rest and moving
  – The space of the habitat

■ Phase 3. Exploring the Problem

F. – Fix the site and building organization
  – Draw, model, draw, model

■ Phase 4. Refining the Problem

G. – Draw, model → closure

■ Work List

A. Research continued
  → Migration/flyways/habitats → birds

B. Maps and mapping
  – Chart fly ways and habitats on

global/regional → Mcnally or EQ. class

local → geodetic survey, each person

C. Habitats

list types of habitats and their characteristics

- Water
- Woodlands
- Wetlands
- Marshes
- River bottoms
- Prairies

→ characteristics and place to situate a structure

small - medium - large

D. Program(case study and speculation)

- Functional ………… Public education or Research facility
- Pure …………………… Spatial movement and rest
- To watch birds, nesting, resting, flying
- To contemplate on the beauty of th earth
- To experience light

E. Modeling space in 'wire frame' w/bass wood

- A Room×4+1

.a long space(그림 생략-직사각형 형태, 가로형)

.a tall space(세로형)

.a square space(정사각형)

.a circular space(구형, 타원형, 실린더형)

.a hybrid of 2(혼합형 : long+tall, square+circular, etc)

- Each on should have 1 side open for framing a view and/or letting the space inside and outside, be continuous. imaging the placement and configuration of the space that would make these site characteristics evident and legible.

● **Michael Rotondi Background**

1949 Born in Los Angeles

1971 Founded SCI-Arc(Southern California Institute of Architecture) with 50 people

1973 Received his Diploma from SCI-Arc

1976 Founded partnership Morphosis with Thom Mayne

1987 Director of SCI-Arc

1991 Founded RoTo Architects, Inc.

Visiting Faculty

1984년부터 현재까지 University of Minnesota, Columbia University, UCLA, University of Texas at Austin, University of Pennsylvania 등에서 스튜디오를 가르치고 있음. *첨부사항 : 1997년 5월호 GA HOUSES No.51에 로토 아키텍츠의 인터뷰와 작품들 소개가 실려 있으니 참조 바람.

University of Florida 스튜디오 체험기

본 글은 UF에 재학 중인 유학생의 허락 아래 실었음을 알립니다.

〈저자 주〉

건축에의 열정에 어려운 유학을 결정하는 모든 분들에게 격려를 보냅니다. 많은 어려움이 공항을 떠나면서부터 시작됩니다. 어느 학교를 선택하든지 힘든 생활이 기다리고 있을 것으로 압니다. 다른 분야와는 다르게 추상적인 영어도 잘해야 하고, 그 학교의 건축 시스템에 적응하는 데 상당히 시간을 요하리라 생각됩니다.

제 글에 대한 오해의 여지를 남기지 않기 위해 저에 대한 소개를 잠깐 하겠습니다. 저는 84년에 입학, 91년도에 OO 대학교를 졸업하고 설계사무소에서 6년간 근무하다 98년 UF M. Arch에 입학하여 공부하고 있는 약간은 젊지 않은 한 사람의 건축인입니다. 따라서 현재 우리나라의 건축교육이 어떻게 이루어지고 있는지 잘 모르고, 저의 경험에 비추어서 1980년대 한국에서 건축 육을 받은 저의 입장에서 본 이곳 교육에 대해 소개합니다.

UF 건축대학 소개

UF 건축대학에 대해 소개를 하면 건축대학 내에 architecture, urban design, interior design, architectural science 등이

있으며, 현재 architectural science에는 한국 학생(Master 과정)이 2명이 있으며, architectural department의 학부에는 한국 학생이 한 명 지원 중입니다. 대학원은 건축 비전공자를 위한 4년제 Core Program과 건축전공자를 위한 2년제 M.Arch. 프로그램이 있습니다(NAAB 승인-AIA : 미국 건축사 시험 자격 주어짐).

한국 학생은 현재 Core Program에 1명, M.Arch. 프로그램에 1명이 재학하고 있습니다. 유학생활은 스튜디오 생활의 연속이며 주말에도 거의 스튜디오에 나가서 작업을 합니다. 영어 능력이 상당히 필요하며 거의가 토론, 프리젠테이션입니다. 따라서 개인생활을 즐긴다는 것이 거의 불가능하며 방학 중 며칠만 여유가 있으며, Holiday에도 디자인 스튜디오에서 생활할 수밖에 없게 Load를 많이 주는 편입니다.

수업료와 생활비가 타 주에 비해 싼 편이라 한국 학생 수가 늘어나고 있으며, 졸업학점은 52학점(M.Arch.)으로 논문 프로젝트가 마지막 학기에 있습니다. 학비는 1학기 당 6,000달러 정도이며, 저의 경우 1년에 대략 Tuition 12,000달러, 생활비로 8,000달러 정도 유학비용이 드는 편입니다.

현재 UF 건축대학은 학부를 줄이고 대학원을 늘려 건축대학원 중심으로 운영하려고 하고 있습니다. 대학원은 소수 정원제입니다(참고로 제가 하고 있는 코스는 32~33명 정도입니다). 98년에 M.Arch. 프로그램 입학은 타 대학 학생 250명 지원에 20명 정도를 선발하고, 여기에 기존 Core Program에서 올라온 3~12명 정도를 포함하여 33~34명 정도가 M.Arch. 프로그램에 등록했습니다. 여기 플로리다에서는 미국 경기가 좋은 상황이라 Job Offer가 많은 편입니다.

University of Florida의 건축교육

University of Florida의 건축교육에 대해 1년간의 경험을 부분적으로 소개합니다.

- 대학원 1학기
  - 초기 Intuition의 건축화 과정의 연습
  - 논리에 따른 공간 전개연습(자신의 논리를 강하게 하는 공간 전개인지, 반하는 공간 전개인지 느끼는 연습과 볼 줄 아는 눈을 갖게 하는 연습)
  - 공간을 만드는 연습(스케일 없이 그리고 스케일을 가지고). 공간에 대한 연습은 즉, 수평적 평면, 수직적 평면의 만남으로 인한 건축 내부 만들기의 연습이라고 할까요?

    스케일 없이 연습한다는 것이 이상하게 들릴지 모르지만, 다양한 공간을 만드는 연습을 한다는 측면에서는 수긍이 가리라 생각됩니다. 좋은 공간이라면 스케일을 갖고 만들면 되니까요. 이러한 한계를 가지고 있는 직육면체 내 또는 정육면체(크기는 한정시킴)에서 주제를 가지고 개인의 프로그램에 따라 공간을 만드는 연습, 좋은 공간이란 방향성이 없어 돌려보고 거꾸로 해보고 여러 다른 공간을 겹쳐 보고 다양한 Layer를 만

들어 보고하는 연습
- 그 공간의 논리에 따른 구조 체계를 만들어 가는 연습

▪ 대학원 2학기
- 시공적 요소를 건축공간에 반영시켜 공간을 창출하는 연습. 시공과 분리된 건축이 아닌 공간과 구조 체계와 맞물린 시공적 요소 반영 연습
- 부재와 부재가 만나서 공간을 만들어 가는 연습 즉, 부분이 전체에 영향을 미치고 전체가 부분에 영향을 미쳐 서로 다양한 변형 가능성을 시도해 보는 연습
- 스케일을 키워서 서로 다른(Tectonic and Stereotomic) Material들의 만남(Joint Detail)을 노출, 표현하는 연습. 더 이상 장식이 아닌 재료와 조인트로서 건축미를 창출하는 연습
- 오늘은 인테리어, 조경, 어반 디자인, 건설, 건축의 5명이 한 팀이 되어 아침 9시부터 저녁 5시까지 5개 팀으로 짜서 컴페티션을 했습니다. 건축설계 과정에서 부딪히는 5가지 요소들과 협력하여 좋은 건축을 만들어 나가는 연습입니다.

한국의 학교에서 느끼지 못하는 건축에 대한 교수와 학생들의 열정과 저에게는 매우 새로운 디자인 접근방식(극단적으로 말하면 한국의 설계사무소와는 완전히 반대되는)을 통해 건축을 만들어 가는 것에 충격을 받았습니다.

이 학교에선 루이스 칸의 철학에 따라 형태보다는 공간을 위주로 건축 디자인을 유도하며, Model로 자신이 만든 작품을 직접 확인합니다. Study Model을 포함하면 1학기에 8~15개 정도를 제작하며, 건축의 프로세스를 중요시하고 초기Intuition을 그대로 프로젝트 마지막까지 발전시켜가며, Form보다는 공간과 그 공간에 맞는 구조 시스템 연구(여기에서의 구조 시스템은 구조 역학적 구조 시스템이 아니고 디자인적 측면의 구조형태 만들기라고 할까요?), 그리고 디테일 모든 것이 전체 논리를 따라 가는 교육입니다.

먼저 공간(Spaces)을 만들고 외부 형태(Form)는 내부 공간의 표현 결과라고 할까요? 또한 2차원적 Diagram과 Drawing을 통한 아이디어 발전을 통해 반드시 3차원적 Model로 공간, Structure, Construction, 디테일(Joint), Material의 적용 등을 만들어 확인합니다.

건축, 장식, Construction에 대한 저의 질문에 한 교수의 답변이 저에게는 새롭게 건축을 보는 시야를 열어 주었습니다.

Architecture is a kind of Logic. The spaces follow logic. Structure reflects the space. The form is the expression of space and structure. And also, architecture is the decoration that is constructed with architectural elements and materials, that is not the construction that is decorated.

'건축은 일종의 논리라고 보아야 한다. 공간은 논리적이어야 하며, 구조는 바로 그 공간을 반영하는 것이다. 그래서, 형태는 공간과 구조의 결과물이며, 표현이다. 건축 역시 장식된 구축이 아니라 건축적

인 요소들과 재료들로 구축되어진 장식이다.'

요즈음 우리나라에서의 건축교육이 어떤지는 모르겠지만, 다양한 건축가들 자신의 건축 만들기의 모습과 건축을 만들어 가는 Process를 보여줄 필요가 있다고 생각됩니다. 자신 밝히기(논리와 실현의 측면에서)를 꺼려하는 건축가나 교수님들의 자신 밝히기가, 우리나라 건축계의 발전과 건축을 천직으로서 삼고자 하는 학생들에게 많은 도움이 되리라 생각됩니다.

논리의 실현화라는 측면에서 건축가들의 자신 밝히기는 학생들에게 좋은 건축(또는 공간)과 잘못된 건축(공간)을 구분할 수 있는 Criteria와 Intuition을 건축화시키는 능력을 갖출 수 있게 합니다. 따라서, 여러 건축가들의 설계과정과 그들의 생각을 좀더 노출시킬 필요가 있습니다. 이러한 측면에서 미국 건축학교의 교육과정도 구체적으로 밝혀볼 여지가 있다고 생각되어 간단하게나마 소개하고자 합니다.

여기 교육은 2년 과정 중 1년은 학교로부터의 일방적인 프로그램에 따른 매우 Demanding한(학생들에게 요구하는 것이 많은) 프로그램이고, 다음 1년은 개인적인 목표나 관심사를 가지고 프로젝트를 해 나가는 형식이기 때문에, 대부분의 학생들이 첫 1년을 가장 힘들다고 합니다. 그러나 그 자신은 다음 1년이 어쩌면 더 힘들지도 모른다고 합니다. 주어진 것이 거의 없기에 자신이 무(無)로부터 유(有)를 만들어 가는 것은 상당한 고통이 따를 것이라고 생각됩니다.

이 학교는 마이애미에, RISD에, 그리고 이태리 비센차(팔 라디오와 관련지)에서 그 지역 학교의 International Study 프로그램이 있습니다. 다음 가을 학기에는 반 정도가 이태리 비센차에서 교육을 받습니다. 콜럼비아 대학의 케네스 프렘톤이 매년 같이 참여하여 교육하는 과정이지요.

여기 졸업논문은 자신의 관심사를 바탕으로 한 프로젝트 형식의 논문을 대부분 선택합니다. 이것이 시간이 적게 걸리고 쓰기 쉽기 때문인 것 같습니다.

학교 선택은 랭킹에 연연하지 말고 자신의 특성(경제적 여건과 건축적 방향 등)에 맞게 신중히 하시고 열심히 생각하시고 많이 깨달으시기 바랍니다. 건축은 학교의 명성과 교수진이 하는 것이 아닌 자신이 만들어 가는 것입니다. 우리가 소모적인 랭킹 논쟁에 서로 속상하고 서로 기죽일 때, 미국 학생들은 자신의 건축 만들기와 건축 발전하기에 시간을 투자한다는 사실을 기억하세요.

무의미한 경쟁이 아닌 자신의 건축 찾기에 서로를 격려하고 서로를 인정한다는 사실을 기억하세요. 건축이란 세상을 보는 서로 다른 통찰력의 정답 없는 실현화라고 개인적으로 정의하고 싶네요. 좀더 성숙한 건축인이 되기를 바랍니다. 궁금한 사항이 있으시면 eugene2@ufl.edu로 연락 주시기 바랍니다.

by 류지원

유학일기, 디자인 스튜디오를 말한다.

본 유학일기는 오픈스케일 넷에 연재되었던 내용입니다. 유학일기 게재를 허락해 주신 원 저자에게 깊은 감사의 말씀을 드립니다. 유학일기의 특성상 원저자의 원본을 최대한 살려 현장감 있게 구성하였습니다. 본 글은 한 개인의 주관적인 일기이므로 아래에 언급된 스튜디오에 관한 내용이나 건축에 관한 생각은 절대적인 자료가 될 수 없다는 점을 참고해 주십시오. 〈저자 주〉

글 : 김한철

솔잎과 송충이

"아버님, 저 유학 갈랍니다."

"아니, 니가 지금 제 정신이여, 우리 집에 무슨 유학은 유학이냐? 지금 다니는 직장이나 잘 다녀라. 송충이가 솔잎을 먹고 살아야 제니 대학 보낸 것 만해도 대단한 줄 알아라."

그랬다. 유학 이야기를 꺼낸 것이 엊그제 같은데, 지금은 미국 땅에 와 있다. 어떻게 인생이 이렇게 흘러가는지 모르겠다. 잘 짜여진 컴퓨터 프로그램 같기도 하고, 아니면 만화 같기도 하고, 인생이 그렇게 흘러가는 것 아니겠는가? 그래도 미국 한번 가보고 싶었다. 집안 사정 뻔히 알면서도 나도 한번 가보고 싶었다. 친구 몇 녀석은 다들 유학 간다고 그러던데, 곰곰히 생각해 보니 나도 한번 가 볼만하지 않겠나 싶었다. 일은 저지르면 되는 것이다. 유학을 반대하시는 부모님을 상대로 설득작업을 하기 위해서는 준비 또한 만만치 않다. 미리 합격증을 보여준다든지, 아니면 비행기표 끊어놓고 설득전을 펴야 한다. 자식 이기는 부모 없다고 하지 않았는가? 결국, 그렇게 꺼낸 유학은 기어이 가고야 말았다. 유학은 돈 있어야 가는가? 돈 없이도 한번 가보자. 그 옛날 유학 선배들은 어떻게 했단 말인가? 고생한 유학 선배들의 경험담을 통해 또한 그 길을 헤쳐 나갈 수 있다는 자신감이 먼저 생기기 시작했다.

그놈의 영어시험, 지겨운 GRE 단어 암기, 고합 빌딩은 왜이리 많은 사람들로 가득 차 있던지, 그 때를 생각하면 아찔하다. 그땐 유학만이 살길이요, 구세주요, 부르클린으로 가는 마지막 비상구 같기도 했다. 미국에 오니 또 다른 비상구를 찾아야만 했다. 왜냐하면, 여기는 한국이 아니기 때문이다.

보고싶은 사람들이 많다. 한국을 떠난지도 2년이 다되어 간다. 설계사무실 사람들, 강대리님, 최대리님, 그리고 여러 직원들이 보고 싶다. IMF가 터지고 정말 유학 외에는 답이 없었다. 서울 바닥에서 이렇게 사느니 차라리 탈출하자는 심정이 간절했기 때문에 그런 생각을 했는지 모른다.

지나간 날들을 회고하면서 일기를 시작하기로 하자.

꿈을 키우던 학창시절

대학 4학년 2학기, 학교 설계실의 분위기가 지금도 생각이 난다. 큰 교실을 파티션을 해 개인에게 부여된 오밀조밀한 공간 속에서 기쁜 일도 있었고, 가슴 벅찬 일도 참 많았었다. 설계 제도판 위에 내가 좋아하는 건축가 사진을 스크랩해 놓고 한창 꿈을 키워가던 그 시절. 나도 세계적인 건축가가 되어서 유명한 건축물 하나 설계해 보고 싶어했던 학창시절. 밤이면 커피에, 사발면에 후배들과 선배들이 모여 진지하게 설계에 관해 논하던 그 시절은 유학 와서도 가끔 생각나는 풍경들이다.

겨울이면 설계실 제도판 밑에 전기난로를 놓고 추운 날씨를 이겨내며 작업했던 그 열정은 아직도 내 가슴 속에 좋은 추억으로 남아 있다. 또 설계할 때라면 담배를 입에 물고 제도판에 선을 긋던 시절, 지금 돌아보면 왜 그리 담배도 많이 피웠는지 모르겠다. 마치 예술가가 다된 듯이 그럴싸한 폼을 잡고 학교 설계실에서 지낸 날들. 온통 설계실에 담배 연기로 너구리를 잡고, 여학생 후배들의 담배 연기에 대한 불평을 무마시키면서 하루면 담배 두 갑을 그냥 피워댔었다.

미국에 와서 불편한 것 중에 하나는 담배를 건물 내에서는 필수 없다는 것이다. 애연가들의 불편사항 중에 하나다. 스튜디오가 5층에라도 있으면 1층으로 내려와 담배를 피워야 하는 불편함을 감수해야 한다. 학교 교수도, 학생도, 교직원도 어느 누구를 막론하고 학교 건물 내에서 담배를 피울 수 없는 것이 이곳의 규칙이다.

4학년 일 년을 거의 학교에서 생활하며 친구들끼리 모여 여러 이야기를 했던 기억도 난다. 어느날 친구들 설계를 서로 크리틱해 주며 한 친구 제도판에 모였었다. 한 친구가 어디서 구했는지 콜럼비아 학생 설계작품집을 가지고 왔었다. 말로만 들었던 C학교. 학교 설계 강사 중에 C학교 출신 선생님이 있어서 동경심을 가졌던 미국의 명문 학교.

"야, 이게 C학교 학생 작품이야. 한번 봐."

"뭔가 다르구나, 역시…."

"나는 C학교로 유학을 갈 거다. 넌 어디로 유학 갈래?"

"난 말야 파리로 가고 싶다."

"글쎄, 모르겠다. 가면 좋지 뭐, 근데…."

"우리 같이 유학 가자."

친구들과 이런 이야기로 한창 꿈을 키웠었고, 그렇게 대학 4학년의 겨울은 졸업으로 이어지게 되었다. 그날 이후로 유학이라는 것은 내 가슴 한구석에 그냥 잠자고 있었다. 유학이라는 생각조차 할 수 없었던 이유는 '유학은 돈이 있어야 간다' 라는 생각이 지배적이었고, 막연히 유학을 생각만 할뿐이지 유학을 가기까지 그 준비사항은 하나도 모르고 있었기 때문이었다. 그땐 유학은 그냥 꿈이었다. 막연한 꿈.

졸업하고 설계사무실 취직했다. 현실은 학교 설계실에서 생각했던 것하고는 전혀 달랐다. 봉급 또한 건설회사에 들어간 친구들보다 현저히 작았지만, 그 작은 봉급을 감수하면서라도 나는 설계를 하고 싶었다. '예술의 길은 힘든거야. 아무나 예술하나'라는 자조적인 말을 되씹으면서….

유학을 시작하며

직장생활 2년이 지날 무렵 나는 직장을 그만두었다. IMF로 인한 국가적 위기라는 핑계 아닌 핑계로 나는 유학을 결심하였고 또 그 꿈을 이루게 되었다. 여기서 자질구레한 한국 상황을 이야기하기란 끝이 없을 것 같다. 그렇다고 유학준비를 상세히 말하는 것도 여기에서는 너무 길어질 것 같기도 하고, 오픈스케일 사이트에 있는 자료만으로도 충분하리라 생각된다. 유학 온 학교를 다니면서 벌어진 일들이나 컬쳐 쇼크를 받은 이야기가 유학일기에 더 맞지 않을까 생각되어서, 앞으로는 유학 와서 벌어진 상황을 더듬어 보기로 하겠다.

보통 학기가 시작되기 전에 학과에서 편지를 신입생들에게 보낸다. 어드미션 편지하고, 학교 오리엔테이션 일정, 또 건축과에서 주최하는 여러 행사들도 포함시켜 보낸다. 과에서 주최하는 파티 중의 하나는 신입 대학원생 파티가 있다. 가을 학기 시작 3~4일 전에 학교 건축과에서 환영 파티가 있고, 대부분의 학생들과 주요 교수들이 참가하게 된다. 간단한 저녁을 먹으면서 이런 저런 소개도 하고, 교수 소개도 하고, 학생들끼리 인사도 한다. 일종의 상견례 형식이다.

미국에 와서 처음으로 하는 공식 행사라고 보면 된다. 그때까지는 유학의 실감, 또 언어의 벽을 느끼질 못하다가 갑자기 수많은 미국 사람을 만나게 되면 어안이 벙벙해지면서 말이 안 나오게 된다. 그 전에 언어연수라도 한 사람들은 그래도 대화가 되는데, 한국에서 유학준비하고 곧바로 미국으로 건너온 사람들은 더듬더듬하며 말하기도 한다.

먼저, 학장의 인사말과 학장이 여러 교수들을 소개시켜주고, 그리고 나서 학생들로 하여금 자기소개를 간단히 하는 순서가 오게 된다. 어디서 왔으며, 어디 학교를 나왔으며, 무슨 과정으로 입학했으며, 또 유학생활이 기대된다든가, 흥미롭다든가 하는 내용을 간단히 말한 다음에 자리에 앉으면 된다. 순서가 오기 전에 속으로 여러 번 연습을 해보고, 목소리 또박또박하게 큰소리로 말하길 바란다. 하지만, 보통 한국 학생들을 보면 말을 잘 못하는 것이 사실이다. 토론이나 세미나 수업에도 미숙하다. 한국에서 10년이 넘게 받아온 교육이 주입식 교육이고 오로지 암기와 문제 푸는 데에 익숙해진 우리에겐 말하는 것이 여간 곤혹이 아니니다. 그래서, 학기가 시작하기 전에 어학원을 다녀서 스피킹에 많은 시간을 투자하길 바란다. 건축과는 다른 과와 달리 말하는 기회가 참 많다.

먼저 프리젠테이션 시간에 많은 사람 앞에서 발표해야 하고, 이론수업이나 역사수업 중에 20분 정도 발표하는 일도 있고, 5~6명이 수강하는 대학원 세미나 수업 그리고 파티도 많다.

그래서, 오늘의 일기는 유학을 시작하기 전에 스피킹을 많이 연습해서 잘하자 이고, 스피킹을 잘해야 미국 생활에 빨리 적응할 수 있다는 말씀이었다.

첫날 스튜디오 수업시간

학교에 일찍 가서 학과 사무실이나 건물 여기저기 붙은 스튜디오 배정시간 안내표를 보고, 시간에 맞추어 가면 스튜디오 교수들이 나와 간단한 인사와 프로젝트를 설명하고, 학생은 스튜디오를 선택하게 된다. 스튜디오를 배정 받고 스튜디오 룸을 찾아 학생이 찾아가게 되면 교수가 오게 된다.

스튜디오 시작 시간에 맞춰서 스튜디오 룸에 갔다. 건축대학원 건물 4층 다락층에 위치한 스튜디오였다. 학교 스튜디오 내부에 들어온 건 처음이었다. 학교가 시작하기 전에 이미 학교 건물을 둘러보았지만, 실제로 설계실에 들어온 것은 수업 시작 날이 처음이었다. 얼마나 가슴 떨리는 순간이었겠는가? 12명 대학원생. 그 중에 한국 사람은 나 혼자였다. 영어도 잘 안 되고, 긴장되는 순간의 연속이었다.

토플 점수나 GRE 점수가 높다한들 무슨 소용이랴. 교수가 말하는 것을 대충 감으로 아는 것 외에는 줄기차게 옆의 학생에게 꼭 '확인 사살'을 해야 할 정도로 리스닝에 문제가 있었다. 이 글을 읽는 사람은, "자식, 영어도 되게 못했구만"하고 웃겠지만, 유학 와보면 리스닝과 스피킹에 머리카락 빠질 정도로 스트레스 쌓인다는 것을 곧 알게 될 것이다. 그러한 고난(?)과 식은땀 없이 유학의 진수를 논하기란 힘들 것이다. 아, 등골에서 흐르는 식은땀이여….

미국 설계실이라고 뭐가 다른 줄 알았지만 별 색다른 것은 없었다. 스튜디오 한 구석에 컴퓨터 2대 있는 것 빼고는 뭐, 특이한 것은 없었다. 제도판 하나씩 주고, 작업대를 2명이 같이 쓰는 경우도 있고, 한 명이 혼자 쓰는 경우도 있고, 그것은 스튜디오 면적과 학생 수에 따라 다르다. 하지만, 대체적으로 학생 당 제도판 하나, 그리고 작업대 하나가 보통이다. 아, 그리고 동그란 쇠로 된 의자하고….

이 스튜디오에는 인터내셔널은 나밖에 없는 처지라 약간의 긴장감을 가지고 있었다. 같이 입학한 한국 학생은 옆 건물 3층에 스튜디오를 배정 받아서 수업 시간 중에는 거의 만나기 힘들었다. 1시 30분에 수업 시작하여 자리잡고 서로 인사했다. 스튜디오 메이트는 대부분 결혼했고, 나처럼 학부에서 건축한 친구는 별로 없었다. 대부분이 건축으로 전공을 바꾼 친구들이었다. 40이 넘는 아줌마도 있었고, 신혼인 여자 학생도 있었고, 뭐 다양하게 있었다. 싱글도 있었고….

교수의 등장. 한 손에는 수업계획서를 들고 있었다.

"다들 모여주세요."

어수선한 설계실에서 우리 반 학생들이 다 모였다. 프로젝트 이야기를 하고, 한 학기 진행될 시간표도 주고, 또 읽을 책 리스트도 주고 그러더니 무슨 말을 막 하기 시작했다. 솔직히 60% 정도 이해했을 것이다. 교수가 혼자 이야기를 하더니 그냥 나가는 것이었다.

'아, 첫 시간이라 일찍 끝내주는구나. 한국이나 미국이나 첫 시간은 일찍 끝나는군'하고 생각을 했었다. 그런데, 문제가 발생하기 시작했다.

교수가 스튜디오를 나가자 학생들은 각자 시간을 갖게 되었다. 어색한 분위기 속에서 나는 책상에 앉아 이런저런 책을 구경하고 있었다. 왜 그리 미국 아이들과 말하기가 힘들던지. 평소 내성적인 성격 탓에 상대편이 말을 걸어오지 않는 이상 내가 먼저 말을 거는 일은 별로 없었다. 내 옆에 앉은 미국 친구는 시공회사에서 오랜 경력이 있었고, 다행히 아시아권에서 일한 경력이 있는 친구였다.

이름은 '제이미'였다. 후에 알고 보니 캐나다 출신이었다. 영어를 같이 쓰니 겉보기에는 미국 친구처럼 보였다. 제이미는 말레이시아에서 5년 정도를 살았다고 했다. 건설현장이 말레이시아였던 탓으로 그곳에서 현장경험이 있었다. 그리고, 다시 건축대학원에 들어온 친구였다. 친절했다. 아시아 문화에 익숙해진 탓도 있었지만, 본래 착한 사람인 것 같았다. 또 왠지 아시아에서 일했다고 한 제이미가 더 친숙하게 느껴지기도 했다. 나이도 30대 후반인 제이미는 여러모로 나를 도와주게 되었다.

"고마우이, 제이미!"

혼자 책상에서 책을 보고 있다가 심심해서 옆자리에 있는 제이미에게 갔다. 제이미는 무언가를 열심히 그리고 있었다.

"하이, 제이미. 너 지금 뭐하고 있니?"

"응, 5시에 프리젠테이션 있잖아."

"뭐, 프리젠테이션?"

"자기가 마음에 드는 주택을 하나 골라서 간단하게 프리젠테이션 하라고 했는데…."

"너는 누구 꺼 그리는데?"

"나, 리챠드 마이어꺼."

그때 시간을 보니 3시가 가까워지고 있었다.

"제이미, 무엇을 그리라고 그랬는데?"

"평면도하고, 그냥 간단하게 프리젠테이션 하면 돼. 그리고 왜 이 건축가의 작품을 선택했는지도 설명하고…."

"오케이. 고마워."

2시간이 남았는데 이를 어쩌지. 제이미에게 물어보지 않았으면 큰일 날 뻔 했었다. 아, 그 리스닝. 빨리 서둘러야 했었다.

'누구 작품을 그리지. 안토니 프래덕 것을 그려야겠다. 아니야, 프랭크 게리 것을 그려?'

짧은 순간, 머리 속은 광속도로 회전하고 있었다.

'그래, 프랭크 게리 주택을 그리면 되겠다.'

도서관에 가서 빨리 게리 책을 가지고 와서 그 유명한 게리 자택을 그리기 시작했다. 시간이 없어 도면을 확대 복사해 스케일을 맞춘 다음, 트래이싱을 도면 위에 얹고 스케치하기 시작했다. 프리 핸드에 자신이 있어서 바로 스케치를 하였고 투시도 또한 스케치하였다.

평면도하고 입면 스케치, 단면도를 후다닥 해치우고 그 위에 마카하고 색연필로 랜더링을 간단하게 한 다음, 게리 작품에 대해 간단히 설명하고 게리의 건축세계를 읽기 시작했다.

시간은 5시가 가까워지고 있었다.

"제이미, 어디서 프리젠테이션 하는데?"

"응, 교수실로 모이라고 했어. 건너편 건물 405호실."

"알았어. 고마워. 시간 다 됐다. 가자."

"그래, 다 그렸니?"

"응. 후다닥 그냥 그렸어."

첫 프리젠테이션

수업 첫날, 유학 와서 교수실에 처음 들어가 보았다. 그것도 수업의 프리젠테이션을 위해서. 교수가 학과에서 그래도 나이 먹고 오래된 사람이어서 교수실은 꽤 넓었다. 알고 보니 건축대학 학장을 지냈었던 교수였다. 그래서 예우를 해주는 것인가? 일반 교수들의 룸을 보면 한국 교수실의 반도 되지 않는 것이 대부분이다. 정말 작다. 책상 하나에 컴퓨터, 조그만 의자 두 개, 그리고 벽 쪽으로 붙어 있는 책장이 전부다. 교수와 면담하려면 일반적으로 한 사람만 들어가거나 맥시멈으로 2명까지는 교수실에 들어가 이야기 할 수 있을 정도로 너무나 작다. 처음에 유학 와서 놀란 것이 바로 이 교수실 사이즈였다. 한국 교수실에 비하면 아마 반도 되지 않을 것이다. 그래도 한국 교수들은 교수실이 작다고 아우성이다.

'왜 미국의 교수실은 작을까'라고 생각해 본 결과 학교는 학생을 우선하고 그리고 교수를 생각한다고 할까? 학생 스페이스와 교수 스페이스에 대해 한국과 미국을 비교해 보면, 교수 스페이스가 한국이 미국보다 2배정도 클 것으로 생각한다.

어찌되었든, 스튜디오 교수 룸은 꽤 넓었다. 벽 쪽으로 놓여진 책장엔 수많은 책들이 가득 꽂혀 있었고, 한쪽엔 응접용 소파가, 그리고 창가 쪽으로는 큰 회의용 테이블이 있었다. 그리고 교수 개인 책상이 그 뒤쪽으로 있었다. 회의용 테이블 위에는 슬라이드가 준비되어 있었다.

학생들이 다 모이자 한 사람씩 발표를 하였다. 처음하는 프리젠테이션이라 긴장을 잔뜩하고 있었고 드디어 내 순서가 돌아 왔다. 도면을 걸어 놓고 되는 영어 안 되는 영어로 5분간의 프리젠테이션을 하였다. 대략 무엇을 이야기 할 것인가 하고 발표 아이템을 생각하고 시작하였다. 도면이 있어 다행이다. 펜으로 도면을 짚어가면서 발표하는 것이 그래도 없는 것보다 더 수월하기 때문이다.

발표가 있고 교수 코멘트가 있었다. 작품에 대한 이런저런 설계요소는 좋은데, 다른 것들은 좋지 않다라든가, 아니면 그 주택에서 우리가 건질 만한 것이 무엇인가라는 코멘트도 있었다. 한국에서나 미국에서나 발표하는 스타일은 비슷하다. 준비도 안된 채 말로만 때우는 친구들도 많다. 특히, 미국 친구들은 영어가 되니까 말로 늘어놓는 경우가 많았다. 인터내셔널들의 특징은 발표 준비물이 많다. 그림도 한 장 더 그려야 되고, 모델도 한 개 더 만들어가야 말 못하는 부분을 메울 수 있기 때문이다.

교수는 작은 수첩에 메모를 하면서 그날 발표 성적을 기입하는 것 같았다. 학생 이름과 그리고 A, B의 성적. 학생들의 발표가 다 끝난 다음 교수의 슬라이드 쇼가 있었다. 교수가 디자인한 주택 3~4개를 보여주었다. 교수의 디자인 의도와 함께 여러 주택을 보여주면서 학생들로 하여금 분위기 파악을 하라는 것이었다. 스튜디오 프로젝트는 밀리언네어(백만장자)를 위한 주택이었기 때문에, 미천한 학생 신분으로는 그들의 라이프 스타일을 파악하기란 너무 격차가 컸다. 학생들은 일반 아파트나 기숙사에 살고 있는데, 고급저택을 설계하기란 어려운 것이 사실이다. 도대체, 부자들은 어떻게 살까? 그들의 삶의 스타일이나 건축에 대한 입맛을 알아야 설계할 수 있었다. 교수가 약 20여 분간의 슬라이드 설명이 있었고, 다음 수업시간인 금요일 스케줄을 말해 주었다.

교수가 리스트로 준 참고도서를 읽으라는 것과 대지답사였다. 교수가 선정한 대지를 학생들끼리 답사하고 사이트 모델을 만드는 것이었다. 그렇게 첫 프리젠테이션이 끝나고 다시 스튜디오로 들어 왔다. 학생들끼리 다시 모여 금요일 대지답사를 위한 시간 약속을 하고 헤어졌다. 사이트가 학교에서 멀어 차로 이동을 해야 했으므로 누가 차를 가져오고, 어디서 만나 같이 가자고 약속했다. 나는 아직 차를 사지 않은 관계로 같은 반 '헤더'의 차를 얻어 타기로 했다.

대지답사

금요일 오후 1시. 건축대학원 건물 앞에서 '헤더' 차를 얻어 타고 스튜디오 사이트에 가게 되었다. 1970년대 미국 차를 타고 다니는 헤더는 콜로라도가 고향이고, 이제 결혼한 신혼 주부였다. 학부 때 생물학을 전공했다고 했다. 그러면서도 건축을 다시 공부한 학생이었다. 학교에서 사이트까지 약 40분간 가야하므로 차 안에서 이런저런 이야기를 했었다. 한국도 물어보고 왜 이 학교에 왔는가, 졸업하고 무엇을 할 것인가? 등.

우리 반 스튜디오에 있는 학생들 70%가 전공을 건축으로 바꾸어서 새로 시작한 학생들이었다. 정치학, 토목, 음악, 생물학, 미학 등 다양한 학부 전공을 가지고 있었다. 전공을 바꾸어서 건축대학원에 오면 최소 3년 반에서 4년이 걸린다. 그 친구들은 새롭게 시작한 건축공부를 아주 재미있고 자부심을 가지며 공부하고 있었다.

스튜디오 사이트는 교수가 미리 정해놓은 곳이었다. 사이트에 오니 같은 반 학생들이 여러 명 있었다. 줄자, 사진기, 스케치북 등 사이트 조사를 위해서 가져온 도구들을 하나씩 꺼내 놓고, 사이트를 한번 둘러본 다음 다시 모였다. 우선 사이트에 있는 나무들의 위치를 측정하기로 했다. 사이트를 측정한 지도는 있었으므로 나무들의 위치를 3~4명이 같이 측정하고, 한 명은 스케치북에 기입하고 나머지는 사이트에 흩어져 스케치도 하고 그랬다. 사진도 찍고, 그림도 그리고, 사이트에 있는 돌도 줍고, 강가를 바라보며 생각도 하고, 한국에서 하던 거와 별 다를 바 없었다.

사이트는 강가 바로 옆 언덕에 위치해 주택 사이트로는 최고의 입지를 가지고 있었다. 주변 대지에는 주택을 신축하고 있었다. 영화에서 보는 멋있는 큰 주택이었다. 그때 내가 가졌던 문제는 '미국 부자들은 어떻게 살까?' 하는 것이었다. 아마, 우리 학생들과는 딴 세상에서 살거라며 서로가 부러워하였다.

2시간 정도 사이트 답사를 마치고 나는 다시 헤더 차를 얻어 타고 학교로 돌아왔다. 스튜디오에 돌아와 사이트에서 스케치한 것을 정리하고 사이트 모델을 만들기 시작했다. 미국 스튜디오에 와서 제일 먼저 헷갈리는 것은 바로 단위 시스템이다. 한국은 센티미터를 사용하고 미국은 인치, 피트 시스템을 쓰고 있기 때문에 스튜디오가 바로 시작되면 인치 시스템에 바로 적응해야 한다. 스케일은 3가지를 사용한다. 건축가 아키텍츠용, 시빌용, 아키텍쳐럴 엔지니어링용. 건축 도면을 그릴 때는 대부분 아키텍츠용을 사용한다.

스케일로는 1″ : 1/2′(1인치=1/2피트), 1/4′, 1/8′, 1/16′. 1/32′, 1′(1인치=2.54cm, 1피트=12인치(약 30cm))가 있다. 그래서 인치를 미터로 간단하게 계산하는 방법은 1피트에 0.3미터를 곱한다. 그러면, 1피트는 0.3미터, 3피트는 0.9미터, 6피트는 1.8미터, 10피트는 약 3미터다.

주변 사이트가 나온 마스터플랜 같은 도면의 스케일은 토목용을 사용한다. 예를 들어, 1 : 20′(1인치=20피트), 1 : 50′, 1 : 100′ 와 같은 스케일을 사용한다. 한국 스케일의 단위처럼 말이다. 나도 처음엔 인치 스케일에 익숙치 않아 그냥 1 : 50′의 스케일로 그림을 그리곤 했다. 교수에게 설명하니 나의 사정을 이해해 주고 그렇게 그리라고 했다.

워밍업

프로젝트 사이트 조사를 마치면 서서히 워밍-업 단계에 들어서게 된다. 스튜디오 풍경을 잠시 말하자면, 건물 한 층을 네 개 스튜디오가 한 룸을 파티션 해서 쓰기도 하고, 또 룸이 작으면 두 스튜디오가 나누어서 사용하기도 한다. 내가 있었던 곳은 네 개의 대학원 스튜디오가 나누어 쓰고 있어서 다른 스튜디오 진행 사항을 엿볼 수 있었다. 우리 스튜디오 바로 옆에 있는 스튜디오는 프로젝트를 한 학기에 2개를 선정해서 진행하고 있었고, 건너편에 있는 다른 스튜디오는 2주마다 조그마한 프로젝트를 한 다음에 7주 짜리 프로젝트를 진행하고 있었다.

한국에서 내가 경험한 바로는 한 학년의 스튜디오 주제는 같고 일정까지 같다. 또 두 사람의 설계 강사가 한 스튜디오를 가르침으로써 학생들이 디자인을 진행하고 발전시키는데, 스튜디오 교수 사이의 디자인 방향이나 의견이 다르기도 해서 헷갈리는 경우가 종종 있다. 한 교수님은 “이렇게 해 봐” 그러고, 또 한 교수님은 “아니야, 저렇게 해 보는 것이 좋겠어”, 이

럴 경우에는 짬뽕된 결과물이 나오게 되는데, 더욱 황당한 것은 마지막 품평회 때,

"아니야, 이건 아닌 것 같애, 어떻게 이게 나온거지?"라고 황당무개한 소리를 하는 교수님들이 있을 땐 정말 미칠 지경에 이르게 된다.

미국 스튜디오는 한 교수가 15주를 진행하게 된다. 아주 가끔 두 사람이 진행하는 경우도 있다. 그리고, 스튜디오 과제도 다르고 평가 방식도 다르다. 완전히 독립적인 스튜디오 운영을 하면서도 다른 스튜디오와의 교류는 활발하다.

우리 스튜디오 과제는 강가 언덕에 위치한 주택이었다. 고급 주택설계라고 해도 틀릴 것이 없다. 먼저, 프로그램 만들기 과제가 떨어졌다. 레터 사이즈 4장에 요약해서 제출하는 것이었는데, 실제 클라이언트를 찾아 인터뷰를 하고 그 사람에 맞는 프로그램을 만드는 것이었다. 될 수 있으면 실제로 있는 클라이언트가 좋다고 말했다. 어떤 학생은 자기 부모를 위한 집 프로그램을 만들었고, 어떤 학생은 자기 친구, 자기 와이프를 위한 집, 또 자기 가족을 위한 집의 프로그램을 만들어 왔다. 건축적인 기능을 담는 프로그램과 또 특정 스타일이나 클라이언트의 요구사항을 반영하기 위한 사항도 포함하게 된다.

건축 프로그램도 교수가 일방적으로 학생에게 던져주는 경우도 있고, 학생 스스로 한 주제에 맞게 만들어 가는 경우도 있다. 비율로 보면 70 : 30으로 교수가 학생에게 던져주는 경우가 많다. 그리고, 실제로 진행되고 있는 건축 프로젝트를 참조해서 주제를 정하며, 가능하면 실제 대지와 현장감 있는 프로젝

트를 진행하기 위함이다. 이 이야기는 차차 하기로 하자.

그래서, 나는 클라이언트를 찾기 시작했다. 학교 캠퍼스에서 미션(Mission)하는 사람을 통해 만난 사람은 미국 사람이었는데, 교회에서 음악을 작곡하며 일하는 '레너드 페이튼'이라는 사람이었다. 미션하는 '빌'이 레너드를 소개시켜주고, 우리는 학교 안 카페테리아에서 만나 프로그램을 만들기 시작했다.

클라이언트

'레너드 페이튼'씨는 음악 작곡 공부를 하였고, 독일에 2년을 유학 갔다 왔었다. 인터내셔널 유학생을 경험해본지라 외국인 학생들의 심정을 잘 헤아리고 있었다. 특히, 페이튼씨 부인은 유학생들의 힘든 생활을, 특히 언어 문제에서 오는 어려움을 잘 알고 있었다. 카페테리아에서 만나 이런저런 소개를 하고 스튜디오 프로젝트를 이야기했다.

미국 사람들은 건축에 대해 관심이 참 많다. 집에 가면 건축 책 하나는 꼭 있고, 프랭크 로이드 라이트를 모르는 사람이 거의 드물 정도로 건축에 관심이 많았다. 또 아줌마들은 집 꾸미기를 좋아한다. 그래서인지 건축 공부한다고 그러면 사람을 달리 본다. 건축 공부가 힘들고 어렵다는 것을 다 알고 있었다.

페이튼씨 부부는 나름대로 건축에 대해 관심도 많았고, 독일에서 살았던 경험을 되새기면서 독일 건축가 이름도 언급할 정도였다. 이런 사람을 만나면 아주 재미있다. 건축을 아는 사람과 대화하고 또 건축가라는 직업을 이해해 주는 사람을 만나기란 쉽지 않아서이다. 페이튼씨는 성실한 기독교 신자였다.

교회 음악 작곡과 교회에서 회계업무까지 하고 있었고, 교회가 그의 직장이었다. 미국에서는 보기 드물게 그는 자녀는 4명이었다. 리챠드, 에이프럴, 하나, 그리고 막내 에릭. 리챠드는 피아노를 배우고 있었고, 딸들은 초등학교 학생들이었다. 막내 에릭은 이제 2살이 넘어서 집안 여기저기 말썽 피우는 장난꾸러기였다.

두 부부와 인터뷰를 하면서 건축의 기능적인 프로그램을 만들었다. 라이브러리, 짐(GYM), 작곡을 위한 작업실, 리챠드 피아노 연습실, 아이들 방, 기타 등등. 또 어떤 건축 스타일이 좋고, 집안에서 이벤트를 할 수 있게 외부 공간도 있었으면 좋겠고, 일년에 손님들이 오면 오래 머무르니까 게스트 하우스도 방이 2개가 필요하다라는 특별 주문 사항도 있었다. 그들의 꿈을 말하는 듯 집 이야기를 하면서 페이튼 부부는 아주 즐거워하는 모습이었다. 부부가 건축에 대해 서로 다른 스타일을 좋아하고 있어서 그것이 문제였다. 페이튼씨 부인은 아주 클래식한 스타일을 좋아했고, 페이튼씨는 기능적인 것을 좋아했다.

인터뷰 내용을 정리하여 프로그램을 만들어 스튜디오 교수에게 제출했고, 스튜디오 시간에 데스크 크리틱을 하면서 실제 클라이언트와 인터뷰 한 이야기도 했다. 다른 학생들도 실제 클라이언트 프로그램을 만들어 왔었다. 오히려 실제 클라이언트가 있다는 것이 프로그램 문제를 더 쉽게 풀어 가는 것 같았다. 프로젝트 주제는 같지만 집의 기능은 학생마다 다르게 만들어지고 있었다.

필드 트립

스튜디오 수업 중에 사이트 답사를 마치고 교수와 함께 필드 트립을 간 적이 있었다. 현장 견학이라고 말하면 될 것 같다. 사실, 밀리언네어들이 어떻게 살고 있느냐는 학생들이 잘 모르기 때문에, 필드 트립은 교수가 디자인한 몇몇 주택을 견학하는 것이었다. 필드 트립 떠나기 전에 주택이 위치한 지도를 학생들에게 나누어주고, 다음 수업시간에 필드 트립할 주택 앞에서 만나자고 약속한 다음 학생들과 교수들은 다 같이 약속한 시간에 첫 주택에서 만났다.

변호사가 사는 집이었는데 참 잘 해놓고 사는 분위기였다. 집안에 있는 그리스 조각부터, 도서관, 짐(GYM)도 집에 있었다. 부엌 옆에 있는 '차이나 룸(주방그릇 보관 룸)'이 나에겐 인상적이었다. 한국은 그릇을 주로 부엌에 있는 선반이나 가구에다 보관하는 것이 일반적인 상황인데, 미국 고급주택에는 '차이나 룸'이 따로 있었다. 그것도 우리나라 아파트 거실 크기 만한 룸에 그릇만 가득 보관하고 있었다.

그리고 집안을 둘러 봤을 때 '워킹 클로젯'이 매우 크고 마스터 베쓰 룸은 환상적으로 꾸며놓았었다. 말 그대로 책 속에 있는 저택에 들어간 기분이었다. 미국 주택은 장롱이 없다. 한국은 옷이며, 이불이며 다 장롱에다 보관하지만, 미국은 침대문화고 입식문화이니 따로 클로젯(옷 룸)이 집 안에 있다. 요즘은 한국도 예전과 달리 주택도 많이 바뀌어서 워킹 클로젯이 있을 것이다. 둘러 본 집의 클로젯에 거의 연예인 수준만큼 옷과 신발이 많았다. 딴 세상에 사는 사람 같았다. 또 포도주 보관룸에 가니 저장하고 있는 술은 왜 그리 많은지.

게스트 하우스(별채)가 메인 주택 건너편에 있어서 가 보았더니 그 안에 수영장까지 있고, 이건 게스트 하우스가 아니라 아예 주택 한 채가 따로 있는 기분이었다. 흔히, 건축책으로만 고급주택을 보다가 막상 직접 보니 입이 쩍하고 벌어졌다. 필드 트립은 아주 유익했다. 유익보다도 이것은 쇼크라고 표현해야 맞을 것 같다. 유학생 촌놈이 언제 영화에나 나오는 그런 고급주택을 직접 구경해 보았겠는가? 사실, 나는 80년대 학번이라 스튜디오 수업시간에 현장 견학을 거의 나가 본적이 없다. 사례조사 수준으로 건축물을 답사하고 발표하는 일은 있었어도, 교수와 직접 나가는 일은 없었던 것 같다. 요즘은 한국 대학도 스튜디오 시간에 자주 필드 트립을 나간다고 한다. 이번 필드 트립은 나에겐 아주 낯설고 좋은 견학이었다.

필드 트립을 마치며 이런 생각을 했다. 교수가 미리 학생들을 현장으로 데리고 다니면서 프로젝트에 대한 예비교육을 잘 시키고, 또 학교와 현장을 잘 연결하기도 하는 것 같았다. 교수가 부지런해야 학생이 많이 배운다. 학교마다 스튜디오 분위기가 다르겠지만 현장과 연결하는 실질적인 수업이어서 그 날은 아주 인상적이었다.

핀업 발표-1

스튜디오 수업 중에서 가장 중요한 날은 프리젠테이션 날이다. 한국이나 미국이나 발표하는 날이 제일 힘들고, 또 제일 많이 배우는 날이다. 그날을 위해서 밤을 수없이 새기도 하고, 또 수업의 마무리를 하기도 하는 날이다. 미국 스튜디오 프리젠테이션의 기억을 상기하면서 오늘의 일기를 쓸까 한다.

수업이 시작되고 약 3주 후에 처음 핀업이 있었다. 리뷰는 공식적인 반면에 핀업은 약간 캐쥬얼한 발표라고 생각하면 된다. Pin-Up은 말 그대로 발표실 벽에다 도면을 핀으로 꼽고 학생이 발표하는 시간이다. 스튜디오 전체 과정에서 핀업은 디자인 중간 과정을 되돌아보고 평가하는 성격이 크다. 그리고, 스튜디오 교수 외에 다른 교수들이 의외로 많이 오지 않는다. 스튜디오 담당 교수가 핀업 때 다른 스튜디오 교수의 스케줄을 알아보고 예약하면 핀업 때 와서 크리티킹을 해주게 된다.

"우리 반 스튜디오 핀업이나 리뷰가 언제 있는데, 크리틱 좀 해달라"는 식으로 부탁하게 된다. 이것은 교수 사이의 일종의 크리틱 품앗이 같은 것이다. "이번에 내가 크리틱 해 주면 다음에 내가 가마"라는 식이다. 또, 교수와 친분이 있는 사람끼리 크리티킹을 해 주기도 하고, 학교 외부에서 초청하기도 한다. 간혹, 현장에서 일하고 있는 건축가를 부르기도 하고, 스튜디오 교수의 제자들을 부르기도 한다. 교수의 역량이 어느 정도냐에 따라 크리틱이 달라지게 된다. 원로 교수가 스튜디오를 하면 크리티킹을 점잖게 하기도 하고, 교수가 젊고 오픈 마인드면 아주 심한 크리티킹을 하기도 한다.

나의 스튜디오 교수는 원로 교수였는데 학과에서도 그 영향력이 아주 큰 사람이었다. 그래서인지 예약도 잘하고 젊은 크리틱도 오고, 원로 크리틱도 오고 다양한 교수들이 스튜디오 프리젠트에 많이 오곤 했다. 전반적으로 특색 있는 스튜디오는 아니었지만 전통적인 스튜디오 교육 방식이었던 걸로 기억한다.

첫 핀업 시간은 금요일 오후였다. 보통 금요일에 핀업이나 리뷰가 정해지는데, 발표가 끝나고 주말을 편하게 쉬라는 교수의 의도인지도 모른다. 가끔은 월요일에 프로젝트 발표가 있을 때도 있다. 그때는 주말을 고스란히 스튜디오 발표 준비에 반납하게 된다. 핀업은 조그마한 설계 발표 룸에서 있었는데, 약 5미터×5미터 되는 방이었다. 발표실 벽은 핀업하기 좋게 나무나 천으로 따로 마감되어 있다. '참 시설 좋다'라는 생각도 하였다.

핀업이나 프리젠테이션 발표 스타일은 두 가지로 정리된다. 첫 번째 스타일은 사람들 다 모아놓고 학생 혼자 발표하는 매우 포멀한 형식, 두 번째는 자기 작품 앞에 그냥 서 있으면 크리틱들이 돌아가면서 일대일로 이야기하는 형식으로 나뉘어진다.

첫 핀업의 경우, 스튜디오 담당 교수가 친절하게 스튜디오 학생들에게 발표 방식을 정하라고 하였다. 학생들은 포멀한 형식보다 일대일 방식으로 하는 것을 더 선호한다. 아무래도 수많은 사람 앞에서 혼자 발표하는 것이 심리적으로 부담되기 때문이다.

첫 학기 마지막 리뷰 때는 큰 홀에서 30여 명이 지켜보는 가운데 혼자 나와 프로젝트를 발표했는데 내 등골에 식은땀이 흐르곤 했다. 결국, 첫 핀업 발표는 두 번째 스타일로 하자고 정했다. 포멀한 리뷰가 아니고 첫 핀업이기 때문에 일대일로 대화하는 형식을 정했다.

핀업 발표-2

금요일 오후 1시 30분, 대학원 건물 4층, 조그마한 룸에 우리 반 스튜디오 학생들은 도면과 모델을 준비하고 그날 크리틱해 줄 교수들을 기다리고 있었다. 나는 처음하는 발표라 다소 긴장을 하고 있었다. 방 한 면은 창문이 크게 있었고 다른 3면은 모두 벽이었다. 나는 입구 쪽에서 두 번째에 도면을 벽에 꽂아 놓았다.

그리고 유일하게 나만 스터디 모델을 만들었다. 스케일은 1″=10′. 원칙상으로는 1″=8′ 스케일이 맞으나 교수에게 말하여 한국식 스케일로 만든다고 양해를 구한 다음, 1″=10′ 스케일로 스터디 모델을 만들었다. 다른 미국 학생들은 그림하고 사이트 모델만 준비했었다. 한국처럼 이거 그려라 저거 만들어라 하고 일일이 교수가 지시하는 것도 아니고 해서 학생이 원하는 만큼 만들었다. 물론, 교수마다 수업 스타일이 다르기도 하다. 우리 스튜디오 교수는 발표 준비에 대해 아무런 말이 없었다. 그동안 했던 거 그냥 한번 보자는 것이었다. 유학 오기 전에 교수님이 했던 말이 생각난다.

"되는 영어 안 되는 영어 무조건 해라. 그리고, 남 모델 하나 만들 때 너는 두 개 만들고, 남이 도면 한 장 그릴 때 넌 두 장 그려야 해. 그래야 살아남는다."

맞는 말씀이었다. 외국인이라 영어가 서투르니 무엇으로 나의 생각과 노력을 보여준다는 말인가? 오로지 남들 하는 것 두 배로 하는 것이었다. 미국 학생이나 한국 학생이나 말로 때우는 친구들은 꼭 한 명씩 있었다. 보여주는 것은 없으면서 왜 그리 말은 많은지.

'참, 어디가나 꼭 그런 친구들이 있구나'하는 생각을 하기도 했다.

내 집은 다른 학생들보다 그 규모가 두 배나 커서 일단 눈에 확 띄는 것이었다. 그리고, 학부에서 건축을 전공한 사람이 몇 되지 않아서 다른 학생들과 실력이 차이나 보이기도 하였다. 크리틱하러 온 교수들을 위해 담당 교수가 프로젝트에 관해 5분간에 걸쳐 간단히 설명하고, 한 학기 진행 절차도 말하고, 발표를 시작하는 것이 보통이다. 그리고, 담당 교수가 크리틱에게 학생 소개도 같이 해 주기도 한다. 또 담당 교수가 크리틱에게 학생을 한 명씩 정해 주기도 한다.

"이 학생은 이름이 제이미인데 캐마다에서 왔다. 현재 M.Arch I 과정을 밟고 있다"라고 크리틱에게 소개해 주기도 하였다.

동시에 3명의 크리틱이 한 룸에서 교수가 정해 준 학생에게 크리틱을 하게 되었다. 그리고, 한 사람이 끝나게 되면 교수가 크리틱을 다른 학생에게 안내해 주기도 하였다. 교수가 일일이 학생 스타일이나 실력을 평가한 다음 그 학생에게 맞는 크리틱을 배정해 주는 인상이었다. 나는 그날 3명의 크리틱으로부터 코멘트를 받았다.

핀업 발표-3

유학 와서 핀업을 처음하면서 나에겐 그 자리가 얼떨떨하기도 하고 흥분되기도 한 날이었다. 과연 내가 미국 교수들의 크리티을 얼마나 이해하고 있는가부터, 한국 교수들하고의 차이점을 찾아 낼 능력이 있는가 하는 의문도 들었다. 영어 문제가 가장 큰 문제이기도 하였지만, 핀업에서의 코멘트는 내가 유학와 있다는 실감을 해 준 계기였다.

처음에 크리틱을 받은 교수는 프랭크 게리 사무실에서 일했으며, 프린스턴에서 건축 공부를 한 미국 선생이었다. 먼저, 나는 주택의 개념, 주택은 어떠해야 하는가, 주택건축의 의미나 기타 추상적인 컨셉 등을 말하고 본격적인 프로그램 설명을 했었다. 클라이언트와 프로그램을 만드는 과정부터 건축 매스가 어떻게 나왔느냐에 대한 것을 15분 정도 발표하고 난 후에, 크리틱 교수가 본격적인 코멘트를 하기 시작했다.

"프로젝트의 건축언어가 너무 산만하다, 너무 많다, 몇 가지만 가지고 일관성 있게 언어를 정리해라, 전체 사이트 플랜상에서 건축언어의 연관성에 중점을 두어라, 여기 매스와 저기 매스가 무슨 상관이 있느냐, 창문 디테일의 언어를 정리해라, 엘리베이션에서 사용한 레이어는 상당히 좋다" 등 많은 이야기를 아주 빠르게 마구 퍼부어댔다. 나는 그저 듣고만 있었다. 대체적으로 60% 정도는 좋은 이야기, 40%는 내가 되새겨야 할 이야기로 구성된 느낌이었다.

그리고 두 번째 크리틱이 왔다. 나이는 50대 후반 정도 되는 교수였는데, 키가 작고 얼굴에는 수염이 덥수룩하게 나있는 교수였다. 나의 프리젠테이션을 듣고 하는 말이 "왜 지붕이 평평하냐?"고 물었다. 예상치 않은 질문이었다. 엉겁결에 대답했다. "자연 속에서 집이 조각처럼 보이기 위해 최대한 Abstract한 것처럼 보이기 위해 평평하게 했다"라고.

그리고 나서 프로그램과 평면을 보면서 마구 험한 말을 하기 시작했다. "이게 이상하다, 저게 왜 이런지 이해가 안 간다" 하면서 크리틱(?)다운 크리틱을 하기 시작하자, 가슴이 콩당콩당 뛰면서 식은땀이 흘렀다. 아주 세밀하게 건축 언어의 상관관계를 분석하기 시작했다. 스키메틱 단계에서의 크리틱은 깨질 수밖에 없다고 하지만 그래도 기분은 별로 좋지 않았다.

세 번째 크리틱은 우리 스튜디오 바로 옆 교수였다. 같은 층 바로 옆에 있어서 우리 교수가 초청한 것 같았다. 그 교수는 두 번째 교수와는 완전 다르게 칭찬 일색이었다. 원더풀, 뷰티풀, 엑셀런트의 감탄사를 쓰면서 칭찬만 늘어놓았다. 기분은 좋았지만 두 번째 교수와는 너무 대조적이라 어리둥절하였다. 첫 핀업이 끝나고 담당 교수의 총평이 있었다.

어떤 학생은 더 해야 하겠고, 어떤 학생은 이런저런 크리틱을 생각하라는 등의 평이었다. 그리고, 내 이야기도 잠시 언급했다. 한 작품 가지고 크리틱마다 의견이 다르다. '어떤 교수는 나쁘다 하고 어떤 교수는 좋다 하고, 도대체 누구의 의견을 받을 것인가?'하는 생각을 하게 된다. 결국, 생각하고 고민할 거리를 크리틱들이 준 셈이다. 반대 의견을 한번 고민해 보라는 것이었다.

총평이 끝나고 같은 반 친구들의 수고했다는 말과 함께 첫 핀업이 끝이 났다.

얼마 되지 않은 기간이지만 제 일기를 읽어주신 독자들께 감사드린다. 학기가 시작되어서 여러 가지 일이 겹치다 보니 여기서 그만 쉬어야겠다. 유학에 대한 환상을 너무 많이 가지고 유학을 떠나는 사람들이 많다. 의욕만 너무 앞서는 친구들도 있다. 하지만, 어느 학교를 가느냐에 따라 한가하게 유학생활을 할 수도 있고, 힘들게 고생하는 경우도 있다.

나는 랭킹이 객관적으로나마 말해 준다고 믿고 있다. '랭킹 무용론'을 외치는 사람들에게는 논쟁의 여지가 있겠지만, 사실 동부 아이비리그에 있는 학교하고 다른 지역의 학교를 비교한다는 것은 객관적인 입장으로 보아도 문제가 많다. 한 학교만 경험하고 말하는 것은 우스울 것이지만, 이 학교 저 학교 다니다 보면 학교 차이를 몸으로 직접 실감할 수 있다.

진짜로 유학다운 유학을 하면서 공부를 진하게 하고 싶은 사람은 좋은 학교로 가는 것을 권한다. 유학 가서 놀다가 한국으로 들어가면 유학 전과 비교해 별로 달라지는 것은 없다. 영어만 조금 늘었다는 것뿐이다. 유학 가면 머리가 저절로 차는 것은 결코 아니라는 것을 명심하기 바라고, 학교 교육이 시킨 만큼 또 담당 교수가 혹독하게 훈련시킨 만큼 그리고, 자신의 노력 여부에 따라 유학의 효과가 달라진다는 것을 잊지 말기 바라고 유학 가서 좋은 결실 맺기 바란다.

전공 수업은 어떻게 진행됩니까?

진리는 하나 오류는 무수히 많다.

- 보부아르 -

건축대학원의 전공수업을 보면 스튜디오를 비롯해서 역사, 이론, 프로페셔널 입문과 훈련 과목, 그리고 타 전공분야의 의무적인 선택 수강 등으로 구분할 수가 있습니다. 유학을 준비하는 학생이라면 학교 원서를 받아보거나 인터넷을 통해 학교 커리큘럼을 한번씩 찾아보고, 읽어 볼 것입니다. 가장 중요한 커리큘럼은 코어 과정으로 압축되어 있습니다. 이것은 의무적으로 수강해야 할 과목들입니다. 프로페셔널 학위를 취득하기 위한 전공 필수과목이라고 해야 할 것입니다. 그리고, 코어 과정 이외에 전공교양(Major Electives)과 타 전공 선택(Minor Electives) 등을 볼 수가 있습니다.

먼저, 미국 건축대학원의 커리큘럼을 보면 디자인 스튜디오가 학과목의 절반을 차지하고 있습니다. 나머지는 이론과 역사, 그리고 프로페셔널이 되기 위한 실습이나 법규, 기술적인 과목들로 구성되어 있고, 학생들의 의사(意思)에 따라 과목을 신청할 수 있는 전공교양(Major Electives) 과목과 타 전공교양(Minor Electives) 수강 학점도 있습니다.

역사 과목이나 이론 과목은 획일적으로 한 과목을 수강하는 것이 아니라, 과목당 7~8개의 선택을 할 수 있도록 다양하게 개설되어 있습니다. 이를테면, ARC388R-역사 과목을 필수로 수강해야 할 경우, 각기 다른 역사 주제를 가지고 7~8개의 수업이 개설되면 그 중에 하나를 학생이 선택을 해서 수강하는 시스템입니다. 건축이론 과목도 마찬가지입니다.

학기가 시작되기 전에 학교 교수들은 다음 학기에 개설할 과목을 과 게시판에 공고하고, 수업 내용이나 교과서, 시험, 성적 평가방법 등을 자세하게 기술하는 것이 일반적입니다. 스튜디오 역시 프로젝트 개요를 비롯하여 주요 디자인 접근방법이나 전략 등을 공고하기도 합니다. 학생은 교수들의 수업요강(要綱)을 바탕으로 수강신청을 하게 됩니다. 물론 학기가 시작되고 14일 안에 과목을 변경할 수 있습니다. 전공과목들은 한국보다 교수진과 강사(講師)진이 훨씬 많아서인지는 몰라도, 한 학교에서 다양한 분야를 접할 수가 있습니다.

수업 진행방법을 대략 살펴보면 크게 3가지 스타일로 볼 수 있습니다. 큰 강의실에서 교수가 일방적으로 강의하는 스타일, 중규모 강의실(약 30명)에서 교수와 학생간의 약간의 대화와 토론이 있는 수업, 마지막으로 8명 내외의 세미나 수업이 있습니다. 토론 수업은 언어 문제 때문에 항상 어렵다는 것을 느끼지만, 특히 소규모 세미나 수업은 영어가 되지 않고서는 정말 힘든 시간이 되기 쉽습니다.

세미나 수업은 주로 토론으로 이루어집니다. 때로는 교수와 미국 학생들간의 격렬한 토론이 일어나면 그 토론의 내용조차도 감지하기 어려울 때가 있기도 합니다. 제 경험으로는 수업이 힘든 만큼 얻는 것도 많다는 것을 느낍니다. 하지만 유학 와서 처음부터 어려운 수업을 들으면 쉽게 지치고 흥미를 잃을 수도 있으니, 어느 정도 시간이 흐른 후에 어려운 수업을 듣기를 권합니다.

역사 과목이나 이론 과목의 한 학기 수업진행을 보면 대부분의 수업이 슬라이드 위주로 진행되고, 학생들의 프리젠테이션을 의무적으로 요구하기도 하며, 일반적으로 리서치 페이퍼(미니멈 20페이지) 2개 정도를 제출하는 것이 보통입니다. 교수마다 약간씩 다르지만 짧은 페이퍼(미니멈 5페이지) 3개와 리서치 페이퍼 1개를 요구하는 경우도 있습니다.

대학원 수업은 페이퍼, 토론, 프리젠테이션 3가지로 이루어지고 평가되어 집니다. 가끔씩 중간고사나 기말고사 식의 정기시험을 보는 수업도 있습니다. 언어에 익숙하지 않은 유학생들은 처음에 다소 힘들기도 하지만, 1년 정도가 지나면 어느 정도 적응이 될 것입니다.

특히, 프리젠테이션 시간이면 진땀을 빼기도 합니다. 약 20~30분 정도를 슬라이드와 함께 개인의 연구 주제를 발표할 때면 언어 문제에서 가장 큰 어려움을 겪는 것이 예사입니다. 이것은 토플이나 지알이(GRE) 점수와는 전혀 다른 별개의 문제라는 것을 말해 주고 싶습니다. 유학생활에서 말하기와 글쓰기가 제일 중요한 사항일 것입니다. 특히 강조하고 싶은 것은 페이퍼 쓰기이며, 영작문이 제일 중요한 사항이라고 필자는 생각됩니다.

토론 수업에 참여를 잘하지 못하여도 페이퍼를 잘 쓰면 성적은 잘 받을 수 있습니다. 페이퍼 쓰기에 더군다나 영어로 익숙하지 않은 것이 일반적이고, 한국에서 써 왔던 리포트 형식에 길들어져 있기 때문에, 자기 의견이 들어간 페이퍼를 쓰기란 다소 어색하며 부담감을 갖지 않을 수가 없습니다.

페이퍼 대신에 시험을 보는 전공 수업도 있으며, 프로젝트로 결과물을 요구하는 과목도 있습니다. 주로 실기 과목에서 프로젝트나 과제물 제출을 요구합니다. 한 가지 흥미로운 것은 인터내셔널 학생들의 공통적인 특성이 시험보는 전공 과목에서는 성적이 그리 좋지 않다는 것입니다. 언어의 벽을 넘지 못한다는 의미이기도 하겠습니다. 필자의 경험으로 보면 시험보다 페이퍼 쓰는 것이 부담이 훨씬 덜 합니다.

학기말이면 스튜디오 파이널 리뷰(Final Review)와 전공 과목들의 페이퍼 마감일이 겹치기 때문에 정신없을 정도로 바빠지게 됩니다. 시간관리와 스케줄 조정 능력, 그리고 성적관리 능력도 건축과 학생에게 중요한 항목 중에 하나임을 명심하시기 바랍니다. 한국에서 보냈던 학부 시절이 생각납니다. 설계 스튜디오가 최고라고 생각하고, 스튜디오 외에는 다른 전공 과목들을 등한시했었던 적이 있었습니다. 설계 과목 외에는 성적이 별로 좋지 않은 학생들을 많이 보는데, 유학이라는 것을 염두(念頭)해 둔다면 아니 유학을 꿈꾸지 않아도 미래의 일은 항상 모르기 때문에, 학부 시절의 성적관리를 철저하게 하라고 충고하고 싶습니다.

유학 와서도 마찬가지입니다. 석사 과정을 마치고 박사 과정을 생각할 수 있기 때문에 성적관리는 중요하다고 하겠습니다. 미국의 박사 과정은 석사 과정 평균 학점 3.5 이상(4.0 기준)을 요구하기 때문에 항상 긴장을 늦추어서 는 안 된다는 것을 또 명심하시기 바랍니다.

결론적으로, 한국에 비하면 미국 대학원의 학교 시설이 월등하게 좋기 때문에, 강의방법 또한 다양하고 새로울 것입니다. 슬라이드 시설과 주요 기자재 장비는 물론이고, 영화 필름까지 볼 수 있는 영상시설과 강의실, 그리고 컴퓨터를 동원한 멀티 프리젠테이션에 이르기까지 교육방법이 다양하고 기술의 첨단을 달리고 있다고 해야겠습니다. 평소에도 필자가 제일 부러워하는 것들 중에 하나가 건축도서관과 학교 제반 교육시설입니다. 교수나 학생들 또한 다양한 수업 진행으로 새로운 미디어 매체나 지식들을 얻기도 합니다. 전공 수업은 이렇게 진행된다는 것을 대략 설명을 했지만, 필자가 판단하기에 대략 위에서 설명한 범주를 벗어나지 않을 것입니다.

유학일기, 이론수업을 말한다.

본 유학일기는 오픈스케일에 연재되었던 내용입니다. 유학일기 게재를 허락해 주신 원 저자에게 깊은 감사의 말씀을 드립니다. 유학일기의 특성상 원저자의 원본을 최대한 살려 현장감 있게 구성하였습니다. 본 글은 한 개인의 주관적인 일기이므로 아래에 언급된 스튜디오에 관한 내용이나 건축에 관한 생각은 절대적인 자료가 될 수 없다는 점을 참고해 주십시오. 〈저자 주〉

글 : 정학준

이론, 역사 수업의 학점평가

스튜디오 수업은 보통 월, 수, 금 주 3일 진행된다. 15시간 진행되는 스튜디오 수업이 석사 과정의 가장 핵심적인 과정이라고 해도 과언이 아니다. 학점 또한 6학점이니 스튜디오 수업에서 A를 받으면 일반 이론과목 두 과목에서 A를 받는 효과와 똑같기 때문에 학점 관리하는 측면에서도 중요하다. 만약, 스튜디오에서 B학점을 받으면 타격이 매우 크다. 디자인 과정에서는 학생들이 학점을 그리 신경 쓰지 않지만, 그래도 높은 학점을 받으면 좋은 것은 당연하다. 취업과 학점의 상관관계는 별로 중요하지 않다고들 한다. 설계사무실 취직할 때도 학점은 참고하지 않는 편이다. 농담으로 설계사무실에 취직할 때 오히려 학점이 높으면 이상하게 본다는 말도 있다.

요즘, 한국 대학도 5년제 학제 개편 때문에 스튜디오 학점이 4학점에서 6학점까지 인정해 주는 쪽으로 나갈 것이라고 한다. 주 당 15시간을 스튜디오에 배정하는 것은 미국 건축대학의 일반적인 경향이다. 설계 과목 외에 이론, 역사, 설비, 구조 과목들은 주로 화, 목요일에 수업시간이 편성되어 있다. 몇몇 과목은 월, 수, 금 오전에 하는 수업도 있다. 목요일 아침에 하는 이론 수업이나 역사 수업 첫 시간은 주로 한 학기 일정표와 교수 소개, 또 학생들의 각자 소개로 시작하는 것이 보통이다. 수강신청 전에 과 게시판에는 다음 학기에 개설되는 수업 소개가 게시된다. 수업내용과 평가방법도 간단하게 언급되어 있다.

이론, 역사 수업의 학점 평가방법에 대해 간단히 소개할까 한다. 일반적으로 이론 수업이나 역사 관련 과목의 수업평가는 페이퍼로 하게 된다. 한 학기에 3~4개의 페이퍼(각각 10페이지 분량)를 요구하며, 성적은 페이퍼 비율 80%, 수업 참가 20%로 하는 수업도 있다. 수업시간 발표 30%, 파이널 리서치 페이퍼(15~20페이지 분량) 50%, 수업 참가 20%로 평가하는 과목도 있고, 미니 프로젝트를 5개 각각 20%씩 성적에 반영하여 평가하는 경우도 있다.

과제물은 개인 작업, 그룹을 만들어 프로젝트를 공동으로 진행하고 마지막에 과제물에 대한 결과를 발표(약 20분 정도로 슬라이드, OHP, 파워포인트를 사용하게 된다)하는 수업도 있다. 간혹 시험을 보는 과목도 있다. 교수에 따라 수업 스타일이 다르지만 대학원생을 학부생처럼 생각하게끔 하는 수업이 있을 때는 여간 피곤한 것이 아니다. 그것도 중간고사나 기말고사 때 5지 선답형 객관식 시험을 내는 경우에는 정말 황당하다.

시험에 약한 것이 인터내셔널 학생들의 특징이다. 일단 영어가 안 되니 시험 보는 것이 부담이고, 에세이 시험은 또 영작이 안 되어서 문제다. 그래서 수강신청하기 전에 수업 평가방법을 꼭 읽어보고 자신이 없으면 쉬운 수업을 듣는 것이 좋다. 의욕만 앞선 나머지 선택했다가 수업을 따라가기 어려우면 그때는 괴로운 한 학기를 보내게 된다. 본인의 영어 능력에 따라 수업의 난이도를 선택하길 바란다. 보통 첫 학기에는 쉬운 과목을, 그리고 시간이 흐를수록 어려운 과목을 수강하면 된다. 필수 과목은 어쩔 수 없지만 전공 선택과목은 학생 나름대로 선택할 수 있다. 학교 커리큘럼마다 다르지만 학과 방침으로 다른 과(Department)에서 들어야 하는 경우가 있다. 과목마다 대학원생만 수강할 수 있는 수업과 학부생과 같이 수강하는 수업도 있다. 이럴 경우에는 담당 교수가 학부생과 대학원생을 구분하여 과제물이나 평가를 다르게 한다.

이론, 역사 수업은 페이퍼를 써야 하므로 좋은 영작실력이 요구된다. 아무리 영작을 잘한다고 해도 외국인으로서 문법은 완벽할 수 없다. 가급적이면 돈이 들더라도 에디터를 구해서 에디팅을 받는 것이 좋다. 하지만, 에디터를 구하기 전에 학교에 Writing Center가 있는지 확인해 보고, 있으면 라이팅 센터에서 무료로 교정을 받을 수 있다.

인터내셔널 학생들에게 페이퍼를 쓰는 것은 여간 힘든 일이 아니다. 언어적으로 문법이 틀릴 수밖에 없으며, 에디팅을 받기 위해서는 과제물 제출 하루나 이틀 전에 교정을 맡아야 하기 때문에 서둘러 과제물을 마쳐야 한다. 건축 대학원생들은 설계 수업에 바쁘다 보면 시간이 없어서 에디팅을 못 받은 채 그냥 제출해 버리곤 한다. 에디터를 구하지 못하면 스튜디오 친구에게 부탁해보자.

역사 과목이나 이론 수업의 리서치 페이퍼를 쓸 때는 미국 책의 페이퍼 쓰는 책을 꼭 한번은 읽어보고 페이퍼를 쓰기 바란다. 보통 미국 페이퍼는 서론, 본론, 결론 이렇게 확실히 구분해서 쓰는 경우가 많다. 작문에 대한 설명을 다 하기 어려우므로 꼭 학교 도서관에 가서 영작문이나 페이퍼 쓰는 방법이 나와있는 책을 구해 읽어보고, 담당 교수에게 페이퍼 쓰는 가이드 라인 같은 책에 대해 물어보는 방법도 있다. 아니면, 유학생의 어려움을 교수에게 털어놓고 1차 페이퍼를 한 번 보여주고 조언을 구하는 경우도 있다. 어쩌겠는가? 영어가 제1언어가 아닌 것을! 교수도 외국 유학생의 언어 문제에 대해 편의를 봐주는 교수, 미국 학생처럼 엄격하게 페이퍼 작성을 요구하는 교수, 페이퍼의 영어 문제를 지적하지 않고 성적을 형편없이 주는 교수 등 다양하다. 교수의 성향을 최대한 빨리 파악한 다음 페이퍼 작성에 만전을 기하자.

세미나 수업

세미나 수업을 하나 듣고 있다. 세미나 수업은 말 그대로 세미나이다. 마구 이야기하고, 난상토론하고, 학생끼리 팀을 나눠 토론하고, 한마디로 쾌도난담하는 수업이다. 그래서, 수업은 교수와 학생이 같이 만들어 간다. 될 수 있으면 교수가 잔소리 안 하고 학생이 하고 싶은 것을 찾아 교수와 이야기한다거나, 수업의 주제에 맞게 스스로 알아서 찾아가는 것이다. 그래서, 세미나 수업도 영어 실력(마구 떠들어대는 능력)과 지적 능력이 인터내셔널에게는 필수 사항이다.

교수가 첫 시간에 책 몇 권을 가지고 왔다. 문학 비평 책하고, 푸코 책, 그리고 생전 처음 들어본 음악에 관련한 책. 이 세 가지, 문학과 철학, 음악, 그리고 건축을 연계해서 세미나를 갖는 수업이었다. '참, 한 학기가 피곤하게 지내겠구나'하는 생각도 잠시, 교수와 미국 아이들이 마구 말하기 시작한다. 불라불라불라….

"애들 무슨 이야기하는 거야, 도대체. 알아먹지도 못하겠네. 매우 진지한 이야기인 것 같은데…. 걔들도 알고 하는 건지 아니면 모르고 그냥 떠드는 건지 모르겠네."

세미나 수업을 듣는 사람은 미국 친구 3명에 인도 친구 하나, 그리고 한국인 나, 이렇게 5명이다. 가끔, 수강신청은 하지 않고 수업만 청강하러 온 친구들이 있지만, 5명이 테이블에 앉아보니 참 가족적인 분위기였다. 나도 영어 좀 하지만 주제가 어려우니 이거원 말 한마디 못 하고 수업 끝나게 생겼다. 그래도, 수업시간에 말 한마디는 해야 되는데….

참새처럼 마구 떠들어대는 미국 친구들, 꿀먹은 벙어리 나, 참새와 벙어리 사이에 있는 인도 친구. 세미나 주제도 어렵기도 어렵지만 영어가 요구되는 과목이라서 그런지 다른 인터내셔널 친구들이 이 수업을 안 듣는 것이었다. 나는 수강신청을 이미 해 버렸고, 또 한 학기가 끝나려면 아직도 10주가 남았는데 이번 학기는 스트레스 쌓이는 학기일 것 같다.

하버드 GSD3211 Reading List

세계적인 유명 건축가 라파엘 모네오가 강의하는 과목입니다. 아주 기본적인 건축근대사의 작품들에 대한 것들입니다.

Rafael Moneo
Lecture course. Spring 2001
Reading List

Jules David Prown. The Architecture of the Yale Center for British Art, 1977

Ignacio de Sola-Morales. "Louis Kahn : An Assessment" in 9H5, 1983

Francoise Fronmonot Jorn Utzon : The Sydeney Opera House, Electa/Gingko, 1998

Giedion. "Jorn Utzon and the Third Generation" in Zodiac n14, 1995, pp. 36~47

Jorn Utzon. Sydeny Opera House Yellow Book, 1962

Alan Colquhoun, et.al., in the Architectural Review, December 1984

Colin Rowe. "James Stirling" A highly Personal and Very Disjointed Memoir in Arnell and Bickford, eds. James Stirling : Buildings and Projects., London, 1984

Aldo Rossi. Buildings and Projects, Arnell and Bricford, eds. 1985

Rafael Moneo. "Aldo Rossi. The Idea of Architecture and the Modena Cemetery" in Oppositions n5, 1976

Alan Colquhoun, "Sign and Substance : Reflections on Complextity, Las Vegas, Oberlin", in Essays in Architecutral Criticism, Cambridge, 1981

Venturi, Scott Brown & Associates 1986~1995, Stanislalus von Moos, ed

하버드 GSD7301 Internet & Architecture

아래 것 외에 매주 Web version reading material이 있습니다.

Jeffrey Huang
Internet & Architecture
Reading List

Books :

William Gibson, Neuromancer, New York : Ace Books, 1984.

Neil Stephenson, Snowcrash, Spectra, 1993

Esther Dyson, Release 2.0 : A design for living in the digital

age, Viking, 1997
Michael Benedikt, Cyberspace, MIT Press, 1992
Nicholas Negroponte, Being Digital, Knopf, 1995
Edward Tufte, Envisioning Information, Graphic Press, 1992
Seymour Papert, The Children Machine, Basic Books, 1993
Richard Saul Wurman, Information Architects, Graphis, 1997
Sherry Turkle, Life on the Screen, Touchstone, 1995
Christopher Meyer, Stan Davis, Blur, Perseus, 1998
Marc Smith and Peter Kollock, Communities in Cyberspace, 1998
Brenda Laurel, Computers as Theatre, Addison-Wesley, 1993
George Lakoff, Mark Johnson, Metaphors We Live, Chicago Press, 1983
Howard Rheingold, Virtual Community, Addison-Wesley, 1993
William Mitchell, E-topia, MIT Press, 1999
Christopher Alexander, A Pattern Language : Towns, Buildings, Construction, Oxford, 1977
Erving Goffman, The Presentation of Self in Everyday Life, 1959
William H. Whyte, City : Rediscovering the Center, 1989
Ray Oldenburg, The Great Good Place, Marlowe(3rd Ed.), 1999

Alex Simonson, Bernd Schmitt, Marketing Aesthetics, Free Press, 1997
Paul Arthur, Romedi Passini, Wayfinding in Architecture, 1984

Articles :
Peter Kollock, "Design Principles for Online Communities," In : The Internet and Society : Harvard Conference Proceedings. Cambridge, MA : O'Reilly & Associates

Alan Wexelblat, Pattie Maes, Footprints : History-Rich Tools for Information Foraging. In Proceedings of Conference on Human Factors in Computing Systems(CHI '98), 1998

Ishii, H. and Ullmer, B., "Tangible Bits : Towards Seamless Interfaces between People, Bits and Atoms," Proceedings of Conference on Human Factors in Computing Systems(CHI '97), ACM, Atlanta, March 1997, pp. 34~241

Harrison, S., Minneman, S.(1990). The Media Space. In Proceedings of the Conference on Participatory Design, CPSR Seattle ; 157~166
Ishii, H., Kobayashi, M.(1992). Clear Board : A Seamless

Medium for Shared Drawing and Conversation with Eye Contact. In : Proceedings of the Conference on Human Factors in Computing Systems(CHI '92), New York : ACM Press, 525~532

Matsushita, N., Rekimoto, J.(1997), "Holo Wal : Designing a Finger, Hand, Body, and Object Sensitive Wall", Proceedings of UIST '97

Rekimoto, J., Saitoh, M.(1999) "Augmented Surfaces : A Spatially Continuous Workspace for Hybrid Computing Environments", Proceedings of CHI '99, ACM Press

Streitz, N., Konomi, S., Burkhardt, H.-J.(Eds.)(1998). Cooperative Buildings–Integrating Information, Organization and Architecture. Proceedings of the First International Workshop on Cooperative Buildings(Co Build '98), Darmstadt, Germany(February 25~26, 1998). Lecture Notes in Computer Science, Vol. 1370. Springer–Verlag, Heidelberg

Weiser, M.(1991). The Computer for the 21st Century. Scientific American, 1991, 265(3), 94~104

Modernism and Revolution : The Soviet Art and Architecture 1917~1937

1999년 가을 학기에 UT Austin에서 수강한 과목입니다. 역사 과목 중에 하나입니다.

세미나, 렉쳐, 학생들 발표가 골고루 섞여 있습니다.

Major Materials

S. Fitzpatrick, The Russian Revolution
I. Deutcher, The Russian Revolution
S. khan-Magomedov, Pioneers of Soviet Architecture
A. Kopp, Architecture Sovietique de la Periode Stalinienne
Exhibition Catalogue : The Great Utopia
Khan-Magomedov, VHUTEMS : Moscou, 1920~1930, 1990(in French)

수업시간마다 읽어야 할 리딩리스트는 따로 나갑니다.

너무 많아서 여기에 올릴 수가 없군요. 리딩 리스트는 시간 나는 대로 계속해서 여기에 업데이트하겠습니다.

그 중에 영화도 수업 중에 보았습니다. 러시아 영화입니다.
Eisenstein, The Battleship Potemkin, 1925
Kazimir Malevich, The Victory over the Sun, 1916
Aelita the Queen of Mars, Stage set 1924

Dzigа Vetrov, The Man with a Movie Camera, 1927

필수과목 History of Architecture III

UT Austin에서 매년 가을 학기마다 개설되는 과목입니다. 학부생, 대학원생 필수 과목입니다. 모더니즘부터 현대건축까지 다루는 과목입니다. 수업은 대학원생과 학부생이 같이 듣는 렉쳐 수업이 일주일에 한 시간 반씩 두번 있고(화, 목), 또 대학원생만 듣는 수업이 일주일에 한번(수요일 저녁, 3시간)씩 따로 열리게 됩니다. M.Arch I 학생들에게는 필수 과목 중에 하나입니다.

Major materials

William Curtis, Modern architecture since 1900, 3rd edition

Kenneth Frampton, Modern Architecture : A critical history

Ulrich Conrads, ed. Programs and manifestoes on twentieth century architecture

Collected articles from 100 books and 10 journals : Two Volume Sets(교수가 매 수업을 위해 읽어야 할 아티클을 모아 놓은 두 권의 책입니다. 약 100여 권의 책과 10개의 다른 저널의 아티클을 모아 놓은 것입니다. 그리고, 매 수업시간마다 읽어야 할 리스트가 나갑니다)

Architecture and Society, Fall 2000

이 수업은 학부생을 위한 수업입니다. 건축을 막 시작하는 학부생을 위해 개강되는 수업입니다. 스케줄이 있어 올립니다. 학부생 과목이므로 대학원생은 필수 항목이 아닙니다.

Lectures

Course Outline

I. Introduction

Aug. 31 – Course Description

Sept. 5 – Architecture and Society : Overview

Sept. 7 – Architectural Values/Philosophy/Principles/Prejudices/Theory

II. Form in Architecture

Sept. 12 – Architecture as Sensual/Visual Experience

Sept. 14 – Architecture as an Intellectual/Artistic Experience

Sept. 19 – Order and Systems in Architecture

Sept. 21 – A Place to Be

Sept. 26 – Numbers/Mathematics/Geometry as Inspiration of Form

Sept. 28 – Nature/Biology/Organism as Inspiration of Form

[Reading in Experiencing Architectureto be

completed by Sep. 28]

Oct. 3 – Synthesis - Form

Oct. 5 – Quiz #1

III. Physical Considerations in Architecture

Oct. 10 – Buildings and Land

Oct. 12 – Geography/Topography/Ecology

Oct. 17 – Structure and Materials

Oct. 19 – Construction/Tectonics

Oct. 24 – Architecture in Response to Climate

Oct. 26 – TBA

[Readings in Thermal Delight in Architecture- to be completed by Oct. 26]

Oct. 31 – Synthesis - Physical Considerations

IV. Human Use in Architecture

Nov. 2 – The Designation and Organization of Use

Nov. 7 – Architectural Determinism

Nov. 9 – Humanism at the Personal Scale

Nov. 14 – Humanism at the Scale of Organizations/Communities/Bureaucracies

Nov. 16 – TBA

Nov. 21 – Meaning in Public Buildings

Nov. 28 – Synthesis - Human Use

[Readings in Classic Readings in Architecture-
to be completed by Nov. 28]

Nov. 30 - Quiz #2

V. Combinations and Synthesis

Dec. 5 - Perfection and Compromise

Dec. 7 - A Few Good Buildings

Final Exam to be scheduled by the University

리딩 리스트입니다.

Rasmussen, Steen Eiler. Experiencing Architecture.
Heschong, Lisa. Thermal Delight in Architecture.
Stein, Jay M. and Spreckelmeyer, Kent(eds.).
Classic Readings in Architecture.

스튜디오 리딩 머티리얼

UT Austin에서 1997년 가을 학기에 수강한 스튜디오 리딩 머티리얼입니다.

스튜디오 주제는 '건축과 사회성'이었습니다. 학기의 반은 세미나 형식으로 진행하였고, 나머지 반은 스튜디오 디자인 프로젝트를 수행하였습니다.

흑인 동네의 '커뮤니티 임파워먼트 센터(재생 센터)'를 실제 대지에 건축주와 진행하는 사이트였고, 학생들이 실제 대지에

조형물을 설치하였으며, 담장도 허물고 외부공간을 주민들에게 돌려주는 일도 직접 실행하였습니다.

Advanced Studio Ross/Udovicki

Drucker, P. Managing the non-profit organization
Kozol, J. Rachel and her childeren : homeless
Rosenthal, R. Homeless in Paradise
Bratt, R. Critical perspectives on housing
Davis, S. The architecture on affordable housing
Albelda, R. The war on the poor
Stone, M. Shelter poverty : new ideas on housing affordability
Lederman, J. Housing America : Mobilizing Bankers
Lavell, R. America's new war on poverty : a reader for action
Freire, P. Pedagogy of the Oppressed, Pedagogy of Hope
Clarkee, P. Deep Citizenship
McNigjht, J. The Careless society : community and its counterfiets
McDonald, D. Demographic Architecture

ARCH633 Environmental Control Systems

Texas A&M University 건축과 석사 과정 필수 과목입니다.

에너지, 공조, 환경, 자연채광 시뮬레이션, 차양 설계, 열 부하계산, 건축음향, 열, 빛 등의 건축환경을 다루는 과목입니다.

과 목 명 : ARCH633-Environmental Control Systems
교 수 : Ph.D., PE, Jeff S. Haberl
개설학기 : 가을 학기
평 가 : 매주마다 homework & 중간/기말고사
주요교재 : Stein, B. & Reynolds, J. Mechanical and Electrical Equipment for Buildings. 9th edition. 2000

ARCH 676 Survey of Human Behavior & Design.

Texas A&M University에 개설되는 과목입니다. 건축과, 도시계획과 학생들이 공통으로 수강하는 대학원생 수업입니다. 스케일이 작은 공간(개인공간)부터 도시 전체를 어떻게 보아야 하는가 하는 과목입니다. 학생들이 그 주제에 맞게 저널을 찾아 읽고 리뷰한 다음, 수업시간 중에 발표합니다. 그리고 학기말에 10장 내외의 Term Paper(Research Paper)가 있습니다. 강의는 유명 건축저널 'Journal of Architectural and Planning Research' 편집장으로 있는 Dr. Seidel 교수가 강의합니다.

과 목 명 : ARCH 676 Survey of Human Behavior & Design
교 수 : Ph.D. Seidel, AD(Chief-editor of Journal of Architectural and Planning Research)
평 가 : 4개 리포트, 1team-work, & Final Term Paper

강의형식 : 학생발표, 세미나, 교수 강의

주요교재 : Saarinen, Environmental Planning ; Perception and Behavior

Zeisel, Inquiry by Design

Recommended Readings :

Clay : Close-Up : How to read Americas' City

Sanoff : Visual Research Method in Design

Bourne : Internal Structure of the city

Hartshorn : Interpreting the City : An Urban Geography

David : Urban Land Development

Khan & Case : Real Estate Appraisal & Investment

Unger & Karva : Real Estate Principles and Practices

Yeats and Garner : The North American City

Theory of research in Architecture

텍사스 A & M University

박사과정 필수 과목

교　　수 : Dr. Downing

개　　설 : 매 가을학기

대　　상 : 건축과 박사과정 학생

과목개요 : 박사 과정 리서치와 관련해서 철학의 기본을 정립하는 과목입니다. 플라톤부터 현대 철학까지

리뷰하면서 학생 자신의 철학을 정립할 수 있도록 도와주고, 리서치의 철학적 배경을 형성시켜 주는 데 도움을 주는 과목입니다.

강의형식 : 강의, 세미나 Debate(상반된 철학주제를 가지고, 두 팀으로 나누어 토론 및 논쟁 : 약 6회)

주요교재 :

Hunnex, M. D. Charts of Philosophies and Philosophers
Reese, W. L. Dictionary of Philosophy and Religion
Solomon, R. C. Continental Philosophy since 1750
Weston, A. A Rulebook for Arguments
Capaldi, N. Human Knowledge
Denzin & Lincoln, Handbook of Qualitative Research

이 외에 수시로 리딩 머티리얼이 나갔습니다.

제7장

인생이 프로페셔널로 다시 태어난다.

직장 찾아 삼만리
인터뷰하는 데 도움되는 12가지 팁
졸업 후 취직과 미국 건축사 시험보기
OPT와 H-1B VISA
LA에서 보내는 소식

직장 찾아 삼만리

2002년 7월 14일 우리나라 정부는 세계 유수 대학원 한국 유치방안을 발표했습니다. 예술계통을 포함한 세계 유수 대학원의 한국진출로 지금까지 우리가 양질의 교육현장을 좇아 안에서 바깥으로 나가는 유학을 갔다면, 이제는 안에서 안으로 유학을 가게 되는 아이러니컬한 현상이 나타날 것 같습니다. 이럴 경우 유학이라는 물리적인 지역의 벽이 무너지게 되므로 유학에 대한 개념 역시 새로 정립할 필요가 있습니다.

그동안 학교 이름과 학벌만을 따기 위한 유학을 생각했다면, 이제는 국내에서도 충분히 해결될 것이기 때문에 학벌위주의 유학은 희석되어질 수밖에 없을 것입니다. 학벌 따기나 전문지식의 흡수, 그리고 유학 후 귀국하면 미래가 보장되던 것이 과거의 유학 목적이었다면, 오늘에 이르러서는 이보다 더 실질적인 이유로 유학을 선택하는 사람이 늘어가고 있습니다.

사람마다 삶의 가치의 우선 순위를 어디에 두는가 하는 것은 다양할 것입니다. 경제적 성공에 목적을 두는 사람이 있는가 하면, 사회적 지위와 명예를 더 중시하는 사람도 있을 것이고, 가정의 행복을 최우선시 하는 사람도 있을 것입니다. 자본주의 사회에서 살고 있는 우리는 경제활동을 벗어나 살아가기란 거의 불가능합니다. 경제적 가치가 삶의 우선 순위가 되고 있는 오늘의 현실 속에서 유학은 양질의 전문적 지식흡수를 위해 떠나기 보다 삶의 수단의 한 방편으로 유학의 길을 오르는 사람이 늘어가고 있는 추세입니다. IMF의 경제 위기를 거치면서 평생 직장이라는 의미가 사라지고 경쟁사회에서 살아남으려면 자신만의 전문영역을 확립해야만 앞으로 살아남을 수 있다는 의식이 확산되고 있습니다.

한국 경제의 불안과 평생 직장 개념의 해체, 그리고 사교육비의 과다지출로 인한 경제적 부담과 자녀 교육문제 등의 이유를 들어, 이제는 아예 한국을 떠나 해외 이민을 선택하는 30대가 늘어나고 있습니다. 이러한 사회현상 속에 유학은 해외에서 자리잡기 위한 한 수단으로 그 인식이 변하고 있습니다.

직장 찾아 삼만리격인 오늘의 유학은 경제논리로 보면 2~3년의 현지 투자로 그곳에 평생을 눌러앉을 기회를 가지게 되는 셈인데, 이 역시 몇 가지 법적 절차와 서바이벌 게임에서 이겨내야만 얻을 수 있습니다. 외국인의 신분으로 현지에서 성공하기란 쉽지 않기 때문입니다. 문화 차이를 극복하고 현지 사회에 완전 동화되기가 쉽지 않을 뿐더러, 인종에 대한 벽을 넘는 것 역시 어렵기 때문입니다. 미국 직장 내에서는 글래스 실링(Glass Ceiling)이라고 부르는 보이지 않는 인종의 벽이 있습니다. 아무리 오래 근무하고 열심히 일해도 결국 직장에서 핵심적인 위치까지 승진하지 못하는 것을 비유해서 쓰는 말인데, 외국인으로서 직장을 다니면서 성공하기란 바깥에서 보자면 쉬워 보일지 모르나, 그 속에 있는 사람에게는 힘든 싸움입니다.

외국이라는 어려운 상황 속에서도 성공하는 한인 건축가들이 종종 눈에 띕니다. 우리는 항상 성공한 사람만을 보고 인생의 방향을 잡는 우를 범하기도 하지만, 한편으로 성공 케이스가 눈에 보이기에 더욱 현실에 충실해야만 하는지 모릅니다. 직장 찾아 유학 온 경우라면 유학에 대한 전략도 목적에 맞게 수정되어야 할 것입니다. 아예 이민을 목적으로 유학 온 경우라면 더욱 그럴 것인데, 현지 출신의 학교 동료나 직장 동료와의 원만한 대인 관계를 유지하여, 훗날 사무실 개원이나 자리 이동에 도움을 받을 만한 기회를 만드는 초석을 닦아야 할 것입니다.

전문직으로 미국에서 살아남아 눌러 앉기란 자신만의 기술이나 실력을 연마해야 함은 두 말할 나위가 없습니다. 나이 60이 다 된 중국계 할아버지가 안경 너머로 실시도면 디테일을 그리고 구조도면과 역학계산을 챙기는 모습은 미국 설계사무실의 한 풍경입니다. 미국 직장에서는 직위 개념이 중요한 것이 아니라 연봉 개념이 더 중요하듯, 나이의 많고 적음과 상관없이 연봉 계약이 본인과 회사간에 상호 합의되면 그것으로 직장 생활은 족한 것입니다. 나이 적은 사람이 나의 직장 상사로 있던, 20대 후반이 수석 디자이너의 연봉이 60 넘은 할아버지보다 훨씬 많게 받던 그것은 자신의 일과 아무 상관이 없습니다. 나는 나와 회사와의 계약 관계 속에서 직장 생활을 하는 것이지 남과 연봉을 비교하며 나이에 맞추어 회사 직위를 비교하는 것은 별 도움이 되지 않습니다.

현지 문화에 익숙하지 못하면 직장생활이 고달플 수밖에 없습니다. 외국 현지에서 본인의 사무실을 개원하지 못한다면 평생 전문직 직장 생활로 인생을 마무리 할 수도 있으며, 나이 60이 넘어서도 평사원으로 근무할 수도 있다는 것을 말하고 싶습니다. 물론, 나이 먹음과 더불어 주류 사회에서 성공하기를 누구나 꿈꾸고 그렇게 되기를 바랍니다. 하지만 현실적으로 성공의 확률은 작기 때문에 평범한 직장인의 삶이 그리 불행하게 보이지는 않습니다. 특히 이방인으로서 더욱 그러할 것입니다.

이방인은 같은 처지인 사람과 모여 살고 싶은 것은 인간으로서 근본적인 심성인 듯 합니다. 미국의 주요 대도시에 코리아타운이 있고, 건축사업 역시 같은 한인끼리 이루어지는 경우도 많습니다. 이민을 꿈꾸고 유학을 가는 경우라면 유학 후 취업은 미국의 대도시에 한인이 많이 사는 곳으로 가볼 만합니다. 혹자는 건축가로서 성공하려면, 한인 교포와 사업을 하지 말라고 합니다만, 언어와 문화의 동질성으로 인한 이점은 사업에 큰 장점이 될 수 있습니다. 또 한인 교포를 상대로 건축일을 하며 성공한 건축가들도 있습니다. 이민을 위한 한 방편으로 유학을 생각하면 여러 가지 경우의 수를 염두해 두고 차근차근 준비해야 되겠습니다.

대학원 졸업 후 직장을 선택하고 찾을 때, 회사를 선택할 수 있는 여러 가지 자료가 필요합니다. 학교에서 정기적으로 일년에 1~2번 정도 잡 페어(Job-Fair)를 만들거나, 잡 오피스를 설치하여 일년 내내 학생에게 정보와 편의를 제공하기도 합니다. 잡 페어는 학기 중에 열리기 때문에 졸업 전에 직장을 잡을 수 있고, 인터뷰도 학교에서 할 수 있고, 또 회사가 학교 근처 지역에서 오기 때문에 취업 후 이사하기에도 편한 여러 가지

장점이 있습니다. 하지만, 대도시로 직장을 찾아 새로운 삶을 시작하려면, 미국 설계사무실의 프로파일이 필요한 것이 사실입니다. 직원 수, 마켓팅 능력, 프로젝트 경력과 성격, 외국 프로젝트를 하고 있는 사무실 등 객관적인 정보가 필요합니다.

첨부한 자료는 1998년 미국이 호황을 누리던 시기에 발표된 미국 설계사무실의 프로파일입니다. 큰 설계사무실과 소형 설계사무실의 장단점은 한국이나 미국이나 별 다를 것이 없습니다. 아무래도 국제 프로젝트를 많이 수행하는 설계사무실은 이민법이나 외국인과의 업무 경험이 많기 때문에 취업비자나 영주권 관련 문제는 잘 알고 있을 것입니다.

하지만, 사무실은 그 규모와는 상관없이 건축 경기에 민감하다는 것을 부정할 수 없습니다. 2001년 9년 11일 뉴욕테러 이후 건축경기가 급속하게 얼어붙고, 여기 저기서 해고 소식이 들려오는 작금의 상황은 외국인의 신분으로 현지에서 일하는 것이 마치 살얼음을 걷는 기분을 느끼게 합니다. 해고되고 직장을 다시 못 구하면 비자문제 때문에 졸지에 불법 체류자로 전락해버리기 때문에, 바로 귀국을 해야되는 처지입니다.

첨부한 자료가 도움이 되기를 바라고, 성공적인 직장생활하기를 바랍니다.

■ 건축가 많은 미국의 설계사무실, 1998 Architecture

랭 킹	설 계 사 무 실	본 사 소 재 지	총고용인수	건축가수
1	H.O.K	St. Louis	2,008	1,004
2	S.O.M.	Chicago	761	497
3	NNBJ	Seattle	766	419
4	GENSLER	San Francisco	1,450	410
5	ELLEBE BECKET	Minneapolis	743	369
6	SMITH GROUP	Detroit	771	354
7	RTKL	Baltimore	608	263
8	CALLISON ARCHITECTURE	Seattle	391	232
8	PERKINS EASTMAN	New York City	285	232
10	HKS	Dallas	410	216
11	PERKINS & WILL	Chicago	390	207
12	LEO A DALY	Omaha, Nebraska	730	206
13	CANNON	Grand Island, New York	385	196
14	LOCKWOOD GREENE	Spartanburg, South Carolina	3,500	187
15	WAT&G	Honolulu	256	182

랭킹	설계사무실	본사소재지	총고용인수	건축가수
16	KAPLAN MCLAUGHLIN DIAZ	San Francisco	184	136
17	EINHORN YAFFEE PRESCOTT	Albany, New York	403	164
18	KOHN PEDERSON FOX	New York City	209	151
19	ASHEN+ALLEN	San Francisco	184	136
20	CORGAN ASSOCIATES	Dallas	222	131
25	ARQUITECTONICA	Miami	132	102
39	I.M.PEI COBB FREED	New York City	135	55
40	GWATHMEY SIEGEL	New York City	64	54
44	MURPHY/JAHN	Chicago	77	44
50	MICHAEL GRAVES	Princeton, New Jersey	75	37

■ 해외수주가 많은 미국의 설계사무실, 1998 Architecture

- 프로젝트를 미국이 아닌 외국에서 진행하여 그 수익을 많이 얻고 있는 사무실 순위로 파악됩니다. 아래 언급한 설계사무실은 한국에도 진출하여 많은 프로젝트를 수행한 경력이 있습니다. 한국에 프로젝트가 진행되고 있다면 취업하는 데도 유리할 것으로 판단됩니다.

회사명

1. H.O.K
2. RTKL
3. WAT&G
4. GENSLER
4. BENHAM GROUP
4. NBBJ
7. ELLEBRE BECKET
8. LOCKWOOD GREEN
10. K.P.F.
11. TAMS CONSULTANTS
12. PEI COBB FREED
13. SWANKE HAYDEN CONNEL ARCHITECTS
14. ASHEN+ALLEN
15. ARQUITECTONICA
16. PERKINS WILL
16. GOULD EVANS AFFILIATES

18. KAPLAN MCLAUGHLIN DIAZ(K.M.D.)
19. THE HILLIER GROUP
20. FRCH DESIGN WORLDWIDE

■ 프로젝트로 본 설계 수요현황, 1998 Architecture

- 미국이 아닌 외국에서 진행하고 있는 프로젝트 종류입니다. 프로젝트 유형을 살펴보면, 병원과 같은 헬스케어 시설, 대학교육 시설의 디자인 수요가 많다는 점입니다. 취업과 유학을 연계하여 생각해 볼 때에 헬스케어나 교육시설 같은 전문적인 디자인 과정을 공부하는 것도 취업하는 데 유리할 것으로 판단됩니다.

1. 오피스 빌딩 – 20.62%
2. 리테일 상업시설 – 10.44%
3. Manufacturing(제조시설) – 10.04%
4. 헬스케어 시설 – 9.86%
5. 대학교육시설 – 9.45%
6. 호텔, 숙박시설 – 8.26%
7. 엔터테인먼트 – 5.74%
8. 주거시설 – 4.97%
9. 플래닝/어반디자인 – 3.94%
10. 교통시설 – 3.32%
11. 스포츠 시설 – 1.84%
12. Correctional Facilities(교도소나 소년원 같은 재활시

설)－1.5%

13. 연구시설－1.44%

13. 초등 학교시설－1.44%

15.기타시설

인터뷰하는 데 도움되는 12가지 팁

일을 하지 않는 것과 존재하지 않는 것은 같은 것이다.

- 볼테르 -

인터뷰하고 취업하는 데 도움이 되는 12가지 솔직한 팁을 쓸까 합니다. 이 12가지 팁은 필자의 6년간 미국 생활에서 얻은 실제적인 경험담이기도 합니다. 처음으로 인터뷰하는 사람들에게 많은 도움이 되면 좋겠습니다. 참고로 인터뷰 팁은 저의 개인적인 경험을 토대로 얻은 인터뷰 전략이기 때문에 참고용 자료로 활용하시기 바랍니다.

1. 인터뷰 할 때 비행기표는 자기가 사는 경우가 많습니다. 만약, 회사에서 인터뷰한다고 비행기표 보내준다면 고용이 거의 확실합니다. 요즘(2001년)은 미국 건축계가 불경기라서 '인터뷰 오라'하는 것도 어디냐 하는 식입니다. 어찌하겠습니까? 건축경기가 좋아지길 바래야겠지요. 인터뷰를 시작하기 전에 본인의 이력서를 커버 레터와 함께 편지로 보냅니다. 이메일도 편리합니다만, 메일관련 사고도 발생할 수 있고, 사무실측에서 수신하지 않았다고 하면 할말이 없기 때문입니다. 커버 레터는 내가 왜 당신의 회사에 관심이 있는지를 명확하게 기술하는 것이 좋습니다. 그 회사 작품이 좋을 수도 있고, 이미지가 좋을 수도 있고, 교수가 소개해줘서,

아니면 어떤 특정 시설 위주로 일을 해서 좋고, 기타 등등을 언급하십시오. 그리고 나서 '나는 이런 시설과 이런 디자인에 특별히 관심이 있다. 내 관심이 네 회사와 딱 맞아떨어진다. 네 회사에서 일하고 싶다'라는 문구를 넣어서 작성하십시오. 이런 내용의 편지나 이메일을 보내놓고 연락을 기다리십시오. 만약, 연락이 안 오면 전화해서 확인하는 것이 좋습니다. '우는 아이 떡 하나 더 준다'는 말이 미국에서도 통하기 때문에 자주 전화해서 진행상황을 확인하는 것이 좋습니다. 명확한 답변, 즉 "관심 있다, 없다"라는 말을 직접 확인하시기 바랍니다.

2. 회사에서 관심이 있으면 인터뷰 날짜를 구체적인 시간과 함께 예약을 합니다. 날짜를 잡을 때 비행기표를 보내줄 수 있는지에 대해 한번 물어보시기 바랍니다. 혹시 비행기표를 보내줄 수도 있기 때문에 말하지 않는 것보다 한번 물어보는 것이 좋습니다. 본격적으로 잡 인터뷰를 하기 위해서는 인터뷰 스케줄을 잘 짜기 바랍니다. 급하게 예약하지 말고, 시간적인 여유를 가지시기 바랍니다. 만약, LA로 간다면,

LA 지역 인터뷰 일정을 2박 3일 정도로 잡고, 가급적이면 많은 회사와 연락하여 인터뷰 스케줄을 잡은 다음 한번에 많은 회사를 방문하기 바랍니다. 한 지역이나 도시가 어려우면, LA-샌프란시스코로 이어지는 장거리 여행과 함께 인터뷰 일정을 잡는 것도 좋습니다. 뉴욕으로 가

보고 싶다면, 워싱턴-뉴욕-보스톤으로 이어지는 인터뷰 스케줄을 짜시면 비용 절감과 함께 시간적으로 효율적일 것입니다. 일정을 잡기 전에 수많은 이력서를 그 지역에 뿌려야 하는 수고가 필요합니다.

3. 회사에서 고용하고 싶으면 인터뷰 자리에서 오퍼(offer)를 주는 경우가 많습니다. 회사에서도 이 사람이 한 두 군데 지원하지 않았으리라는 생각을 하기 때문에, 그 사람을 고용하고 싶으면 바로 오퍼를 주고 봉급은 그 자리에서 결정하든지, 천천히 하든지 결정하게 됩니다. 그래서, 그 지역의 물가나 임금수준과 같은 정보를 미리 구하고 가는 것이 좋습니다. 만약, 그 자리에서 결정할 수 없다면 1~2주 안에 연락을 꼭 주겠다고 말하는 것이 좋습니다. 확답해 주겠다는 시간이 너무 길면 회사에서는 '저 사람이 우리 회사에 관심이 없다'라는 생각을 하기 쉽기 때문에 최종 확답을 주기 전에 다른 사람을 뽑을 수도 있습니다.

4. 문화적인 차이에 대해 말씀드리겠습니다. 보통 미국 회사에서 "당신을 고용하고 싶지 않다"는 말을 면전에서 거의 하지 않습니다. 왜? 미안하니까? 모르겠습니다. 미국인의 문화가 그렇습니다. 그러면 어떤 말을 하느냐?
"최종 책임자가 현재 출장 중이다. 그러니, 돌아가서 1주일만 기다려라. 연락 주겠다."

"아직 결정할 수 없다. 다른 사람 인터뷰 끝나면 그때 결정할테니 연락을 기다려라."

대충 이런 식으로 변명합니다. 이런 말을 들었을 때 80% 정도는 포기하는 것이 좋습니다. 간혹, 고용할 수 없다고 연락을 주는 경우가 있지만, 대부분의 회사는 시간 끌며 얼버무리기 일쑤입니다. 이럴 땐 '아, 떨어졌구나' 생각하고, 빨리 다른 회사를 알아보는 것이 좋습니다. 괜히, 한 회사에 매달리지 말고, 일단은 많은 회사에 지원하기를 권합니다.

5. 인터뷰 시 포트폴리오 보면서 수많은 감탄사를 내 뱉습니다. "원더풀", "뷰티풀", "어메이징", "그레이트", "퍼펙트", "엑셀런트", "베리 굿" 등, 이러한 문구는 학교 다닐 때도 수없이 교수들이 하곤 합니다. 이것 역시 미국 사람들의 문화적 행태라고 생각합니다. 하지만, 종종 한국 사람 같은 교수나 사람을 만날 수 있습니다. 진짜로 잘했을 때 칭찬하는 사람 말입니다. 보통 이런 사람은 평소에 말이 없는 편입니다. 그리고 싫은 소리도 과감하게 많은 사람 앞에서 면박을 주는 교수도 있습니다. 특히, 스튜디오 발표 자리에서 "이게 한 거라고 했니?", "이게 설계니?", 이루 말할 수 없는 면박을 주면 미국 학생도 우는 경우가 있습니다. 이럴 땐 한 귀로 듣고 가슴속에 담아두는 것이 좋습니다. 그리고, 마음의 진정이 되면 곰곰히 생각해 보십시오.

   하지만 대부분의 미국 사람들은 남 앞에서 싫은 소리를 잘 하지 않습니다. 그들이 말하는 칭찬의 소리를 100% 믿지 마세요. 혹, 인터뷰 때 수많은 감탄사를 들었다고 '취직이 되는 구나'라는 착각을 하면 안 됩니다. 감탄사를 받았을지라도 오퍼 레터에 사인을 할 때까지는 취직의 여부는 결정되지 않았다는 것을 명심하길 바랍니다. 사인이 들어간 문서만이 확실한 증거입니다.

6. 인터뷰할 때 솔직하면 안 됩니다. "당신 캐드 할 줄 아세요?"라고 물으면, "솔직히 캐드 초보 수준입니다"라고 겸손하게(잘 하는데 괜히 쑥스러워 못한다고 말하는 사람) 말하면 떨어지기 십상입니다. 어떻게 하면 되냐구요? 자신의 능력의 200~300% 수준으로 높여 말하는 것이 좋습니다. "아, 잘할 수 있습니다"가 아니라, "아주 잘합니다"로. 괜히 솔직하게(?) 말했다간 떨어지기 쉽기 때문에 자신만만한 모습을 보여주는 것이 좋습니다.

7. 인터뷰 비용도 만만치 않습니다. 어디서 유학을 하고 어디서 직장을 찾느냐에 따라 그 경비가 달라집니다. 대도시 유학의 이점이 있다면 직장 알아볼 때 지리적 어려움이나 인터뷰 경비를 줄일 수 있는 장점이 있습니다. 하지만 미국은 워낙 넓은 곳이기 때문에 소도시에서 유학을 하는 사람이라면 직장을 구하기 위해 대도시로 나갈 수밖에 없습니다. 물론 비행기를 이용하게 됩니다. 비행기 삯에 숙박비, 식비, 이동비 등 인터뷰 비용이 예상 외로 많이 소요됩니다. 어떤 친구는 5,000불을 인터뷰 비용으로 사용한 적이 있습니다. 갑작

스런 인터뷰 경비 지출을 위해 신용카드 하나 정도는 필수적으로 만드시길 바랍니다.

8. 인터뷰할 때 가끔씩 작품에 대해 질문하는 경우가 있습니다. 왕왕, 자신의 작품이 아닌 포트폴리오로 인터뷰하는 이상한(?) 사람들이 있는데, 이럴 경우를 대비해 확실하게 포트폴리오 작품에 대해 숙지하기를 바랍니다. 또, 콤페를 같이 했는데 한 사람은 '도우미' 역할을 해서 작품 수상자 이름에 같이 올라가는 경우가 있습니다. 이럴 경우에도 참여 작품에 대해 숙지하고 있어야 합니다. 참고로, 미국에서 학생을 상대로 현상설계가 많습니다. 꼭 입선 이상이라도 하는 것이 취직에 유리합니다.

9. 회사에서 오퍼 주면서 "언제부터 일할 수 있냐?" 라고 묻는 경우도 있습니다. 어떤 회사는 인터뷰하자마자 그 자리에서 오퍼를 주고 바로 업무에 투입시키는 경우도 있습니다. 집에도 못 돌아가고 며칠동안 출장 아닌 출장생활을 하게 되는 것이지요. 이럴 경우 모든 숙박경비는 회사에서 부담하게 됩니다. 정식계약을 하고 나면 여러 가지 복지 서비스를 제공하게 됩니다. 그 중 하나가 이사 비용 지원입니다. 보통 2,000~3,000불 정도를 지불하게 됩니다. 오퍼 서류에 사인할 때 '언제부터 출근하겠다'라는 시간 조정을 하면 됩니다. 아니면, "다른 회사 인터뷰가 남아있으니 기다려 달라" 라고 말하면 회사에서 애가 타는 경우도 있습니다. 회사에서 이

사람을 꼭 뽑고 싶으면 회사에서 봉급을 더 주겠다는 제의를 하기도 합니다. 모든 경우가 딜을 하는 사회이기 때문에 협상을 잘하길 바랍니다.

10. 취직을 위해서 여름 방학 때 인턴생활을 하거나 학기 중에 파트타임 잡을 가지길 권합니다. 인턴은 경력에도 들어가게 되고 졸업 후 다시 그 회사로 돌아가서 일할 수 있는 기회를 우선적으로 가질 수도 있지요. 최소, 3개월 이상의 기간을 두고 인턴생활이나 파트타임 잡을 가지게 되면 졸업 후에 취직하는 데 도움이 될 것입니다. 물론, 이력서에도 인턴생활 때 파트타임 때 일했었던 프로젝트를 언급할 수 있습니다. 특히, 외국인으로서 현지에서 취직하기가 어렵기 때문에 방학을 이용해 일하기를 추천합니다. 미국의 사무실 분위기를 익히고 바로 적응할 수 있는 좋은 기회라고 생각합니다. 인턴은 학교에서 적극 장려하는 프로그램을 통해 얻을 수 있고, 교수를 통해서 알아볼 수도 있습니다. 대부분의 건축학과 내에 잡 오피스가 있습니다. 일자리 상황을 수시로 문의해 보시길 바랍니다.

11. 회사에 들어가면, 바로 비자가 나옵니까? 천만에 말씀입니다. 보통 대형 사무실은 6개월의 임시 적응 기간(PROBATION, 프로베이션 기간)이 있습니다. 즉, 6개월 동안 일하는 것 보고 나서 연봉이나 고용을 결정하겠다는 겁니다. 취직했다고 안심하거나 건방을 떨면 바로 해고당할 수 있습니

다. 정식 연봉 사인을 할 때나 취업비자(H-1B 비자) 서류를 신청할 때까지 열심히 일하는 것이 좋습니다. 물론, 비자가 나온 후에도 열심히 해야겠지요. 한국 사람 한 명이 일을 잘 못하면 다시 뽑지 않을 겁니다. 학교도 마찬가지입니다. 한국 학생이 엉망으로 만들어 놓고 형편없으면, 그 다음해는 한국 학생을 많이 뽑지 않을 수도 있습니다. 나 하나의 행동으로 인해 수많은 한국 사람이 피해를 입을 수 있다는 것을 명심하고 열심히 일해야겠습니다.

12. 인터뷰는 회사마다 다르고 지역마다 다르니, 필자가 언급한 팁을 절대적으로 적용해서는 안 되겠습니다. 하지만 열심히 준비하고, 인상 좋고, 옷 깔끔하게 입고, 적극적인 자세를 보여준다면 좋은 결과가 있을 것으로 믿습니다. 취직 시 한국에서의 실무경력 인정 여부도 회사마다 다릅니다. 회사에서 고용하고 싶다면 지난 한국 사무실 경력을 다 인정해 줄 것이고, 어떤 회사는 반을 인정해 주는 경우, 어떤 회사는 아예 인정을 해 주지 않는 경우 등, 이 역시 다양합니다. 이 또한 협상을 잘 하기 바랍니다. 회사에 들어가서도 사회적 활동, 사내 활동을 액티브하게 하기를 권합니다. 개인적으로 싫어도 사내 파티도 꼬박꼬박 가고, 발런티어 활동에도 자주 참여하고, 소규모 동호회 모임에도 자주 참여하는 것이 좋습니다. 한국 사람은 파티 같은 자리에 잘 가지 않습니다만, 원만한 대인관계 역시 중요한 직장생활 요소이기 때문에 적극적으로 참여하기 바랍니다.

졸업 후 취직과 미국 건축사 시험보기

네 시작은 미약하였으나 네 나중은 심히 창대하리라.

- 성경 중 욥기 8장 7절 -

유학을 생각하는 대부분의 사람이 유학을 마치고 현지에서 실무를 어느 정도 쌓고 싶은 생각을 가지고 있을 것입니다. 필자도 마찬가지였습니다. 졸업 후 어느 정도 실무를 쌓은 후 미국 건축사를 취득하고자 하는 것도 유학 계획 중에 하나이기도 합니다.

기나긴 '마스터'라는 수련의 시간이 끝날 쯤이면 취직 문제로 걱정을 하기 시작합니다. 더욱이 외국인이라는 신분과 비자 문제가 걸려 있기 때문에 회사를 고르는 데 있어서 선택의 폭이 매우 좁아지게 됩니다. 여름방학이나 학교 프로그램 중에 미국 설계사무실에 인턴쉽을 나갈 수 있는 기회가 있으면 나가는 것이 좋습니다. 이것은 졸업 후 취직하는 데 있어서 훨씬 유리하므로, 필자는 적극 추천하는 바입니다.

졸업 시즌이 가까워지면 제일 먼저 준비할 것이 포트폴리오를 새로 만들어 놓고 회사를 알아보는 것입니다. 취업하는 데 있어서 제일 중요한 무기는 포트폴리오이기 때문에, 유학생활에서 이제껏 했던 작품들을 정리해가면서 최대한 인상적이고, 멋있게 만들어야 할 것입니다.

취업이라는 것이 현지의 경기흐름과 연관되어 있기 때문에 미국의 건축경기에 따라 취업 전선에 희비가 엇갈리게 됩니다. 지나간 2000년을 본다면 미국은 대단한 호황기를 누리고 있었습니다. 하지만 2001년 9.11 테러와 이라크와의 전쟁으로 인해 미국의 건축경기는 바닥을 치고 있습니다. 미국 경기를 예측하고 유학을 결심하기란 너무나 위험할 수 있습니다.

미국 건축대학원 대부분은 학교에 Job Career Center와 같은 오피스가 있어서, 취업 전략이나 구직 현황 등의 정보를 구할 수 있으며, 심지어는 학교에 직접 회사들이 인터뷰를 오는 경우도 있습니다. 이것은 Job Career Week 같은 취업박람회를 학교에서 열게 되면 회사들이 학교로 찾아와서 학생들과 직접 인터뷰를 하기도 합니다. 문제는 어디서 유학을 하느냐가 중요하지만, 어느 정도의 이름이 있는 학교라면 미국 어딜 가나 취업하는 데 그리 어렵지 않다고 봅니다.

인터넷을 통해 설계사무실을 알아보는 것이 가장 일반적인 방법일 것입니다. 요즈음은 웹 상에서 입사 지원하는 회사들도 있습니다. 회사 선정은 각 개인의 디자인 취향이나 회사 선호에 따라 다를 수 있습니다. 하지만, 졸업 후 비자 문제를 먼저 해결해야 하기 때문에 대부분의 인터내셔널 학생들은 대형 설계사무실로 가게 됩니다. 유명 건축가의 문을 두드리기에는 본인이 희생하고 감수해야 할 문제들이 있기 때문입니다.

예를 들어, 프랭크 게리 오피스에 약 1,000여 명이 취업을 대기하고 있다는 소문이 있을 정도로 유명 건축가 밑으로 들어가기가 힘들고, 경제적인 문제도 보장되지 않으며, 비자 문제도 해결할 수가 없습니다. 보통 유명 건축가 사무실은 취업 후 짧게는 1년에서 길게는 2년이라는 견습이나 유예(Probation Period) 기간이 있습니다. 이 유예기간은 임시로 취업된 상태이며, 급여는 작고 비자 문제를 보장해 주지도 않습니다.

대도시에 위치해 있거나 그 근교에 있는 학교라면 일자리 구하는 데 큰 어려움이 없지만, 시골에 있는 대학들은 다소 어려운 점이 있습니다. 왜냐하면, 미국의 땅이 워낙 넓기 때문에 회사 인터뷰를 자주 갈 수도 없는 처지이고, 아무래도 시골에 있으면 대도시에 비해 정보나 건축경기의 흐름을 감지하는 데 다소 늦는다고 보아야 하기 때문입니다.

일반적으로, 회사에 이력서와 커버 레터(Cover Letter)를 함께 보내고 나면, 며칠 후 회사에서 서류심사를 하고 인터뷰 날짜를 잡아줍니다. 고맙게도 회사에서 비행기표까지 보내주면 거의 고용이 확실하다고 보면 되는데, 일반적으로 회사에서 학생에게 비행기표는 보내주지 않습니다. 개인의 경비로 가야 하기 때문에 비행기표 값만 해도 만만치 않습니다. 이런 이유 등으로 뉴욕을 비롯한 동부지역, L.A와 샌프란시스코의 서부지역, 그리고 시카고를 중심으로 하는 북부지역 등 미국의 주요 대형 설계사무실이 분포되어 있는 지역으로 유학을 가는 것도 취업하는 데 유리한 점이라고 보아야 할 것입니다.

필자의 경험으로 미국인들의 인터뷰 문화를 보면 이렇습니다. 항상 미국인들은 인터뷰하는 도중에 절대로 거절 의사를 말하지 않습니다. 하지만, 고용을 하고 싶으면 인터뷰하는 자리에서 고용 의사를 바로 밝힙니다. 한국인의 문화와 미국인들의 문화가 매우 다르기 때문에 그런 상황이 오면 당황되기도 합니다.

먼저, 인터뷰 도중이나 시작하기 전에 회사 구경을 시켜줍니다. 회사 직원들도 소개시켜주기도 하지요. 그리고, 포트폴리오를 보면서 "wonderful, beautiful job, you're great, I love your work" 등 온갖 미사여구로 띄워줍니다. 마치, 거의 합격한 것처럼 말입니다. 여기에 절대 현혹되어서는 안 됩니다. 이것은 미국인들이 으레 하는 말입니다. 미국 사람들은 칭찬을 너무 잘하지요. 이렇게 말했다고 해서 그것을 100% 믿으시면 안 된다는 말입니다.

한국 문화는 대체적으로 칭찬에 인색하지요. 이제껏 한국문화에 익숙해 있다가 미국 문화에 길들여지기란 시간이 꽤 걸린다고 보면 됩니다. 이것은 문화의 차이로 바라보아야 합니다. 결론은 "우리 회사에서 당신을 쓰고 싶소. 얼마 받기를 원합니까?"라는 말이 나올 때까지 회사에서 하는 말을 100% 믿지 말라는 말입니다.

회사들의 거절 표현을 몇 개 예를 들면 이렇습니다. "몇 주 후에 연락을 드리겠습니다", "회사 인력 담당자가 휴가를 갔으니 오는 대로 바로 연락 드리겠습니다", "인사 개편이 얼마 남지 안아서 현재 결정을 할 수가 없습니다. 조금만 기다려 주십시오" 등의 말을 해놓고 감감 무소식입니다. 급한 사람이 우물 판다고, 회사측에 전화하면, "아직 결정이 나지 않았다", "담당자가 휴가를 갔거나 출장을 갔다. 조금만 기다려라" 같은 소리만 계속합니다.

대부분의 회사가 "우리 회사에서 당신을 고용할 수 없습니다"라는 소리는 거의 하지 않습니다. 참, 별난 문화지요. 따라서 인터뷰 도중 오퍼(Offer)를 받지 못하면 과감하게 다른 회사를 알아보셔야 합니다. 제 경험과 주위 사람들의 인터뷰 경험으로 보았을 때 거의 확실한 정보이니 명심하시기 바랍니다.

첫 장에서도 말했지만, 건축 석사의 급여는 엔지니어링(일반 공대) 학부 출신 봉급보다 작은 것이 사실입니다. 2000년 현재, 미국 경기가 최고 피크임에도 불구하고 건축 석사 출신이 연봉 35,000달러를 받고 가면 많이 받았다고 합니다. 뉴욕이나 텍사스나 지역에 할 것 없이 똑같이 적용된다고 보면 되겠습니다. 어떤 분은 "물가 비싼 뉴욕과 물가 싼 달라스는 연봉이 다르다"라고 말하고 있지만, 제가 주위에서 보고 또 경험한 바로는 그것은 사실이 아니었습니다. 석사 출신 평균 연봉은 32,000불에서 35,000불로 생각하면 되겠습니다.

그리고 입사 전에 꼭 확인하고 가야 될 것은 비자 문제입니다. 회사에서 H-1B 비자를 내줄 수 있는지 먼저 확인해야 될 것입니다.

참고

외국인이다보니 항상 따라 다니는 것이 비자문제입니다. 학생비자(F-1)에서 취업 비자(H-1B)로 바꾸어야 하는 처지이기 때문에 신중히 알아보고 회사를 결정해야 할 것입니다.

미국 건축사 시험보기

NAAB에 등록되어 있지 않은 학교의 프로그램은 미국 건축사 시험 자격을 받는 데 있어서 NAAB에 등록되어 있는 학교보다 시간이 더 걸립니다. 건축사 자격요건은 미국 주마다 경우가 다르지만, 대체로 많은 주가 강화하고 있는 추세입니다.

유학을 생각하는 사람들에게 벌써 이런 정보를 싣기에는 이른 감이 있지만, 궁금증 해소 차원에서 소개하고자 합니다.

미국 건축사 시험 및 등록 위원회(National Council of Architectural Registration Boards, 이하 NCARB)라는 곳에서 건축사 시험관리와 건축사 등록업무를 하고 있으며, 'Architect Registration Examination(이하 ARE)'라고 부르는 건축사 시험 과목과 기타 정보를 소개하고자 합니다. 한 가지 주의할 점은 미국 대학원 프로그램 중에 NAAB에 인가를 받지 못한 프로그램들이 있습니다.

예를 들어, 건축 석사의 포스트 프로페셔널 디그리(Post Professional Degree) 프로그램인데, 인정을 받은 학교도 있고 인정을 받지 못한 학교도 있습니다. 프랫 대학(Pratt Institute)을 예로 보면, 앞에서 언급한 NAAB 리스트에 *70. Pratt Institute…Bachelor's* 라고 나와 있습니다. NAAB에 등록되어 있는 프로그램은 학부 학위(Bachelor's)뿐이지 석사 학위에 대해서는 언급이 되어 있지 않습니다. 인정을 받지 못했다는 것입니다. 이와 같이, 하교의 프로그램인가 문제는 NCARB에서도 주의를 당부하고 있는 사항중의 하나입니다. 프랫에서 졸업했다면 건축사 시험을 볼 수 있는가 없는가는 뉴욕주의 건축사법을 다시 살펴보아야 합니다. 지겹게 반복해서 말하지만, 미국의 주마다 법이 다르기 때문이지요.

건축 석사 학위(Master of Architecture, First Professional Degree)를 취득하고 미국 건축사(Registered Architect) 밑에서 3년의 실무를 한 다음, 건축사 시험을 볼 수 있는 자격을 얻게 되는 것이 일반적입니다. NCARB 규정을 받는 주에서 취직을 하게 되면, Intern Development Program(이하 IDP)이라고 일컬어지는 인턴과정을 2년 반정도 마쳐야 합니다. 간단히 말해서, 건축사 시험을 보기 위해서는 두 가지 조건을 만족시켜야 합니다. 첫째는 일하고 있는 해당 주의 건축사법을 만족시켜야 하고, 둘째는 NCARB의 건축사 자격요건 규정을 만족 시켜야 합니다(캘리포니아주 같은 경우는 NCARB의 규정을 따르지 않습니다).

IDP는 학교를 졸업하고 실무에서 오는 환경의 변화부터 현장 업무를 교육시키고, 실습시키는 프로그램입니다. 학교와 회사에서 IDP가 요구하는 스킬이나 지식들을 가르쳐 줍니다. 주(State)마다 다르지만, 대부분의 주가 IDP를 요구하고 있습니다. 간단하게 말하면, IDP 인턴 과정을 마치고 건축사 시험 자격을 볼 수 있다는 것입니다. 미국 대부분의 주에서 실행되고 있으며, 다음에 나오는 주(State)들은 곧 시행할 예정입니다 : Washington(2001) ; Hawaii(2000) ; Vermont(September 2002). 다음에 언급되는 주(State)들은 IDP가 필요없습니다, 즉, NCARB의 규정을 따르지 않는 주들이지요. : Arizona, California, Missouri, Virginia.

건축사 시험에 대한 더 자세한 정보를 구하려면 Http://www.NCARB.org를 방문하기 바랍니다.

우리가 흔히 말하는 영어로 AIA는 미국 건축사 협회에 소속되어 있는 건축사들을 말합니다. 여기에 가입을 해야 하는 것은 개인의 선택사항입니다. 그래서, 미국 건축사를 엄밀히 말하면 시험에 합격하고, 해당 주에 등록되어 있는 건축사들을 말하는 것이 더 정확할 것 같습니다. AIA는 일정의 비싼 회비를 내고, 그 혜택을 받고 있는 '건축사 클럽'이라고 보면 됩니다. 미국 건축사들도 AIA의 비싼 연회비 때문에 가입을 하지 않고 있는 사람들이 많습니다. AIA 가입은 필수사항이 아니기 때문입니다. 그래서, 한국에 활동하고 있는 건축사들이 미국 AIA 회원이라고 하는 것은 그 비싼 회비를 매년 지불하고 있거나, 그냥 미국 건축사를 AIA로 부르는 것이겠지요.

건축사 시험 과목은 9과목이며, 1차 객관식 6과목, 2차 실기 3과목으로 나누어져 있고, 한번 합격한 과목은 유효합니다. 과목도 본인이 편한 대로 나누어서 볼 수도 있습니다. ARE 시험을 보는 경비도 1, 2차 포함해서 총 889불이 소요됩니다(2002년 기준). 한 번 탈락한 과목은 재시험을 위해서 시험 경비를 다시 지불해야 합니다. 미국 사람들도 불평하는 것 중에 하나가 지나치게 비싼 ARE 시험 경비입니다. 참고로, 미국 건축사 자격증을 취득해도 한국에 와서 한국 건축사 자격시험을 다시 보아야 합니다. 외국 건축사 자격증을 가진 자는 통상경력 5년을 인증 받은 후(통상 경력 : 연구소, 미국 또는 한국 실무, 박사과정)에 한국 건축사 자격시험에 응시할 기회가 주어집니다. 다만 몇 가지 시험에서 일부 혜택이 주어지는데, 외국 건축사 자격증을 가지고 있는 사람은 국내에서 한국 건축사 자격시험을 볼 때 오전시험은 면제되고, 오후 설계시험 6시간을 치러야 합니다(2002년 기준). 하지만 수시로 바뀌는 건축법규사항이므로 한국 건축사 협회에 직접 문의하기 바랍니다.

■ ARE 시험과목 · 시간 · 경비, 2004년 2월 기준

객관식 시험(Multiple Choice) : 컴퓨터로 실시

과목	문항 수	시간	경비
PRE-DESIGN	105	3.0 Hours	$92
GENERAL STRUCTURE	85	3.0 Hours	$92
LATERAL FORCES	75	2.5 Hours	$92
MECHANICAL & ELECTRICAL	105	2.5 Hours	$92
CONSTRUCTION DOCUMENTS & SERVICES	115	3.0 Hours	$92

그래픽 시험(Graphic Division) : 컴퓨터로 실시

과목	항목	시간	경비
SITE PLANNING	5 Sections	3.75 Hours	$143
	1. Site Design	1.0 Hour	
	2. Site Zoning	30 Min.	
	휴식기간(의무사항)	15 Min.	
	3. Site Parking	30 Min.	
	4. Site Analysis	30 Min.	
	5. Site Grading	30 Min.	

SITE PLANNING	2 Sections	5.75 Hours	$143
	1. Interior Layout	1.0 Hour	
	휴식시간 15 Min.		
	2. Schematic Design	4.0 Hours	
BUILDING TECHNOLOGY	6 Sections	6.0 Hours	$143
	1. Building Section	1.0 Hour	
	2. Structural Layout	45 Min.	
	3. Accessibility/Ramp	45 Min.	
	휴식시간 15 Min.		
	4. Mech.&Elec. Plan	1.0 Hour	
	5. Stair Design	1.0 Hour	
	6. Roof Plan	45 Min.	

■ 미국 건축사 시험 과목별 합격률, 1998~2002

	1998	1999	2000	2001	2002
Multiple-Choice Divisions					
Pre-Design	63%	69%	73%	76%	77%
General Structures	71%	74%	76%	76%	77%
Lateral Forces	81%	86%	88%	90%	93%
Mechanical & Electrical Systems	80%	85%	77%	73%	74%
Materials & Methods	88%	89%	90%	90%	88%
Construction Documents & Services	82%	84%	85%	86%	86%
Graphic Divisions					
Site Planning	71%	72%	72%	64%	68%
Building Planning	70%	69%	61%	62%	68%
Building Technology	72%	75%	78%	67%	67%

* 본 합격률은 재시험 응시자까지 포함된 것임을 알립니다.

OPT와 H-1B VISA

Optional Practical Training(이하 OPT)라는 것은 유학생 신분이 끝날 즈음에 이민국에 신청하는 서류 중의 하나입니다. 즉, 학생 신분의 비자상태 F-1 VISA가 끝나고 미국에서 취직을 하거나 체류할 수 있는 1년의 기간을 이민국에서 허락을 해주는 것으로 이해하면 됩니다. F-1 VISA 상태로는 이민국 허락 없이 일을 할 수 없기 때문에 OPT를 신청하는 것입니다.

졸업 후에 취업을 했을 경우, 취업 비자인 H-1B VISA로 바꿀 수 있도록 1년의 준비 기간을 주는데, H-1B VISA를 다시 이민국에 신청을 하는 데 그 소요기간이 짧게는 3개월에서 5개월까지 걸리기 때문에 그 전까지는 OPT로 미국 체류를 보장받을 수 있습니다. 하지만, OPT를 가지고 한국에 다녀올 수는 없습니다. 출국은 허락하지만 입국은 보장받을 수 없습니다.

OPT는 미국에서 유학을 하는 중이나 끝나고 1년밖에 쓸 수가 없습니다. 만약, 석사 과정을 마치고 1년을 OPT로 미국에서 머무른 후 다시 박사 과정을 지원해 Ph.D.를 끝냈다면 박사 과정 졸업 후 OPT를 쓸 수 없습니다. 왜냐하면 그 전에 1년을 이미 사용했기 때문입니다. 이것은 취업상태나 신분 변경의 상태와 상관없이 1년밖에 사용할 수 없다는 것을 명심하기 바랍니다. 미국에서 유학하는 사람들도 잘 모르는 사항이 OPT관련된 비자 문제입니다.

또 다른 예로, 학기 중에 캠퍼스 밖에서 일을 하고 싶다면 OPT를 미리 당겨서 쓸 수도 있습니다. 이런 경우에는 졸업 후에 사용할 수 있는 1년 기간에서 미리 당겨 쓴 기간을 제외하고 남은 기간을 졸업 후 사용할 수 있습니다. 명심할 것은 최소한 6개월의 비자 변경 기간이 걸리므로 OPT 사용 기간을 잘 계산해서 사용하기 바랍니다.

OPT 서류는 학교 인터내셔널 오피스에서 담당합니다. 인터내셔널 학생들의 업무를 취급하고, 비자 업무를 하고 있기도 합니다. 보통 졸업하기 전에 학교에서 연락을 해주는 경우도 있습니다. OPT를 신청하고 카드가 나오기까지 약 3개월에서 5개월의 기간이 걸리므로 최소한 졸업하기 3개월 전에는 신청을 해야 합니다.

신청 서류와 신청 경비는 인터내셔널 오피스에서 자세하게 알려줍니다. 참고로, 인터내셔널 학생은 캠퍼스 안에서 20시간까지 이민국 허락 없이 일할 수 있습니다. 하지만, 캠퍼스 밖에서 일을 하기 위해서는 반드시 이민국의 허락을 받아야 합니다. 물론, 학생의 배우자는 일할 수 없도록 되어 있습니다.

건축과 학생으로는 수업 조교(TA)나 연구 조교(RA)를 제외하고 캠퍼스 안에서 일하기란 매우 힘듭니다. 왜냐하면, 스튜디오 시간이 너무 많고, 또 일할 수 있는 시간을 조정하기가 무척 힘이 들기 때문입니다. 그래서 캠퍼스 밖에 있는 일을 찾게 되는데, 단점은 고정적인 수입을 보장하기가 힘들다는 것입니다. 가급적이면 TA 일을 하는 것이 좋습니다. 그래도 캠퍼스

밖에서 일을 하고 싶다면, 인터내셔널 오피스에 가서 이민국에 서류를 신청해야 하는데, 일할 수 있는 Working Permit를 받기란 매우 까다롭습니다. 왜냐하면, 입학 당시의 경제적 상태와 현 경제적 상태의 변화를 설명해주어야 하기 때문입니다.

OPT는 학생이 마음대로 쓸 수가 있지만, Hardship Economic Situation으로 일할 수 있도록 이민국에 신청하여 1년짜리 Working Permit를 받기란 매우 어렵습니다. 유학 준비하는 사람들에게 이 내용이 잘 이해가 되지 않겠지만, 이 말을 명심하고 유학을 와서 생활을 하다보면 정말로 값진 정보라는 것을 알 것입니다. 간단하게 요약해서, 유학 와서 일하고 싶다면 자주 학교 인터내셔널 오피스에 찾아가 일할 수 있는 여러 방법을 상담해 보면 됩니다.

유학을 생각하는 사람들의 대부분은 석사를 졸업하고 직장을 구할 생각일 것입니다. 미국 건축사를 취득할 때까지 실무를 쌓겠다는 사람들이 대부분일 것입니다. 앞 편에서 미국 건축사 시험자격과 과목들을 설명하였지만, 이에 앞서 취직과 비자 상태 변경이라는 법적인 절차가 남아 있습니다.

K는 미국의 건축대학원에서 석사 과정을 마치고 설계사무실에 취직을 했는데-물론 1년의 OPT 카드를 이민국으로 받아서 아무런 문제가 없습니다-취업 후 1년의 OPT 기간 안에 취업 비자인 H-1B VISA로 바꾸기 위해 알아보니, 약 2,000불의 변호사비가 요구되고 여러 서류들을 준비해야 한다는 것을 알았습니다.

이민국에서 취업 비자 신청 접수도 일 년에 두 번 밖에 없습니다. 그리고, H-1B VISA를 한정해서 발급해 줍니다. 1999년에는 취업 비자를 100,000명이라는 제한된 수에게만 나갔습니다. 늦게 신청했다간 OPT 기간이 다 끝날 수도 있습니다. 신청하고 3년 짜리 H-1B VISA가 나오는 기간도 짧게는 5개월에서 8개월까지 걸리게 되므로 시간계산을 잘 해야 할 것입니다.

H-1B VISA 신청 경비는 회사에서 반정도 부담해 주는 곳이 있는가 하면, 본인이 전부 부담을 해야 하는 경우도 있습니다. 보통 미국의 큰 건축 설계사무실인 HOK, GENSLER, SOM, RTKL, NBBJ 등의 회사들은 외국인 고용에 관한 한 많은 경험이 있으므로 회사에서 변호사를 소개시켜주기도 하지만, 작은 회사들은 H1-B VISA에 관해서 잘 모르는 경우도 흔합니다.

일단, H-1B VISA를 받게 되면 일반적으로 3년 기간 동안 체류와 일할 수 있는 법적 보장을 받게 됩니다. 3년이 끝나면 다시 신청하여 3년 연장할 수 있습니다. 즉, 총 6년의 H-1B VISA를 받을 수가 있습니다. 그 6년 사이에 영주권을 신청하는 것이 일반적인 취업이민 절차입니다. 그리고 영주권을 받고 몇 년 후에 시민권을 다시 신청하면 한국 국적을 포기하고 미국 시민이 되는 절차를 받게 됩니다. 아직도 이중 국적 문제가 미해결로 남아 있어서 당분간은 하나의 국적만 소유할 수 있게 되어 있습니다.

이와 같이 비자 변경과 취업으로 인한 미국에서의 법적 문제 해결은 여간 골치 아픈 것이 아닙니다. 또, 9.11 이후로 미국의 이민법이 갈수록 강화되고 있어서 미국에서 외국인으로 일하기란 더욱 힘들어질 전망입니다.

특히, 건축분야는 미국과 세계 경기에 민감한 것이 사실입니다. 경기가 좋지 않았을 경우에, 대부분의 유학생이 졸업하자마자 한국으로 돌아갔던 일이 불과 몇 년 전의 일이었습니다. 2000년대의 미국과 세계 건축경기에 따라 유학생의 희비가 엇갈리는 현실을 잘 염두해 두고, 유학을 학업보다 취업을 우선 목적에 두고 간다면 시카고나 뉴욕, LA와 같은 대도시로 가는 것을 권합니다.

필자 경험으로 지켜본 바에 의하면, 대부분 한국 사람들의 법적 변경 절차는 현지 변호사를 통해서 하고 있으며, 영주권 신청은 5,000불, 취업 비자는 2,000~3,000불 정도가 소요됩니다. 아래의 서류 리스트는 H-1B VISA를 신청할 때 준비해야 할 서류입니다. 미국의 워싱턴 디시(Washington D. C.)에 있는 미국 변호사로부터 받은 서류 리스트입니다.

List of documents needed to start your H-1B Petition

1. your resume
2. copy of college diploma with translation if not in English
3. copy of your college transcript with translation if not in English(original transcript from the registrar is preferable)
4. copy of your passport, I-94 card, all U.S. visas and all U.S. entry stamps(make sure copy is readable)

5. copy of INS work permit and INS Form I-20(if you have them ; make sure copy is readable)
6. for your dependents if any ; copy of passport, Form I-94, U.S. entry stamps, marriage certificate, children's birth certificate and social security numbers(if any), and city of birth written on a piece of paper
7. your social security number, date of birth, city of birth, and home address abroad, written on a piece of paper
8. list of your trips to the United States ; date you arrived, where you lived, date you left the U.S.
9. list of cities you have lived at during the last 5 years(show dates ; from-to)
10. your U.S. address and home telephone number
11. a short description(few sentences) in your own words of the work you will do with your firm
12. copy of your firm's job offer letter
13. agreement for legal services signed by you
14. your check for the first payment to start work(total $1,700)

LA에서 보내는 소식

굳은 결심은 가장 유용한 지식이다.

- 나폴레옹 -

아래 내용은 '아크포럼'의 해외 리포터로 참여하면서 서울로 보냈던 통신원 리포트입니다.

오랜만입니다. 저는 지금 어스틴(Austin)에서 로스앤젤레스(Los Angeles)로 잠시 떠나와 있습니다. 올해(1999년) 1월부터 7월말까지 학교의 Professional Residency Program을 RTKL, LA Office에서 하고 있는 중입니다. 텍사스의 단순한 생활에서 벗어나 새로운 환경을 경험하고 싶은 이유도 있었고, 7개월밖에는 안 되지만, 미국의 설계사무실 생활에서 무엇을 얻을 수 있을까 하는 호기심도 있고 해서, 겸사겸사 RTKL LA 지점으로 오게 되었습니다. Austin을 떠날 때 모든 짐을 다 놓고 온지라 이제서야 중고 컴퓨터를 또 하나 장만하게 되었고, 7월말까지 리포터 일은 쉬려고 했습니다만, 너무 오랫동안 빠져 있기도 미안해서 이렇게 글을 쓰고 있는 중입니다.

시간당 9불이라는 인턴 봉급에서 세금까지 제하고 나면 8불 정도를 받게 되는데, 한국이나 미국이나 설계사무실 봉급이 적은 것은 마찬가지인 것 같습니다. RTKL에서는 대학원생이건 학부생이건 인턴은 시간당 9불을 주는데, 이것도 조그만 건축

회사에 비하면 조금 많이 준다고 하더군요. 겨우 한 달 버틸 정도입니다. 거창하게 RTKL 회사를 소개할 입장도 못 되어서 간단하게나마 사무실 풍경이나 전할까 합니다.

전체 직원이 약 100여 명인 RTKL LA 지점은 놀랍게도 동양인이 30~40%를 차지하고 있습니다. LA라는 지역이 '인종의 용광로'라고 불리고 있습니다만 이렇게까지 아시아계가 많은 줄은 몰랐습니다. 특히, 중국인들이 25명 정도로 아시아의 파워를 보여주고 있고, 필리핀 출신이 5명, 그리고 한국 사람은 3명이 근무하고 있는데, 그 많은 한국 유학생들은 졸업하고 다 어디에 있는지 모르겠습니다. 아시아 건축 시장의 새로운 메카로 떠오르는 중국답게 프로젝트 또한 많은 것을 감안하면 프로젝트 수행하는데 중국인들이 많이 필요하겠죠. 미국의 유래 없는 경제적 호황은 더 많은 국제적인 프로젝트를 수주할 것 같고 당분간은 몇 년 더 호황이 계속되리라 생각됩니다.

1998년 RTKL 전체 예산이 50Million(600억)이었고 99년 올해는 57Million(680억)으로 책정한 것을 보면 미국 경제 호황의 한 단면을 볼 수 있습니다. 말이 설계사무실이지 하나의 큰 기업과 비슷한 예산을 듣고 새삼 놀라지 않을 수 없습니다. Baltimore에 본점을 두고 있는 RTKL은 다른 대형 건축설계사무실의 SOM이나 HOK 등처럼 미국에 많은 지점을 두고 있으며, 런던이나 도쿄, 홍콩에까지 사무실을 두고 있는 것을 볼 때에 국제적인 마케팅 전략을 가지고 있는 전형적인 미국의 대형 설계사무실이라고 볼 수 있습니다. RTKL 전체의 23%의 이익을 내고 있는 LA의 오피스는 주로 쇼핑몰이나 엔터테인

먼트와 관련된 프로젝트를 하고 있고, 중국의 '사이언스 랜드'를 비롯해 한국과 대만 그리고 동남아시아 국가들로부터 대형 프로젝트들을 수주하고 있습니다.

미국의 대형 설계 기업들의 국제적 진출과 세계 건축시장에서 그들이 차지하고 있는 현실은 문화의 식민지 이식현상은 별도로 치더라도, 좁은 의미의 다른 문제들을 생각해 봅니다. 그들의 설계 수출은 분명한 이유가 있습니다. 건축주들의 맹목적인 외국 기업 선호와 그 지역에 있는 설계사무실의 기술과 마케팅 전략의 부족, 특정 프로젝트의 경험 부족으로 인한 노하우의 전무(全無) 등 수많은 이유가 있을 겁니다.

그 중에 하나는 건축가들의 철저한 서비스 마인드가 부족하지는 않은가 하는 점입니다. 건축가를 무슨 특별한 벼슬로 생각하고 행세하는 건축가들의 서비스 정신의 부족은 대형 건축주들로부터 외면당하는 큰 이유들 중에 하나일 것 같습니다. 무식한 건축주라느니 비난하고, 이름 좀 있다 해서 거만하게 행세하는 건축가들의 체면 세우기 등은 건축가이기 전에 갖추고 있어야 할 철저한 서비스 정신의 부족한 모습이 아닌가 하는 생각을 해봅니다. 오히려 미국 건축가보다 한국 건축가가 더 까다롭다는 한 건축주의 말이 생각이 납니다. 유명 작품을 남기고 싶은 건축가의 과욕으로 인해 건축주와의 불화를 자초하는 일은 없는지? 사교성이 뛰어난 미국인이어서 인지는 몰라도, 건축주에 프리젠테이션을 할 때면 갖은 수단과 방법을 동원하여 준비하는 그들로부터 서비스 정신을 하나 배울까 합니다. 진정한 서비스 정신이야말로 묵묵히 일하는 프로페셔널의 진면목(眞面目) 중 하나일 것입니다.

국제적인 감각을 갖춘 세계화의 일꾼들이 부족하지는 않은가 하는 생각도 해봅니다. 그 많은 한국 유학생들 졸업하고 다 어디에 가 있는지, 졸업하고 바로 한국에 가는지, 아니면 실무를 해도 수박 겉 핥기 식으로 몇 년만 하고 특별한 노하우 없이 그냥 돌아가는지, 아직까지도 유학파가 대접받고 있어서 빨리 한국으로 돌아가고 있지는 않은지, 겉멋에 물들고 주체성도 없이 서구 유행에 따라가기 바쁘지는 않은지, 겉모양은 번지르하지만 속내용은 외관에 따라가지도 못하는 설계와 시공의 질(質)적인 문제 해결의 능력 부족은 없는지, 아니면 적당주의의 만연으로 인한 꼼꼼한 손놀림이 그냥 잠자고 있지는 않은지 등 여러 생각을 해 볼 필요가 있을 것 같습니다.

우린 무한 경쟁의 시대에 살고 있다고들 합니다. 말이 무한 경쟁이지 한국에서의 건축 시장은 경쟁이 아니라 이미 승부가 나 버린 듯합니다. 외국의 설계사무실들이 주요 대형 프로젝트들을 다 가져가고 있고, 한국 기업은 그 밑에서 하청이나 받아 입에 풀칠이나 하고 있으면 다행인 현실이 안타까울 뿐입니다. '기술 이전'이라는 빛 좋은 허울 아래 외국 회사에 돈만 허비하고 있고, 작금에 생존 수단으로 변해버린 현상 설계에 당선만을 위해 외국 기업에게 주는 100% 설계 의뢰는 계속해서 되풀이하고 있는 우리의 악순환일 것입니다. 기초는 닦지 않고 세계적인 꿈나무만 기다리고 있는 것입니다. 이 유한적인 무한 경쟁에서 살아남기란 뼈를 깎는 노력과 과감한 수술이 수반되어야 할 것입니다. 건축 시장이야말로 국가 경제의 큰 부분을 차지하고 있기 때문입니다.

건축설계도 국가 수출의 역군(?)으로 나서지 못하라는 법 있습니까? 하지만 한 집안 안에서 밥그릇 싸움하기에 바쁜 현실이고 보면, 세계 경쟁 대열에 동참하기란 몇 십 년이 더 필요한 듯싶습니다. 아니, 근본적인 대수술이 없는 한 경쟁에서 살아남을 수도 없을 겁니다. 승리하기 위해선 질(質)적인 경쟁에서 이겨야 하는데, 기초과학이 부족한 자연과학처럼 마치 우리도 모래 위에 성(成)쌓는 기분입니다. 규칙이 없는 게임은 끝나야 합니다. 아니, 끝을 내야 합니다.

싫든 좋든 외국의 기업들이 하나 둘 우리 땅을 채워 가고 있는 엄연한 현실 속에서, 우리가 가지고 있는 문제조차도 제대로 인식도 못한 채 시간 속에 그냥 몸을 맡기고 있지는 않은가? 문제를 풀어 가자니 어디서부터 실마리를 풀어야 할지 알 수도 없고 첩첩산중에 문제의 골만 더 깊어 가고 있지는 않은가? 작금의 소비 행태가 예전 수준을 넘어서고 있는 현실을 보면, 알맹이 빠진 껍데기 속에서 허우적거리고 있지는 않은가? 하는 우려들을 해봅니다. 건축 분야나 다른 부분에서도 마찬가지인 것처럼 본질적인 문제 해결은 접어 두고 대외 과시용을 위한 임시방편적인 해결 방법은 더욱더 불안한 마음을 금치 못하게 합니다. 건축 교육계나 실무 사회에서의 경쟁력 있는 과감한 대 변혁을 기대해봅니다. 우리의 순수 건축 인력도 세계로 진출할 수 있는 날을 손꼽아 소망하면서 이만 마칩니다.

1999년 5월 3일, RTKL, LA에서

이 관용

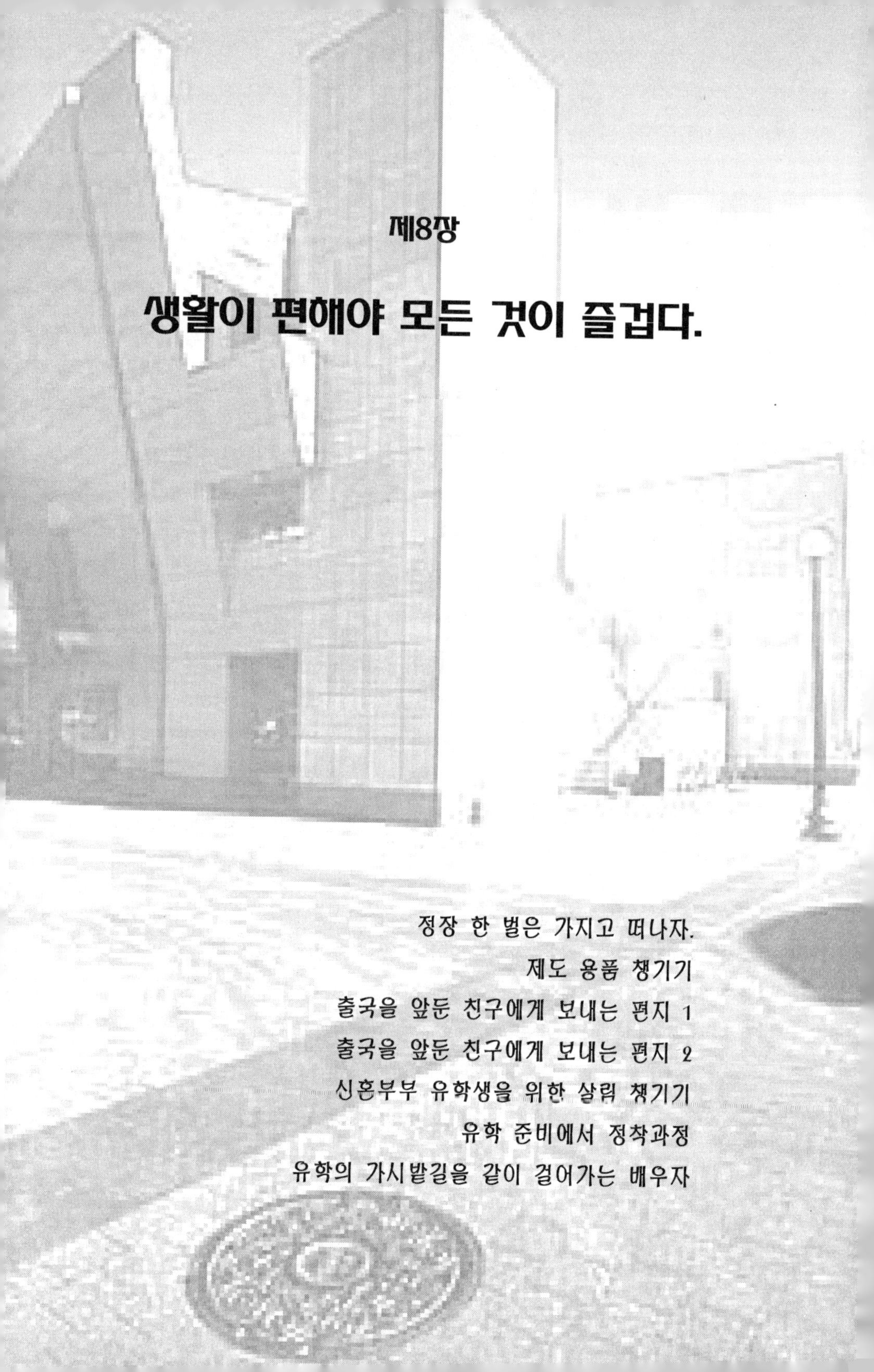

제8장

생활이 편해야 모든 것이 즐겁다.

정장 한 벌은 가지고 떠나자.

제도 용품 챙기기

출국을 앞둔 친구에게 보내는 편지 1

출국을 앞둔 친구에게 보내는 편지 2

신혼부부 유학생을 위한 살림 챙기기

유학 준비에서 정착과정

유학의 가시밭길을 같이 걸어가는 배우자

정장 한 벌은 가지고 떠나자.

옷이 날개다.

7장에서는 유학생활을 위한 생활 가이드를 소개하고자 합니다. 유학을 떠나기 전에 한국에서 준비해야 하는 것부터 또 현지에서 유학생활에 필요한 사항들을 몇 가지 첨부하고자 합니다.

유학을 떠나기 전 고생 보따리를 꾸리게 됩니다. 짐 싸는 일도 만만치가 않은데다가, 미국 현지 정보를 정확하게 모르기 때문에 어떤 물건을 가져가야 하는지 갈등 아닌 갈등(?)을 하게 될 것입니다. 떠나기 전 미리 정보를 구한다 해도 실질적인 살아 있는 정보까지는 구할 수가 없기 때문에, 무엇이 미국에서 필요한지는 잘 모를 것입니다.

옷가지는 얼마나 가져가야 할까? 어떤 책을 가져갈까? 제도용품은 무엇을 가져갈까? 미국보다 한국에서 더 싼 물건은 무얼까?

다른 것은 몰라도 정장 한 벌은 꼭 챙겨서 떠나길 바랍니다. 왜냐하면, 학기 중에 정장 입을 기회가 종종 있기 때문입니다. 바로 설계 스튜디오 프리젠테이션 하는 날입니다. 한 학기에 3번에서 4번 정도 발표를 하게 되는데, 학기 중 최종 프리젠테이션(Final Presentation) 날은 매우 공식적인 행사이기 때문에 깔끔하게 입고 가는 것이 좋습니다. 특히, 대학원생들은 넥타이 차림에 발표하는 것이 보통입니다. 파이널 프리젠테이션

(Final Presentation)날에 누추한 모습으로 발표하는 학생들은 별로 찾아볼 수가 없습니다.

첫 인상이 중요한 것은 두 말할 나위도 없지만, 설계 발표 시간에 깔끔한 옷차림은 리뷰(평가)하는 교수들에게도 좋은 인상을 주게 마련입니다. 설계해 놓은 프리젠테이션도 발표자의 옷차림에 따라 교수들이 다시 보게 되는 경우도 있습니다.

큰 전시홀에서 프리젠테이션 할 때면-그것도 영어로-상당히 긴장을 하게 됩니다. 약 20~30여 명이 자기를 주시하고 있기 때문에 인터내셔널 학생으로서는 진땀을 흘리기 마련입니다. 약 30분에서 1시간 정도 발표하고, 리뷰어들(교수들) 질문에 답하고, 토론하면서 진행하는 것이 일반적입니다. 건축대학의 전체적인 분위기가 자연스럽게 유도도 하지만, 정장 한 벌은 미리 준비해 깔끔하고 세련된 인상을 심어 주는 것이 자신에게도 좋습니다.

스튜디오 교수가 프리젠테이션 하기 전에 미리 프리젠테이션 할 때 주의사항을 말해 주곤 합니다. 언어의 사용에서부터 옷 입는 것, 그리고 발표 중에 음식을 먹는다거나, 발표 순서까지 정해주는 경우도 있습니다. 매우 공식적인 발표 훈련이면서 예절 교육까지 같이 시켜주는 셈이지요. 깔끔한 옷차림은 필수사항입니다. 라운드 티셔츠를 입거나 반바지 차림으로 발표하는 것은 공식적인 자리에서 예의가 아니지요.

회사와 인터뷰 할 때는 두말할 나위 없이 정장 차림입니다. 미국의 설계사무실에도 드레스 코드(Dress Code)라는 것이 있습니다. 타이 차림으로 일하는 경우도 있고, 캐쥬얼하면서 깔끔하게 입기를 원하는 회사도 있습니다. 파트 타임 일자리를 구할 때도 가급적이면 옷차림에 신경을 써야 되겠지요. 또 학교에서 주는 장학금 시상식 같은 자리에도 정장 차림입니다.

옷차림에 자신이 있으면 행동에도 자신감이 생깁니다. 학교에서의 공식적인 행사나 교수와의 중요한 인터뷰, 그리고 직장을 구할 때 회사 관계자와의 인터뷰 등에 정장을 꼭 입을 기회가 있습니다. 미국 문화의 한 단면이라고 이해하면 될 것입니다. 영어로 드레스 업(Dress Up)이라고 말하는데, 설계 스튜디오 교수가 미리 드레스 업(Dress Up)이라고 말해 주는 경우도 있고, 학생들간에 의견 통일하는 경우도 있습니다. 옷이야 미국에서도 다시 살수는 있겠지만 가격도 한국보다 비싸고 하니 여유가 있으면 정장 몇 벌은 챙겨오기 바랍니다.

학교 생활과는 상관이 없습니다만, 교회에 갈 때에도 정장 차림을 하는 것이 미국 문화 중에 하나입니다. 유학생활은 교회생활과 많은 관계가 있습니다. 주로 한인들이 모이는 곳이 교회이기도 하지요. 미국에 와서 신앙과는 별도로 사람을 사귀기 위해서, 또 아이들의 교육문제 때문에 한인 교회를 많이 찾습니다. 이래저래 정장 한 벌은 챙겨두는 것이 좋습니다.

제도용품 챙기기

미국에서 한국의 생활용품 가격을 비교해 볼 때 싼 것도 있지만 비싼 것도 많습니다. 일반적으로 가전제품은 한국보다 싼 것이 많으나, 생활에 필요한 소모품들은 한국보다 2~3배가 비싸니 유학 떠날 때 많이 가져오는 것을 추천합니다. 건축과에서 사용하는 미국의 제도용품은 한국보다 매우 비싸며 품목별로도 사용하는 스타일이 다릅니다.

설계 시간에 사용하는 Parallel Bar(한국에선 I-자, 수평자로 부른다)는 개인이 사야 되는데, 제일 싼 것이 55~60불 정도이고 쓸 만한 것을 살려면 100불 정도를 줘야 합니다. 한국에 비하면 매우 비싸지요. 스케일은 미국에 3종류가 있습니다. 처음 설계 수업을 할 때에 제일 혼동되는 것이 치수 개념입니다. 미국에서는 한국처럼 메트릭 시스템을 사용하지 않고 인치 시스템을 사용하는데, 처음에 인치 단위로 설계할 때에는 스케일감(感)이 전혀 없지요. 시간이 지날수록 차츰차츰 익숙해지게 됩니다. 건축과에서 일반적으로 사용하는 스케일은 아키텍츠용(Architect), 엔지니어링용(Engineering), 아키텍츄럴 엔지니어링용(Architectural Engineering)의 3가지를 사용하기 때문에 한국에서 쓰던 스케일은 필요가 없으나, 가끔 메트릭 단위로 하는 설계 스튜디오도 있으니 가져오는 것이 좋습니다.

미국에서는 펜 값이 매우 비쌉니다. 한국의 플러스 펜이나 사인 펜 같은 저렴한 펜들은 없고, 미국에서 그와 유사한 펜들을 살려면 보통 1개당 1불이나 2~3불 정도를 지불해야 합니다. 세밀한 플러스 펜이나 스케치용으로 사용하기 위해 사인 펜 등을 색깔별로 많이 가져오는 것이 좋습니다. 그 외에 샤프 펜슬, 홀더, 특히 샤프심 같은 것들은 한국보다 월등히 비싸므로 사오는 것이 좋습니다. 한국에서 흔히 사용하는 200~300원 하는 제도용 칼과 칼날도 비쌉니다. 제도판에 붙여쓰는 흔한 전구 스탠드도 제일 싼 것이 10불입니다.

이외에 미국에선 자질구레하고 작은 것들이 대체로 비싸다고 보면 됩니다. 지우개, 가위, 스케치북, 노트, 파일, 형광 펜, 물감, Cutting Board, 색연필, 수정 펜, 건전지, 매직 테잎이나 스카치 테잎 종류, 마카 종류, 그리고 기타 사소한 문구 용품들이 비쌉니다. 원형 모양을 만드는 데 사용하는 서클 커터기 같은 것은 구하기가 매우 힘들 뿐더러 비싸기도 하지요.

개인 제도판도 한국에서 사용하는-수평 자가 제도판에 부착되어 있는-것들은 미국에서 구경할 수도 없습니다. 개인 제도판을 구비할려면 보통 200~300불을 줘야 하는데, 모양도 형편없고 한국과 비교해 질이 떨어지기 때문에, 필자 같은 경우에는 값싼 일반 테이블 위에다 수평자를 부착해 사용했었습니다.

또 한가지, 모델 작업할 때 많이 사용하는 아이소 핑크나 스치로폴 커터기를 가지고 있으면 미국으로 가져오는 것이 좋습니다. 보통 건축과 내에 목공소와 같은 큰 모델 작업실이 있는데-한국의 일반 목공소와 비슷함-학생들이 그곳에서 가구를 만들기도 하며, 도시계획과 같은 큰 프로젝트를 할 때는 작은 매스 모델까지 만들기도 합니다. 미국 학생들이 도시 하나 전체를 나무 모델로 만드는 것을 보고 처음에 필자는 놀랬습니다. 필자도 아이소 핑크나 스치로폴로 도시 모델을 만들어 본 적은 있지만, 나무를 조각 내서 만드는 것을 보고 놀랬습니다. 비록 시간이 많이 걸리지만, 미국 학생들은 그 작은 것을 하나하나 전기톱이나 여러 가지 목공 기구들을 사용해 작업을 하지요. 물론 스타일 폼 보드와 같은 스치로폴을 자를 수 있는 커터기도 학교 목공실에 몇 대가 있지만, 많은 학생들이 공동으로 사용하므로 바쁠 때엔 장시간 사용하지 못합니다.

한 가지 재미있는 것은 주사기입니다. 한국에서 건축 모델을 만들 때 작은 주사기 안에 본드를 넣어 사용하는 버릇이 있어, 몇 개 가져와 펜에 잉크를 넣을 때나 작은 모델을 만들 때에 쓰고 있지요. 미국에서 아주 작은 주사기는 주로 마약과 관계가 있는지라, 그렇게 작은 것은 팔지도 않고 또 구하려고 그러면 이상하게 보기 때문에 주의하기 바랍니다. 그리고 한국에서 모델 작업할 때 흔히 쓰는 우드락 본드나 투명 오공 본드를 많이 쓰는데, 미국에서는 구할 수가 없습니다. 이외에 유학 떠날 때 필요한 제도용품들을 많이 가져오길 바랍니다.

미국에서 제도용품이나 모델 재료는 주로 학교 앞에 있는 문구점이나 가정용품 등을 취급하는 대형 마켓(홈 디포, Home Depot)에서 구입할 수 있습니다. Art Supply점에서도 제도용품을 취급하지만 똑같은 제품도 가게마다 다른 것이 일반적이므로, 서로 잘 비교해 보고 사는 것도 삶의 지혜일 것입니다.

출국을 앞둔 친구에게 보내는 편지 1

이 편지는 현지 유학생 부인께서 직접 쓰신 편지입니다. 현장감을 있는 그대로 가감 없이 전달하기 위해 원본을 편집없이 그대로 올립니다.

〈저자 주〉

안녕!

회사에서 보내줘서 오는 사람들은 가구들까지 거의 다 챙겨 오던데, 우리 같은 경우는 이사비용을 우리가 내야 하니까 수지타산을 잘 생각해야 하거든. 내가 챙겨오면 좋은 것하고 여기서 살 때 드는 비용을 가르쳐 줄께. 특히 처음 와서는 돈을 많이 안 써야 한다는 강박관념에 스트레스를 좀 받았지. 특히 돈 벌다가 안 버니까. 그래서 싼 것만 찾았는데 미국은 싸면 싼 대로 비싸면 비싼 대로 값어치를 하더라. 뭐든지 너무 싼 것을 사면 나중에 다시 사게 돼.

1. 가전제품은…

냉장고, 가스렌즈나 전자렌즈, 식기세척기는 거의 모든 rent apt에 다 있어. 그러니까 가져올 필요없고, TV, 오디오, VTR은 여기가 휠씬 싼데 그래도 TV 29인치 정도면 500불 정도, 오디오 쓸 만한 것은 200불 정도, VTR은 100불 정도 해. 그래도 살려면 살 떨리지. 그런데 여긴 110V니까 가져오려면 변압기도 함께 가져와야 해. 보통 혼수로 좋은 것 장만

했었기 때문에 여기서 사는 것 보단 좋은 것 같아. 나도 팔아버릴까 했는데 값도 터무니없이 쳐주고 정든 물건들이라서 갖고 왔는데 잘 했다 싶어.
그리고 컴퓨터도 쓰는 게 괜찮은 거면 가져와. 여기서 사려면 internet auction에서 사는 게 싼데, 잘 사면 1,000불 정도로 펜티엄 3, 17인치 모니터까지 살수도 있어.
세탁기랑 건조기(여긴 빨래밖에 못 너니까…)도 세탁실에서 동전넣고 하는데 귀찮거든. 그래서 우린 다 샀는데, 아파트에 따라 기본으로 딸려 있는 데도 있어. 새 거 살려면 두 개 합해서 500불 정도(가져오라는 얘기 아님).

2. 가구는··
가져오는데 돈이 좀 많이 들 거야. 짐 부칠 때 무게가 아니라 부피로 따지거든. 침대는 와서 샀는데, 대개 frame은 안 사고 mattress만 2개 사서 쓰거든. 가격은 좀 괜찮은 것(아무래도 건강과 연결되니까)은 700~800불 정도. 옷장은 필요 없어. 여긴 다 붙박이가 있거든. 화장대는 다 싼 서랍장 같은 것 쓰더라. 나도 40불 주고 서랍장 사고 어울리는 거울 달아서 꾸몄는데 괜찮아.
식탁 세트는 잘 찾아보니 싼 것은 100불대부터 있던데, 처음 와서는 어디서 살 수 있는지 찾기 힘들었고, 200불대 정도면 그런 대로 쓸만한 것 같아.
소파는 500불 정도는 줘야 3명 앉는 길이 정도 사는데, 미국 소파는 일단 덩치가 크고 디자인도 좀 산뜻하지 못하더라.

덩치가 크니까 자리를 많이 차지해. 중고 파는 데서 잘 찾으면 100불, 200불에 살수도 있는데 유학생들이 몰려오는 철엔 그것도 좀 힘들긴 할거야. 여기서는 새 거 사서 쓰는 사람 별로 많지 않기는 해. 특히 가구는 더 그렇지. 한국으로 다시 돌아가는 사람들한테 물려 쓰는 경우가 많거든. 그런데 그것도 쉽지는 않더라. 오자마자 아는 사람도 많지 않으니까. 그래서 우린 다 새 거 샀어. 소파는 가져오는 것도 괜찮은 것 같아(아마 소파 하나 부치는데 15~20만 원 정도 들테니까 여기서 새 거 사는 것보단 훨씬 싸긴 할거야. 거기다 여기는 배달비도 다 내야 돼. tax도).

책꽂이는 가져올 필요없어. 여기서 싼 것으로 장만하면 돼.

3. 주방용품..

웬만한 것은 다 싸 가지고 와. 여기 오면 돈 아낀다고 정말 필요한 것 말고는 안 사게 되니까. 그릇 쓰던 것(특히, 밥공기 같은 것은 찾기 힘들고, 우리가 많이 쓰는 반찬 접시 같은 것도 별로 없으니까. 여긴 다 큰 접시들 쓰니까). 깨지는 건 염려 안 해도 돼. 이삿짐 싸는 데서 잘 싸주니까.

유리 컵, 찻잔 세트, 나무그릇, 뚝배기, 체, 쟁반, 조리기구(주걱, 국자 등) 압력솥, 수저, 스푼, 포크(미국엔 작고 예쁜 건 정말 없어) 등 쓰던 것 웬만하면 다 들고 와. 작은 것들도 여기서 사려면 꽤 들고 시간도 절약할 수 있으니까.

그리고 전기밥솥은 쓰는 게 220V라면 사가지고 와. 여기는 110V니까. 여기선 동양 물건 파는 데서나 살수 있는데 작은 도시에 없기도 하고 비싸.

그리고 상(잔치 상 같은 것 있지?)은 여기서 아주 요긴하게 써. 손님 올 때, 거실 tea table 등 여기서 인기 품목 중 하나야. 한국 돌아가는 사람 있으면 서로 물려받고 싶어하는 것이지. 여기 오면 한국에서보다 손님은 더 많이 치를 거야. 잘 모이거든. 참, 보온 도시락도 가져오면 괜찮을 거야. 우리 신랑도 거기다 도시락 싸다니거든.

4. 그 외‥

침대커버 세트(여기는 질도 안 좋고 좋은 건 비싸고, 우리랑 좀 다르게 쓰지. 난 오히려 새 거 더 사 가지고 왔어), 덮는 이불, 요(난 요는 안 가져 왔는데 손님 왔을 때 꼭 필요하더라. 여긴 침대 문화니까 파는 데도 없고), 전화기, 시계, 요리책, 피크닉 돗자리(여기는 안 팔아), 거실용 돗자리(여긴 다 카펫이라 여름에 좀 더우니까), CD(많을수록), 커텐(쓰던 것 가져오면 아마 요긴할 거야), 집안 장신구(여기선 진짜 안 사게 되니까.

나도 이것저것 챙겨왔는데 사람들이 부러워하지. 아무래도 집안 꾸미는 데 돈 안 쓰게 되고, 아기자기한 것은 팔지도 않고), 액자 , 결혼 사진, 빨래 건조대(집안에 세워두는 것 있지?), 입던 옷, 신발 등은 다 챙겨 와. 여기 스타일은 아무래도 별로 일 테니까.

5. 사올 것…

화장품(스트레이트 파마약도 가져오면 좋고, 여기 화장품은 아무래도 미국인 피부에 맞는 거니까), 속옷(면이 우리 것이 훨씬 나으니까), 샤프심(여기는 비싸)·지우개(여기는 질이 안 좋아)·필통 등 필기구, 고무장갑(한국 제품이 좋아), 일회용 비닐 장갑(양념 무칠 때 쓰는 것).

안경이나 콘택트렌즈 쓰면 그것도(여기는 비싸), 때 수건, 약(항생제는 의사처방 있어야 하고, 감기약은 약해서 잘 안 들고, 기생충 약, 연고, 안약 같은 것…), 빗(여기는 비싼 편), 그리고 머리 장신구(여기는 예쁜 것이 별로 없어).

멸치, 말린 표고, 고추 가루, 깨, 김, 북어 등 건어물 같은 것은 아무래도 여기 동양 장에서 파는 건 질이 떨어지지. 고추장, 된장은 사먹는 것도 괜찮아.

김치는 결혼한 사람들은 많이 담가 먹어. 나도 담가 먹는데, 역시 맛있더라. 가져오지마. 괜히 가져오다 터져서 고생한 사람들 많아.

이삿짐은 아는 사람 소개로 해외 이사하는 데에 맡겼는데, 난 마침 결혼해서 캐나다로 가는 동생과 같이 해서 좀 싸게 했어. 아마 1큐빅(1m×1m×1m) 부피에 15만 원 정도할 거야. 그런데 그건 항구까지 배로 오는 가격이고, 거기서 내륙까지 운반하는 것은 거리에 따라 추가돼. 난 3큐빅 정도 부쳤는데, 100만원 정도로 싸게 했지. 거의 1,000만원 어치는 부쳤을 테니. 참, 짐 쌀 때는 부피로 재니까, 그 사람들이 싸면 빈 공간 많이 생기게 대충 쌀 수도 있으니, 미리 꼼꼼하게 쌀 것들은 싸놓는 게 좋아.
난 우리 시누이가 먼저 나와 있어서 뭘 가져와야 하는지 챙겨줘서 잘 챙겨온 것 같아. 여기 사람들이 잘 했다고 부러워하지. 어떤 사람은 달랑 이민가방 2개만 가져온 사람도 있거든. 무척 후회하지. 물론 돈 많으면 여기서도 사고 싶은 만큼 사고 잘해놓고 살겠지만 아껴 써야 되잖아. 그리고 돈 있어도 안 팔아서 못사는 것도 많고. 그리고 신혼 살림 버리고 올려면 마음이 아프더라고. 여하튼 도움이 많이 되었으면 좋겠고, 가까운 쪽으로 오면 좋을 텐데.
참, 그리고 임신하는 것도 중요한 건데, 어떤 곳은 임신해서 오면 보험에서 안 받아줘서 애 낳는 데 돈 많이 들거든. 그래서 나도 귀국해서 임신하려고 안 했는데, 여긴 또 되더라. 그러니까 학교 결정되면 그쪽 사는 사람들과 인터넷 등으로 연결해서 잘 알아봐.
그럼 준비 잘하고, 안녕.

출국을 앞둔 친구에게 보내는 편지 2

안녕!

내 정보가 도움이 된다니 다행이다. 준비하느라 정신없지? 난 휴직 문제로 남편이 보름 먼저 가고 나랑 엄마랑 둘이서 이사하고 뒤처리하고 떠나느라 정말 정신이 없었어.

침대는 부피가 너무 나가니까 안 가져오는 게 나을까 싶다. 침대도 조금 더 싼 것은 500불 정도에도 사고 또 더블 매트로 안 쓰고 하나만 쓸 수도 있으니까. 세탁기도 갖고 왔다는 말은 아직 못들어 본 것 같다. 짐이 CBM당 가격만 생각하면 안 되니까(항구에서 내륙까지 옮겨오는 비용이 내 경우는 더 많이 들었거든). 일단 전압이 다르고 연결 방법이 약간 다른 것 같기도 하고, 아파트에 딸린 경우도 있거든. 세탁기는 300불 안 주고도 살 수 있고, 중고로 사는 사람도 있더라.

그리고 비행기로 올 때 가져올 수 있는 짐이 2덩어리에 한 덩어리당 32kg을 넘지 않아야 될꺼야. 달아보면서 챙겨. 넘으면 공항에서 빼내야 하는 불상사가 생길 수도 있어. 난 옷은 갈 때 가져 갈려고 놔두고 짐을 한 달 전에 부쳤는데, 그동안 써야 했던 물건들(옷, 신발, 가방, 마지막까지 썼던 주방용품, 먹을 것 등)을 또 가져가야 하니까 짐이 너무 많더라. 그래서 겨울 옷, 겨울 신발은 다 미리 부쳤어. 그래도 올 때 짐이 넘쳐서 가을 옷 몇 벌은 놔두고 나중에 엄마가 놀러 오실 때 갖고 오셨어. 미리 부친 짐은 네가 도착하는 날짜보다 늦게 올 테니까 그동안 당장 써야하는 건 갈 때 가져가야 돼. 하다 못해 당장 덮을 이불까지…. 참, 여기에 우리나라 여름 이불이나 면 패드 같은 것도 없어. 챙겨와. 책은 무게가 많이 나가니까 미리 짐 부칠 때 부쳐. 학교 정해지면 교재도 알 수 있으니까 교보 같은데 나와 있는 책은 사와라. 여긴 책 한 권에 무조건 100불이 넘으니까, 한국에서 파는 원서는 국제판 인가로 따로 나온 거라 거의 1/3 가격밖에 안 해. 우리도 올 때 사왔고, 여기서도 필요한 책은 인터넷 주문으로 한국에서 샀어. 운송비까지 해도 절반이상 싸거든. 난 짐이 사실 3CBM 넘었는데 내 동생이 먼저 많이 보냈고, 견적 뽑았던 사람이 3CBM이면 된다고 했었거든. 그리고 작은 물건들은 미리 내가 꼼꼼하게 부피 줄여서 싸놨고. 짐은 오는데 1달 이상 걸리더라.

이사짐 업체는 그래도 꽤 이름 있는덴데(Asiana Express였던가? 하여튼 조선해운인가 무슨 해운 자회사 같은 곳이였는데), 사실 우린 문제가 있었어. 집에서 받아보니 TV가 깨져서 왔거든. 그래서 보험 신청을 했는데 아직까지 못 받고 있어. 참, 보험비는 몇 만원 안 들테니 전자제품 같은 건 보험에 꼭 들어라. 여기서 보니까 대한통운을 많이 이용하는 것 같더라. 이사철에는 대한통운 트럭이 다니는 걸 꽤 봤거든.

그리고 운동 좋아하면 쓰던 테니스 라켓 같은 것도 가져오면 괜찮을 거야. 유학생들 스트레스 풀게 운동밖에 없으니까 테니스, 라켓볼 같은 운동 많이 하더라. 그럼 안녕.

신혼부부 유학생을 위한 살림 챙기기

유학의 현장감을 있는 그대로 가감 없이 전달하기 위해 저자의 허락하에 원본 그대로 올립니다.

〈저자 주〉

안녕하세요!

저는 이번 가을 학기에 남편 따라 미국, 텍사스 주에 온 새댁입니다. 저의 경우를 설명 드리겠습니다. 저는 00년 7월 초에 결혼을 하고, 8월 초에 미국으로 왔기 때문에 한국에서는 전혀 살림살이를 사지 않고 미국에서 신혼살림을 차리리라 생각하고 가지고 온 것이 거의 없었습니다.

가지고 온 살림살이라고는 수저 4벌, 전기밥솥, 설거지용 수세미, 포크, 티스푼, 컵 2개, 당장 사용할 치약, 칫솔, 밑반찬 등이 전부였습니다. 물론 유학생을 위한 정보를 보고 몇 가지 약이랑 양말(거의 흰색만 필요함), 속옷, 된장 등은 가져 왔고요. 그런데 아무래도 제가 살림을 살아보니 기본적으로 가져오는 것 외에 '한국에서 가져오면 좋았을 걸'하고 생각드는 것이 있었습니다.

우선 쟁반! 여기 미국에는 한국에서 쓰던 쟁반 같은 것이 잘 안 보이더라고요. 그리고 그렇게 생긴 것은 이쁘지가 않았습니다. 수저는 8벌 이상은 가져와야 할 것 같습니다. 워낙 손님 초대가 잦아서 수저 4벌로는 부족한 생각이 들어서요. 작은 포크와 스푼은 한국 것이 더 싸고, 예쁘니까 몇 개 사오면 좋겠습니다. 참, 여기는 밥그릇도 사기가 힘들어요. 밥그릇을 사려면 한 시간 가량(무려 70마일/hr의 속도로) 휴스턴 근처 아울렛까지 가야하는데 처음 온 사람들은 오자마자 가기가 힘들거든요. 저희도 한달 반 정도 지나서야 가봤어요. 한국에서 플라스틱으로 된 밥그릇이라도 사올걸 하고 후회했어요.

그리고 속옷 같은 것을 손빨래하려면 세숫대야가 필요할 것 같습니다. 여기는 한국 세숫대야 같은 게 없어요. 세탁기가 세제 넣고 한번 돌고, 린스 넣고 한번 돌면 세탁이 끝나기 때문에 속옷은 그냥 입기가 찝찝하다는 생각이 들었습니다. 그래서 저는 손빨래를 하거나, 세탁기를 돌리더라도 속옷은 집에 가져와서 몇 번 더 헹구어서 말리니까 세숫대야가 필요하더라고요.

특히, 아기 옷은 세탁기만 가지고는 안될 것 같습니다. 또 드라이어를 이용하면 옷이 줄어들기도 하거든요. 특히, 면 티셔츠. 때문에 좋은 옷은 많이 가져 올 필요가 없다고 생각됩니다. 빨래 건조대를 가지고 오는 분도 있는데, 베란다가 딸린 아파트를 구하신 분은 그곳에 건조대를 놓고 빨래를 말리셔도 좋을 것 같습니다. 여긴 덥고 건조해서 아주 빨리 뽀송뽀송하게 마르거든요.

마지막으로 바닥에 항상 깔만한 것이 필요합니다. 여긴 온통 카페트라 한국 사람은 바닥에 앉아서도 생활을 하는데, 얇은 요 같은 것이 필요합니다. 특히 아기가 있는 집은 꼭 필요해요. 보통 소파 앞에 항상 깔고 산답니다. 나머지, 그릇이나 냄비 등 대부분의 살림은 여기서 마련하면 될 것 같습니다.

저희는 쇼파랑 식탁은 미국 교회에서 donation 할 때 얻었고, 책상은 주웠어요.

차는 중고를 샀고, 컴퓨터는 휴스턴에 계시는 한국분께 조립으로 샀습니다. 그래서 약 2달 동안 식비까지 포함해서 10,000달러 정도 들었습니다(학비 빼고). 많이 쓴 비용은 아닌 것 같아요. 처음 2달 정도는 돈이 많이 들지만 아마 다음달부터는 생활비만 약 1,000달러 정도 들 것 같아요. 물론 이것은 저의 계획입니다.

이것 말고도 사람에 따라 한국에서 꼭 사오면 좋은 것이 있을 것 같습니다. 대부분 물건이 여기 있고, 가격도 한국이랑 비슷하기 때문에 너무 많이 들고 올 필요는 없다고 생각됩니다. 신혼을 위해 여기서 새 물건 사러 다니는 것도 좋더라고요. 이상 앞으로 유학오시는 신혼부부에게 작은 도움이 됐으면 하는 마음으로 썼습니다.

유학준비에서 정착과정

유학의 현장감을 있는 그대로 가감 없이 전달하기 위해 저자의 허락하에 원본 그대로 올립니다.

〈저자 주〉

1. 짐 꾸리기

먼저 한국에서 살림을 하시던 분들은 살림을 최대한 많이 가져 오시는 게 좋을 것 같습니다. 너무 덩치가 큰 소파, 식탁, 침대 같은 건 부치는 값이 많이 드니까 놔두고, 가전제품도 전압이 안 맞으면 놔두고, 그밖에 물건은 특히 부인들의 손에 익은 가재도구는 많이 가져올수록 좋은 것 같습니다. 짐을 배편으로 부칠 때는 많이 부치면 그만큼 단가는 싸지니까 최대한 가져오세요. 참고로 저희는 큰 가구와 가전제품은 빼고 꼭 필요한 것만 가져왔는데 10큐빅 부쳤고(삼조 해운, Door to Door 추천할 만 합니다), 우체국 배편으로 또 30kg 부치고도 이민가방으로 5개 가져왔습니다. 한국에서 6년간 생활을 했고 애도 둘이라 살림이 좀 많다고 생각은 했지만, 가져와서 후회한 물건은 없고 안 가져와서 아쉬운 것들은 있더군요.

가져오면 좋을 물건은,

아이들 읽을 책(영어 책을 읽고 소화하려면 시간이 걸리고 정서적으로도 자기가 좋아하는 책이 있는 게 좋은 것 같아요. 저희 짐의 1/3이 애들 책이었습니다), 부엌 가재도구(뚝배기 등 한국적이나 일본 냄새가 나는 게 여긴 없습니다), 컴퓨터 본

채(한글이 그냥 되니 편하더군요. 파워 써플라이는 여기서 45불에 샀어요. 하드는 핸드 캐리로 들고 와야 안 깨집니다), 문구류(남편 공책, 연습장, 샤프심, 지우개, 화이트, 형광 펜, 스케치북, 색종이, 가위 등).

의류(흰 양말-여긴 여름에 반바지에 흰 양말을 신더군요, 내복-겨울이 안 춥다고 해도 필요할 것 같아요, 속옷-세탁기가 강력하고 건조기도 사용하니 실키 면은 안 좋을 것 같고 좀 튼튼한 게 좋겠어요),

이불(여름 것 겨울 것. 저는 통신판매로 파는 압축비닐로 압축했습니다),

약(항생제, 변비가 있는 경우 관장약은 꽤 비싸요)

여기는 미국이라도 한국에서 보아왔던 그런 좋은 미제는 거의 없는 촌이라 그런지 물건은 별로 기대할 게 없더군요, 한국에서 쓰던 좋은 건 다 들고 오세요.

핸드 캐리로도 최대한 많이 들고 왔는데, 짐이 혹시 늦게 도착할 수도 있기 때문에 한달 정도 생활할 수 있는 만큼은 핸드 캐리로 들고 왔습니다. 덕분에 빨리 자리 잡았습니다. 여기에는 이불, 베개(꾹꾹 눌러서), 냄비, 칼, 수저, 컵, 건어물(미역, 다시마, 멸치, 고추 가루), 애들 장난감 및 비디오, 영어사전, 의약품, 옷 등이었습니다. 간단한 문구며 박스 테이프, 노끈 등도 필요하더군요. 물론 와서 사도 되겠지만 여긴 차가 없으면 아무데도 못 가고, 한국 같은 만물상형 백화점이 있는 게 아니라 이거 사려면 여기 가고 저거 사려면 저기 가는 등 매우 쇼핑이 불편합니다. 그렇기 때문에 돈이 있어도 사기가 힘들어요.

2. 차 구입

한국에서 미리 모델을 결정하고 오면 여러 가지로 편할 듯 합니다. www.edmund.com이나 www.kbb.com에 들어가면 새차나 중고차 가격을 알 수 있습니다. 이곳은 대도시에 비해 새차나 중고차 가격이 다 비싸기 때문에 Invoice 가격보다는 MSRP 가격에 가깝습니다. 차를 빨리 장만할 수록 정착이 빨라집니다. 참고로 운전경력증(운전면허시험장에서 해주는 거) 떼 오면 보험들 때 싸게 해 줍니다.

3. 가구 구입

당장 필요한 침대와 소파는 여기서 구입했습니다. 바닥이 카펫이라 침대를 빨리 구입해야 잠자리가 덜 찝찝하더군요. 여기 가구점은 크게 세 개 있는데 한국 메이커 가구와 비슷한 가격입니다. 보통 5년 이상은 있게 되니까 조금 투자해도 아깝지 않게 쓰게 될 겁니다. 싼 것도 많아요.

4. 신용카드

여기서 신용카드 발급 받으려면 반년은 걸리는데, 그동안 신용카드가 없으면 신용 없는 사람 취급을 받게 되어 여러 가지 불편하더군요. 비자나 마스터 한 가지는 잔고 충분히 남겨서 가지고 오세요. 직접 계산하지 않더라도 보여달라는 경우도 있더군요.

유학의 가시밭길을 같이 걸어가는 배우자

남자는 마음으로 늙고 여자는 얼굴로 늙는다.

‘유학생 마나님들은 외롭다?’ 아이라도 없으면 더욱 외롭고, 공부까지 안 하면 더욱더 외롭습니다. 하루 종일 학교에 있는 남편을 기다리는 것도 지치고, 책 읽는 것도 하루 이틀, 그렇다고 일을 할 수 있는 처지도 못 되기 때문입니다. 유학 첫 학기는 새로운 환경에 즐겁고 적응하느라 그리 외롭지는 않습니다. 1년여가 지나게 되면 서서히 남편에게 바가지를 긁기 시작합니다. 같은 처지에 맞는 유학생 부인을 사귀기도 힘들고, 미국 친구 사귀기도 어렵습니다. 거기에 경제적으로 힘들면 더욱 고생이 막심합니다. 마나님들이여, 유학은 환상이 아닙니다.

“유학생과 결혼한다고 하니 주위에서는 부러움 반 그리고 걱정 반인 것이 일반적인 반응이었어요. 평범하고 단순한 생활로부터 새로운 세계로 떠나는 것에 대해 부러워하기도 하고, 낯선 곳에서 정착하는 어려움과 언어의 불편함, 그리고 타국에서의 가족들에 대한 그리움을 걱정하기도 하더군요.

하지만 남이 유학을 대신 떠나 주는 것도 아니고, 설령 고생을 하더라도 다 내가 감수해야 되기 때문에 남들 말에 너무 귀기울이지 않는 것이 좋을 것 같아요. 미국이라는 것에 대해 너무 많은 것을 기대하면 실망도 큰 법입니다.” - 필자 부인 왈

아이가 없는 신혼 부부 유학생들은 남편과 아내가 서로 친구

도 되고, 부부도 되고, 서로가 의지할 유일한 상대이어서 각별히 서로를 위하고 이해하는 노력이 필요합니다.

남편은 학교생활이라도 있어서 바쁘고 즐겁지만(?), 아내들은 자기만의 생활이 없음으로 인해 대부분의 일상 생활이 심심하기 마련입니다. 고작해야 한국으로 전화하는 것과 한국 비디오를 빌려보는 것이 유일한 즐거움일 때도 있습니다. 왜 친구가 없냐고 묻지만 미국에서 친구 사귀기는 정말로 힘듭니다. 유학 오는 사람들 중엔 유난히 별난 친구들이 많아서 정말 좋은 사람을 만나기란 진짜 '인연'이 필요합니다.

바쁘게 사는 것이 더 행복합니다. 경제적으로 넉넉하면 남편과 같이 공부를 해보는 것도 좋습니다. 남편의 학교로 지원해서 입학하는 것은 그리 어렵지 않습니다. 학교의 배려 차원으로 생각되는데, 학부 때의 전공을 바꾸어서 특별히 관심 있는 분야를 공부해 볼 수도 있고, TESOL과 같은 언어 분야 쪽으로 공부해도 좋습니다.

사회자원봉사(Volunteer)를 하면서 영어를 배우는 것과 유학생 마나님들에게 바쁘게 사는 좋은 방법 중 하나입니다. 물론 차가 필수적으로 필요하니 마나님들의 운전이 꼭 필요합니다. 미국 교회 등지에서 아이들 탁아 봉사나 대학 내의 사무지원 등을 하면서 동시에 영어 회화를 같이 배우고 또, 미국 친구도 사귈 수가 있으니 한번 시도해 봄직 합니다.

매일 나오는 대학 신문을 보면 자원 봉사자가 늘 필요하다라는 것을 쉽게 알 수 있을 것입니다. 미국 교회에서 무료로 영어를 가르쳐 주기도 하고, 요리나 퀼트 같은 프로그램도 있으니 꼭 시도해 보시기 바랍니다. 신도가 아니어도 괜찮습니다.

마나님의 도움으로 유학생활에 조금이라도 보탬이 되면 한결 경제적인 부담을 덜 수 있습니다. 꼭 돈을 벌기 위한 수단으로 일을 하는 것보다는 여가를 활용하는 측면으로 할 수도 있습니다. 사실, 일을 하고는 싶지만 주위 사람들의 시선을 의식해서 못하는 사람들도 많습니다. 아직도 '체면이 우선이다'라는 한국인의 의식을 엿볼 수 있습니다.

제가 공부하고 있는 곳이 미국에서 다른 지역보다 물가가 비교적 싼 편이어서 그런지 몰라도, IMF 한파가 몰아닥쳐도 유학생들에게 별 영향이 없었습니다. 전부는 아니겠지만 IMF 이후에 새차를 사는 사람도 있었고, 학교 공부에 지장이 있을 정도로 일하는 학생도 보지 못했습니다. 그렇다고 유학생 부인들이 생활비를 위해 일하는 경우는 더더욱 없었습니다.

일하고자 하는 본인의 의지만 있으면 어떻게든지 일을 할 수가 있습니다. 그러나 한인 교포 가게에 일자리가 있어도 유학생 사회에는 별 반응이 없는 게 현실이고, 또 돈 없이 유학와서 고생해 가며 공부하는 친구들도 그렇게 많지 않은 것이 필자가 경험한 유학생 사회였습니다. 그만큼 한국 경제가 선진국 수준으로 성장했다는 의미(?)일 수도 있고, 샴페인을 너무 일찍 터트려 아직도 술을 즐기고 있는 줄도 모릅니다.

유학생활에 있어서 내조자의 역할은 정말로 중요합니다. 가끔 남자가 내조하는 경우도 있지만 말입니다. 가화만사성(家和萬事成)이라는 말도 있듯이, 가정이 편하지 않고서는 공부 또한 잘할 수도 없는 것이 유학입니다. 학기 중의 페이퍼나 설계 마감할 때는 정말 바쁜 시간이 아닐 수 없습니다. 학교 일에 집안 일까지 스트레스를 받으면 참으로 힘든 유학생활이 될 수 있으므로, 마나님들이여, 유학생활이 정말 어렵고 힘들어도 조금만 참고 견디어 주시길 유학생의 한 사람으로서 부탁드립니다.

유학생활에 아니 미국 생활에 큰 꿈을 안고 남편과 같이 온 경우, 유학생활 한 달 후면 그 꿈이 조금씩 바뀔 것입니다. 아마도 3개월 정도면 미국 생활을 다 파악할 것입니다. 가끔씩 주위에서 보면, 유학생활이 너무나 힘들어서(?) 이혼하고 한국으로 돌아가는 경우도 몇 번 보았습니다. 친지 가족도 없고, 친구도 별로 없고 해서 참 힘들지요. 하지만 3년만 꾹 참으면 좋은 날이 있을 줄로 믿고 싶습니다.

말이 나온 김에 이 자리를 빌어서 제 부인에게 감사의 말을 전하고 싶습니다. 팔불출이라 해도 좋습니다. 지난 6년 동안 저의 경제적인 어려움으로 제 집사람이 많은 고생을 했었습니다. 다시 한번 머리 숙여 감사의 말씀을 전하고 싶고, 훗날 이 유학생활이 당신 인생의 값진 경험으로 남기를 바랍니다.

제9장

유학생이 보내는 편지

유학생이 보내는 편지

유학생의 주말
스튜디오 '도우미'에 대해서
내가 이럴려고 유학 왔나?
나의 화려한 시절은 가고
영어 때문에 속 터지는 분들께
불안합니다.
황금 알을 꿈꾸는 우리들의 초상
화려한 싱글에게
힘을 주시는 그분들께
유학 그 후, 나는 어디로 갈 것인가?
스스로에게 부끄럽지 않는 공부
성공적인 유학을 위한 단상
늦은 것이 빠른 것이다.
"학번이 어떻게 되십니까?"
삶의 최전방에서 싸우는 유학생의 현실
21세기의 유학은 만병 통치약인가?
설계실에서 그렸던 그림들
이력서
그릇빚기

끝나지 않은 유학생활

유학수기

본 장의 '유학생이 보내는 편지'는 건축 웹진 오픈스케일의 유학일기에 올라간 내용입니다. 필자가 원저자의 허락을 구한 다음에 올리게 됨을 밝힙니다. 이 자리를 빌어 감사의 말씀을 드립니다. 이 책에 올라간 편지 중 일부분은 필자가 쓴 글도 포함되어 있습니다. 필자가 쓴 글은 필자의 이름을 올렸으니 참조하시기 바랍니다.

〈저자 주〉

유학생이 보내는 편지

편지 1 ; 유학생의 주말

유학생활 중에서 싱글들은 주말이 상당히 외롭습니다. 머나먼 미국까지 귀향 온 것도 아니고, 비싼 돈까지 들여서 공부하러 왔는데 놀자니 마음이 찝찝하고, 그렇다고 공부하자니 주말이 너무 아깝고, 참 곤란합니다. 차라도 있으면 바람쐬러 나가지, 만약 차도 없으면 다른 사람한테 자주 라이드(Ride) 부탁을 할 수도 없는 처지이고, 집에서 프로농구 보거나 스포츠 구경하며 잠자는 수밖에 없습니다. 충분한 휴식을 취해야 공부가 되는 법, 쉴 때는 푹 쉬어야 하는데, 항상 고국에 계신 부모님을 생각하면 쉬는 것 자체가 마음 한 구석에 걸리곤 합니다. 아니면, 한국 비디오나 빌려서 시간 죽이거나, 건축과 사람들 만나서 술이나 한잔 홀짝거리며 싱글들 신세 타령이나 할 때면 제 자신이 미워집니다. 술 마실 시간에 공부해야 하는데….

싱글이다 보니 너무 심심해서 결국엔 스튜디오를 지키는 일이 늘어나게 됩니다. 설계라도 잡고 있어야 마음이 조금 나아지거든요. 부모님에게도 덜 미안하고…. 주말 한 낮에 텅빈 스튜디오에서 설계하노라면 마음이 그래도 뿌듯하답니다. 마감이 겹치면 주말도 없지만, 학기 초에는 스튜디오가 주말에는 한가합니다. 그래도 금요일 밤은 꼭 쉽니다. 그리고, 토요일 늦게 일어나서 오후에 운동하거나 책 좀 보다가 그럭저럭 보내고, 일요일 오후부터 본격적인 한 주를 준비하게 됩니다. 금요일 오후에 주말이 시작되는데 혼자 사는 저는 금요일 밤이 제일 싫고 외롭습니다. 유학생의 주말은 금요일 오후부터 일요일 오전까지입니다. 일요일 오후부터는 다음주 수업 준비에 바빠집니다.

편지 2 ; 스튜디오 '도우미'에 대해서

안녕하세요. 미국 스튜디오의 '도우미-시다'라는 것에 대해 한번 말해보겠습니다. 한국에서 학교 다닐 때는 설계 수업에서 꼭 필요한 존재였습니다. 제도용품은 아니고 '도우미'입니다. 보통 설계 동아리가 있는 것이 한국 상황이고, 또 그 동아리에서 많은 도움을 받기도 하지요. 때로는 무서운 선배님들의 가르침과 사랑스런 후배들의 도움은 아마 한국에서만 겪을 수 있는 풍경이 아닌가 생각되네요.

유학을 처음 왔을 때, 저도 한국에서 익숙한 설계 동아리가 미국에도 있는 줄 알았어요. 그런데 막상 와보니 이곳 학생들은 따로따로 작업하고, 스튜디오 작업 스타일과 분위기도 아주 개인주의적이더군요. 한국 설계실은 아주 경쟁적이잖아요. 그런데, 여기는 자기 만족이 가장 크더라고요. 유학생활에서 힘든 것 중의 하나는 도우미 없이 혼자 설계를 다 해야 된다는 거였어요.

한국에서 하는 버릇처럼 설계 마감 2~3일 전까지 디자인 발전시킨다고 붙들고 있다간 이곳에선 큰일납니다. 왜냐하면, 모델만 혼자 만드는 데 3~4일은 꼬박 걸리더군요. 그렇다고 3~4일 전부를 밤샐 수는 없잖아요. 저도 처음엔 시간 콘트롤하기가 참 어려웠답니다. 한국에서 저 혼자 도면부터 모델 마감까지 다 마친 적이 별로 없거든요. 설계 동아리에서 후배들과 선배들이 모델 만드는 일은 도맡아 했으니까요.

그래서인지, 미국 스튜디오 분위기는 프리젠테이션 위주가 아니고 내용 위주로 크리틱을 많이 하는 분위기인 것 같아요. 한국은 판넬 만들고 난리잖아요. 그런데, 여기는 달랑 도면을 파티션에 핀으로 꼽고, 모델은 그 앞에 놓고 발표한답니다. 가끔씩 노트북이나 학교 랩실에서 컴퓨터 시설을 빌려 작업한 3D Modeling을 그 자리에서 보여주곤 하지만, 일반적인 프리젠테이션은 도면하고 모델뿐이지요. 도면도 24″×36″ 원본을 붙이고 한답니다. 수수하죠. 어쩔 수 없는 것 같아요. 혼자서 도면 다 그리랴, 모델까지 만들랴, 또 학기말에는 다른 수업 마무리 페이퍼도 써야 하고, 정신없이 학기말이 지나가곤 한답니다. 말 그대로 전쟁입니다.

그리고, 웃기는 게 있는데요. 미국 아이들은 새벽 3~4시까지 하다가 마무리도 다 안하고 피곤하다고 그냥 집에 가는 친구들도 있더군요. 우리 같으면 꼬박 날 새서 마무리하잖아요. 그런데 여기는 내일 피곤하다고 그냥 집에 가는 친구들도 있답니다. 웃기죠? 또 미국 학생들을 보면 도면이나 모델을 아주 천천히 작업합니다. 그런데, 아주 정확하게 만들어요. 도면도 쓸데없이 너무 자세하게, 아주 꼼꼼하게 그리는 것을 보고 놀라기도 했지요. 이것을 보면서 저는 이런 생각이 들었어요. '애

들은 시간이 걸려도 아주 자세하게, 꼼꼼하게 하는구나, 혹시 이런 것이 미국적인 것이 아닐까?'

미국 친구들 보면 시간이 많이 걸려도 원칙대로 하는 일이 많잖아요. 이런 면이 가끔은 답답할 때도 있지만, 유학생활을 할수록 "이런 것이 미국적이다"라고 느낍니다. 천천히 확실하게 하는 것 말입니다. 도우미 없이 유학생활 잘 준비하시고, 한국에서의 도우미 생각하고 천천히 작업하는 습관은 버리시고, 스케줄 조정을 잘할 수 있는 유학생이 되었으면 해서 몇 자 적었습니다.

편지 3 ; 내가 이럴려고 유학 왔나?

유학 오면 뭔가 다를 줄 알았습니다. 이런, 다르긴 뭐가 달라. 수업시간에 한국말 대신에 영어 쓰는 것 빼고 다를 것 하나도 없습니다.

유학 준비생 여러분들, 두려울 것 하나도 없습니다. 닥치면 다 하게 되어 있습니다. 유학 준비 끝내고 어드미션 기다리느라 힘들지만, 그 시간에 영어 연습이나 열심히 해두시길 바랍니다. 특히, 스피킹 연습 많이 하고 오세요. 유학 와서 제가 한국 유학생들 조금 보고, 다른 과 사람들하고도 이야기 해보면 스피킹에 취약한 학생들이 의외로 많다는 것을 봅니다. 여러분도 조금 있으면 유학의 현실을 경험할 것이니, 미리미리 준비하고 연습도 많이 하고 미국인하고 직접 이야기도 많이 하고 오길 바랍니다. 여기서는 무슨 일이 있으면 혼자 해결해야 할 일이 많거든요. 주위에 신세지는 것도 한두 번이어야지 계속해서 부탁할 수도 없습니다.

전공 수업시간을 지켜보면 어디서 왔는지 '꿔다 놓은 보릿자루'들이 많습니다. 그것도 한국에서 직수입한 보릿자루들 말이에요. 저도 보릿자루냐고요? 맞습니다. 보릿자루입니다. 그래서, 이렇게 한국말로 충고하는 것 아닙니까? 그냥 이야기하려고 노력하긴 하는데 잘 안 되네요. 한국에서 20여 년 넘게 길들여진 '침묵의 지퍼'가 제 입을 꽉 틀어막고 있어서 입이 떨어지질 않네요. 정말이지 수업시간에 말하기 힘들어요. 그래도, 그 중엔 용감하게 많은 학생들 앞에서 더듬더듬 질문하는 인터내셔널 친구들이 있습니다. 그들의 용기에 힘찬 박수와 성원을 보냅니다.

스피킹 연습 많이 하고 오세요. 유학생활 중에 영어로 자신의 의사를 표현하는 것이 제일 중요한 것 같아요. 유학 와서 영어라도 제대로 마스터한다면 그것도 참 큰 수확이라고 봐요. 미국이든, 한국이든 설계사무실 가서도 써먹을 때가 많잖아요. 디자인에 손 딸리시는 분, 영어라도 마스터하고 귀국선 타기를 바랍니다.

편지 4 : 나의 화려한 시절은 가고

현란했던 프리젠테이션 시절과 썰렁하게 도면만 부쳐놓고 하는 미국 스튜디오 프리젠테이션. 맞습니다. 한국에서는 가끔 스튜디오 교수가 프리젠테이션 판넬 규격까지 친절하게(?) 정해주는 경우가 흔합니다. 지금도 그런지 모르겠지만, 대개 국전 사이즈로 프리젠테이션을 요구하기도 합니다. 그런데, 미국은 미국 건축대전이라는 것이 없기 때문에 한국처럼 규격화된 프리젠테이션을 할 필요가 없는 걸까요? 아니면, 개인의 창작성을 중요하게 생각해서 프리젠테이션 제한을 두지 않는 걸까요?

한국에서, 정말 추운 겨울 학교에서 판넬에다가 톤지 작업하고 피쓰 뿌리고 난리법석을 피우던 시절을 생각하면, 미국에서의 프리젠테이션 작업은 한국에 비해 누워서 떡 먹기입니다. 요즘은 컴퓨터로 작업을 많이 하지만 그래도 몇몇 교수는 연필 드로잉으로 마감하라고 부탁합니다. 미국 스튜디오 리뷰는 24×36인치 벨룸 도면을 벽에다 핀업해서 리뷰합니다. 모델 사진도 없습니다. 요즘엔 3D로 작업하는 애들이 많아서, 디지털카메라로 모델 사진을 찍어 프린트하는 친구들도 눈에 띕니다. 어떤 학생은 컴퓨터를 리뷰하는 장소까지 가져와 작품을 보여주기도 합니다. 자기 발표시간이 되면,

"교수님들, 다 컴퓨터 앞으로 모이세요. 제가 프리젠테이션 시작합니다."

교수들이 다 모이고, 컴퓨터 엔터 키를 누르면 음악 소리와 함께 약 1~2분의 애니메이션 그림이 쫘 뜨면서, 침묵의 시간이 흐릅니다. 1분 후엔 그 이상야릇한 분위기. 한 학기 작업이 단 1분 안에 끝나는 그 허무함. 물론, 기본 컨셉이나 도면은 벽에 붙여놓기도 하지만, 1주일 작업한 3D 작업이 1분에 끝나니 너무 허무하기도 하지요.

프리젠테이션 방법에 제한을 두지 맙시다. 학생들 마음대로 프리젠테이션 하도록 합시다. 어쨌든, 한국에서의 화려한 프리

젠테이션 시절 덕분에 여기서는 프리젠테이션 하는데 미국 애들보다 뒤지지는 않습니다. 문제의 핵심은 '개념', '사고의 논리성', '아이디어의 신선함', '철학의 뒷받침', '이론의 완성도' 같은 게 절실히 필요하기도 합니다. 화려한 프리젠테이션 뒤에 왠지 씁쓸한 개념의 허술함. 눈속임에 속지 않는 교수들. 그렇다고 프리젠테이션을 무시하면 안 되는데 라고 자신을 위로하지만, 대학원 수업에서는 학생이 어느 정도의 프리젠테이션 스킬이 있다고 가정하기 때문에, 머리를 먼저 채우기 바랍니다. 그리고 나서 화려한 프리젠테이션을 하라고 강력하게 추천합니다.

편지 5 : 영어 때문에 속 터지는 분들께

영어라도 제대로 배우고 갑시다. 사실, 건축 공부하러 유학 왔지 영어 배우러 유학 온 것은 아닙니다. 하지만, 요즘 취업 인터뷰를 하면서 실력보다 커뮤니케이션 능력이 더 중요하다는 것을 알게 되었습니다. 인터뷰 할 때부터 말이 버벅거린다면 정말이지 취직이 걱정됩니다. 가슴 터지지요. 그러나 어쩌겠습니까? 미국에서 취직하려면 영어해야지 한국말로 일하지는 않지요. 또, 말이 통해야 업무를 하지요. 그렇다고, 영어 공부만 죽어라고 하면 안 되지요. 둘 다 잘하면 얼마나 좋겠습니까? 둘 다 못하느니, 영어라도 마스터 해 놓으면 취직하는데는 문제없으리라 봅니다. 사실, 직장 가면 뻔하지요. 거기 가면 다수석 디자이너 있습니다. 신출내기가 가면 캐드 일을 한다던데, 영어 능력이 오히려 실력보다 더 먹혀가고 있지 않나 걱정을 해 봅니다.

영어 잘할 수 있는 비결이 뭐냐고요? 좌충우돌 그냥 부딪치는 거지요. 비결은 없습니다. 많이 이야기하는 수밖엔 없습니다. 얼굴에 철판 깔고, 헤헤 웃어가며 미국 친구들과 수시로 이야기하십시오. 나중에 졸업하고 나서 후회합니다. 그림만 잘 그리면 뭐합니까? 개념 설명을 못하는데. 그렇다고 유학생의 심정을 알아주냐구요? 아닙니다. 영어의 원활한 의사소통 능력은 취업의 기본조건입니다. 취업을 목적으로 유학 나가는 분들, 졸업 전에 영어 마스터하기를 바랍니다.

편지 6 ; 불안합니다.

불안합니다. 유학 나오기 전에 저는 많은 것을 꿈꾸고 기대했습니다. 유학 가면 아마 달라지겠지 하는 위로로 현실을 도피하려 했습니다. 하지만, 1학기 유학생활을 해본 지금, 전 불안합니다. 제가 생각하고 꿈꾸었던 그런 유학생활이 아니기 때문입니다. 더욱이 영어도 안 되는 고달픈 언어의 고통 속에 도대체 내가 건축을 얼마나 배울 것인가 라는 의문을 갖게 됩니다. 영어도 안 되는 벙어리가 자기가 궁금해 하고 알고 싶은 질문이나 할 수 있을 것 같습니까? 아, 머리가 아픕니다. 앞으로의 남은 생활에 저는 불안하지 않을 수 없습니다.

어느 누가 유학 가면 달라진다고 했습니까? 이런, 제길. 전 오늘도 한국에서 가져온 건축책을 뒤적거리고 있습니다. 원서보다 한국책이 더 가까운 걸 어찌하겠습니까? 그렇다고, 그냥 놀수는 없지 않습니까? 저의 불안감을 해결해 줄 수 있는 유일한 길은 책 읽는 것이니, 읽을 수밖에 없습니다.

한국에 계신 부모님이 생각납니다. 유학 보낸 부모 마음은 얼마나 뿌듯하시겠습니까? 자식놈이 유학 나갔으니 많은 것 배우고 성공하겠지 하는 마음을 아마 가지고 계실 겁니다. 하지만 유학이라는 짧은 시간에 많은 것을 얻고 변할 수 있는 방법은 잠 안 자고 공부만 하든지, 아니면 많은 것을 경험하든지라고 생각을 해봅니다. 한편으로는 이런 생각을 해 봅니다. '유학 가면 다 많이 배우는 것은 아니지 않은가?' 그렇다고 모르는 것을 아는 척하는 그런 위선적인 모습은 그리 좋아 보이지 않는 것 같습니다. 그래서, 제가 더욱 불안한지 모릅니다. 유학생이라는 신분 그 자체가 저를 불안하게 만드는 것 같습니다. 공부를 열심히 해야만 하는 유학생의 신분 말입니다.

저는 오늘도 책을 뒤적입니다. 불안하지 않기 위해….

편지 7 : 황금 알을 꿈꾸는 우리들의 초상

건축으로의 인생길은 참으로 재미있기도 하거니와 힘들기도 합니다. 재미있다고 생각하는 사람은 설계 하나 하나에 자신의 혼을 집어넣는 창작 과정이 한없이 즐거운 사람이고, 힘들다고 말하는 사람은 내가 투자한 황금 같은 시간과 돈이 황금 알을 낳지 못하고 심지어 낳을 조짐도 보이지 않는 데에 절망감을 가지고 있는 사람입니다.

혹자는 건축이 재미있는 사람은 그들이 황금 알을 가지고 있기 때문에 그런 거라고 생각하겠지만, 세상의 황금 알은 극소수에게 돌아가는 것이 세상 이치이고 보면, 결코 그들이 황금 알을 가슴에 품고 있지는 않은 듯합니다.

그들은 물욕에 대한 해탈의 자유를 누리는 것이지요. 물욕을 품으면 그 욕심은 품은 만큼 커지고, 얻지 못하는 물욕은 우리네 인생을 한없이 고통의 나락으로 떨어뜨리지요. 차라리, 물욕을 위해 건축의 길을 걷기보다는 자유를 얻기 위해 건축을 하면 물신도 같이 따라올 것이라고 믿습니다.

가지면 어쩌고 안 가지면 어쩌겠습니까? 그래도 건축장이들 굶어죽는 사람은 없지 않습니까? 다만, 황금 알을 못 낳을 뿐입니다. 세상이 너무나 각박하게 돌아가고 있습니다. 하고 싶은 일을 공부하는 것이 아니라, 돈을 위해 공부하는 것이 얼마나 인생의 의미를 허무하고 저질스럽게 만듭니까? 이제 초등학교 가는 아이에게 "너는 변호사나 의사가 되어라"라고 말하는 어른들의 초상은 어찌보면 너무나 슬픈 일이기도 합니다.

지식의 자유, 디자인의 자유, 창작의 자유를 느끼십시오. 지식을 사랑하는 자는 돈을 벌기 위해 지식을 공부하는 것이 아니라, '지식 그 자체'를 사랑합니다. 앎 그 자체를 사랑하기 때문에 지식을 따라갑니다. 건축도 마찬가지입니다. '건축 그 자체'를 사랑하면 다른 것은 모두 하찮은 것으로 보이지 않을까요?

편지 8 : 화려한 싱글에게

유학 첫 학기 때는 9학점을 수강하라고 학교에서도 권하고, 유학생 선배들도 그렇게 권합니다. 왜냐하면, 영어가 안 되니까 괜히 12학점이나 15학점을 수강하면 너무 힘들 수도 있다는 것입니다. 처음부터 너무 무리할 필요가 없기 때문에 첫 학기는 저도 9학점만 듣게 되었습니다. 그런데 스튜디오 착실히 따라가고 수업 제대로 따라가면 시간이 조금 한가합니다. 수업 외의 나머지 시간이 너무 심심하기도 합니다. 사실, 학교 공부만 따라가면 시간적인 여유가 있는 것이 유학입니다. 숙제 제대로 하고, 또 스튜디오 교수가 시키는 것 제대로 하면 할만하다는 것입니다.

유학생 하면 흔히 하루 4시간 잠자고 유학생활 한다고 생각합니다. 바쁠 때는 저도 밤샘을 하곤 합니다. 그런데, 하루 4시간씩 자며 유학생활을 몇 일이나 할 수 있을까요? 아마 슈퍼맨이 아닌 이상 하루 4시간 수면은 불가능하리라 생각합니다. 체력도 체력이고, 나이도 30이 넘어가면 밤샘 공부도 힘겹게 됩니다. 하지만, 저는 원래 잠이 많은 체질이어서 하루에 적어도 7시간 이상은 꼭 자야 합니다. 잠은 푹 잘수록 그 다음날이 개운하기 때문입니다. 피로가 풀린다고나 할까요.

이론 수업 하나와 스튜디오 수업을 들으면 9학점입니다. 월, 수, 금은 스튜디오하고, 화, 목은 이론 수업 들으면 시간적인 여유가 생깁니다. 화, 목 수업이 하루 1시간 반 하니까, 그 남은 시간은 완전 자유시간입니다. 또 미국 친구들의 스튜디오 작업 스타일이 아주 느리고 꼼꼼한 면이 있기 때문에, 도면 그리기나 모델 만들기에 익숙한 우리 한국 학생들은 쉽게 따라 갈 수 있습니다. 학기초엔 스튜디오가 바쁘지 않기 때문에 시간적인 여유가 생기지만, 학기말에 가면 정신없게 됩니다. 이론 수업 페이퍼 마감과 스튜디오 마감이 겹치기 때문인데, 어떤 교수들은 시험이나 페이퍼 마감 일정을 조정하는 사람도 있고, 학생

스케줄과는 상관없이 교수 마음대로 페이퍼 마감을 하는 사람이 있습니다.

시간적인 여유가 생기는 것은 좋은데, 싱글인 저로서는 여간 외로운 것이 아닙니다. 집에 가면 혼자 밥 먹고, 텔레비전 보고, 이야기 할 사람도 없고, 또 미국 유학 와서 여자 친구도 없고 친한 유학생도 없으면, 완전한 싱글 생활을 하게 됩니다.

그래서, 유학 오기 전에 여자 친구나 남자 친구 꼭 만들고 오기 바랍니다. 공부도 하루 이틀이지 유학생은 공부하는 기계가 아닙니다. 결혼해서 유학 오는 사람들은 정말 행복한 것입니다. 총각 여러분과 미혼 여성분들은 친구 한 명 만들어 놓으면 유학 와서도 서로 의지할 수 있기 때문에, 공부에 방해물이 아니라 오히려 자극제가 될 수 있습니다. 유학 와서 공부만 하느라 혼기를 넘겨버리게 되면 어느새 나이가 30대 중반으로 넘어가고, 그땐 진짜로 중매 결혼을 해야 합니다. 또 건축과는 학교에서도 바쁘기로 소문이 났기 때문에 결혼하기도 힘들지요. 그래서 건축과 분들은 매우 열악한 연애 환경에 놓여 있다고 볼 수 있습니다. 화려한 싱글보다도 초라한 매리드(Married)가 낳습니다.

편지 9 : 힘을 주시는 그분들께

부모님을 생각하면 항상 가슴이 뭉클해집니다. 시골에 계시는 부모님, 마음은 많은 것을 해 주고 싶지만 여유가 없어 항상 안타까워하시는 부모님, 묵묵히 자식이 가고 있는 길을 심적으로 지원해 주시는 어머님이 있기에 오늘 하루를 의미 없게 보낼 수가 없습니다.

몸이 깨지도록 가슴이 터지도록 책을 붙잡을 수 있는 힘을 주시는 부모님. 당장이라도 소박하게나마 부모님에게 작은 결실을 주고 싶은 마음이 굴뚝같지만 지금은 아무 것도 해 드릴 수가 없습니다. 오늘도 나를 생각해 주시는 그분들이 있기에 게을리 살 수 없음을 느낍니다.

미래는 노력하는 자에게 더 큰 결실이 있다는 진실을 붙잡고 오늘도 학교에 갑니다. 진실은 언제나 그 빛을 찬란하게 발했듯이 오늘의 하루는 내일을 만들어 갑니다.

열심히 삽시다.

편지 10 ; 유학 그 후, 나는 어디로 갈 것인가?

by 이관용

유학이 끝나고 그 다음은?

유학을 가는 것은 분명히 목적이 있습니다. 그 목적이 경제적인 부의 성취가 되었든, 명예의 수단이 되었든, 가족의 권유가 되었든, 분명히 목적은 있습니다. 그 목적과 동기가 어떻든 간에, 결국 유학을 마치고 사회로 나가게 되는 것은 당연지사입니다. 물론, 유학 중에 그 목적과 동기에 따라 유학을 어떻게 보내느냐는 달라지지요. 목적이 뚜렷하면 유학 후의 앞날도 걱정 없으리라 생각됩니다만, 막연하게 유학을 떠나는 사람들은 미래가 불확실하기 그지없지요.

유학은 그 자체가 절대적인 목적이 될 수 없습니다. 인생의 장기 플랜상 한 부분이고 과정이지요. 하지만, 누구나 궁금해

하는 것은 유학을 떠나는 사람 중에 얼마나 자기 목적이 뚜렷한지, 그리고 유학 중에 그 목적이 변하지는 않은지, 유학 후의 진로는 어떻게 되는지, 유학 갔다 온 사람 다 지금 어디서 무엇을 하고 있는지, 기타 등 입니다.

'유학 지망생의 네 가지 형태'에도 썼습니다만, 한국의 경제 사정의 악화로 입에 풀칠하기 바쁩니다. 봉급이라도 주는 데만 있으면 어디든지 갈 수 있다라는 심리가 지배적으로 되었지요. 하지만, 그 중에서도 항상 자기 길을 가는 사람들이 있습니다. 그 길이 힘들고 어려울지라도 기꺼이 희생하고 가는 사람들이 있지요. 정신적인 만족이 경제적인 불편함을 이겨내는 아니, 감내하는 경우라고 볼 수 있습니다. 자신에게는 소신있는 행동이요, 의지가 확실한 제스처이기도 합니다.

대부분의 경우, 직업이라는 것은 경제적인 불편함을 감내하고 고민하기보다는, 기본 생계유지를 위한 삶의 수단일 수밖에 없습니다. 삶의 수단이면서 동시에 자기 만족이 크면 가장 행복한 상황이기도 하겠지요. 이 두 가지에 모두 만족하고 사는 사람은 얼마나 될까요? 평범한 사람이라면 현실적인 상황을 무시하고 살아갈 수는 없습니다. 유학 도중에는 공부만 하게 되니 별 문제가 되지 않습니다. 자기 것을 충실히 채워나가고, 만들어 가는 데 그 공부의 의미가 있겠지요. 공부가 서서히 끝나가게 되고, 졸업을 한 학기 앞두고는 진로에 대해 고민하게 됩니다. 특히, 경제적인 부담감을 갖는 상황에서는 진로 선택이 참 어렵지요.

유학 그 후, 나는 어디로 갈 것인가? 설계사무실 취직, 박사 과정 진학, 한국 귀국, 전공 바꿔서 다시 공부, 공부와 상관없는 사업 시작 등 30대 초반에 고민하게 되는 진로 선택일 것입니다. 하지만, 이런 선택의 기로에서 제일 중요한 것은 장기적인 인생의 플랜이지요. 그리고, 진정으로 나는 무엇을 하고 싶은지, 경제적인 문제는 어떻게 해결할 수 있는지 등의 문제를 원점에서 고민하고, 해결한 다음에 그 이하 세부 선택이 결정되리라 생각됩니다. 과연, 나의 적성은 무엇인가? 필자는 석사과정 마무리되는 시점에 늦게나마 나의 적성을 발견한 것 같습니다. 30대 초반에 찾은 나의 적성. 참, 너무 늦었지요. 하지만, 아예 발견하지 못하고 살아가는 것보다는 천만 다행이라고 생각합니다.

당신의 진짜 적성은 무엇이라고 생각하십니까? 지금, 설계하고 있는 일이 진정한 당신의 적성입니까? 구조 공부가 진정한 적성입니까? 건설 경영의 길이 진정으로 내가 가야 할 길입니까? 가슴속에 숨어 자고 있는 당신의 진정한 적성을 발견하고, 그 길을 매진하시기 바랍니다. 그 적성이, 인생의 목적이 정해지면 그 후의 문제는 실타래가 술술 풀리듯이 매끄럽게 나갈 겁니다.

설계사무실 취직할 때 어디 지역으로 어느 회사로 갈 것인가? 이 문제는 나의 장기적인 플랜에서 설계사무실 취직은 어떤 위치에 놓여 있는가를 살펴보아야 할 것입니다. 건축가의 길이 내 인생의 목적이라면, 설계사무실로의 취직은 당연한 훈련 과정이지요. 박사 과정 진학 역시 내 인생의 목적을 성취하는 길 위에 과연 내가 가야 할 길인 것인지, 아니면 다른 길을 가야 할 것인지를 잘 생각해 보시기 바랍니다.

많은 상담과 고민 속에서도 결국은 자기 자신이 최종 결정을 해야만 한다는 것, 그리고 그 결정으로 인하여 벌어질 상황은 자신이 책임을 져야 한다는 것, 이 두 가지는 항상 고려해야 할 사항입니다. 진지하게 고민해 보시고 나의 자유를 위해 인생 계획을 세워 보십시오.

편지 11 : 스스로에게 부끄럽지 않는 공부

by 이관용

참, 이번 학기는 빠르면서도 지겹고, 지겨우면서도 많이 배우는 학기인 것 같습니다. 정식적인 코스워크로는 마지막 학기라서 더욱 그런가 봅니다. 공부도 하루 이틀이지, 10년 가까이 공부한다는 것이 그리 재미있는 것은 아니잖아요?

그래도, 이번 학기에는 학교 책상에만 앉아 있다가 직접 현장으로 나가서 배우고 공부하니 그 내용이 더 확실하게 다가와 공부의 새로운 시각을 배우는 것 같습니다. 이래서 경험은 중요한 것 같습니다. 책이라는 것은 사실 시간이 지나가면 잊어버리는 경우가 흔하지요. 인간은 망각의 동물이니 어쩌겠습니까? 어쩌면 망각의 동물이니 다행이지, 예전 것을 다 기억한다고 상상하면 아마 우리 머리가 어떻게 되었을 것 같습니다. 그래서 책은 항상 자신으로부터 가까이 두고, 다시 읽고 또 읽어야겠지요.

이번 학기를 마치면 제 개인적으로 261학점을 마치게 됩니다. 한국에서 시작한 대학 학점부터 석사 과정, 그리고 현재 공부하는 과정을 포함하면 261이라는 숫자가 나오더군요. 앞으로 22학점을 연구 과정으로 수강해야 하니, 공식적인 학점은 283학점이 되는 건가요? 어마어마한 숫자지요. 시간상으로 따져도 참 많은 시간이겠지요. 피상적인 공부 기간으로 따지자면 12년이 되어 갈 것 같습니다.

무엇을 위한 12년일까? 무엇을 위한 283학점일까? 수업 중에 들은 말이 생각납니다.

"LIFE is learning"

앞으로 얼마나 더 책상에 앉아 있어야 할지는 모릅니다. 시간보다 학점보다 더 힘든 것이 자기 채찍질 아닐까요? 그리고, 내가 그리던 그 꿈을 성취하는 목적보다 성취하기까지의 과정 하나 하나가 더 소중할 것 같습니다. 결과보다 과정을 아는 사람은 자신밖에 없지요. 다른 사람은 결과물 하나만 봅니다. 하지만, 자신은 자신을 가장 많이 알지요. 스스로에게 부끄럽지 않는 공부와 직장생활 그리고 사회생활 되시기 바랍니다.

편지 12 ; 성공적인 유학을 위한 단상

by 이관용

유학생활을 6년째하고 있습니다. 긴 시간이지요. 많은 사람을 직·간접적으로 만났습니다. 많은 사람들은 한국의 학연을 미국에 그대로 가지고 옵니다. 심지어 유학생 부인(내조자)까지 한국의 학연에 물들여져 있습니다. 미국의 어느 학교를 다니고 있는 것 또한 미국 학연을 가지고 있는 사람이 많습니다. 사람의 다양성은 한도 없지요. 성공적인 유학을 위해서 비싼 경비를 들여가면서 석사를 또다시 시작하거나, 랭킹 높은 학교에서 다시 새출발(?)하는 사람들도 보았습니다.

처음엔 한심하다고 생각했습니다만, 지금 돌이켜 보면 다 나름대로 자신의 유학 전략이 있었다고 봅니다. 그 전략이 어떻게 만들어지는가 라는 문제는 한국의 문화적·사회적 배경이 큰 영향을 주었다고 봅니다(최소한 1990년대까지). 다시 말해, 한국 대학 졸업→미국 명문대학 유학→귀국→좋은 자리 보장(?)이라는 과거 유학생의 행보에 많은 영향을 받은 셈이지요.

21세기는 유학이라는 패턴 역시 변하고 있는 것이 사실입니다. 보다 더 실질적인 전략으로 유학을 생각하는 사람들이 많다는 것이지요. 삶의 방편으로 말입니다. 성공적인 유학을 위해서는 자신부터 세상의 것으로부터 자유로워져 마음을 비워야 할 것이고, 자신의 공부 분야에는 확실한 전문가가 되어야 한다는 것이지요. 다른 사람들과 비교했을 시, 나만이 할 수 있는 어떤 전문적인 기술도 좋고, 영역도 좋다고 생각합니다. 한국에서도 유학생을 바라보는 관점이 많이 달라졌습니다. 유학하고 들어가면 좋은 자리 보장이라는 공식이 성립 안 되고 있습니다. 유학파든, 국내파든 능력 위주로 일을 하고 있다고 믿습니다. 또 그런 사회가 바람직한 모습 아닙니까?

저의 작은 경험이지만, 석사 마치고 설계사무실 취직하면 대부분이 캐드 작업부터 다시 시작합니다. 제가 일한 설계사무실의 한 디자이너는 필리핀 출신 학부 졸업생이었습니다. 스케치와 투시도, 랜더링을 기가 막히게 잘 합니다. 필리핀에서 데려오니 영어 문제도 없습니다. 미국 사람들과 비교했을 시(능력에 비하면) 고용비용이 저렴합니다. 25살에 수석 디자이너입니다. 놀랬습니다. 하지만, 설계사무실의 현실은 냉정합니다. 설계사무실 운영의 모든 것이 경제적 가치에 기준을 두고 있기 때문입니다. 제가 보기에 그 디자이너는 자기만의 확실한 것이 있었습니다. 아무도 짧은 시간 안에 그만큼 랜더링과 투시도를 그려내는 사람이 설계사무실에 한 명도 없기 때문입니다.

다른 한 친구는 대만 출신으로 미국 대학에서 유학을 하고 똑같은 사무실에 입사한 사원입니다. 직장 경험이 10년이 되었다고 합니다. 대만 건축사 자격증, 미국 건축사 자격증을 다 가지고 있습니다. 이 사람은 디자이너는 아닙니다. 프로젝트 매니저로 디자이너와 다른 길을 걷게 된 셈이지요. 대형 설계사무실이 다 그렇지만, 그는 프로젝트도 6,000만불 짜리를 대만에서 따오곤 합니다. 그가 미국 한곳의 설계사무실에서 10년 동안 살아 남은 비결은 무엇일까요? 국제적인 설계시장 상황, 두 나라의 자격증, 원만한 대인관계, 살아남기 위한 끊임없는 자기 개발 등. 그를 보며, 외국인으로서 미국에서 평생을 전문직업에 종사하며 시민권 따면서 살아남기란 너무나 힘들어 보였습니다. 살아남기 위한 자신의 능력 개발은 필수적이라 하겠습니다.

성공적인 유학생활을 하려면 문화충격 시기를 벗어나 미국문화를 알아 가는 단계 즉, 문화 적응기에 빨리 들어가 미국 문화에 익숙해져야 한다고 생각합니다. 유학 간 나라에서 적응하려면 하루라도 빨리 한국에서 길들여진 문화를 접고, 그 나라의 문화를 배우려고 노력해야 할 것입니다. 서구는 개인주의 문화입니다. 한국은 집단공동 문화입니다. 이 상이한 패러다임에서 발생하는 문제는 작게는 개인의 사생활 침해부터 크게는 외교 문제까지 비화될 가능성이 있습니다. 그래서, 서구 문화를 이해해야만 왜 그들이 이렇게 행동하는지의 배경을 알 수 있습니다. 한 예로, 한국 사람들은 남을 간섭하고 강요하고 개입하는 것을 너무 당연시 생각하고, 좋아하는 경향이 있습니다. 이것은 한국 문화의 특성 중 하나입니다. 개인의 특성이 수만년 이래로 내려온 집단공동체 문화에 영향을 받은 셈인 것입니다.

미국은 개인주의 문화입니다. 선후배 관계도 없으며, 나이에 의한 연령 문화도 없습니다. 교수와 학생간의 도제 관계나 스승과 제자라는 관계 역시 한국과는 상이합니다. 한국 사람들이 보면 너무 정이 없다고 합니다. 한편으로는, 이런 formal한 관계가 한국에서 선생님 챙기는 자질구레한 일에 신경을 쓰지 않는 면도 있습니다. 어느 나라 문화 건 다 일장일단이 있을 겁니다. 이러한 문화의 상이함을 말하기란 그 사례가 너무 많습니다만, 상이함을 잘못 오해해서 생기는 문제 또한 많습니다.

로마에 가면 로마의 법을 지켜라? 유학 가면 그곳 문화를 배우려고 노력하십시오. 그 나라의 문화를 배우려는 노력 없이 유학생활을 성공적으로 할 수 있다고 기대하지 마십시오. 어떤 이는 유학 가서 처음부터 다시 제대로 배운다고 합니다. 제가 보기엔 학문을 배우는 것이 아니라 살아가는 자세와 그 나라의 사고방식을 배운다는 것일 겁니다.

이러한 문화차이 극복을 하기란 오랜 시간이 요구되고, 다양한 미국 생활 경험이 필수적이라 하겠습니다. 물론, 책으로도 학습할 수 있습니다. 유학 나오기 전에 미국 문화와 사고방식을 공부하고 나오는 것도 유학생활을 하는 데 좋을 것 같습니다. 미리 학습하면 유학 와서 겪게 되는 문화 충격의 시간을 조금 줄이는 효과가 있을 것 같습니다. 한국에서 가졌던 체면 문화를 비롯해 다른 사람의 사생활을 침해하고 간섭하는 마음과 '사돈이 논을 사면 배 아픈' 그런 시기심도 버리고 오십시오. 한국 사람은 남에게 칭찬하는 문화에 익숙하지 않습니다. 칭찬할 때는 기꺼이 칭찬하고, 나무랄 때는 사사로운 '연'에 얽매여 꺼리기보다 그 사람을 위해 해 주는 것이 좋다고 봅니다. 그리고, 유학 가면 무언가 크게 변할 거라 생각하는(학문적으로, 지적으로, 인격적으로) 기대심을 반만 가지고 오시기 바라고, 동료 유학생에 대한 기대심 역시 반만 가지고 오시길 바랍니다.

편지 13 ; 늦은 것이 빠른 것이다.

by 이관용

유학은 빨리 끝내는 것이 중요한 것이 아니라 무엇을 얼마나 만들고 나가냐는 것이 중요합니다. 유학생 중에서도 박사 과정에 있는 사람들에게 실례되는 질문이, "언제 졸업하십니까?", "몇 년째 공부 중이십니까?", "졸업 후 계획은 무엇인지요?"라는 질문들입니다.

박사 과정이야 논문을 쓰니 시간이 마치 고무줄 같습니다. 1년이 5년이요, 5년이 1년 같습니다. 마음 먹으면 3년에도 끝낼 것 같다가 다시 보면 5년이 걸려도 못 끝날 것 같은 기분이 들

때가 많습니다. 그래서, 공부기간 산정은 하루하루 변덕이 너무 심하기도 합니다.

종종 마지막 디펜스만 남겨놓고 2~3년을 금세 보내버린 경우도 있으며, 학위를 마치지 못하고 학교를 떠나는 사람을 볼 때라면 마음이 영 씁쓸합니다. 그동안 수고한 노력과 시간을 마무리 못하고 도중하차할 때라면 그 마음이 얼마나 아프겠습니까? 특히, 외국인 신분으로서 당장 취직을 못하면 떠나야 하는 방랑객 아닌 방랑객인 유학생으로선 더욱 그렇습니다. 그러면서 항상 다짐합니다. “빨리 끝내야지.”

필자 역시 공부를 빨리 끝내고 취직해야겠다는 마음을 품고 박사 과정을 시작한지 3년째입니다. 하지만, 시간이 흐를수록 빨리 끝내는 시간이 중요한 것이 아니고 내가 얼마나 준비하고 무엇을 얼만큼 만들었느냐가 더 중요하다는 것을 느낍니다. 학위가 그냥 학위를 위한 학위 수여가 아니라, 내가 내 스스로를 돌아봤을 때 부끄럽지 않을 정도로 지적으로 성숙하고 자신감이 들어야 하지 않을까요? 이런 생각을 하면서도 너무 긴 시간을 보내지 않을까 하는 우려를 하기도 합니다.

인생은 우리가 의도하는 대로 이루어지지 않습니다. 내가 마음먹은 대로 모든 일이 술술 풀리면 그것처럼 좋은 일이 어디 있겠습니까? 넘어야 할 산이 갑자기 나타나고, 건너야 할 강도 있고, 태풍도 있고, 폭풍우도 우리를 맞이합니다. 이러기에 우리가 어떤 과정을 마무리하고 성취하는 순간의 기쁨이 더욱 크고 의미 있다 하겠습니다.

경제적으로 여유가 없다보면 내가 가야 할 길을 가지 못하고 돌아가는 순간도 생기거나, 시간이 더 필요한 상황도 생기게 마련입니다. 하지만, 인생은 일년 늦었다고 영원히 시간의 갭을 채우지 못하는 것은 아닙니다. 일년의 고생이 오히려 훗날 10년을 앞지르는 상황을 만들기도 하고, 오히려 전화위복이 될 수 있다는 것을 제 주위에서 목격하곤 합니다.

결국, 시간 싸움이 아니라 나 자신을 만드는 싸움이 인생 아니겠습니까? 혹, 나이 때문에 공부를 허겁지겁 서둘러 끝내고자 하는 사람은, 한 발짝 여유를 가지고 특정 시간 안에 공부를 끝내기 보다 사회에 나가기 위한 무기들을 더 날카롭고 섬세하고 꼼꼼하게 준비하는 시간을 갖기 바랍니다. 늦은 것이 오히려 더 빨리 간다는 조그맣고, 소중한 인생의 교훈을 우리는 오늘도 서로 배우고 있습니다.

천천히 가되 확실하게 만들어 가기를 바랍니다.

편지 14 : "학번이 어떻게 되십니까?"

by 이관용

"학번이 어떻게 되십니까?"

"아, 예(재수)해서 00학번입니다."

유학와서도 자주 듣는 질문과 대답입니다. 처음 만나게 되면 우리는 통성명과 함께 꼭 상대방의 나이를 묻곤 합니다. 나이를 묻지 않아도 외모로 대충 감을 잡지만, 가끔 외모에서 풍기는 것과 달리 나이가 너무 많다거나, 나이가 너무 작아 실례를 범하는 수가 있어, 꼭 나이를 짚고 넘어가는 것이 안전할지도 모릅니다. 한국에서 수 십 년 동안 익숙해져온 나이 문화는 유학 와서도 우리에게 여실히 존재하는 것이 당연한지도 모릅니다. 생각이나 관습 같은 시간의 문화축적물은 장소가 바뀌었다고 한순간에 변할 수 없기 때문입니다.

흔히, 문화 충격(컬쳐 쇼크)이라고 말하지만, 외국에서 오랜 산 사람들은 한국으로 다시 들어갈 때 또 한번의 역문화 충격을 체험한다고 합니다. 일정한 사이클을 그리면서 사람이 새로운 문화에 적응하고 익숙해지기 때문에, 외국에서 오랫동안 그쪽 문화에 적응하다 보면 나중에 자신의 본래 문화에 재충격을 받는다는 것입니다.

미국 문화를 보면 한국 사람의 시각으로 이해되지 않는 문화 충격도 많습니다. 나이 어린 20대 후반의 학생이 60 넘게 먹은 선생의 어깨를 두드리지 않나, 지도교수가(여자 분) 제자들을 자기 집 수영장에 수영복 입고 오라는 초대장을 보내지 않나(저에겐 아직 수영복 입고 여자 지도교수분과 같이 수영할 자신이 없습니다. 부끄럽고 왠지 어색하기 때문입니다), 나이 60이 다 되었는데 새롭게 공부를 시작하는 괴짜 학생이 있지 않나, 교수가 결혼을 네 번해도(이혼은 세 번 했겠죠) 그것은 개인 사생활이라고 관심이 없는 일(한국은 공직자윤리에 어긋나는 일인지도 모르겠습니다), 기타 미국 학교에서 벌어지는 문화 충격 같은 것이 많습니다.

제가 그동안 몇 년 되지 않은 유학생활로 비추어 보아 한국과 다른 것이 하나 있다면, 나이 문화(연령 문화)를 말할 수 있을 겁니다. 필자의 학생과 교수 관계를 통한 경험을 비춰보아도, 이들은 나이에 별 신경을 쓰지 않는 모습처럼 읽혀집니다.

철이 없는 것인지, 나이 값을 못하는 것인지, 아니면 너무 자유로운 것인지 알다가도 모르겠습니다. 나이의 많고 적음과 상관없이 이 사람들은 모두 철모르는 개구쟁이처럼 보일 때도 있습니다.

한국은 대학의 입학 학번이 중요합니다. 졸업해서도 학번으로 나이를 따집니다. 하지만 미국 아이들은 입학 학번이 없고 졸업 학번이 있습니다. 공부 마치는 기간이 너무나 길어서 그런지, 아니면 입학은 쉬운데 졸업이 힘들어서 탈락하는 학생이 많아서 그런지는 몰라도, 우리와는 정반대의 학번 개념을 가지고 있습니다. 어느 조사에 의하면 미국 아이들이 모 대학을 졸업하는 데 걸리는 평균 시간이 7년이라고 합니다. 도중에 휴학하고 다시 편입하고, 아니면 돈이 없어 학생 스스로 벌면서 다니는 경우라서 그런지 공부기간이 의외로 오래 걸립니다.

입학 학번은 없고 졸업 학번이 더 중요하기 때문에 미국엔 선후배라는 문화가 없습니다. 엄밀히 따지자면 선배 졸업생을 예우하는 일은 있지만, 그것은 오피셜한 예우이지 한국처럼 개인적인 관계로 만들어진 그런 선후배 관계는 없습니다. 우리가 흔히 생각하는 선후배는 입학 학번으로 서열을 따지며 학교 다니는 도중에도 항상 중요한 숫자입니다. 미국 아이들은 공부기간이 학생마다 천차만별이므로, 졸업 학번으로 입학 학번을 따지기란 거의 불가능합니다. 그래서, 이 아이들은 한국처럼 선후배간의 그런 '끈끈한 정'이나 사제간의 '보살핌과 개인적인 관계' 같은 한국인의 정서를 찾아보기란 어렵습니다.

문화의 단편적인 한 예를 가지고서 한국의 선후배 문화를 비하하는 것은 결코 아닙니다. 하지만, 우리가 생각해보아야 할 문제는 선배 말이기 때문에 나의 의지와 상관없이 따라야만 하는 것과, 후배이기 때문에 선배 말을 복종해야 한다고 생각하는 잘못된 선후배 관계들을 우리가 지적해야 할 것입니다. 일례로, 미국 스튜디오에는 한국에서 볼 수 있는 후배들의 도우미 같은 일은 없습니다. 모든 스튜디오 작업을 혼자 마무리하는 것이 보통입니다. 그래서, 시간 조절 못하는 유학생들은 마감 때 고생하기도 합니다. 그동안 혼자 작업한 경험이 없으므로 시간 관리에 익숙하지 못하기 때문입니다.

어떨 땐 냉정하고 오피셜한 분위기가 편할 때도 있습니다. 지도교수를 만나더라도 그 시간만 얼굴보고 오피셜하게 이야기하면 그것으로 끝입니다. 보수 없이 이것 저것 잔일시키는 일은 별로 없습니다. 하지만, 어떨 땐 은근히 교수의 보살핌과 관심을 기대하는 때도 있습니다. 이것 저것 챙겨주는 그런 맛을 기대하는 때도 있지만, 오랫동안 오피셜한 관계로 지내다보니 이제는 무덤덤 해지기도 했습니다. 두 개를 적절히 섞었더라면 좋았을 것 같다는 생각도 합니다. 피 속에 녹아있는 우리만의 문화가 때로는 그리울 때가 있기 때문입니다.

나이에 상관없이 이루어지는 미국의 나이 문화에 익숙해져 있음에도 불구하고, 같은 한국 사람끼리 만나면 꼭 나이를 물어봅니다. 그리고 그 나이의 많고 적음에 따라 우리의 행동도 달라지게 됩니다. 한국인의 문화가 그러한대 이것이 좋다, 나쁘다라고 딱 부러지게 설명하기는 어려운 것 같습니다. 각 문화마다 일장일단이 있기 때문에 한 문화로 상대방 문화를 함부로 제단하는 것이 쉬운 일은 아니기 때문입니다. 하지만, 나이가 많기 때문에 나이가 적은 사람으로부터 대접을 받아야 하고, 통솔해야 하고, 경어를 꼭 써야 하는 일, 심지어는 후배들에게 이런저런 일을 강요하는 일, 나이 30이 넘은 사람들에게 이래라, 저래라 하는 것을 어떻게 생각하십니까?

친구는 나이에 상관없이 이루어질 수 있습니다. 나이를 의식하면 오히려 서로가 더 어색해지는 경우가 많습니다. 어쩌면 서로 나이를 묻지 않고 만나는 것이 더 편할지도 모릅니다. 같이 나이 먹어 가는 처지에 어느 누가 나이가 많고 적은 것이 그 사람의 됨됨이나 인격의 정도와는 별 차이가 없기 때문입니다. 문화 차이와 상관없이 나이 대접을 꼭 받고 싶거든 그 나이에 걸맞는 됨됨이를 보여야 할 것입니다. 나이에 상관없이 우리가 인정할 것은 인정하자는 이야기입니다. 그리고, 나이를 의식하지 말고 사람을 만나자는 이야기입니다. 후배한테 기꺼이 양보하며 배울 수 있고, 선배한테 할 소리는 하며, 기꺼이 가르쳐줄 수 있는 격의 없는 그런 문화는 어떨까요? 우리도 사람인지라 나이를 의식하면 기분은 썩 좋지 않을 것 같지만, 그것을 뛰어 넘는 사람이 더 큰 사람 아닐까요?

나이 문화를 권력이니, 서열이니, 권위이니 하는 용어로 이야기하고 싶지 않습니다. 중요한 것은 내가 나이가 많다는 한 가지 이유 때문에 무언가를 기대하고, 기대를 받고, 또 무언가 달라야 한다는 생각에 대해 우리가 다시 한번 의문을 가져보자는 것입니다. 우리가 흔히 듣는 “나이 값 좀 해라”, 또는 “나이도 어린 놈이”라는 말을 생각해 보자는 것입니다. 이런 표현이 오늘을 살아가는 지금, 과연 적절한 표현인지, 아니면 잘못된 표현인지를 묻고 싶습니다.

편지 15 : 삶의 최전방에서 싸우는 유학생의 현실

by 이관용

5월입니다. 미국의 주요 대학은 이미 기나긴 여름방학에 들어갔습니다. 8월 중순까지 이어지는 여름방학은 참 지겹기도 합니다. 자신을 다스릴 능력이 없다면, 이 기나긴 시간이 참으로 의미 없는 허무한 시간으로 전락되기도 합니다. 의미 없는 여름방학이 두렵습니다.

특히, 유학 나와 있는 사람들에겐 여름방학이 자신을 일대 변혁시킬 수 있는 절호의 찬스이기도 합니다만, 항상 자신 스스로 결정하고 일을 만들어 가는 자율적인 유학생활은 시간을 잘 쓰기가 참 어렵습니다. 지도교수도 방학에 들어가고, 학교에서도 선배가 공부를 시키지도 않는 유학생활은 모든 것을 스스로 결정하고 추진해나가는 단점 아닌 단점이 있는 것도 사실입니다.

자율적인 인간이 되기 어려운 처지라, 때로는 한국의 혹독한 교수님들의 억지 학습법이 생각나기도 합니다. 미국은 지도교수가 일일이 학생을 챙겨주는 스타일이 아니기에 학생들은 무한정한 여름방학을 의미 없이 보내기 일쑤입니다.

5월 10일에는 이곳 대학 졸업식이 있었습니다. 수많은 석·박사 배출의 현장, 졸업식을 보며 '참 세상은 끝없는 경쟁의 연속이고, 처절한 삶의 투쟁이다'라는 생각이 들었습니다. 올해

2002년은 미국 최악의 실업률을 기록하는 최악의 경기라서, 학교를 졸업하고 사회로 나가는 유학생들의 취업 전쟁은 너무나 처절할 것입니다.

이민법에 묶여 자유롭지 못한 유학생의 처지야말로 살얼음을 걷는 긴장의 연속이요, 일초 일초를 다투는 삶의 최전방입니다. 학교 생활이 끝나는 그 시점부터 미국에서의 서바이벌 게임이 시작되기 때문이지요.

이 싸움에 어느 누구도 자신을 도와줄 사람은 없습니다. 모든 것을 스스로 해결해나가는 유학생의 처지는 너무나 안타깝기도 하고, 씁쓸하기도 합니다. 유학에서 중요한 것은 일찍 졸업하는 것이 문제가 아니고, 얼마나 유학 후의 시기를 준비하고 사회에 적응할 자신의 무기를 잘 다듬었느냐 입니다. 이에 따라 서로의 희비가 엇갈리는 것이 이곳 유학의 현실입니다. 결코 유학은 낭만이 아니오, 삶의 즐김도 아닙니다. 유학 그 자체가 삶의 투쟁인 것이지요. 더군다나 무한경쟁의 21세기를 살아가는 우리의 현실에서는 살벌한 오늘의 모습이 더욱더 실감나게 다가옵니다.

여름방학! 많은 것을 얻고, 또 사회에 나가기 위한 자신의 무기를 만들어 나가기를 제 자신을 비롯해 이 글을 읽는 사람들과 같이 준비합시다. 하루하루를 스스로 반성해 보고, 의미 있는 하루가 되기를 약속해 봅니다. 오늘의 하루가 내일의 삶을 만들어 갑니다.

편지 16 : 21세기의 유학은 만병통치약인가?

by 이관용

2001년 새 학기가 시작되는 8월입니다. 올해도 수많은 유학생의 물결이 인천 공항을 찾고 있을 겁니다. 미국 대학의 유학생 수로 한국이 네 번째 손가락에 들 정도로 많은 유학생이 미국으로 매년 몰려오고 있다. 필자도 유학생이지만, 21세기 유학 형국은 20세기의 상황과 사뭇 다를 것입니다.

유학의 동기가 어찌되었건 간에, 미국의 세계경제지배 상황과 21세기의 유학 상황은 매우 밀접하다 하겠습니다. 미국이라는 나라가 이민으로 세워진 나라이고, 아직도 세계적으로 이방인들에게 문호가 열려 있는 나라라는 것을 안다면, 유학 역시 미국의 이민정책의 한 방편으로 이해됩니다.

21세기 미국의 상황은 그 전망이 밝다는 미래학자들이 많습니다. 최소 21세기 중반까지 미국의 경제상황은 세계를 좌지우지 할 수 있을 것이며, 이민이라는 이방인 흡수정책으로 말미암아 젊은 노동자층의 인구 수혈은 미국의 경제력을 뒷받침할 수 있는 가장 좋은 조건이라고 합니다.

이미 유럽과 아시아에서 발생하는 경제 후퇴현상은 젊은 노동인구 감소와 그에 따른 생산성 감소로 인한 경제 후퇴를 우리는 지켜보고 있습니다. 일본의 경우 역시, 사회가 고령화로 접어듦에 따라 경제성장률 마이너스 하강곡선을 그리고 있지 않은가요?

“건축유학은 과연 만병통치약이 될 수 있을 것인가?”에 대한 답을 말하면 “아니올시다” 입니다. 유학생의 꿈은 유학 가서 머리도 채우고, 취직도 잘하고, 더 나아가 세계 건축가로 꿈을 키우고, 세계 건축가가 못 되더라도 한국에 들어가면 보장되는 직장을 꿈꾸고 올 것입니다.

이런 측면, 즉 지적, 경제, 자아 충족이라는 세 가지 측면에서의 유학은 결코 만병통치약이 될 수 없습니다. 이런 현상은 21세기에는 더욱 거세지리라 생각됩니다. 필자가 언급한 세 가지 욕구 사항 중에 한 가지만 성취되어도 대성공일 것입니다. 하지만, 오늘의 유학생은 그 세 가지 중에 하나도 성취 못하고, 일상 속으로 빠져 하루하루를 경제적 동물로 전락하는 경우가 많아졌습니다.

꿈이란 세상을 오래 살아갈수록 더욱 희미해지는 것은 왜일까요? 젊은 시절의 꿈은 나이가 먹고, 가정을 이루고, 사회라는 테두리 속에서 경쟁이라는 굴레를 벗어나지 못하고 살아야만 하는 사회적 동물인 우리가, 예전에 꾸었던 꿈을 성취하기란 참 힘들게 변해버립니다. 아니, 불가능한지도 모릅니다.

유학의 꿈을 꾸고 고국을 떠나게 될 유학생들이여, 그대들은 무엇을 얻고자 유학을 가는 것입니까? 무엇을 이루고자 이국만리 먼 여행을 떠나는 것입니까? 그 꿈이 어떤 것이건 간에 꼭 이루시길 바랍니다.

지식의 흡수, 경제적 성취, 그리고 자아실현이라는 세 가지 요인 중에서 유학생 여러분 가슴속에 품은 꿈은 무엇입니까? 단순한 지식의 흡수만 해도 안될 것이며, 단순한 직장 취직용으로 유학을 온 것도 그리 좋아 보이지 않습니다. 이 모든 것이 자아실현이라는 형이상학적, 정신적인 성취로 귀결될 것이지만, 그 또한 이루기는 어렵습니다.

21세기의 유학, 만병통치약이 절대 아니며, 그렇게 생각하고 유학을 떠나서도 안될 것입니다. 만병통치약이라기 보다는 진통제나 보약 정도 수준일까요? 유학이라는 약을 어떻게 조제하고 처방하느냐에 따라 보약이 되거나, 독약이 될 것입니다.

편지 17 ; 설계실에서 그렸던 그림들

by 이관용

어느 겨울날, 학교 설계실 한구석 제도판 밑에 넓게 깔아놓은 침상 아닌 침상에서 난로 하나 의지한 채 숱한 밤을 새우던 날들이 기억납니다. 창 밖으로는 찬바람이 매섭게 불었지만, 나의 가슴속에 있는 따뜻한 꿈 하나로 모두 이겨낼 수 있었습니다. 배고플 때면 컵라면 하나 끓여먹고, 다시 제도판 앞에 앉아 다음날 있을 설계 시간을 위해 머리가 아프도록 고민하고, 손마디가 빼근하도록 스케치하고, 눈이 아프도록 잠을 설치며 모델 만들던 그 소중한 시간들이 기억납니다. 그 시절을 기억하노라면, 나의 가슴은 다시 뜨거워지곤 합니다.

많은 시간과 일상들이 흘러갔습니다. 미국의 어느 한구석, 컴퓨터 앞에 앉아 있는 나의 모습은 대학시절에 그렸던 막연한 미래의 내 그림과는 딴판인 것처럼 보여질 때가 많습니다. 점점 그 아득한 시절에 꿈꾸던 것들이 하나 둘 사라지는 아쉬움과 두려움이 나를 슬프게 합니다. 언제 이 고민이 끝날지는 모릅니다. 오히려, 고민의 시간이 행복한 순간일 수도 있으려니 하는 위로를 해봅니다.

시간이 흐를수록 우리가 꿈꾸었던 소중한 것들이 사라져갑니다. 이런저런 이유로 예전에 꿈꾸던 그림들이 희미해지고, 새 그림으로 다시 그려지기도 합니다. 비록, 내가 꿈꾸던 그 그림이 아닐지라도 젊었을 때 그렸던 그 그림을 고이 간직하시고, 그림이 아닌 실제로 이루시길 바랍니다. 그림을 실제로 만들기가 어렵듯이, 행복한 사람은 소수일 것입니다. 다수는 소수를 보면서 대리만족을 하곤 합니다. 다수가 되기보다는 소수가 되십시오.

편지 18 ; 이력서

by 이관용

이제껏 살아 온 여러분의 이력서를 한번 써 보십시오.

삶의 이력서도 좋고, 세상 속의 현실적인 이력서도 좋습니다. 몇 줄이 될지는 모릅니다. 하지만, 나를 돌아볼 수 있는 방법 중에 하나인 이력서 쓰기는 지나간 과거를 돌아보고, 아직 채워지지 않은 미래의 빈칸을 위해 준비할 수 있는 시간이 되리라 믿습니다. 이력서에는 쓰지 못하지만 가슴속에 담고 있는 여러 이야기가 있습니다. 하지만, 세상 속에 내놓을 이력서엔 무엇을 쓸수 있을까요? 그리고, 나를 모르는 사람에게 어떻게 나의 존재를 보여줄 수 있을까요? 이력서라는 종이 하나가 당신의 인생을 결정하는 순간들이 있을 겁니다. 어쩌면, 이력서를 채우기 위해 세상 속에서 경쟁하고, 싸우고, 노력하고, 땀흘리는지도 모릅니다.

세상은 나를 그냥 쉬게 나두지 않습니다. 경쟁 속에 지치면

낙오자라는 이름으로 세상은 나를 바라볼 것입니다. 삶은 경쟁의 끝없는 순간들입니다. 그리고, 이력서는 자신을 드러내는 객관적인 사실들의 모음일 것입니다.

이제 대학에 들어간 신입생들, 앞으로 채워갈 이력서란은 하얗게 당신을 기다리고 있습니다. 많이 채워 가는 사람도 있을 것이며, 단 한 줄이지만 깊은 의미가 담겨 있는 인생의 여력을 남길 수도 있을 겁니다. 유학을 준비하는 사람들 역시 지나간 삶의 여정을 돌아보면, 많은 상념과 후회와 또 희망이 샘솟을 것입니다. 후회되지 않은 삶의 여력을 남기시기 바랍니다.

편지 19 : 그릇 빚기

by 이관용

오늘 하루가 힘들지라도 참고 이겨내십시오. 젊음은 가장 소중한 재산이니 무엇이 힘들겠습니까? 젊은 시절의 정열은 인생의 가장 빛나는 순간이지요. 그리고, 그 어떤 것도 다 태워버릴 불꽃을 가지고 있지요.

사람은 망각의 동물입니다. 그래서, 예전의 어려웠던 순간들도 다 잊어버리고 때로는 아름다운 추억으로 생각하지요. 만약, 기억하기 싫은 당신의 아픔에 그리움을 느낀다면, 오늘 하루와 내일의 아침은 더 아름다울 것 같습니다.

삶은 항상 아름답고 청명하지는 않습니다만, 그것을 어떻게 받아들이느냐에 따라 나의 삶은 행복하기도 하고, 슬프기도 하셨지요. 가을 잎이 떨어지는 그 순간에도 봄을 기다리는 희망의 설레임을 가지듯이, 항상 좋은 마음을 간직하시고 내일 아침을 맞이하십시오.

당신의 그릇은 지금 얼마나 큽니까? 물 한 사발 정도를 담을 만합니까? 아니면, 태평양도 당신의 가슴에 품을 만합니까? 당신의 그릇을 빚어보십시오. 아름답고, 맑고, 옥소리 나는 큰그릇을 말입니다. 그리고, 세상의 모든 것을 그 그릇 속에 다 담아버리십시오. 추한 것도, 더러운 것도, 노여움도, 분노도, 슬픔도, 모두 다 담아서 아름다운 진주로 만들어 버리십시오. 그리고 다음날 아침, 햇볕이 따스하게 내리 쪼일 때면, 그냥 웃어버리십시오. 예전엔 그랬었노라고.

끝나지 않은 유학생활

젊음은 운명을 결정짓는 위대한 불꽃이다.

건축 유학을 꿈꾸는 사람들에게 제 글쓰기가 조금이나마 도움이 되었다면, 저는 제 목적을 달성하지 않았나 싶습니다. 유학을 꿈꾸는 모든 이에게 승리가 있기를 기원하겠습니다.

지난 99년 12월 4일에 석사 학위 수여식이 있었습니다. 그 순간을 위해서 지난 3년 동안 여기까지 달려온 것을 뒤돌아 볼 때에, 그동안 고생한 여러 순간들과 많은 것이 떠오르기도 하고, 또 앞으로 펼쳐질 미래가 궁금하기도 하였습니다.

삶은 항상 미래가 있기에 그 가치가 더 발하지 않을까요? 모든 것이 톱니바퀴처럼 돌아가야 하기에, 과거의 일은 항상 성공한 미래 속에서만 좋은 추억으로 남습니다. 석사 학위를 받는 그 순간이 있기에 유학의 마무리를 갖게 되고, 또 새로운 항해의 길로 가겠지요. 그래서 이 글은 지난 유학생활을 돌아보면서 제가 느꼈던 것들이나 또 충고의 조언을 몇 마디 할까 합니다.

먼저, 유학의 목적이 미국에서의 취업(就業)이라면 대도시로 가는 것을 권하고 싶습니다. 학교의 랭킹과 상관없이 미국의 주요 대도시로 가면 졸업 후 취업하는 데 있어서 다른 소도시로 가는 것보다 훨씬 유리하며, 학업과 아르바이트 일을 겸용할 수 있어서 좋습니다.

미국의 주요 건축대학원을 보면 뉴욕과 보스톤을 중심으로 한 동부 도시와 로스앤젤레스를 중심으로 한 서부, 그리고 시카코에 있는 대학들, 그 외에는 대부분의 대학이 시골에 있거나 소도시에 있어서, 취업하거나 공부하는데 미국의 주요 건축 흐름에서 소외된 느낌을 갖게 됩니다. 시골에 있는 학교일수록 세계 건축 흐름을 잡는데 있어서 다소 어렵다고 볼 수 있습니다. 전통적인 건축교육을 하고 있는 것이 보통이며, 시대의 흐름과는 동떨어져 있는 대학들도 있습니다.

필자랑 같이 졸업한 친구들이 취업 인터뷰를 다니느라 미국 여기저기를 다니는 것을 보고 새삼 한국의 취업 전쟁을 연상하였는데, 어스틴에서 샌프란시스코까지, 그것도 자기 경비로 비행기표를 구입하노라면 그 경비 또한 무시 못할 정도로 많습니다.

인터뷰를 갖다 왔다고 해서 취업 보장이 되는 것은 결코 아닙니다. 으레, 미국 회사에서 취업 인터뷰 때 회사에서 당신을 고용하려고 하면 바로 그 자리에서 오퍼(Offer)를 주게 되지만, 회사 마음에 들지 않을 경우에는 몇 일 후에 연락을 준다고 얼버무리게 됩니다. 문화 차이에서 오는 것 중에 하나가 미국 사람들은 시원시원한 답을 주지 않는다는 것입니다. 시간을 질질 끈다던가, 대충 얼버무리기가 일쑤입니다. 그럴 경우엔 과감하게 더 이상의 답을 기대하지 않는 것이 좋습니다.

문화 차이에서 느끼는 것 중에 또 하나가 교수와 학생의 관계입니다. 수업시간에 나이 어린 학생이 70세가 다 되는 교수 이름을 그냥 부르고, 학생이 교수 어깨를 두드리기도 하고, 같이 술자리를 하면 각자 계산하는 것들을 비롯해서 다양한 부분에서 문화 쇼크를 받게 됩니다. 한국처럼 교수가 학생을 챙겨주거나 보살펴(?)주는 것은 기대하지 않는 것이 좋습니다. 학생 앞에서 "Wonderful, Beautiful, Great Work, Good Job" 등의 감탄사를 연발하면서 칭찬을 하지만, 그 말을 그대로 믿어서는 안 됩니다. 그것은 으레 하는 인사말이라고 생각하면 됩니다. 그러한 칭찬과 성적은 비례하지 않는다는 것을 말해주고 싶습니다. 그냥 미국 문화이거니, 하고 생각하면 됩니다.

교수들과 인간적으로 친해 두면 많은 부분에서 도움을 얻을 수가 있습니다. 예를 들어, 장학금 받을 때 교수가 적극적인 추천을 해 주거나 선정을 해줄 수 있고, 좋은 스튜디오를 들어가게 해 준다든지, 졸업 시 교수가 일자리를 구해 준다든지, 좋은 사무실로 추천장을 써준다든지 등의 도움을 받을 수가 있습니다.

미국 사무실에서 경험을 하고, 학교 생활에서도 느낀 것들 중에 하나는 한국 학생들의 사교성에 관한 것입니다. 교수, 학교 친구, 직장 상사와 동료들 사이에서의 사회성(Socializing) 문제인데, 한국 사람이 다른 나라 출신 사람들보다 사교성이 약하다는 것을 느끼게 되었고, 물론 저 또한 마찬가지라고 고백을 할 수밖에 없습니다. 유학에서 영어와 사교성만 배우고 가도 성공적인 유학이라 할 수 있겠습니다.

한국 학생이 많은 학과를 보면 하루종일 영어 한 마디 안 쓰고 하루를 보내는 날도 있습니다. 항상 한국 학생끼리 어울려 다니고, 영어보다 한국말을 더 많이 사용하는 경우를 유학 오면 흔히 볼 수 있습니다. 오히려, 한국 학생이 적은 곳에서 유학하는 것이 더 나을지 모릅니다. 한국 학생끼리도 사교적이어야 하겠지만, 미국 학생들로부터 왕따 당하는 일은 없어야 하겠습니다.

취업 후 설계사무실에서도 그렇습니다. 한국에서 해왔던 자세-예를 들면, 상사에게 하고 싶은 말을 꾹 참고 있거나, 자신이 가지고 있는 의견을 그냥 참고 있는 경우, 말이 적고 상사가 그냥 시키는 대로하는 '예스맨' 같은 경우 등-로 일을 똑같이 한다면 미국에서 살아남기 어렵습니다.

특히, 직장 상사와의 관계를 원만하게 유지하면서 회사생활을 적극적으로 참여해야 살아남습니다. 또한 자기가 한 업무나 자신의 특기 사항을 직장 상사한테 자랑하는 것은 해로운 것이 아니라 오히려 도움이 됩니다. 약간의 쇼맨십이 필요하죠.

당신이 유학을 가게 되면 한국의 대변자 역할을 하게 된다는 것을 잊지 말기 바랍니다. 그것이 스튜디오이건 문화이건, 학업 성취도이건 당신 한 사람을 통해서 한국 학생의 잣대를 갖게 된다는 것입니다. 당신 한 사람이 학교에서 어떻게 하느냐에 따라 한국 학생의 이미지가 굳어지며, 다음 학기에 한국 학생을 얼마나 뽑느냐 마느냐를 결정하기까지 합니다. 한 국가의 위신이 당신 어깨 위에 있다고 생각한다면 좋은 유학생활을 하리라고 확신하는 바입니다.

이에 덧붙여, 한국 문화를 알릴 수 있는 멋있는 책이나 사진들을 가져오면, 우리 것을 알리는 데 많은 도움이 됩니다. 필자는 한국에서 찍은 한국 전통건축 슬라이드를 가져와서 수업시간에 슬라이드 쇼를 한 적이 있었는데, 그때 느낀 것은 한 사람을 통해서 그 나라 문화를 인식하고 느끼는 것이 얼마나 중요한가를 알게 되었습니다. 학교 교수들이나 미국 친구들에게 보여 줄 멋진 한국 책 몇 권을 가져오는 것도 좋겠군요. 영어로 되어 있는 책이면 외국인들을 이해시키는 데 더욱 좋겠습니다.

유학 와서 미국 친구 하나쯤은 만들어 두세요. 미국 문화를 아는 데 많은 도움이 되며, 학교생활 중에 페이퍼 쓸 때도 영어 작문 선생님 역할을 하기 때문입니다. 가끔은 한국 친구에게 말못할 고민거리도 상담할 수 있습니다.

마지막으로, 미국에 아니, 유학을 하러 세계 어디에 가든지 그곳 문화에 철저히 동화되도록 노력하되, 당신은 한국인이라는 것을 잊지 말기를 바랍니다.

유학 수기

사람의 위대함은 그의 머리, 즉 지성에 달려 있는 것이 아니라 그의 혼에 달려 있다.
- 간디 -

1999년 11월 20일에 유학 수기 현상 공모가 있었습니다. 박정 어학원 창립 5주년 기념 행사와 박정 어학원 출판사 기념으로 주최한 유학 수기 공모전에 필자가 응모하여 우수상을 입상하였습니다. 미국 유학생활은 한국에서 으레 생각하기 쉬운 호화롭거나, 마치 환상의 나라에서 유학하는 것으로 생각하기 쉬운데, 만약 당신이 그렇게 생각하고 있다면 그것은 큰 오산입니다.

미국의 어느 곳은 한국의 시골보다 더 좋지 않은 열악한 생활환경을 가지고 있는 곳도 있고, 미국 영화에서 보는 것처럼 정말로 아름다운 곳도 있습니다. 그러나 이러한 곳에서 유학하기란 그저 꿈이란 것을 유학 오게되면 알 것입니다.

유학은 낭만이 아닙니다. 미국에서의 유학생활은 그저 평범한 삶 자체의 연장이라고 필자는 생각합니다. 특별한 것이 아닙니다. 아래 내용은 필자의 유학 수기 입상작의 내용입니다. 독자의 이해를 돕기 위해 유학 수기 공모전의 내용을 설명하자면, 미국에서 유학을 하고 있거나 이미 유학을 마친 사람들이 유학 준비단계부터 유학 성공기까지의 성공 체험기를 원고지 100매 이내의 분량으로 쓰는 것이었습니다.

저는 아직도 유학 진행 중에 있습니다. 유학을 가는 데 성공을 했지만, 저의 삶 자체가 성공하였다고는 볼 수 없겠지요.

■ 수기 제목 : 나의 참된 자아(自我)를 찾아서

"급성맹장염입니다. 당장 수술해야 되겠습니다. 어떻게 하시겠습니까?"

미국 의사가 내 몸을 진단하고 나서 그렇게 말하였다. 수술이라니, 수술이라면 수술비가 엄청날 텐데 나는 보험도 없지 않은가? 어떻게 해야 한단 말인가? 왜 하필이면 미국에서 맹장이 문제란 말인가? 많은 생각들이 내 머리를 뒤흔들기 시작했다. 순간 수술보다도 돈 문제를 먼저 걱정하는 나를 보고, 산다는 것이 서글퍼지기도 했다. 학교 등록도 하지 않은 상태에서 수술이란 나에겐 엄청난 일이었고, 오전 10시에 해야 할 수술이 내가 결정을 못해서 그날 오후 5시까지 지연되었었다. 하지만 나로서는 선택의 여지가 없었다.

'병원비야 많이 나와봤자 6,000불(약 600만원) 정도겠지. 그 정도면 목숨 구하는 셈치고 해도 되겠다'라는 생각으로 수술동의서에 사인을 하였다. 통증도 만만치 않았다. 병원 오기 전 며칠을 먹지도 못하고 설사만 해 온 처지라, 한시라도 빨리 수술을 받고 싶은 심정이었다. 일단, 사람부터 살고 보는 것이 일의 순서임에는 틀림이 없었다.

고난과 역경은 사람을 부유하게 하지는 않으나 지혜롭게 한다고 풀러는 말하지 않았던가? 한밤중에 병원 응급실로 향하는 나의 마음은 앞으로 펼쳐질 일들에 두려움이 가득 차 있었다. 유학생활의 시작이자 미국에서의 첫 학기인 1997년 봄 학기 개강을 1주일 남겨놓은 시점이었다.

몸이 아픈 시기도 적절치 아니하였고 내가 더욱 걱정한 것은 바로 미국에서의 병원비 문제였다. 한국과는 상상할 수 없을 정도로 비싼 의료비 때문에, 어쩌면 미국 대학의 문턱을 밟기도 전에 다시 한국으로 돌아가야 할지도 모른다는 생각이 내 뇌리를 스쳐지나 갔다. 하지만 우선 몸이 살아야 되지 않겠는가? 실로 건강이 무엇보다도 중요하다라는 평범한 진리를 값비싸게 치르고 있었다.

밤이면 제법 쌀쌀한 텍사스의 겨울 날씨였다. 응급실에 도착한 나는 간단한 진단을 받기 시작했고, 담당 의사가 올 때까지 응급실 침대에서 그날 밤을 보내야 했다. '별 이상은 없을 거야. 아니 있어서도 안되지. 어떻게 해서 여기까지 왔는데?'

내 과거를 돌이켜 본다면 이제껏 병원 신세를 진 적이 없는 나에게, 그것도 보호자 하나 없는 미국 땅에서 5일간의 병원 신세는 큰 충격이었고 값진 인생 경험이었다. 이것은 내 유학생활의 고난과 역경의 전주곡이었던가? 마치, 한편의 잘 짜여진 영화 대본과 오페라의 서곡처럼 그렇게 유학생활이 시작되고 있었다.

미국에 도착한 후 수술이 끝날 때까지 시골에 계신 부모님에게 전화도 못한 처지였다. 수술 전이면 얼마나 염려가 크시겠는가? 그래서, 수술이 끝나고 수신자 부담으로 전화를 걸어 어머님의 목소리를 듣고 나는 그저 울 수밖에 없었다. 타국에서의 서러움과 짧은 시간에 일어난 일들에 그저 흐느낄 수밖에 없는 나의 모습은 약하고 힘없는 한 인간의 모습이었으리라. 흐느끼는 병실 창 밖으로는 무심하게도 하얀 눈발이 휘날리고 있었다.

"텍사스에도 눈이 내리는 구나."

▪ 내 영혼의 작은 불씨

참으로 부끄럽다. 내 자신에 대한 반성과 지난날에 대한 나의 불성실함을 되돌아 볼 적에, 나에게 있어서 유학 수기는 교만이요, 그저 지극히 평범한 한 유학생의 일상일 뿐이다. 나는 수기를 쓸 만큼 그리 오래 살지도 않았으며, 사회에서 흔히 말하는 성공한 사람도 아니다. 소위, 미국의 손꼽히는 명문대에서 공부를 하는 것은 더욱 아니다. 나의 유학생활은 현재 진행형이며, 위대한 야망을 품고 꿋꿋이 전진하고 있는 한 젊은이의 이야기일 뿐이다.

나는 이 글로 유학을 꿈꾸는 이 시대의 젊은이들에게 고난과 역경을 이겨내고, 헤쳐나갈 수 있는 용기와 지혜를 조금이나마 전해 주고 싶은 마음뿐이다.

우물 안 개구리가 어찌 세상 밖의 삶을 알겠느뇨? 그 작은 우물을 벗어나 참으로 넓고 넓은 큰 바다에서 세계의 젊은이들과 어깨를 당당히 할 때에, 바로 우리의 미래와 조국의 앞날은 밝을 것이라고 나는 믿는 바이다.

정열은 아름다운 것이며 젊은이들에게 잘 어울린다고 헤르만 헷세가 말했듯이, 젊음을 불사를 참다운 의미를 찾고자 태평양 바다를 건넌 것이 바로 엊그제 일인 것처럼 느껴진다.

유학이라는 야망을 품고 김포공항 출국심사를 받을 때에 나의 마음은 내가 살아온 어느 때보다도 비장하기 그지없었다. 까까머리로 신병훈련소에 입대하는 심정보다 더 굳은 각오로 나는 대한항공 비행기에 몸을 실었다.

내가 꿈꾸어 왔던 일들을 직접 실행에 옮길 때에 세상 어떤 그 누구보다도 행복하고 후회도 없으리라. 과감한 용기와 모험심은 내 젊은 시절의 마지막 불꽃같았으며, 아직도 작은 불씨가 내 마음속에 살아 숨쉬고 있으리라 믿는다. 젊음은 바로 불꽃이다. 그 불꽃은 원대한 야망을 일으키고 운명을 결정짓는 위대한 힘이다.

겨울철에 미국으로 여행을 한다면 시카고 공항으로 경유하지 않는 것이 좋다. 미국의 북쪽에 있는 일명 '바람 부는 도시'인 시카고는 겨울철이면 추운 날씨 관계로 많은 눈이 내려 비행기 연착이 잦은 곳이다.

아틀란타가 목적지인 대한항공 비행기를 타고 시카고에 내려 어스틴(Austin, Texas)으로 가는 비행기를 갈아타야 하는 나는, 시카고 공항의 비행기 시간 안내판에 정규 시간보다 3시간 연기(Delay)라는 것을 보고 그나마 안도의 한숨을 내쉴 수 있었다. 왜냐하면, 대부분의 비행기가 취소되거나 아예 출항 시간을 말해 주고 있지 않아서였다.

어스틴, 텍사스 주의 주도이며 유명한 텍사스 주립 대학(The University of Texas Austin)이 있는 곳. 나의 첫 미국 여행의 목적지로 가기 위하여 나는 시카고에서 밤 9시에 떠나는 비행기를 기다리고 있었다. 그저 막막할 뿐이었다. 하지만 내

가슴속에 울리는 작은 소리, '인간은 모험을 통해서만 스스로에 대해 깨닫고 발견할 수 있다'는 앙드레 지드의 말은 나를 모험의 바다로 이끌게 하였다.

어학연수가 한국에 한창 바람 불었던 1996년 1월, 나는 어학연수를 위해 2년여의 직장생활을 때려치우고 무작정 미국으로 날아갔다. 유학이라는 것을 마음에 한번 품으면 언젠가는 그 꿈을 이루어야 직성이 풀리는 것이 인간의 기본 심성이던가. 대학 졸업 후 한솔 공채 3기로 입사하여 2년여를 보낸 내가 결국 그 꿈을 이루고자 한창 고속 성장하고 있는 직장을 과감하게 그만둔 것은 모험이 아니고 무엇이겠는가?

"이 관용 씨 왜 직장을 그만 둡니까? 왜 쉬운 길을 놔두고 어려운 길을 선택합니까?"

사직서를 들고 갔을 때 회사 부장님께서 한 말이었다. 그 충고의 말을 뒤로하고 회사 문을 나오는 나는 마치 따뜻한 온실을 뛰쳐나와 험한 세상으로 첫 발을 내딛는 기분이었다. 2년여의 직장생활로 오는 생활의 단순함과 무료함들. 생활에 안주할 수도 있는 달콤한 유혹을 뿌리치고 무언가 일을 저질러야 될 것 같은 마음은 아마 내 삶 속에 숨쉬고 있는 내 영혼의 작은 불씨였으리라.

세상은 항상 최고만을 축하해 줄뿐이다. 미래에 대한 포부와 내 영혼의 위대한 의지는 나를 가만 놔두지 않았다. 저 높은 삶의 계단을 오르기 위해 나는 이제서야 한 계단 올라가기 시작하였고, 그 첫 계단이 바로 미국의 어스틴이었다.

어스틴은 미국에서도 교육도시로 잘 알려져 있고, 한국에서는 유학을 준비하는 사람들에게 매력적인 유학 장소로 유명한 곳이기도 하다. 텍사스 주립 대학이 바로 그곳에 있으며, 건축을 전공한 나에게는 미국 건축대학원 랭킹 9위라는 수치가 매력을 끌기도 하였지만, 미국에서 학비가 저렴한 곳 중에 하나라는 것이 가장 큰 유학 결심의 동기였다.

직장생활로 저축한 천만 원과 서울에서 전세방 얻으라며 시골에서 올려 보낸 오백만원, 천 오백만 원이 나의 유학 밑천이었다. 30여 년의 공직생활로 은퇴하신 아버님의 연금생활. 내가 만약 유학을 간다면, 부끄럽게도 부모님의 경제적 지원을 받아야 했다. 솔잎은 솔잎을 먹고살아야 한다고 했듯이, 나는 솔잎을 먹고살아야 했다. 하지만 그 솔잎이 더 이상 나에게 위로와 안식이 되지 못했다.

"유학은 무슨 유학이냐? 다니는 직장 잘 다니면서 결혼하고 잘 살면 되지."

아직도 부모님의 말씀이 내 귀에 생생하게 들리는 듯하다. 그 솔잎을 뿌리치기란 뼈아픈 인내와 고난을 이겨내야 한다는 것을 알았다면, 아마 인생의 모험을 포기했을지도 모른다. 하지만 나는 사람들이 가지 않는 길을 선택했고, 그 길은 내 인생을 바꾸어 놓았다. 그래서 삶은 경이롭다 했던가?

천 오백만 원. 나는 이 쌈지 돈을 어학연수에 쓰기로 했다. 회사 다닐 때 미국 회사들과 일한 경험에서 내가 얻은 결론은 다음과 같다.

"영어는 직장생활에 끊임없이 쫓아다니는 골치 아픈 녀석이다."

이번 기회에 나는 영어를 마스터하기로 마음먹고 영어의 본고장(?)인 미국행을 선택했다. '미국에서 여건이 된다면 유학도 가능하지 않을까?' 하는 막연한 기대감도 마음 한 구석에 남아있었다. 그래서 선택한 곳이 어스틴이었다. 어학연수도 하면서 그곳의 학교 구경도 하고 말이다. 왠지 그곳에서 공부하면 텍사스 주립 대학을 쉽게 들어 갈 듯한 기분도 들었다.

■ 시작의 깃발을 들고

1996년 1월 17일 새벽 1시. 나는 어스틴 공항에 도착했다. 내가 미국에 있다는 것을 처음으로 실감한 것은 시카고에서 떠난 비행기 안에 동양인은 나 혼자밖에 없었다는 것이었다. 진도(珍島) 촌놈인 내가 서울도 아니고 태평양 건너 미국까지 오게 된 것이 내심 뿌듯하기도 하고, 한편으로는 믿어지지가 않았다. 이민 가방 하나 그리고 공부 책가방. 이 넓은 미국 땅에서 나를 반겨주는 사람은 아무도 없었다. 나를 마중 나온 사람도 없었다. 내가 어스틴에 아는 사람이라곤 아무도 없었기 때문이었다. 고작해야 한국에서 미국 어학원으로부터 받은 팩스 한 장이 전부였다. 나는 택시를 잡고, 어학원에서 예약해 놓은 인(Inn)으로 발길을 돌렸다.

인간은 극대화된 고난을 경험함으로써 비로소 고난이라는 상황을 극복할 수 있다고 누군가가 말했던가? 홀로 지새우는 미국에서의 첫날밤은 그리 썩 기억하고 싶지 않은 날이었다. 밤늦게 어스틴에 도착한 것도 그렇거니와 날씨 또한 매우 쌀쌀했고, 또 나 하나 반겨주는 사람 없는 이 미국 땅에 홀로 있다는 것이 더욱 처량하게 만들었다. 여인숙 너머로 보이는 텍사스 주립대학 메인 타워의 불빛만이 나를 반겨주는 듯했다. 미국에서의 첫날밤은 외롭게 지나가고 있었다.

1996년 1월 18일 아침 9시. 미국에서의 아침식사는 아주 간단하다. 콘 푸레이크에 우유 그리고 도너츠 두어 개. 이미 어학원은 수업을 시작한지 이틀이 지나간 상태여서 나는 부랴부랴 아침을 때우고 무작정 거리로 나갔다.

영어를 잘하는 것도 아니었다. 내 손에 쥐어 있는 팩스 한 장. 거기에 적혀져 있는 어학원 주소 하나만 믿고 거리로 나온 나였다. 어찌 그리 용감했던지, 무모하기 짝이 없었다. '무식이 용감이다'라고 했던가! 나는 이리저리 물어서 겨우겨우 어학원에 도착했고, 어학원에서 소개시켜준 학생 기숙사에 숙소를 정했다.

이제 본격적인 미국 생활이 시작되었다. 사방을 둘러보아도 모두 다 영어 간판, TV를 켜도 모두 영어인 것을 보면서 유학이 내 피부에 실제로 와 닿았다. 하지만, 내가 영어를 못하는 것이 문제라면 문제였다.

누가 미국 가서 한국 사람 사귀지 말라고 했던가? 영어 공부에 장애만 된다고 가급적이면 한국 사람과 어울리지 말라 한 기억이 난다. 나 또한 그 충고를 마음에 담고 미국에 온 후로 한국 학생과 어울리지 않았었다. 하지만 기본적인 생활을 할 수 없을 정도로 불편하기 짝이 없었다. 자동차가 필수품인 미국에서 나는 자동차도 없을 뿐더러 자동차 가진 친구하나 없는 것이 여간 불편한 것이 아니었고, 나보다 먼저 온 한국 학생조차 모르는 처지여서 나는 한국 사람을 사귀어야만 했었다.

나는 마침내 말문을 열었다.

"한국에서 오셨어요? 저도 한국에서 왔습니다."

■ 대학원을 꿈꾸다

어학원 생활 3개월. 너무나 단조로운 생활들. 아침이면 침대에서 일어나 샤워하고 카페테리아에 가서 적당히 아침 때우고, 기숙사에서 5분도 채 안 되는 거리에 있는 어학원에 가서 수업을 마치면 금방 오후가 된다. 학원 숙제하고, 기숙사 방구석에서 TV 보고, 저녁 먹고 잠자고 그러면 또 다른 날이 밝아오고, 그런 생활의 반복이었다.

영어는 그렇게 생각보다 빨리 늘지는 않은 것 같았다. 도무지 들리는 것은 겨우 몇 마디였고, 회화도 더듬더듬 할 수준밖에 되지 못했다. '시간이 해결해 주리라' 나는 믿었고, 그저 어학연수생으로서의 미국을 즐길 뿐이었다.

이것은 삶의 나태요, 만용이었다. 젊음의 귀중한 시간을 그렇게 허비하고 있었다. 어스틴은 서울의 각박하고 피곤했던 생활로부터 일시적 도피처요, 안식처처럼 느껴졌다. 어느 누구도 내 생활을 참견하는 사람도 없었고, 모든 것은 내 하고 싶은 대로하면서 젊은 날의 한 페이지를 낙서장으로 채워가고 있는 듯하였다. 추억은 항상 아름답다고 했던가? 최선을 다하지 않은 과거의 모습은 결코 추억이 될 수 없으며, 좋은 추억은 항상 성공이라는 단어와 잘 어울리는 것은 당연한 것이다.

어느 토요일, 나는 다른 한국 학생들과 텍사스 주립 대학을 구경하러 가게 되었고, 한국의 대학과 비교할 수 없을 정도로 아름다운 캠퍼스, 훌륭한 기자재 시설, 대학 건물 하나 하나에 정성을 들인 흔적들, 지성과 학문이 살아 숨쉬는 듯한 인상은 아직도 내 가슴을 설레게 한다.

어학연수생에서 유학 준비생으로 새롭게 눈을 뜬 그날은 내 젊은 날의 가장 소중한 추억의 날로 장식되리라. 유학 준비에 대해 아무 것도 모르는 나였지만 새로운 삶을 위해 시작의 깃발을 세운 것만큼 흐뭇한 일은 없을 것이다. 하루는 영원의 축소판이라고 에머슨은 말하였듯이, 그 날만큼은 용기백배하고 자신감으로 가득 차 있었다.

■ 영어 시험과의 한판 승부

헤겔이 말하기를, 인생에는 목적하는 것이 두 가지 있다고 했다. 첫째는 자기가 바라는 것을 얻는 것이요, 둘째는 그것을 즐기는 것이라 했다. 그리고 인생에서 가장 현명한 사람만이 두 번째 것을 성취한다고 했다. 바라는 것을 얻고 즐기는 것만큼 행복한 사람이 또 어디 있겠는가? 미국에 오기 전에 나는 유학 준비 반, 어학연수 반 심정으로 왔으나, 결국은 내 미래에 투자를 하기로 마음을 먹고 하나하나 준비하기 시작했다.

나는 한국에서 토플에 '티'자도 몰랐고, GRE가 무슨 시험인지도 모르고 미국에 무작정 온 경우라서 어디서부터 유학준비를 해야될지 몰랐다. 회화 위주에서 시험 위주로 공부 전략을 바꾸고 토플 공부를 무작정 시작하였다. 그때가 1996년 여름의 길목으로 들어갈 즈음이었다.

청춘은 일생에 단 한 번밖에 오지 않는다. 그 청춘의 시간을 도서관에서 보내는 사람이 있고, 술집과 당구장에서 보내는 사람도 있으며, 사랑에 빠져 있는 사람도 있다. 하지만 씨앗을 뿌린 만큼 거둔다는 옛 어른들의 말을 잊어서는 안될 것이며, 분명히 그렇게 되리라고 나 또한 믿는 바이다.

학기가 거의 마무리되어 갈 즈음, 어학원에서 무료로 실시하는 토플 시험이 있었다. 이것은 어학원에서 봄 학기를 끝내는 시점에 이루어지는 실력 테스트의 일종이다. 결과는 토플 490점이었다.

대학에 들어가서 영어 공부를 한 시간이 얼마나 될까? 특히, 건축과 학생은 설계 때문에 스튜디오에서 밤을 지새기가 하루 이틀이 아니었다고 변명을 해보지만, 490점이라는 점수는 그리 높은 점수는 아니었다. 대학 졸업 후 직장생활에 쫓기다 보니 결국, 490이라는 숫자에 만족 할 수밖에 없었다.

그 점수가 그 당시 내 영어 실력의 현 주소였다. 학교라도 지원해 보려면 최소 토플 점수 550 이상을 만들어야 되지 않겠는가. 그때부터 유학이라는 벽이 서서히 높아지고 있었다. 한국에서 조금이라도 준비를 하고 왔더라면 나았을 텐데 하는 후회도 하였다. 한국에서 준비하는 모습을 조금이라도 보았더라면, 아니 한국에서 토플 시험이라도 한번 보고 왔더라면 하는 생각도 들었다.

내가 유학을 우습게 본 것은 미국에서 유학준비를 해서일 것이다. 미국에 가면 영어가 저절로 되겠지 하는 선입견을 가졌기 때문이었다. 또, 어스틴에서 생활하나 보니 주위에 대부분이 유학생인 것을 보고 나도 그들처럼 쉽게 들어갈 수 있을 것 같았다. 텍사스 주립 대학에 450여 명의 한국 유학생이 공부하고 있으니 말이다. 이제껏 유학을 쉽게 생각한 나는 마음을 단단히 고쳐먹기로 했다.

유학, 얼마나 가슴 설레게 하는 말인가? 미지에 대한 호기심과 도전, 그리고 젊은 날의 마지막 기회일 것 같은 의미심장함, 유학의 진정한 의미는 무엇일까? 유학은 무엇을 느끼게 하고 배우게 하는가? 왜 유학인가? 유학 후 무엇이 달라지기를 기대하는가? 끊임없이 나오는 질문과 질문들, 나는 아직도 이 답을 찾고 있는 중에 있다. 언젠가는 이 물음들에 흔쾌히 대답할 수 있는 날이 바로 내가 유학이라는 것을 마치게 되는 날일 것이다. 나는 유학 준비 과정에서 제일 힘들다고 한 유학 '결심'을 마치고 본격적인 시험 공부에 착수하게 되었다.

젊은이에게 충고할 세 단어가 있다고 말한 롱 펠로우의 소리를 되씹어 보자. '일하라, 일하라, 일하라.' 나는 일 대신에 공부, 공부, 공부뿐이었다. 하늘은 스스로 돕는 자를 돕는다고 했다. 마침, 어스틴에 유학준비 과정으로 건너온 친구들이 있었다. 나와 같이 공부한 두 친구는 모두 박사 과정을 준비하고 있었다. 우린 똑같은 배를 탄 사람들이었다. 목표는 대학원 입학이었다. 텍사스의 뜨거운 여름을 피서하기 위해 우리 셋은 도서관으로 휴가를 떠나기로 하였고, 그때부터 행복한 시험 공부의 기간이 이어졌다.

추억이 그리울 때가 있다. 비가 올 때나 마음이 울적할 때면 그때 같이 고생한 친구들을 만나고 싶고, 이야기하고 싶고, 대포 한잔 나누고 싶을 때가 있다.

우리 셋은 그 뜨거운 여름을 시원하다 못해 추운 텍사스 주립 대학의 한 모퉁이에서 보냈었고, 서로가 서로에게 위안을 삼으며 영어와의 한판 승부를 하고 있었다. 금요일 밤이면 같이 저녁을 해 먹기도 했고, 술도 같이 한잔하며 대학원 진학 문제로 밤새 이야기꽃을 피우기도 했다. 시험도 같이 보았고, 영어 시험을 위한 수업도 같이 들었다. 우린 공부밖에 몰랐었다. 아침 9시에 대학 도서관으로 가서 저녁 12시면 집으로 돌아오곤 했다. 하루에 GRE 단어를 얼마나 외우고 외웠을까? 잠과 단어 외우기, 그리고 식사시간이 전부인 삶이었다. 지루하고 지루한 싸움이었다. 처절한 싸움이었으리라. 3개월 넘게 GRE 단어만 외웠던 기억밖에 나지 않는다. 잠잘 때만 빼놓고 오로지 단어만 외웠다.

GRE 단어를 암기한 덕분에 자연스럽게 토플 성적도 꾸준히 오르게 되었고, 서서히 유학이라는 높은 벽을 넘어가고 있는 느낌을 가질 수 있었다. 야망은 휴식이 없다고 했던가? 하나의 목표를 향해 돌진하는 정열은 젊음, 바로 그 자체였다. 공부한 지 3개월 후 96년 9월, 나는 토플 성적 550을 넘겼고, 미국의 주요 대학에 원서를 보내 달라고 편지를 쓸 수 있게 되었다. 하지만 GRE라는 영어시험이 나를 기다리고 있었다.

토플 시험이 어느 정도 궤도에 오르기 시작한 후 나는 마음의 여유를 조금 가질 수 있었다. 이때다 싶어 나는 텍사스 주립 대학 건축대학원에 찾아갔다. 집과는 10분 정도 떨어져 있는 학교지만 그곳에 입학하기까지는 얼마나 많은 시간이 걸리겠는가? 나는 학교에 가서 봄 학기로 지원할 수 있는지, 입학 시 중요 사항들과, 건축대학원의 필수 준비사항인 포트폴리오에 관한 사항도 물어 보았다.

미국 대학의 일반적인 입학 시기는 가을 학기이지만, 다행스럽게 학부에서 건축을 전공한 나는 봄 학기로 지원을 할 수 있다고 하였고, 지원 마감일은 10월 1일이었다. 그때 시간은 9월 중순으로 가고 있었고, 나는 부랴부랴 컴퓨터 GRE 시험을 신청했다. 날짜가 너무 촉박했으나 미국에 온 지 1년이 다 되어가는 시점이었고 더 이상 유학준비 기간으로 아까운 시간을 소비하고 싶지 않아서였다.

유학준비는 결코 시간에 비례하지 않는다, 특히, 영어 공부, GRE 시험은 오래 공부한다고 잘 나온다는 것은 아니다. 집중력 있게 단시간 내에 승부를 내야만 한다. 6개월 안으로 승부를. 못 내고 시간에 질질 끌려 다니면 유학준비 과정만도 2년을 소비할 수 있다. 시간도 귀중할 뿐만 아니라 경제적인 지출 또한 무시 못할 사항이기 때문에, 단시간 내에 영어 공부에 집중적으로 투자하고 그 승부를 내기 바란다.

1996년 9월 15일. 컴퓨터 GRE 시험을 보는 날. 성적 버벌에서 420을 받았고, 수학은 720, 어넬러티컬 550이었다. 버벌에서 의외로 높은 점수가 나오질 않았다. 처음 보는 컴퓨터 시험이어서 인가? 아니면 그 점수가 내 실력인가? 어쩔 수 없었다. 성적을 복사해서 학교에 통보했고, 포트폴리오 마무리에 더 신경을 쓰기로 하였다.

지나간 것에 너무 얽매이지 말자. 나는 최선을 다했다. '진인사대천명'이라고 하질 않았던가. 하지만 마음 한구석의 불안감을 쉽게 떨칠 수는 없었다. 그저 평범하고 어쩌면 낮은 점수이다. 겨우 미니멈만 넘겼기 때문에 내 마음은 좀처럼 편치 않았다. 그 당시 건축대학원은 영어 성적이 다소 떨어지더라도 포트폴리오(설계 작품집)가 좋으면 입학이 가능하다고 누군가에게 들은 것을 스스로 다시 되풀이하면서 위안을 삼고 있었다.

10월 1일, 나는 봄 학기로 지원을 하기 위해 모든 서류와 포트폴리오를 텍사스 주립 대학 건축대학원에 제출하였다. 1997년 봄 학기로 나는 딱 한 학교에만 지원을 했었고, 지원한 후부터 내 마음은 서서히 초조해지기 시작하였다. 지금 와서 그 때를 돌이켜 보면, 마치 아슬아슬하게 공연하는 공중 곡예사보다 더 떨리는 마음으로 입학 결과를 기다리고 있었다. 운명의 여신은 나를 어디로 보낼 것인가?

You're proved.

지원 마감일로부터 입학심사 결과까지 대략 6주가 걸린다. 가을 학기에 대부분의 신입생을 뽑는 것이 미국 대학원의 일반적인 과정이고, 봄 학기는 가을 학기에 부족한 인원을 재충원하기 때문에, 봄 학기로 지원하는 것은 별로 큰 기대를 하지 않는 것이 좋다. 입학심사위원회도 자주 열리지 않고, 설령 뽑는다고 해도 아주 적은 숫자에게 어드미션을 주는 것이 보통이다.

내가 지원한 텍사스 주립 대학도 예외는 아니었다. 10월 1일이 봄 학기 마감일이고, 11월 첫 주나 둘째 주에 결과가 나올 것이라고 입학 담당자가 발하였다.

가끔 세상이 너무 우습다는 생각을 해본다. 매일 건축대학원 건물을 지나가면서도 막상 그곳에서 공부를 하기란 참 어려우니 말이다. 공부하고 싶은 곳은 바로 눈앞에 있는데, 마치 그곳에서 진짜로 공부하는 학생처럼 매일 매일 지나다니는데도, 진짜 학생이 되기 위해서는 1년의 수고가 필요한 것을 보면, 참 세상이 백지 한 장 차이처럼 느껴지기도 한다. 막상 입학을 해서 그곳 학생이 되면 과거의 일들이 아무 것도 아니라는 생각이 들텐데 말이다. 승리한 자의 여유일까, 아니면 가진 자의 교만일까?

1996년 11월 30일자로 서울행 비행기표를 예약했다. 유학준비를 끝냈고, 또 학교 지원까지 했으므로 나는 더 이상 미국 땅에 있을 이유가 없었다. 11월 중순에 입학 결과가 나올 것이기 때문에 그때를 맞추어서 비행기 예약까지 하였는데, 11월 중순이 다 되도록 입학심사 결과는 나오지 않았다. 그때부터 피 말리는 시간이 시작되었다. 건축대학원에 가서 물어보기도 하고, 어떤 날엔 대학원 사무실 앞에서 10여 분 고민하다가 다시 집으로 돌아온 기억도 난다.

다른 학교 몇 군데도 지원해 볼걸 하는 후회도 하였고, 불안한 마음에 다른 학교의 지원 양식을 받아서 1997년 가을 학기를 위해 원서 작성을 하기도 했다. 떨어질 것에 대한 만반에 준비를 하였고 심사 결과만 나오기를 학수고대하였다. 11월 30일이 다 되도록 아무 소식이 없었다. 참는 것도 한도가 있지, 나는 학교에 찾아가 당락에 상관없이 빨리 결과를 알려달라고 하였고, 비자문제 때문에 한국으로 돌아간다고 하였다.

며칠 후 나는 평상시와 마찬가지로 학교 사무실에 가 결과를 물어 보았다. 그런데, 서류 담당자가 하는 말이 "You are proved"였다. 증명되다? 다시 물어보니 합격했다는 것이었다. 아! 합격이다. 순간 눈물이 핑 돌았다. 이 기쁨과 성취의 순간을 무엇으로 표현할 수 있을까? 고맙다는 인사를 뒤로하고 나는 한국으로 전화를 걸었다.

"엄마, 나 합격 먹었어!"

■ 삶은 파도를 넘고

수험생에게 가장 짜릿한 순간이 바로 합격 결과를 알아 볼 때 일 것이다. 대학 입학시도 그러했고, 회사 취직할 때나 국가 자격 고시를 보고 나서 합격 여부를 알아볼 때도 그러했다. 희비가 엇갈리고 나의 미래가 한순간에 결정이 나는 순간이 아니던가. 손에 땀을 쥐게 하는 그 순간을 당사자보다 누가 더 잘 알겠는가? 그런 짜릿한 승부와 합격이라는 순간을 위해서 우리는 삶의 의미를 찾고 보람을 얻는지도 모른다. 노력과 성취의 순간이 없으면 삶은 무슨 의미가 있을까?

서울행 비행기를 타고 가는 내 마음은 정말 뿌듯하였다. 1월에 비장한 각오로 서울을 떠난 생각들과 그동안에 있었던 미국에서의 일들과 공부 시간들. 마치 한편의 필름처럼 스쳐 지나가는 좋은 추억거리였다. 한국에 도착한 후 학교 교수님들을 비롯해 여러 친지를 만나고 진짜 유학을 위해 짐을 꾸리고 서울에 있는 방도 정리하며, 여러 일을 처리하느라 분주한 나날이었다.

1년여 동안 묵묵히 나를 기다려온 사랑하는 사람과 결혼을 위해 양 집안 식구가 만나 결혼 날까지 잡았었다. 다시 나는 미국으로 돌아가기 위해 비자문제, 그리고 미국으로 보낼 짐 문제 등등 한국에 잠시 들어간 날들이 매우 분주했지만 정말 행복한 시간이었다.

어스틴으로 다시 돌아온 나는 도착한 그 다음날부터 몸이 아파 오기 시작했다. 수강 신청에 신입생 오리엔테이션 등을 비롯해 할 일이 많았지만, 몸이 아픈지라 모든 것을 중단한 채 며칠 동안 혼자 집에서 끙끙 앓았고, 급기야는 한밤중에 병원 응급실로 실려갔었다. 급성 맹장염이었다. 수술해야 된다는 의사의 말을 듣고 앞이 캄캄하였다.

수술비가 엄청나기 때문이었다. 그래도 사람이 살고 보아야 한다는 말도 있지 않은가. 결국, 나는 수술을 하였고, 퇴원을 할 즈음에는 하늘이 도우사 어스틴에 눈이 내렸었다. 3년만에 눈이 내린다고 하였다. 어스틴에 눈이 내리거나 길이 얼면, 그 날은 모든 공공시설이나 학교는 물론 일반 회사들까지도 쉬게 된다. 텍사스 주립 대학도 이틀이나 휴교를 했고, 나는 그 사이에 퇴원을 해서 학교 결석은 피할 수가 있었다.

수술 자국이 다 아물기도 전에 나는 병원비 문제로 학교와 병원을 뛰어다니기 시작했다. 미국은 병원에서 모든 치료가 끝나고 환자가 퇴원을 하면 1주일 후부터 병원비 고지서가 날아오기 시작한다. 의사 진료비, 일반 치료비, 수술비, 응급실비, 방사선 촬영비 등등 병원비가 세분화되어서 환자에게 부과되는데, 나는 퇴원하고 약 한달 간에 걸쳐서 모든 고지서를 받게 되었다. 약 12,000불이었다. 1,300만원이라는 엄청난 의료비였다.

맹장 수술에 4박 5일 동안 병원에 있었다고 해서 1,300만 원의 병원비가 나온다는 것이 말이 된단 말인가 하고 의심할 지 모르지만 이것은 사실이다. 미국에서 보험이 없으면 병원비는 엄청나다라는 것을 잘 염두해 두기 바란다. 미국 사람도 돈이 없어 병원에 못 가는 사람도 있다. 보험을 살 수 없을 정도로 생활형편이 안 좋으면 몸이 아파도 비싼 병원비 때문에 병원 문턱에도 못 찾아가는 사람들이 있다.

12,000불, 텍사스 주립 대학의 학비가 1년에 9,000불이면 24 학점을 들을 수가 있는데, 이 엄청난 병원비를 어쩌란 말인가? 학업이 문제가 아니었다. 생존을 위한 싸움이었다. 이리 뛰고, 저리 뛰고 해서 알아보니 신입생의 경우는 새 학기가 시작되기 30일 전부터 학생 보험이 유효하며, 또 미국행 비행기를 타는 순간부터 그 효력이 발생한다고 하였다. 참으로 잘 된 보험 제도였다.

한 가지 알아둘 것은 미국에서 외국인 학생은 의무적으로 보험을 사야 하는 것이 원칙이다. 아예 보험료를 등록금에 포함시켜서 학생에게 부과하는 것이 일반적이다. 첫 학기에는 약 300불 정도를 등록금과 함께 보험료로 지불하였고, 그 덕분에 12,000불의 병원비가 1,200불 정도로 줄어들어서 안도의 한숨을 쉬게 만들었다. 약 3개월에 걸쳐서 병원비 문제를 처리하였다. 내가 겪은 급작스런 수술과 비싼 의료비 고지서는 마치 훗날을 위해 일어난 것처럼 계속해서 나를 구해 주었다. 전화위복(轉禍爲福), 바로 나를 두고 한 말이었다.

■ IMF 전에 이미 나는 IMF였다.

부모님이 준 돈과 결혼할 때 조금 가져온 아내의 돈이 거의 바닥에 가까워지고 있었다. 하늘이 무너져도 솟아날 구멍은 있을까? 두 학기를 마친 시점부터 우린 생활고를 겪게 되었다. 나는 유학을 경제적인 여유가 있어서 온 것이 아니기에 이런 날이 올 줄을 예상하고 있었지만, 이렇게 빨리 올 줄은 몰랐다. 경제적인 어려움은 미리 짜여진 시나리오처럼 예상된 일이었으며, 나와 내 아내는 그때부터 이 어려운 날들을 극복하기 위해 삶과의 투쟁을 시작하였다.

IMF가 일어나기 3개월 전에 이미 나는 학교 오피스에 찾아가 캠퍼스 밖에서 일할 수 있도록 이민국에 신청하였다. 신청 내용은 "Hardship Economic Situation."

"입학했을 당시와 현재의 경제적 변동사항을 말해 주시죠?"

"올 97년에 결혼을 하여 부양할 가족이 생겼고, 올 1월에 받은 수술로 인한 병원비를 학비로 지출하였기 때문에 현재 매우 어렵습니다. 여기 병원비 고지서를 참조해 주십시오."

"알겠습니다. 이민국으로 서류를 보내도록 하겠습니다."

"감사합니다. 정말 감사합니다."

신청 후 한 달만에 이민국에서 일할 수 있는 허가 카드가 왔다. 97년 12월 23일부터 98년 1월 23일까지 캠퍼스 밖에서 주 40시간 일할 수 있게 되었다. 하늘이 무너지면 솟아날 구멍을 만들면 되는 것이다.

1년 동안 임시로 일할 수 있는 카드를 신청해 놓은 다음, 이민국으로부터 한달 후에 카드가 발급된다는 편지를 받았다. 그리고 나서 나는 일자리를 알아보았다. 마침 한달 동안 겨울 방학이어서 시간도 넉넉했다.

미국에 이민 와서 사는 사람들이 처음 하는 일들이 대개 힘들거나 어려운 일들을 많이 한다. 첫째 영어가 안 되기 때문이고, 둘째 육체적인 노동을 한 만큼 수입이 보장되기 때문이다. 의사나 변호사 또는 회계사들처럼 상위 교육을 받지 못하고 이민 오는 분들은, 대개 청소나 건설 현장에서 새 삶을 시작한다. 교육을 많이 받지 못했어도 경제적 여유가 있으면 식당이나 옷가게, 세탁소, 수퍼마켓, 24시간 가스 스토어를 하는 경우가 일반적인 이민자들의 직업이다.

미국에서도 한국 이민자가 많이 살고 있는 뉴욕이나 로스앤젤레스와 같은 도시는 서울에서 사는 모습과 하나도 다를 바 없으며, 살아보겠다는 의지만 있으면 어디에서든지 일할 수 있는 곳이기도 하다. 하지만 동부나 서부를 제외한 주에는 한인들이 많이 살고 있지 않다. 텍사스 주도 마찬가지인데, 어스틴에는 유학생들을 포함해서 약 5,000여 명의 한인들이 거주하고 있다. 유학생 식구들이 약 1,500명이라고 추산하면 약 3,500명의 이민자들이 살고 있다고 보면 보겠다.

"이제껏 공부만 했을 텐데, 청소일 할 수 있겠어요? 매우 힘든 일인데"

"한번 해보겠습니다."

"그럼, 오늘 저녁에 한번 해보고 학생 하는 것 보아서 결정합시다."

아는 한국 사람을 통해 물어물어 찾은 것이 빌딩 청소 일이었다. 청소 일을 하면 돈도 생각보다 많이 번다고 해서 택한 일이었고, 또 저녁 6시부터 시작하는 시간대도 좋아서 한번 해보기로 하였다. 젊어 고생은 사서도 한다고 흔히 말하지만, 어느 누가 고생을 사서하고 싶어하겠는가? 이것은 가난과의 싸움이자, 삶에 대한 투쟁이며, 생존과 직결된 가장 1차원적인 문제였다.

사람은 생활고에 닥치면 어떻게 해서든지 살아나갈 수 있다. 그곳이 한국이건 미국이건 상관은 없다. 내가 이런 생각을 가지고 있었기 때문에 미국 땅을 밟을 수 있었다. 마치, 백지장 한 장 차이와 비슷할 것이다. 그래서 가난은 부끄러워 할 일이 아니다. 다만 힘들뿐이다. 삶은 보람이나 성취에 비례하는 대가를 항상 치러야 한다. 경제적인 것이나 사회적, 정치적 일을 비롯한 유학생활도 그에 상응하는 도전과 용기, 그리고 노력과 인내 등이 필수조건이다.

Temple Inland. 내가 일했던 빌딩 이름이다. 빌딩 청소를 한 첫날은 흑인 친구와 같이 일을 하면서 배웠다. 오피스 건물 3층의 남쪽 동(棟)을 맡아서 하는 것이 나의 일이었다. 쓰레기 픽업, 카펫 바닥 청소, 화장실 청소, 사장실 청소, 유리창 청소 등이 내가 할 일이었다. 약 270여 개의 책상과 300여 개의 쓰레기 픽업, 쓰레기 픽업이 끝나면 남여 화장실 청소, 복도 카펫의 진공 청소, 사장실 청소, 마지막으로 쓰레기들을 1층으로 나르는 것으로 하루 일과가 끝난다.

한국이면 청소하시는 분들이 오히려 빌딩에 상주하는 사람들에게 잔소리하는 경우가 종종 있다. 한국에서는 나이 드신 청소 아주머니가 건물 사용자들한테 잔소리하면 그냥 넘어갈 수도 있지만, 미국에서는 절대로 그런 일은 없다. 더럽게 쓰면 더럽게 썼구나 하는 것이지, 왜 이렇게 더럽게 썼느냐 하는 등의 잔소리를 할 수도 없거니와 만약 했다면 당장 해고감이다. 철저한 서비스 정신인가, 아니면 맡은 임무만 충실히 하면 되는 것인가?

6시에 일을 시작하면 저녁 10시에 빌딩 청소 일이 끝난다. 이것은 중노동이다. 300개의 쓰레기통을 비우고 쓰레기통에 비닐을 다시 끼우는 작업은 그리 쉽지만은 않았다. 나는 청소하기 시작한 이튿날에 심한 허리통을 앓았다. 노동이 심하면 임금으로 그 보상을 받아야 하는 것은 당연한 경제적 원칙일진대, 나는 한 달에 600불의 임금을 받았다. 알고 보니 이것은 노동 착취였고, 내가 회사를 잘못 선택한 오류 때문이었다. 내가 했던 정도의 일을 할 경우에 약 1,000불의 임금을 받는다는 것이 다른 곳에서 일반적이었지만 그 사실을 안 것은 내가 청소 일을 그만두고 약 4개월 후였다.

학비를 제외하고 유학생활비만 아무리 적게 쓴다고 해도 한 달에 700~800불 정도는 지출된다. 600불이면 생활비도 되지 않는다. 그래서 나는 이왕 청소하는 거, 낮에 하는 청소 일도 찾았고, 미국의 부잣집들을 청소해 주는 미국 회사에 취직을 하였다. 이 당시에 내가 공식적인 이민국의 카드를 받지 못하였기 때문에 청소 일을 알아 볼 수밖에 없었다. 왜냐하면, 청소 회사들이 취직 서류를 다소 느슨하게 검토하는 이유 때문이었다.

하루종일 말 그대로 청소였다. 평생해도 남을 양(量)을 그때 다한 것 같다. 아침 10시부터 저녁 5시까지 미국의 집 청소, 그리고 저녁 6시부터 10시까지 아내와 함께 빌딩 청소 일을 두 달 넘게 했었다. 98년 봄 학기가 다시 시작되고 한국에서는 IMF가 시작되었다. 6.25 이후 최대의 국난이라고 말한 IMF가 시작되자 유학생활은 더욱 어려워졌고, 생활비는 내가 해결을 해야만 하였다.

청소 일이 학업에 너무 지장을 주어 그만 두기로 했고, 학교 수업 시간 중 빈 시간에는 건축 설계사무실에서 파트 타임으로 일하면서, 저녁에는 피자 배달 일을 새로 시작했다. PAPA JOHNS PIZZA DELIVERY. 파파 존스의 피자 배달은 내 삶 중에서 가장 힘들고 소중한 인생 경험이었다.

저녁 6시부터 10시까지 일주일에 4일 일했었는데 학교 사정에 따라 일할 수 있는 시간을 적절히 조절 할 수도 있고, 시간당 12불에서 15불을 버는 가장 확실한 일이었다. 머리를 빡빡 밀고 피자 배달을 시작했고, 가끔씩 느끼는 내 모습의 어색함이 나를 힘들게도 하였다. 밤에 운전을 해야 하는 일의 특성으로, 배달부의 직업병 격인 안구 건조증이 걸려서 눈이 아픈 적도 있었고, 비가 억수같이 쏟아 붓는 저녁에도 배달을 나가야 했으며, 또 슬럼가에 배달을 나갈 때면 신변에 위험함을 느낀 적도 있었다.

내가 일하면서 가장 힘들었던 것은 한국에서 가져온 그 '두꺼운 체면'을 버리는 것이었다. 항상 남의 눈을 의식하고 체면을 중시하는 우리네 한국인, 박사 학위를 가지고도 수퍼마켓에서 일하는 미국 사람들. 누가 옳고 누가 그르다는 것이 아니라 내가 옳은 일이면 남을 의식하지 않고 일하는 그런 자세가 더 의미 있다는 것을 이야기하고 싶은 것이다. 남의 체면이나 시선을 의식하는 것은 오히려 건강한 삶의 발전을 방해할 뿐이다. IMF 상황에서 3D 업종의 일을 기피하는 것은 삶에 대한 포기이자, 교만이며, 나태이다. 삶을 충실히 사는 것만큼 더 아름다운 것은 없다.

1년여 동안 피자 배달을 하면서 많은 것을 배우고 느꼈다. 희망을 갖고 사는 삶에 대한 의지와 자신의 미래를 개척하기 위해서는, 어떠한 일도 감수하고 인고의 시간을 참아낼 줄 아는 결연한 용기가 필요하다.

IMF 중에도 새차를 사는 주위의 유학생을 볼 때에 마음의 상처가 더 크게 느껴지는 것이 아니라, 오히려 그들이 더 측은하게 느껴지는 것은 왜일까? 어려울수록 더 강한 의지를 갖고 꿋꿋하게 살아간다면 당신은 인생의 한 의미를 찾았다고 나는 확신한다. 남을 의식해 가면서 살 필요는 없다. 내가 확신하고 의지가 결연하다면 그 어느 누구도 부럽지가 않다. 바로 내가 가고자 하는 길을 묵묵히 갈 뿐이다.

나의 아내도 생활고를 해결하기 위해 안 해본 일이 없다. 파출부 일부터, 집 청소, 빌딩 청소, 수퍼마켓에서의 잡일, 선물가게와 햄버거 가게에서의 캐셔 일, 한인 교회에서의 한글 학교 선생님, 유치부 아이들 돌보기까지 이루 말할 수 없다.

유학 와서 일하는 것을 오히려 부끄러워하고 창피해 하는 몇몇 유학생의 부인들을 보면 참으로 한심하기 짝이 없다. 내가 고생하러 유학생과 결혼했느냐 하는 식이다. 아직도 나의 아내는 일하고 있다. 나 또한 마찬가지이다. 유학생활은 홀로 하는 것이 아니라 부부가 같이 하는 것이다.

■ 정보화 시대의 건축

1998년 5월부터 한국의 건축 웹진 '아크포럼'의 해외 통신원으로 활동을 하게 되었다. 김진애 박사가 이끌고 있는 건축 웹진 "아크포럼"은 한국에서 처음으로 시도하는 인터넷 건축잡지인 셈이었다. 시간과 공간을 초월해서 세계 곳곳에 나가있는 건축인들을 한곳에 묶어주는 인터넷 건축 웹진인 '아크포럼'의 사이버 토크쇼에서 내가 겪고 있는 유학생의 생생한 실황중계 덕분에 김진애 박사로부터 해외 통신원의 부탁을 받았고, 무료로 2년여 동안 봉사하게 되었다.

어떠한 것도 나를 만들어 나가는 데 있어서 좋은 훈련 과정이 될 수 있다. 피자 배달부도, 해외 통신원도, 그리고 건축 디자이너도 나의 참된 자아(自我)를 성숙케 하고 완성시켜주는 과정이라고 나는 생각한다.

'아크포럼'의 해외 통신원을 하면서 엄청난 이메일을 받게 되었다. 웹상에 올라간 내 글을 읽고 유학에 대한 궁금증을 물어보기 위해 한국에 있는 많은 학생들과 직장인들까지 나에게 메일을 보내왔다. 심지어는 한국에서 어스틴으로 전화까지 하는 극성 팬(?)까지 생기게 되었다.

내가 유학을 고려할 때 건축유학 정보를 하나도 구할 수 없어 안타까운 심정을 느껴본 적이 있었다. 그래서, 나에게 오는 메일에 대해서는 성실히 답장을 보내주었고, 유학에 대한 많은 관심을 해결해 주기 위해 따로 유학정보를 '아크포럼'에 싣기도 하였다. 리포터 일은 건축유학을 생각하는 많은 사람들에게 도움이 되었고, 지금도 가끔 유학에 대한 궁금증을 이메일로 물어오곤 한다.

IMF 이후 텍사스 주립 대학은 새로운 유학의 가능성을 열어준 곳이다. 학비가 저렴하면서도 학교가 좋기 때문에 예전보다 더 많은 유학생들이 어스틴으로 오고 있다. IMF 이전이면 동부로 갈 학생들이 이곳으로 몰려들어 최근에는 엄청난 입학 경쟁률을 기록하고 있다. 나의 건축학과 홍보(?) 덕분에 한국 학생들이 99년 가을 학기로 12명이 어드미션을 받았고, 5명이나 어스틴으로 와서 현재 공부하고 있는 중이다.

해외 통신원 일은 건축적으로 나를 성숙하게 해준 잊을 수 없는 경험이었다. 아마, 그 리포터 일 덕분에 이렇게 유학 수기를 쓰고 있는지도 모른다. 글쓰기 훈련부터 매달 올라가는 취재 거리를 고민하는 시간들, 그러면서 내가 느끼는 나의 모습들, 그런 것들이 좀더 나를 성숙시켜 주었다고 믿는다.

사이버 세계에서 만난 건축인들과 그들의 고민들, 그들과 메일을 주고받으면서 보낸 시간들은 나를 다시 한번 돌아보게 하는 좋은 기회였고, 항상 나를 채찍질하는 심정으로 하루하루 최선을 다하였다.

개구리가 올챙이 적 모른다고 하지 않았던가? 유학을 오면 유학 오기 전 자신에게 다짐하고 생각했던 일들이, 유학을 오고 시간이 지나면 다 잊혀져 버린다. 항상 마음을 새롭게 다스리는 것이 얼마나 어려운 일인가!

■ 건축인으로서 세계 속 경험

1998년 가을 학기 역시, 도미노 피자 집에서 피자 배달 일을 계속하였다. 서서히 지쳐가고 있었다. 반복되는 일상 생활과 끝날 것 같지 않은 힘든 날들. 유학에 대해 회의가 들기도 하였고, 미래의 불확실한 내 모습을 상상해 보기도 하였다. 탈출하고 싶었다. 새로운 일이 일어나기를 바라고 있었다.

구하면 얻는다고 하였던가! 마침, 학교 과정 중에 인턴쉽 프로그램이라는 것이 있었다. 자기가 가고 싶은 건축회사를 골라 그 회사에 지원을 하고, 지원한 회사에서 나를 인턴으로 받아주면 현지로 가서 직접 일도 하고, 급여도 받고, 9학점을 인정받을 수 있는 프로그램이었다. 더운 텍사스를 떠나 새로운 환경을 접해보고 싶었다. '미국 어디를 간들 지금보다 더 하겠는가' 하는 심정이었다.

고난과 역경은 인간을 강하게 만드는가? 한번 궂은 일로 고생을 해보니 어떤 일도 두렵지 않게 되었다. 캘리포니아 주 로스앤젤레스에 있는 RTKL이라는 건축설계사무실로 7개월의 인턴을 위해 나의 이력서와 설계작품집을 보냈다. 물가 비싼 뉴욕보다는 로스앤젤레스가 더 매력적으로 느껴졌고, 건축의 실험장이라고 불리는 LA에서 새로운 건축 경험도 하고 싶어서 RTKL에 지원을 했었다.

RTKL은 미국에서도 네 번째로 큰 설계사무실이며, 세계를 무대로 활동하고 있는 대형 설계사무소이기도 하다. 한국의 롯데월드 2차 계획을 RTKL에서 디자인하였고, 도쿄, 상하이, 런던, 홍콩에 RTKL 지점을 가지고 있는 인터내셔널 건축 그룹이다.

고생 끝에 낙이 온다고 했다. 작품집을 보내고 1주일만에 RTKL에서 연락이 왔다. 인턴으로 와서 일을 하라는 것이었다. 미국에서 공부하는 중에 이런 기회는 좀처럼 오지 않는다. 세계적인 건축회사에서 일을 할 수 있다는 것이 나의 가슴을 더욱 설레게 하였다. 졸업 후 미국에서 직장을 잡는 데도 도움이 될 것이고, 세계적인 무대에서 건축 경험은 나의 건축 공부에도 도움이 될 것이다. 빨리 12월이 와서 LA로 떠났으면 하였다. 1998년 가을 학기가 끝나고, 어스틴 짐을 정리한 다음 7개월의 인턴쉽을 위해 LA로 떠났다. 유학 온 후 처음으로 떠나는 기나긴 여행이었다. 1985년 산(産) 중고차를 2,000불 주고 산 이후 처음으로 떠나는 미국 여행이어서 차 때문에 걱정되기도 하고 흥분되기도 하였다.

뉴멕시코의 아름다운 석양, 산타페의 토속적인 건축들, 그랜드케니언의 자연의 위대함과 라스베가스의 화려함을 두루두루 구경하면서 LA에 무사히 도착하였고, 7개월의 새로운 생활을 시작하였다. LA 코리아 타운에서 방 한칸 얻어 머물면서 우리 부부는 마치 한국에 온 듯한 기분이었다. 모든 것이 구경거리였다. LA에서 미국에 온 이후 한국 사람들을 제일 많이 보았을 것이다.

RTKL에서 근무하면서 건축적인 실무지식을 배웠고, 미국인들이 일을 풀어 가는 방법과 LA 문화를 구경할 수 있어서 더없이 행복했다. 아내도 직장을 구했고, 우리는 저축까지 하면서 LA를 비롯해 주위 인근 도시를 구경가기도 하였다. 한 가지 더 좋은 소식은 어스틴에서 LA로 떠나기 전에 학교에 신청한 장학금 1,000불을 받게 되었다는 편지를 받은 것이었다. 고학생(苦學生)에게 주는 텍사스 주 정부 장학금이었다. 99년 가을 학기 등록금도 부담을 조금 덜 수가 있었다. 참으로 값진 장학금이었다.

■ 끝나지 않은 유학생활

유학생활은 생활 자체가 다 유학생활이다. 공부만이 유학의 전부가 아니다. 유학은 공부하러 간 곳에서 그 나라의 문화를 배우고, 느끼며, 그 삶 속에서 직접 체험하는 도중에 나를 다시 성찰(省察)해 볼 수 있는 귀중한 경험이다. LA에서의 7개월은 내 눈을 더 크게 뜰 수 있도록 해 주었고, 세상을 보는 지혜를 주었으며, 미래에 대한 성실한 준비까지 해 준 곳이었다. LA의 유명 건축물들을 보면서 살아있는 건축체험을 하였고, 더 높은 지성의 반열에 서기 위해 박사 과정을 심각하게 고려하기 시작하였다.

나는 누구인가? 왜 미국 땅에서 이렇게 생존의 싸움을 하고 있는 것인가? 나의 삶의 목적은 어디에 있는가? 무엇이 되고자 하는가? 아니, 무엇을 하고 싶은 것인가? 유학에서 나는 무엇을 얼마나 얻고 갈 것인가?

교육에서 쟁취한 지식과 유학에서 발생하는 여러 가지 파급적인 힘들을 생각해 볼 적에, 우리는 부(富)라는 물질적인 것으로 오랫동안 수련해 온 시간과 노력을 보상을 받을 수 있으며, 명예와 권력을 향한 하나의 접근 수단으로도 유학을 이용할 수 있다. 이런 정치적인 목적을 가지고 유학을 하는 사람도 있을 것이다. 학벌 세척의 중요한 도구로써 유학은 한국 사회에서 아직도 효용성이 있기 때문이다.

이런 목적을 접어두고라도 유학은 정신적인 훈련이 될 수 있다. 다시 말해, 유학의 과정이 모든 목적으로부터 해탈할 수 있는 훈련의 수단이 될 수 있다는 것이다. 이것은 진리와 지식의 득도(得道)가 가질 수 있는 위대한 힘인 것이다. 유학의 거창한 미화라고 생각해도 좋다.

바로 이것이 내가 박사 과정을 생각하게 된 이유 중에 하나이다. 텍사스 주립 대학의 본관 건물에는 “Ye shall know the truth and the truth shall make you free”. “너는 진리를 알아야 하고 그 진리는 너를 자유롭게 하리라”라고 쓰여져 있다. 바로 그 진리의 최고 반열에 서려고 한다. 물질적인 풍요함을 위해서가 아니라 학문에 대한 진정한 탐구를 위해서 말이다.

7개월 동안 RTKL의 인턴쉽 과정을 마치고 다시 어스틴으로 돌아온 나는 박사 과정을 준비하기 시작했다. Texas A&M University. 박사 과정 역시 한 학교만 지원을 할 생각이었다. 이유는 경제적인 이유가 가장 크며, 둘째는 내가 하고자 하는 박사과정 프로그램이 Texas A&M 대학에 있다는 것으로 충분하였다.

2000년 봄 학기 지원을 위해 서류를 만들어 1999년 8월 15일에 Texas A&M 대학으로 원서를 보냈다. 항상 수험생의 마음은 가슴 조이며 결과를 기다린다. 석사 과정 때도 그랬고 박사 과정 지원 때도 오직 한 학교만 지원했다. 선택의 여지가 없었다. 박사 과정에 떨어지면 미련 없이 실무에서 경험을 쌓고 싶었다. 실무 경험 후 박사 과정을 다시 지원할 마음까지 먹고 있었다.

1999년 가을 학기는 석사 과정의 마지막 학기였으며, 나는 Texas A&M 대학에 박사 과정을 지원하고 그 결과를 기다리면서 어스틴 생활을 마무리하고 있는 중이었다. 1999년 9월 30일에 아내가 일을 마치고 학교 스튜디오로 나를 찾아 왔다. 그녀 손에는 편지 한 통이 있었다. Texas A&M 대학에서 온 입학 통지서 였다.

" Dear Mr. Lee

It is my pleasure to inform you of your admission to Texas A&M University for the spring 2000 semester to pursue a course of study in Architecture at the Ph.D. level."

■ 진지한 고민과 자기 충실의 시간, 유학

나는 1999년 11월 현재 어스틴에 있는 텍사스 주립 대학(University of Texas at Austin)에서 석사 과정의 마지막 학기를 보내고 있고, 2000년 봄 학기부터 Texas A&M 대학에서 박사 과정 진학 예정 중에 있다. 유학 수기를 쓸 만큼 나는 오래 살지도 않았으며, 대단한 사람이 아니라는 것을 알고 있다. 앞으로 4년 더 유학생활을 해야할 것이고, 앞으로 펼쳐질 나의 미래를 예측할 수 없는 지금, 아직도 나는 유학의 참된 의미를 찾고 있는 중이다.

이 글은 내가 겪은 짧은 유학생활 중에 내가 몸소 체험하고, 고생하고 겪은 유학체험을 다시 한번 돌아보게 하는 의미 있는 글쓰기라 생각된다. 이 글을 통해서 내가 바라는 것은 나처럼 평범하고 어려운 삶에 있는 유학 준비생들에게 용기와 삶의 지혜를 주고자 하는 마음이다.

유학은 자기만의 것을 득도(得道)할 수 있는 인생의 두 번 다시없는 기회이다. 한국으로부터의 지리적인 고립과 소외감, 고독감, 그리고 유학에서 느끼게 되는 자기 자신의 한계와 가능성을 깨닫고, 또 체험으로 얻은 인생의 진리들을 만나게 될 것이다. '아는 만큼 보인다'는 평범한 말 한마디가 새삼 다시 들려 올 것이다.

유학은 정신적인 진리와 학문에 대한 본질에 한 발 더 가까이 갈 수 있는 중요한 시간이다. 자신과의 싸움이자 자신을 되돌아보고 반성할 수 있는 시간의 제공, 그리고 미래에 대한 가슴 벅찬 설계를 할 수 있는 자신감을 유학에서 얻게 된다면, 그것은 성공적인 유학일 것이다.

지성의 힘은 바로 어떤 어려움도 소탈하게 이겨낼 수 있는 은근한 힘일 것이다. 유학 과정에서 얻는 지식의 힘은 막대한 부(富)나 권력 앞에서도 당당히 맞설 수 있는 마지막 보루인 것이다.

사람은 시간과 더불어 육체적으로 성장을 하는 것이 생물학적 현상임에 틀림없다. 정신 또한 마찬가지이며, 지식 또한 같은 범주에 들어갈 것이라고 믿고 있다. 하물며 유학이라는 상황하에서는 어떨까? 미국이 아니어도 좋다. 어딘들 무슨 상관이 있으랴? 바로 유학의 메리트를 든다면 바로 그 하나가 이 진지한 고민과 자기 충실의 시간을 스스로 만들어 나간다는 것이다. 마치, 외딴섬에 홀로 떨어져 도(道)를 연마하는 수도승처럼 말이다.

다시 말해 '나의 것'을 만들어 나가는 것이다. 학교 교수가 또 학교 선배가 내 사고를 지배하는 것이 아니라, 내 스스로 전공분야를 고민하고 정립해 나가는 것이야말로 참되고 가치 있는 유학임에 틀림없다. 학문에 대한 고민의 자세, 그리고 사물 하나 하나를 진지한 시각으로 볼 수 있는 그 자세를 터득하기 바란다.

유행에 민감하고 세상이 빨리 돌아가는 것처럼 느끼는 곳이 대도시일 것이며, 특히 아시아의 몇 나라–한국과 일본이 대표적인 경우–들은 그 정도의 범위가 심하다고 볼 수 있다. 이러한 대도시에서는 패션과 더불어 건축의 흐름 또한 쉽게 감지되고 재빠르게 대응하는 현상들을 볼 수 있다. 유행에 너무 민감한 나머지 근본도 제대로 모르고 넘어가는 경우가 허다하며, 유행에 쫓아가기 바쁘고 특히, 남을 의식하는 풍조는 가히 가관(可觀)이라 할 수 있다. 도대체 나의 것은 없고 하나의 유행이 상륙하면 모두 똑같은 모습을 하고 다니는 집단주의적 현상을 볼 적에 참으로 안타깝기 그지없다. 과연 '내 것'은 어디에 있는 것인가?

그렇다. 유학의 가장 큰 이점은 주위 잡생각을 접어두고, 사소한 집안 대소사의 면죄부를 받은 만큼 유학 시간을 최대로 학업에 매진할 수 있다는 것이 큰 장점이다. 때로는 왕따가 되어도 좋다. 유학생활을 하다보면 하루종일 혼자 지낼 때도 있으며, 외로움과 언어의 장벽과 힘겹게 싸워 나가노라면 정말 절망감에 휩싸일 때도 있다.

미국 애들과 친구하기도 힘들 뿐더러 설령 이야기하고 지내도 한국에서 말하는 '친구'라는 개념이 아니고 그저 아는 사람으로 지낼 뿐이다. 이러한 난관들이 우리를 더 강하게 만들며 우리의 사고와 태도를 바꾸어 놓는다고 말할 수 있다. 진지한 고민과 자기 충실의 시간이 없고서야 어찌 유학을 성공적으로 마칠 수 있을 것인가? 유학은 바로 이런 자세를 습득하는 것이다.

■ 나에게 하는 말

유학은 마치 게임과도 같다. 게임을 어떻게 풀어 나갈 것인가? 게임을 시작하기 전에 어떻게 준비할 것인가? 게임이 끝난 후 나는 무엇을 배웠는가? 유학이란 삶의 도피처도 아니요 부(富)를 향한 징검다리도 아니다. 유학은 자아를 발견하기 위한 수련의 과정이며, 삶의 지혜를 배울 수 있는 친구다. 그 좋은 친구를 만나기 바란다.

10년 후 나의 미래를 생각해 본다. 무엇이 되어있을까? 내가 다시 현재의 이 시간으로 되돌아간다면 어떤 마음을 가질까? 지나간 과거를 되돌아보면 항상 후회한다. 최선을 다하였는가? 나는 지금 현재 '나'를 만족하고 있는가? 나는 어디에 있는가? 나는 지금 올바른 길을 가고 있는가? 어디로 가고 있는가?

앞으로 4년이 될지 8년이 될지 알 수 없는 미래가 나를 기다리고 있다. 이제껏 경험해보지 못한 새로운 환경이 나를 기다리고 있을 것이다. 어렵고 힘들 때도 있을 것이고, 한계에 부딪칠 때도 있을 것이다. 나는 내가 꿈꾸는 '나'를 만들기 위해 고민 할 것이고, 힘 쓸 것이다. 유학의 벽을 넘어 나는 이 시대의 지성인으로, 또 참된 지식인으로 살고 싶다. 그렇게 살려고 노력할 것이다. 낯선 곳에서의 짧은 여행이 내 가슴속에 영원히 묻혀있기를 바라면서….

1999년 가을

미국의 한 모퉁이에서

이관용

■ 유학 체험 후기

석사 과정을 마무리하면서 지난 3년 동안 많은 것을 체험하고, 또 새로운 곳에서 박사 과정을 시작하게 되었습니다. 지금은 2000년 봄 학기를 Texas A&M University에서 진행 중에 있고, 앞으로 3년여는 이곳에서 공부를 계속할 예정입니다.

한국에서의 건축교육과 건축사 시험 제도가 다시 한번 개정될 움직임이 있습니다. 국가 경쟁력을 살리기 위한 교육 시스템의 개혁은 그 근본 기초가 되겠지요. 유학의 효용성도 교육 시스템에 맞추어서 자연스럽게 변화되리라 생각됩니다. 필자가 우려하는 것은 우리의 새로운 교육 시스템이 미국을 전형적인 모델로 삼는 것입니다. 미국이 세계의 주도권을 갖고 있더라도 우리의 현실적 상황을 고려하지 않은 교육 개혁은 많은 무리가 따르겠지요. 그리고, 교육 환경의 개선이 동반되지 않는 한 건축 교육 개혁은 피상적일 수밖에 없을 것입니다. 앞으로 유학이라는 것이 한국 사회에서 많은 변화가 있기를 기대합니다. 필자의 책 또한 그 발전에 이바지하기를 소원합니다.

현재도 유학생의 신분이지만, 제가 느끼는 또 하나가 있습니다. 유학의 길을 걷는 것은 앞으로의 삶이 연구자로서, 학자로서, 지성인으로서, 그리고 지식인으로서의 길을 가는 것이라고 봐야겠지요. 유학이 당신을 그렇게 만들어주지는 않습니다. 당신 스스로 변하고 노력해야 합니다. 유학생으로서 갖추어야 할 것은 무엇이 있을까요?

유학 후에 얻는 가장 위험한 것은 교만과 오만입니다. 지적인 우월(優越)을 내세우거나 학벌을 내세워, 사람들에게 교만을 떤다면 그것만큼 위험한 것은 없으리라고 필자는 생각합니다. 유학을 무조건 선호하는 사회 풍토도 문제가 있지 않은가를 생각해 봅니다. 문제점이야 나열하면 끝도 없겠지요. 이 모든 것이 발전하는 사회를 만들기 위한 것이라 생각됩니다.

유학의 수련은 무엇을 위한 것일까요? 출세입니까, 돈입니까, 명예입니까, 아니면 권력입니까? 필자는 이렇게 생각합니다. 유학은 '소외된 자들을 위해서 일하고, 사회의 빛이 되며, 불의에 참된 지성의 비판을 가하는 사람이 되기 위한 훈련'이어야 할 것입니다. 마지막으로, 당신의 성공적인 유학생활을 빌면서 이만 마칠까 합니다.

이관용 저자 프로파일

경희대학교 건축공학과를 졸업하고
일송건축에서 2년여 실무를 쌓았다.
경희대학원 과정 중 미국으로 건너가
1999년 University of Texas at Austin에서 건축학 석사학위(Master of Architecture)를, 2003년 Texas A&M University에서 건축학 박사학위(Ph.D.)를 받았다.
RTKL, LA 사무실에서 인턴생활을 하였고,
HKS 달라스 본사 사무실(www.hksinc.com)에서
디자이너로 근무하였다.
Humphreys & Partners에서
수석디자이너로 근무하였으며,
2005년 귀국하여 현재 건원건축에서
디자인 이사로 활동 중에 있다.
유학생활 중 박정어학원
주최 제1회 유학수기 공모전에서 우수상을 받았으며,
건축월간지 건축세계에 '너도 건축유학을 꿈꾸니?'를
7회에 걸쳐 연재하였다. 2000년 건축웹진
오픈스케일(www.openscale.net)을 창간하여 현재 한국, 미국, 그리고
영국에 있는 젊은 건축인과 함께
공동 운영 중에 있으며,
오픈스케일의 유학정보를 대폭 보완하여 '미국으로 건축 유학가기'를
출간하게 되었다.
저서로는 '노인건축-한국과 미국을 중심으로(세진사, 2003)'가 있다.

미국으로 건축유학 가기

저 자 : 이관용
발행인 : 문형진

2003년 11월 5일 제1판 제1인쇄발행
2005년 6월 13일 제2판 제1인쇄발행
2007년 3월 25일 제3판 제1인쇄발행
2009년 9월 2일 제4판 제1인쇄발행

도서출판 세진사
136-087 서울특별시 성북구 보문동 7가 112-8(세진빌딩 5층)
TEL : 922-6371~3, 923-3422 · 7224
FAX : 927-2462

1976. 9. 21／등록 · 서울 제 6-28 호
http : //www.sejinbook.com
E-mail : sejinbook@hanmail.net

※ 파본은 교환해 드립니다.

정가 : 19,000원